Der vergessen

Alfred Hugenberg

"Was ist Wahrheit?
Drei Wochen Pressearbeit und alle
Welt hat die Wahrheit erkannt.
Ihre Gründe sind solange unwider-
legbar, als Geld vorhanden ist,
sie ununterbrochen zu wiederholen."

Oswald Spengler, ein Mitarbeiter des Hugenberg-Konzerns
in "Der Untergang des Abendlandes"

Dieses Buch ist Bestandteil des Medienpakets »Der vergessene Führer«. Zu ihm gehört außerdem der Film

»Der vergessene Führer, Aufstieg und Fall des Medienzaren Alfred Hugenberg« Ein Film von Peter Heller.

1. Teil »Das Kartell der Patrioten« 1865—1927
(60 Minuten)
2. Teil »Wettlauf in das Dritte Reich« 1928—1971
(96 Minuten)
Farbfilm 16 mm, Magnetton (zus. 156 Minuten)
VERLEIH: Verleihgenossenschaft der Filmemacher e.G., Alfonsstraße 1; 8000 München 19; Tel.. (0 89) 1 90 12 08

PREIS: DM 230,—/280,—

Buch und Regie: Peter Heller; Fachberatung: Klaus Wernecke; Mitarbeit: Hanne Appel, Heidrun Holzbach, Kurt Koszyk; Montage: Raimund Barthelmes; Kamera: Klaus Lautenbacher; Ton: Iqbal Ishani; Produktion: Filmkraft P. Heller Filmproduktion 1982.

Ein Film über die Versöhnung von Medien und Politik — über die Aufbereitung der Massen für den Faschismus durch die Medien. Die Geschichte eines Industriemanagers, der Deutschlands Führer werden wollte. Und die Geschichte eines der ersten deutschen Politiker, der sich der Macht der Medien zu bedienen wußte, der in Film und Presse ein Werkzeug für seine Ziele suchte, die modernen Medien zur Waffe gegen die Demokratie machte.

Ein Stück deutscher Mediengeschichte erlebt und erzählt von Mitarbeitern des einflußreichsten Medienkonzerns der Weimarer Republik: die Vorbereitung des Faschismus durch Presse und Film — gesehen und beurteilt aus den Chefetagen und Druckereien.

Die Montage von bislang zum Teil unveröffentlichten Archivaufnahmen aus Hugenbergs Presseimperium, Propagandafilmen, seiner Wochenschauen und UFA-Filmgesellschaft machen das ganze Ausmaß der Verzweckung von Medien durch den erzkonservativen, deutschnationalen Führer deutlich.

In der Gegenüberstellung von Erfahrungen und Verdrängungen der Mitarbeiter Hugenbergs erkennt man Spuren einer deutschen Medienchronik der letzten 70 Jahre: Prominente Journalisten aus dem Konzern des Geheimrates machten im Dritten Reich eine zweite Karriere. Und nach dem Kriege fanden sie, die Schreibtischtäter, gute Arbeitsplätze in der konservativen Presse der Bundesrepublik.
Sie sind unter uns. Schreiben für (gegen) uns. Heute . . .

Peter Heller, geboren 1946, nach dem Abitur Ausbildung zum Fotograf, Diplom der Hochschule für Film und Fernsehen in München. Seit 1972 Arbeit als freier Filmemacher. Dokumentarische Filme mit dem Schwerpunkt »Unterentwicklung / Erste und Dritte Welt«. 1981/82 der Film »Der vergessene Führer«.

Klaus Wernecke, Studium der Geschichte, Soziologie und Psychologie, Promotion 1969 bei Fritz Fischer in Hamburg (»Der Wille zur Weltgeltung. Außenpolitik und Öffentlichkeit im Kaiserreich am Vorabend des Ersten Weltkrieges«). 1969 — 1971 Redakteur bei der »Tagesschau« der ARD, seit 1971 Dozent an der Hochschule Lüneburg.

Klaus Wernecke/Peter Heller

Der vergessene Führer

Alfred Hugenberg

Pressemacht
und Nationalsozialismus

VSA

Bildquellen:

— Süddeutscher Bilderdienst, München
— Bildarchiv Stiftung Preuss. Kulturbesitz, Berlin
— Bundesarchiv, Nachlaß A. Hugenberg, Koblenz
— Archiv der Sozialen Demokratie der Friedrich-Ebert-Stiftung, Bonn
— Zentralbild, DDR-Berlin
— Institut für Zeitgeschichte, München
— persönliche Aufnahmen von Herrn Fritz Lucke und Herrn Erich Marten
— Sammlung J. Mundhenke, Königsstein
— Filmkraft, München

Bitte fordern Sie unseren Gesamtprospekt an!
© VSA-Verlag 1982. Stresemannstraße 384 a, 2000 Hamburg 50.
Alle Rechte vorbehalten.
Satz: Hamburger Satz und Verlagscooperative
Druck und Buchbindearbeiten: Evert-Druck, Neumünster
ISBN 3-87975-235-4

INHALT

Der konservative Revolutionär oder Die Geschichte lebt

In Zeiten von Wirtschaftskrisen und Massenarbeitslosigkeit wird die Legitimation eines Systems in Frage gestellt. Das Interesse der Herrschenden, durch Medien die Loyalität der Massen zu sichern, nimmt zu, es gilt, in der Wirtschaft das Gespenst der Demokratie zu bannen. Dies galt für die Weimarer Republik, die schließlich 1933 in die »Machtergreifung« der Nationalsozialisten mündete ebenso wie es für die Bundesrepublik 50 Jahre später gilt.

Alfred Hugenberg — der »Vergessene Führer« und Medienzar der ersten deutschen Republik — verstand es als erster deutscher Politiker, neue Medien für alte, konservative Inhalte zu nutzen. Die Genese seines Medienkonzerns und seine Wirkungen sollten ein Lehrstück für unsere Gegenwart sein.

In Buch und Film »Der vergessene Führer« haben wir versucht, schwerpunktmäßig die Medienpraxis der Meinungsfabrik zu analysieren, haben dargestellt, wie sich Macht in Presse und Film organisierte und was deshalb Zeitungen und Zeitschriften geschrieben, was Filme gezeigt haben. Die Geschichte dieses Medienkonzerns, wie auch die Geschichte des Politikers Alfred Hugenberg berühren sehr stark die Geschichte des deutschen Konservativismus und seiner Verstrickung in den deutschen Faschismus. Die bundesdeutsche Geschichtsschreibung, von der restaurativen Nachkriegsgeschichte geprägt, hat sich zum größten Teil bemüht, die Konservativen zu tadeln, aber von den »Sünden« des 3. Reiches reinzuwaschen.

Aus solchen Verdrängungen wären Konsequenzen zu ziehen, wo doch viele der Hugenberg-Scherl-Journalisten von damals bis heute aktiv und erfolgreich blieben, Autoren Hugenbergs, wie Ernst Jünger zu Beginn der achtziger Jahre hohe Ehrungen erhalten, Filme der UFA-Ära eine wachsende Gemeinde von Fans bekommen und schließlich Konzerne wie der Axel Cäsar Springers in mancher Beziehung eine historische Verlängerung von Hugenbergs Pressepolitik betreiben. Die Bande gehen bis zur Personalpolitik: einer unserer Gesprächspartner bei den Interviews zum Film, Hans Georg von Studnitz, ehemaliger Chefkorrespondent Hugenbergs aus dem Rom Mussolinis, ist 1982 prominenter Mitarbeiter der »Welt am Sonntag« (daneben schrieb er früher für die »Zeit« und jetzt für »Bayernkurier«, »Deutsches Adelsblatt«, »Deutschlandmagazin« der CDU u.a.). Und der Manager des Industriemagnaten Flick, Eberhard von Brauchitzsch, kam von Springer zur Schwerindustrie; zwischen Flick und Springer bestehen seit Gründung des Verlages enge Beziehungen. Vor 50 Jahren noch pflegte ein anderer Verleger, Alfred Hugenberg, den Kontakt zu Flick.

Historische Kontinuität zwischen Springer heute und Hugenberg damals sollte allerdings nicht vorwiegend auf der Erscheinungsebene gesucht werden, denn die

Wollt ihr das totale BILD?

Verteidigung der Konservativen heute, die Verteidigung Springers und anderer Leute, findet ja immer auf einfacher Erscheinungsebene statt. Sie sagen: Hugenberg war england- und frankreichfeindlich. Springer ist es nicht. Oder: Hugenberg hat gegen den westlichen Kapitalismus gewettert und völkisch-nationalistisch die deutsche Art hochgehalten. Springer ist ein großer Amerika-Freund. Das sind oberflächliche Vergleiche. Der tiefere Kern — also die Übertragung von Prinzipien — ist tatsächlich in der Frage nach der Demokratisierung oder Nichtdemokratisierung der Gesellschaft zu suchen. Das System gesellschaftlicher Integration, das Weltbild — wie Menschen, Arbeit, gesellschaftliche Schichtungen und Hierarchien als selbstverständlich dargestellt und suggeriert werden.

Springer hat die Machart der republikanischen Hugenbergpresse, die vordergründig die Interessen des sogenannten »Kleinen Mannes« vertrat, verfeinert und pseudodemokratische und populistische Argumentationen, wie sie damals insbesondere von der »Berliner Illustrierten Nachtausgabe« gepflegt wurden, perfektioniert. Hugenbergs Presseerzeugnissen war — im Unterschied zu den Filmen seiner UFA — der Einbruch in die Industriearbeiterschaft nicht gelungen. Springer erreicht mit seinen Waren die meisten Arbeiter, ihm gelingt die Integration größerer Teile der Arbeiterklasse.

Vor 70 Jahren, als Hugenberg 47jährig schon Generaldirektor bei Krupp in Essen war, gab es in Deutschland rund 4000 Zeitungen und Zeitschriften. Heute haben wir in der Bundesrepublik noch einige wenige hundert selbständige Einheiten. Das heißt, zugespitzt als These formuliert, daß die Beherrschung öffentlicher Meinung durch Begrenzung der Artikulationsmöglichkeiten so weit gediehen ist, daß die Herrschenden unter Umständen die Gewaltmethoden, welche die konservativen und faschistischen Kräfte gegen Ende der Weimarer Republik und ab 1933 anwenden mußten, um die Arbeiterbewegung zu unterdrücken, nicht mehr nötig haben werden; insbesondere, wenn es ihnen gelänge, auch noch die Rundfunkanstalten in ihre Hände zu bekommen.

Bei den demokratisch gewählten Politikern in der Bundesrepublik Deutschland gibt es ein Trauma — es gibt hier kaum andere Unternehmer, die so sanft behandelt werden wie Verleger. Die »Volksvertreter« haben Angst, sich mit dieser kleinen Minderheit anzulegen. Alfred Hugenberg war rechtskonservativer Politiker und — was die Medien anbetrifft — ein »konservativer Revolutionär.« Er setzte seinerzeit alles ein, was ihm die technische Entwicklung der Medien bot. Springer dringt seit Jahren darauf, an den elektronischen Medien teilzunehmen, sich die »neuen Medien« zunutze zu machen. Bei Kollegen in Verlegerkreisen fand er zunächst wenig Verständnis und mußte, ähnlich Hugenberg, erst viele kleine Verlage für seine Ideen gewinnen, bis auch die Großen der Branche, von Holtzbrinck, Bauer, Augstein bis hin zu Bertelsmann sich dem Kesseltreiben gegen das Monopol des öffentlich-rechtlichen Rundfunks und Fernsehens angeschlossen hatten. Springer ist heute — historisch gesehen — der Vorreiter und ideologische Propagandist dieser Bestrebungen geworden.

Schon heute vor 53 Jahren, 4 Jahre vor dem Beginn des Dritten Reiches, hatte sich als erster Großverleger ein Konservativer für das gerade in Erprobung stehende neue Medium Fernsehen bemüht: Alfred Hugenberg.

Nehmen Sie Presse-Freiheit bitte ganz persönlich.

* * *

Dieses Buch ist Bestandteil des Medienpaketes »Der vergessene Führer«, zu dem der gleichnamige Film von Peter Heller gehört, den Klaus Wernecke als wisschenschaftlicher Berater begleitet hat (siehe auch die Vorstellung des Films auf der Seite 2). Für die Gesamtkonzeption des Medienpaketes zeichnen Klaus Wernecke und Peter Heller gemeinsam verantwortlich; sie sind deshalb auch gemeinsam als Autoren aufgeführt. Den Text des vorliegenden Buches hat Klaus Wernecke alleine verfaßt, von Peter Heller stammen die Fotos und die Kommentare zu den Illustrationen.

Dieses Buch gilt vor allem dem Aspekt der Öffentlichkeit von den ersten plebiszitären Appellen einer »nationalen Opposition« in der Kaiserzeit bis zum Regierungsantritt der Nationalsozialisten und Deutschnationalen 1933.*

Ausgewertet wurden Archivalien aus dem Bundesarchiv Koblenz (dort vor allem der Nachlaß Hugenberg) und dem Deutschen Zentralarchiv in Potsdam. Hinzu kommt die Auswertung einer Reihe von deutschen Zeitungen — vor allem der Scherblätter — von 1928 bis 1933 (1928 — 1930 wurden die gebundenen Jahrgänge, soweit vorhanden, ganz durchgesehen; die Jahre 1931 — Januar 1933 gezielt an bestimmten Daten und durch Presse-Ausschnittsammlungen erschlossen). Hinzu kommen die Tonprotokolle der Interviews mit ehemaligen Journalisten und einem Setzer des Scherlverlages sowie einem Drucker aus dem Berliner Zeitungsgewerbe der 20er und 30er Jahre. Da eine nicht vollständig korrigierte Niederschrift vorlag, ist die Übertragung einfacher Tipp- und Hörfehler möglich.

Die Geldangaben sind für die Kaufkraft vom August 1982 zu multiplizieren mit: 5,5 für das Jahr 1913; 3,6 für 1928 und 4,7 für 1933 (diese Angaben verdanken wir Frau Jung vom Statistischen Bundesamt in Wiesbaden). Dabei ist zu berücksichtigen, daß der Preisindex für einzelne Bereiche vom Durchschnitt des Warenkorbes abweichen kann. Für Hilfe bedanken wir uns bei Frau Gerhild Bald aus München.

---

* Es gibt bisher zwei Darstellungen, die umfassend Archivmaterial auswerten; Dankwart Guratzsch: »Macht durch Organisation. Die Grundlegung des Hugenbergschen Presseimperiums« und Heidrun Holzbach: »Das 'System Hugenberg'. Die Organisation bürgerlicher Sammlungspolitik vor dem Aufstieg der NSDAP«. Die Arbeit von Guratzsch wurde 1974 als überarbeitete Fassung einer Dissertation von 1970 veröffentlicht. Die Hugenberg gegenüber nicht unkritische, sehr materialreiche Darstellung endet 1918 und untersucht den organisatorischen Aufbau des Konzerns. Die in ihrem Ansatz umfassendere Arbeit von Heidrun Holzbach stellt die politischen Beziehungen in dem Dreieck Schwerindustrie — Deutschnationale Volkspartei — Hugenbergkonzern in den Mittelpunkt ihrer sehr kritischen und vor allem in der Zusammenfassung analytischen Veröffentlichung von 1981.

Schule der Untertanen

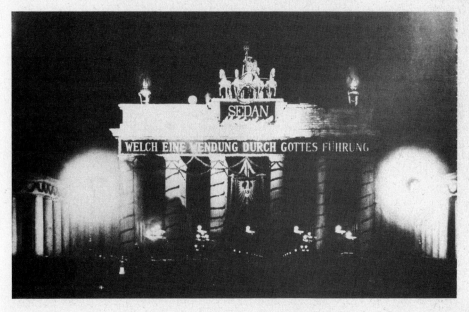

Sieg Preußens über Frankreich 1870, das Deutsche Kaiserreich wird geboren.

Gründerzeit

»Schlotbarone« und »Krautjunker« waren die beiden Säulen ökonomisch-sozialer Macht und politischer Herrschaft im zweiten Deutschen Kaiserreich. Die Politik des Bündnisses der beiden Klassen wurde durch einen Reichskanzler dargestellt, der zugleich alle Reichsministerien[1] und das Amt des preußischen Ministerpräsidenten in seiner Hand vereinigte: Bismarck, eine autoritäre Vaterfigur. Preußen, der größte Bundesstaat[2] an Einwohnerzahl, Fläche und wirtschaftlicher Potenz,[3] der Staat mit dem konservativen Drei-Klassen-Wahlrecht, bestimmte die Reichspolitik. Und in Preußen war der industrielle Westen mit dem agrarischen Osten vereinigt. Die kapitalistische Expansion versprach auch den *breiten* Schichten des Bildungs- und Besitzbürgertums wirtschaftlichen Aufstieg.

Wie wenige bürgerliche Lebensläufe repräsentiert die Karriere Hugenbergs im kaiserlichen Deutschland Nahtstellen zwischen Staat, Industrie und Landwirtschaft. Und Hugenberg steht auch für eine neue Stufe ideologischer Entwicklung deutschen Bürgertums: vom Liberalismus über den Nationalliberalismus zum völkischen Imperialismus.

Der Liberalismus, die politische Emanzipationsform des industriellen Bürgertums im 19. Jahrhundert, erschien nach der Reichsgründung endgültig gebrochen: Sein dominierender Flügel war zum National-Liberalismus geworden.[4] »Das Vaterland über der Partei!« hieß seine Devise.

Nationalismus — und das hieß seit den 80er Jahren zunehmend auch Imperialismus — wurde zur ideologischen Klammer großer Teile des deutschen Besitz- und Bildungsbürgertums. Die parlamentarisch-demokratische Seite der liberalen Ideale trat zurück.[5]

Kontrolle und Unterdrückung sozialer Emanzipationsbewegungen, vor allem der der Industriearbeiter, entwickelt sich am Ende des Jahrhunderts zu einem der Kernstücke nationalliberaler Politik.

Alfred — das Kind: »Die Söhne der Sieger waren wir...«

Alfred Hugenberg wurde am 19. Juni 1865 in Hannover geboren und — der Konfession seiner Familie entsprechend — evangelisch getauft. Sein Vater, der Jurist Karl Hugenberg,[6] war Sekretär beim Magistrat der Stadt Hannover, wurde 1866 Bürgermeister in der Hannoverschen Kreisstadt Uelzen, 1867 (bis 1873) Mitglied des Preußischen Abgeordnetenhauses[7] — das Königreich Hannover war im Oktober 1866 zur preußischen Provinz geworden — und 1868, nach Hannover zurückgekehrt, Erster Schatzrat beim Landesdirektorium. Karl Hugenberg arbeitete mit dem nationalliberalen Parteiführer Rudolf von Bennigsen zusammen, der von 1873 — 1879 Präsident des Preußischen Abgeordnetenhauses und von 1888 — 1898 Oberpräsident der Provinz Hannover war. Gertrud Adickes, die Hugenberg im Juni 1900 heiratete, war die Tochter des nationalliberalen Oberbürgermeisters von Altona (1883 — 1890) und Frankfurt a.M. (1891 — 1912), Franz Adickes.

Hugenbergs Mutter Erneste war eine geborene Adickes und die Cousine des Oberbürgermeisters der Main-Metropole und Gründers der Frankfurter Universität.[8] Als junger Referendar beim Amtsgericht Hannover hatte Franz Adickes (geboren 1846) seinen Militärdienst als Einjährig-Freiwilliger beim 3. Garderegiment zu Fuß in Hannover geleistet und sich in dieser Zeit[9] mit der Familie Hugenberg angefreundet.[10] Ende Juli 1870 zieht er mit seinem Regiment in den deutschfranzösischen Krieg. Vor Beginn der Belagerung von Paris schreibt Franz Adickes aus Frankreich an seinen Onkel:

>*Ich beschäftige mich, ohne mein Wollen, im Geiste schon mit der Art der Reorganisation von Elsaß und Lothringen, und der Verbindung der Südstaaten mit uns. Nicht wahr, Onkel, jetzt werden wir wieder ganz d'accord, da wir jetzt jedenfalls* **ein** *Deutschland haben und zugleich Frankreich in den Dreck geworfen haben werden. Ein wunderbares Gefühl durchdringt mich fortwährend. Der Erfolg ist zu riesig gewesen. Ich möchte nur, man bombardiere diese Hunde in Paris nochmal ein wenig.«[11]*

Im November 1870 forderte der nationalliberale Reichstagsabgeordnete, Ernst Adickes, gewählt im Wahlkreis 6 Hannover,[12] als Kriegsziel auch den Erwerb von französischen Kolonien und erklärte, daß

>*die Erwerbung Saigons oder vielleicht die Erwerbung Cochinchinas eine große Quelle des Reichtums für Deutschland werden«*

könne.[13]

>*»Wir waren die Sieger. Wir wußten, daß Deutschsein etwas Großes war,«[14]* schrieb Hugenberg 1917 im Rückblick auf seine Jugend. »Jugenderinnerungen sind wie feste Felsen, die inmitten der nagenden Flut des Lebens vereinzelt stehen bleiben.«[15] Ein solcher Felsen war der Siegeszug für die heimkehrenden Truppen in Hannover: »Soldaten, Zünfte, bunte Trachten, Wagen, Rosse und Fahnen — der Siegeszug von 1871.«[16]

Nach dem Abitur am Ratsgymnasium in Hannover — Hugenberg besteht es mit dem besten Zeugnis seines Jahrgangs — studiert er Jura in Göttingen, Heidelberg und Berlin.[17] Kaum 21 Jahre alt, schließt Alfred Hugenberg dieses Studium mit dem Referendarexamen ab. Der junge Jurist zeigt auch literarische Interessen. Zusammen mit dem naturalistischen Dichter Otto Erich Hartleben geht er zum Studium nach Berlin (Wintersemester 1884/85 bis Wintersemester 1885/86). Hugenberg und Hartleben waren von Kindheit an befreundet. »Die Kinder spiel-

Der Jurist als Dichter, Alfred Hugenberg (links im Bild) zusammen mit dem Dichter Otto-Erich Hartleben

ten und tollten, die Sekundaner und Primaner tauschten Gedichte aus.«[18] 1885 erschienen Gedichte von Hartleben und Hugenberg in der Anthologie »Moderne Dichtercharaktere«, die Wilhelm Arent herausgab.[19] Der 40 Jahre später sich sittenstreng und eher prüde gebende Führer der christlichen »Deutschnationalen Volkspartei« dichtete:

> *»Auf Erden ist der Menschheit schönstes Gut!*
> *Ich kann und mag an einen Gott nicht glauben,*
> *Der mich erschaffen aus dem dunklen Nichts —*
> *… Ich kniee nicht vor einem kalten Gotte,*
> *der mich zum Dienst mit harter Drohung zwingt —*
> *Komm her, o Kind in diese kühle Grotte …*
> *Vor Dir will ich in heißer Liebe knieen …*
> *Nicht soll ein Gott mich strafen und belohnen,…*
> *Ich selbst will meiner Taten Richter sein,*
> *Die Götter, die im eignen Innern wohnen,*
> *Sie bet ich hoffend an, sie nur allein!«*[20]

1886 veröffentlichte Hugenberg zusammen mit Hartleben, Karl Henckell und Arthur Gutheil den Gedichtband »Quartett«, gewidmet »den Freunden in Hannover«.

Die Historikerin Heidrun Holzbach betont die bürgerliche Machart:

> *»Insbesondere in den Gedichten Alfred Hugenbergs überwiegen die konventionell-pathetischen Töne, wie etwa folgende Verse zeigen:«*[21]

»Andacht.
Vor dem Bild der Mutter Gottes sah ich Dich,
Geliebte, beten,
Und es trieb mein volles Herz mich, leis an Dich heranzutreten,
Und ich blickte Dir ins Auge, jenes Auge wundermild,
Das in Tränen heißer Andacht, hing am Muttergottesbild.
O Geliebte, dieses Auge, diese jugendfrischen Wangen,
Laß sie nicht an jener Heiligen, laß an mir sie glühend hangen!
Denn ich fühl's, daß Gott der Vater nicht zur Andacht Dich erschuf,
daß der Feuerdienst der Liebe, schönes Mädchen, Dein Beruf.«[22]

In Berlin lernte Hugenberg auch den naturalistischen Dichter Arno Holz kennen.[23] Noch 1927 erinnerte sich der Herrscher über ein Verlagsimperium an seine Kontakte: »Um Herrn Arno Holz zu helfen, haben wir seitens der Firma Scherl eine Anzahl von gesammelten Werken von Arno Holz bezogen und sie unter leitenden Herren unserer Unternehmungen verteilt.«[24]

Die vom späteren Naturalismus entwickelte Gesellschaftskritik findet sich in den »Quartett«-Dichtungen nicht. Holzbach hält dennoch eine Anregung zur Beschäftigung mit der »sozialen Frage« für möglich:

»Wenn Hugenberg auch von den ‚salonsozialistischen‘ Neigungen seiner Freunde frei war, so scheint doch sein Interesse an sozialpolitischen Fragen im naturalistischen Dichterkreis geweckt worden zu sein und die Wahl seines Zweitstudiums mitbestimmt zu haben.«[25]

Dieser Zusammenhang erscheint aber zunächst noch vage.[26]

Im erwähnten Rückblick vom Herbst 1917 schreibt Hugenberg:

»Die Beobachtung, daß wirtschaftlicher Neid und wirtschaftliche Not die Welt durchzogen und viel stärker im Innersten packten als alle Verse und Dramen, erschütterte zuerst das Vertrauen in den Dichter- und Denkerberuf der Bismarckschen Jugend.«[27]

Und 1931 erinnert er sich in einer öffentlichen Rede:

»Ich war wohl schon in meiner Jugend zu p o s i t i v , zu wenig Mann der Negation, um deshalb Sozialist zu werden, um mich durch Bücher wie Bebels Frau auf die Dauer beeinflussen zu lassen.«[27a]

Aus den elysischen Gefilden der Dichtkunst steigt Hugenberg herab und wendet sich endgültig zu den irdischen »Göttern«, die in seinem »Innern wohnen.« Er studiert drei Semester Nationalökonomie — heute würde man Volkswirtschaft sagen — in Straßburg. Dort promoviert Hugenberg im Frühjahr 1888 bei Georg Friedrich Knapp über »Innere Kolonisation im Nordwesten Deutschlands« mit magna cum laude zum Doktor der Staatswissenschaften.

Der Geldtheoretiker und Agrarhistoriker Knapp[28] war ein Gründungsmitglied des Vereins für Sozialpolitik, der im Jahr 1872 von bürgerlichen Sozialreformern liberaler bis konservativer politischer Prägung gegründet worden war. Schon in Berlin hatte Hugenberg bei dem Nationalökonomen Lujo Brentano, einem weiteren Mitgründer des Vereins, Vorlesungen gehört. Knapp und Brentano zählten zur Gruppe der Volkswirtschaftler, die »Kathedersozialisten« genannt wurden. Diesen Spottnamen hatten die Professoren von einem Anhänger der Manchester-Schule erhalten, weil sie für »Sozialpolitik«, also für ein aktives Eingreifen des Staates in die wirtschaftliche und gesellschaftliche Entwicklung eintraten. Die

Vertreter des reinen Wirtschaftsliberalismus lehnten das ab und wollten nur die Selbstregulierung der Wirtschaft über den »freien« Markt zulassen.

> *»Der gesamte Kathedersozialismus hat dem radikalen Festhalten des Manchestertums am laissez faire und dem radikalen Streben der Sozialdemokratie nach Umsturz gleichmäßig das selbständige Prinzip der Versöhnung von Ordnung und Freiheit entgegengehalten. Dem starren ökonomischen Konservativismus und der sozialen Revolution hat er das Prinzip der gesetzlichen, schrittweise vorschreitenden positiven Reform gegenübergestellt.«*[29]

Diese positiv gemeinte Skizzierung einer Hauptströmung im »Kathedersozialismus« durch einen ihrer Anhänger darf jedoch nicht darüber hinwegtäuschen, daß die Bandbreite dieser Schule relativ groß war und auch starke *sozial*-konservative und christlich-soziale Tendenzen umfaßte. So entwickelte Hugenberg Interesse an der »sozialen Frage« und erhielt Zugang zu Problemen der Sozial- und Wirtschaftspolitik, ohne den *sozialen* Konservativismus des deutschen Besitzbürgertums aufzugeben; das heißt, er blieb einer hierarchisch-bürgerlichen Gesellschaft weitgehend verpflichtet. Bürgerlich bedeutete dabei auch den Wunsch nach Karriere; sollte ein dynamischer sozialer Aufstieg möglich sein, mußte die Gesellschaft eine bestimmte Durchlässigkeit besitzen, vertikale soziale Mobilität möglich sein.

Die Vorstellungen der »Kathedersozialisten« von einer aktiven Rolle des Staates im Bereich der Wirtschafts- und Sozialpolitik hat Hugenberg in sein politisches Weltbild eingebaut. Die Versöhnung zwischen Kapital und Arbeit durch »soziale Maßnahmen«, die Stabilisierung der sozialen Hierarchie durch die Eingliederung des Arbeiters in die »Gesellschaft«, mit Hilfe von Werksaktie und Eigenheim zur »Werksgemeinschaft« — in diesen (späteren) Gedanken liegt ein Stück Modernität des Konservativen Hugenberg. Neben — und im Konflikt mit — dem (wirtschaftsliberalen) Herr-im-Haus-Standpunkt des Unternehmers steht die Forderung nach Intervention und patriarchalischer »Fürsorge« des *autoritären* Staates. Diese Linie in Hugenbergs Entwicklung verweist auf den nationalsozialistischen Etatismus[30]. Otto Kriegk, einer der federführenden Journalisten der Berliner Scherl-Blätter in den zwanziger Jahren, veröffentlichte 1932 eine Biographie über seinen Konzernchef[31]. Er zitiert aus einem Brief an den Jurastudenten Hugenberg, in dem Hartleben von seiner »nationalen und sozialistischen Gesinnung« spricht. Und aus der Sicht des Jahres 1932 kommentiert Kriegk:

> *»... was immerhin beweist, daß auch die Jugend vor dem Kriege schon sich um Fragen bemüht hat, die heute das Ideal nicht des schlechtesten Teiles der deutschen Jugend darstellen.«*[32]

— eine Anspielung auf die zum Nationalsozialismus strömende bürgerliche Jugend und ein propagandistischer Hinweis darauf, daß diese Ideale auch bei Hugenberg und der von ihm geführten Deutschnationalen Volkspartei gut aufgehoben seien.

Die innere Kolonisation

Auch in seiner Dissertation über die »Innere Kolonisation« in den Moorgebieten Nordwestdeutschlands betont der künftige Reichswirtschafts- und Reichser-

Bilder einer Karriere, Hugenbergs Weg vom Jurastudenten zum Kruppdirektor

nährungsminister die Notwendigkeit staatlicher Unterstützung der Kolonisten. Als Ideal erscheint aber die Politik der USA mit ihrem dynamischen Kapitalismus:

>*»Durch die Landgesetzgebung der Union und die Heimstättengesetze sind der großen Masse der Ansiedler ein paar kräftige Hilfen gegeben. Wenn sich im übrigen der Staat um die Kolonisation so gut wie gar nicht kümmerte, so war das eigentlich selbstverständlich. Die kapitalistische Kraftentfaltung, welche die Lösung dieser Aufgabe erforderte, war so riesengroß, daß administrative Eingriffe des jungen amerikanischen Staatswesens in dieses Getriebe ganz ausgeschlossen waren. Eine großartige Verwertung aller Hilfsmittel des modernen kapitalistischen Wirtschaftslebens, besonders der Eisenbahnen und des Bankwesens, ist das charakteristische der amerikanischen Kolonisation.«*[33]

In Deutschland soll jedoch »Urbarmachung und erste Einrichtung nach einem geschlossenen Plane« erfolgen, »jedesmal für eine größere Zahl von Ansiedlungen unter Leitung gehörig geschulter Aufseher und Oberleitung von praktischen Sachverständigen ... Gegenüber der Privatkolonisation hierauf zu dringen, hat der Staat in den Ansiedlungsgesetzen und in seinen Aufsichtsrechten über die Kanäle ein wichtiges Mittel in der Hand.«[34] Dabei sollen

>*»Niederlassung und Urbarmachung möglichst mit modernen großkapitalistischen Mitteln und in einer entsprechenden Organisation durchgeführt werden.«*[35]

Ziel ist aber die »Selbständigkeit und Selbstverantwortlichkeit« der Siedler, ihre ökonomische Abnabelung vom Staat als Kolonisator.

Das politische Ziel der inneren Kolonisation ist zunächst die

>*»Stärkung des bäuerlichen Besitzes ... Ist doch der Grundpfeiler des sozialistischen Gedankenkreises das angebliche Schwinden des Mittelstandes, die Ansammlung der Produktionsmittel in wenigen Händen. Wer — aus welchen Gründen auch immer — auf dem Boden der individualistischen Gesellschaftsordnung steht, wird daher gern bereit sein, alle diesem angeblichen allgemeinen Gesetze entgegenwirkenden Gewichte nach Möglichkeit zu verstärken. Dazu gehört vor allem der bäuerliche Besitz.«*[36]

»Mittelstandspolitik« als Revolutions- und Demokratisierungsprophylaxe. Dieser Aspekt sollte am Ende der Weimarer Republik noch eine besondere Rolle spielen. Der besitzende »Mittelstand« — hierzu zählten auch die (protestantischen) Bauern — wurde zur Massenbasis der NSDAP. Ein weiterer Aspekt der »Inneren Kolonisation« war die »Besiedelung des Ostens«, um die »wirtschaftlichen Verschiedenheiten zwischen den östlichen Getreidebauprovinzen und dem Westen Deutschlands« auszugleichen.

»Hängen doch jene zurückgebliebenen, durch die wirtschaftlichen Wandlungen der letzten Jahrzehnte schwer getroffenen Landesteile oft genug wie ein Bleigewicht an dem Gesamtkörper unseres Volkes. Erst wenn die wirtschaftlichen Verhältnisse zwischen Osten und Westen sich, soweit es die natürlichen Unterschiede erlauben, werden ausgeglichen haben, wird das Deutsche Reich völlig marschfähig sein.«[37]

Unausgesprochen soll eine größere Siedlungsdichte im ländlich-konservativen Osten auch ein plebiszitär-politisches Gegengewicht zum industriellen Westen mit seinen »Arbeitermassen« bilden. Für die praktische Durchführung war die Staatsintervention (im Unterschied etwa zu den USA) noch aus einem besonderen Grunde angebracht:

»Einstweilen kommt für die weitere Besiedelung des Ostens mehr die Zerschlagung eines Teiles, und zwar des verschuldeten, wirtschaftlich kranken Teiles des Großgrundbesitzes in Betracht.«[38]

Die wirtschaftliche Bedeutung einer gesteigerten Agrarproduktion durch »Innere Kolonisation« sieht Hugenberg als relativ gering an:

»Was würde ein solcher sich doch auf Jahrzehnte verteilender Zuwachs gegenüber dem riesigen Anschwellen unseres Getreideverbrauches in den letzten Jahrzehnten bedeuten? — Nein, es hat keinen Zweck, dem Phantom einer derartigen Selbstgenügsamkeit nachzujagen. Unsere wirtschaftliche Selbständigkeit können wir uns nur durch die Sicherung und kapitalistische Erschließung politisch von uns abhängiger industrieller Absatzgebiete, tropischer Kolonien bewahren.«[39]

Und in merkwürdiger Aufhebung der praktischen Ergebnisse seiner Untersuchung, nennt er in seiner Schlußbetrachtung selbst einen über Erwarten erfolgreichen Verlauf der propagierten »Inneren Kolonisation« nur »eine blendende Kleinigkeit.« Sie löse nicht die Auswanderungsfrage und dürfe nicht

von der Tatsache ablenken, daß in demselben Augenblick, in dem der Deutsche sich der Macht seines Reiches rühmt, in Wahrheit seine Rasse an Kraft und Bedeutung gegenüber der russischen und der angelsächsischen, in deren Schlund wir Jahr für Jahr die neuen Schößlinge unserer Volkskraft hineinstoßen, unausgesetzt abnimmt. ... Nur auswärtige Ackerbaukolonien, d.h. Gebiete, in denen die Muttersprache unserer Auswanderer gesichert ist, nicht ‚innere Kolonisation‘ können uns in dieser Beziehung helfen.«[40]

Hugenberg hatte die ersten Teile seiner Dissertation im Winter 1887 geschrieben. »Persönliche Verhältnisse«, wie er im Vorwort sagt,[41] gestatteten es ihm jedoch erst Anfang 1891, die Arbeit zu vollenden. Ein Ereignis im Sommer 1890 hatte Hugenbergs Interesse für die äußere Kolonisation aktiviert und vielleicht zu den entsprechenden Formulierungen im Schlußteil der Arbeit beigetragen.

Der Griff nach Übersee

Am 17. Juni dieses Jahres veröffentlichte der »Reichsanzeiger« den Entwurf des Sansibar-Vertrages: Deutschland erhielt von England die Insel Helgoland, dazu die Küstenplätze Deutsch-Ostafrikas (die das Reich bisher vom Sultan von Sansibar nur gepachtet hatte) und den sogenannten Caprivi-Zipfel in Deutsch-Südwestafrika (ein Zugang zum Sambesi). England bekam Witu (im späteren Kenia), Uganda und Sansibar.[42] Reichskanzler Caprivi, der Nachfolger Bismarcks, wollte vor allem Deutschlands kontinentale Position gegen Frankreich und Rußland stärken.

»Mit Ihrer Kolonial- und Flottenpolitik,«

so hatte er einem Vertreter der deutschen Kolonialbewegung erklärt,

»schwächen Sie unsere territoriale Wehrkraft und bringen uns schließlich auch noch mit England auseinander, unserem einzigen natürlichen Bundesgenossen in diesem unabwendbaren, für die deutsche Zukunft entscheidenden Kampfe.«[43]

So betonte Caprivi auch in der Denkschrift zur Begründung des Sansibar-Helgoland-Vertrages für den Reichstag:

»Der Gedanke, um eines kolonialen Zwistes willen in letzter Instanz zum Zerwürfnis mit England gedrängt werden zu können, durfte keinen Raum gewinnen.«[44]

Die Reaktion der Vertreter eines deutschen überseeischen Imperialismus war scharf. Der »Gründer« von Deutsch-Ostafrika, Carl Peters, der auch Uganda zu annektieren hoffte, kritisierte: »Eine Badewanne für die zwei Königreiche Witu und Uganda!«[45] Der im März 1890 entlassene Bismarck, unter dessen Protektion die koloniale Expansion Deutschlands begonnen hatte,[46] ließ erklären, für Helgoland hätte nur Witu hingegeben werden sollen, mit Sansibar besonders wäre es zu teuer erkauft.[47]

Am 24. Juni 1890 erschienen in einigen der bedeutenderen deutschen Zeitungen (darunter die nationalliberale »Kölnische Zeitung« und die linksliberale »Frankfurter Zeitung«) ganzseitige Anzeigen zu einem politischen Thema: Vier in Zürich lebende deutsche Staatsangehörige[48] forderten die Öffentlichkeit zum Widerstand gegen den Sansibar-Vertrag auf:

Deutschland wach' auf!

Kein denkender Deutscher kann die Geschichte der letzten Jahrhunderte ohne tiefsten Schmerz lesen. Während in Frankreich und England aus den blutigen Wirren der Bürgerkriege in sich geschlossene Nationen hervorgingen, während diese Nationen mit weitausschauendem Blick in die Zukunft einen Theil unseres Planeten nach dem anderen erwarben, und besiedelten, zerfleischte sich Deutschland in unfruchtbaren Religionskriegen, erstarkten in Deutschland die früheren Feudalherren zu zahlreichen selbständigen Fürsten und Deutschland ging deshalb bei der Vertheilung der überseeischen Welt leer aus. Da brach die neue Zeit an. Preußen schweißte aus verschiedenen Bestandtheilen Deutschlands ein kräftiges Staatswesen zusammen und im Jahre 1871 entstand durch das opferfreudige Zusammenwirken der deutschen Stämme und ihrer Fürsten das deutsche Reich.

Nach den aufregenden Kriegsjahren trat Ruhe ein. Der größte Theil des deutschen Volkes mochte denken, es sei ja nun erreicht, was wir gewollt, und es gelte nur das Erreichte festzuhalten und gegen neue Angriffe zu vertheidigen.

Aber Tieferblickende sagten sich und jedem Anderen, der es hören wollte, daß das Erreichte zu wenig sei im Vergleich zu den furchtbaren Opfern an Blut, die es uns gekostet hatte, und daß die Last unserer kriegerischen Rüstung fast unerträglich genannt werden müßte, wenn sie nur dazu dienen sollte, die Sysiphusarbeit des Kampfes gegen Osten oder Westen von neuem zu thun. Die Einsichtigen meinten, die hunderte von Millionen, welche wir jährlich für unser Kriegswesen ausgeben, dürften nicht verlorenes Kapital sein, sondern sollten zinstragend angelegt werden. Mit anderen Worten: sie erklärten, daß die erworbene Machtstellung benützt werden müsse, um endlich einmal bei der

Der Marsch nach Übersee, Kaiser-Wilhelm II. (vorne) mit seinen Offizieren

Vertheilung der Erde als Empfänger mitzuwirken...

Der Vertrag spricht den Engländern das Sultanat Zanzibar zu ... Der Vertrag opfert ferner unsere Ansprüche auf Somaliland ...

Wir geben ... Dr. Peters und sein Werk preis, dessen kühnem und eigenmächtigem Vorgehen wir doch in erster Linie unseren ostafrikanischen Kolonialbesitz zu danken haben. Und was haben wir mit all' diesen namenlosen Opfern an wirklichem Besitz, Hoffnungen, Ansehen und Ehre erkauft? Wir bekommen Ostafrika bis zu den großen Seen, d.h. also **genau dasselbe**, *was durch einen früheren Vertrag von den Engländern bereits als unser Interessengebiet anerkannt worden ist.*

... Das ist ein Vertrag, wie Deutschland in überseeischen Angelegenheiten noch keinen geschlossen hat! Seit Olmütz haben deutsche Herzen keine ähnliche gleich schmerzliche Demüthigung erfahren ...[49]

Was die regierungsfreundlichen Parteien Deutschlands betrifft, so muß ihnen doch, wenn je, an diesem Beispiel klar geworden sein, daß es Umstände gibt, unter denen es die heiligste Pflicht gegen das Vaterland ist, einer Maßregelung der Regierung ein entschiedenes mannhaftes »Nein!« entgegenzusetzen.

Zwar hat nach der Verfassung das deutsche Volk nicht das Recht, in seinen auswärtigen Angelegenheiten selber mitzusprechen, aber trotzdem wird auch bei uns ein ausgesprochener Wunsch und Wille der Nation in den Regierungskreisen nicht unerhört verhallen. Wohlan denn, Deutschland wach' auf!

Laßt eine **Massenbittschrift** *an den deutschen Reichstag offen und unumwunden aussprechen, daß jener Vertrag die helle Verzweiflung in Tausenden geweckt hat, die mit jeder Faser ihres Herzens an Deutschland hängen.*

Wer kann ein Volk von 50 Millionen, das seine beste Kraft dem Kriegsdienst weiht, das jährlich über eine halbe Milliarde für Kriegswesen ausgibt, wer kann ein solches Volk

Im Lockruf des Geldes, Hugenberg bereist um die Jahrhundertwende die Vereinigten Staaten von Amerika

daran hindern, einen Vertrag zu zerreißen, der offenkundig dazu dienen soll, die kommenden Geschlechter um ihr Erbtheil am Planeten zu betrügen?! Wahrlich, zu groß wären unsere Opfer an Blut und Geld, wenn unsere militärische Macht uns nicht einmal die Möglichkeit verschaffte, unser gutes Recht auch da geltend zu machen, wo es die hohe Genehmigung der Engländer nicht findet.

Wir sind bereit, auf den Ruf unseres Kaisers in Reih' und Glied zu treten und uns stumm und gehorsam den feindlichen Geschossen entgegen führen zu lassen, aber wir können dafür auch verlangen, daß uns ein Preis zufalle, der des Opfers werth ist, und dieser Preis ist: einem Herrenvolk anzugehören, das seinen Anteil an der Welt sich selber nimmt und nicht von der Gnade und dem Wohlwollen eines anderen Volkes zu empfangen sucht.

Deutschland wach auf!

24. Juni 1890.[50]

Die Unterzeichner des Aufrufes erklärten drei Wochen später in einem Rundschreiben, sie hätten inzwischen zahlreiche (zustimmende) Zuschriften und Telegramme erhalten, aber der beabsichtigte Erfolg sei nicht eingetreten. Die gleichzeitig in Köln tagende Kolonialversammlung habe sich »leider nicht entschließen können, an die Spitze einer Bewegung zu treten, die im deutschen Volke zweifellos vorhanden ist...

»Der Regierung Halt zu gebieten, wenn sie einen Weg einschlägt, der von den Sachverständigen fast einstimmig als verfehlt bezeichnet wird, dazu mangelt es dem nationalgesinnten Bürgerthume an Willenskraft.

21

Wir haben ferner in Deutschland ein entschieden freisinniges Bürgerthum und eine sozialdemokratische Arbeiterschaft. Dieser Theil unseres Volkes zeigt, soweit die Oeffentlichkeit in Betracht kommt, für die Ausbreitung des Deutschthumes über andere Erdtheile weder Interesse noch Verständnis. So sehen wir das wundersame Schauspiel, daß die erbitterten Gegner unserer Regierung im Verein mit Stanley den Vertrag loben, während gerade die Regierungstreuen ihr Mißbehagen über den Vertrag nicht ganz verbergen können.

Wir haben endlich in Deutschland eine Presse, welche es meisterhaft versteht, zu vertuschen und tot zu schweigen, so daß die englischen Zeitungen mit einem Anscheine von Recht erklären können, die öffentliche Meinung in Deutschland sei im Ganzen mit dem Vertrage zufrieden.«[51]

Das national gesinnte Bürgertum als Muß-Opposition, während die (internationalistische) Linke den Vertrag lobt — hier wird die »nationale Opposition« geboren. Sie sollte zu einer zentralen Kampfparole der Deutschnationalen unter Führung Hugenbergs und ihrer nationalsozialistischen Verbündeten (und Konkurrenten) bei der Zerschlagung der Weimarer Republik werden. Heinrich Claß, der nach der Jahrhundertwende zu einem der führenden Vertreter dieser Bewegung wurde, nennt seine 1932 veröffentlichten Erinnerungen: »Wider den Strom. Vom Werden und Wachsen der nationalen Opposition im alten Reich.«[52] Rückblickend beschreibt er seine Stimmung beim Sturz des »Eisernen Kanzlers«:

*»Als ich die Nachricht von der Entlassung **Bismarcks** las, war ich wie vom Blitz getroffen. Und je mehr von den Umständen bekannt wurde, unter denen sie geschehen war, um so weniger verstand ich den Kaiser. Ich hatte das Gefühl, daß hier ein Unrecht begangen worden sei, an dem Deutschland zugrunde gehen müsse, wenn es aus dem Volke heraus nicht durch leidenschaftliche Auflehnung gutgemacht werde. ... Die Lehre des alten Franck[53] wurde in mir lebendig, daß ein nationaler Mann gegen seine Regierung stehen könne. Ich fügte bei mir hinzu, daß er es müsse, wenn die Regierung falsch und gefährlich, unsittlich und widerpolitisch handle. So war der 20. März 1890[54] für mich der Tag, an dem ich bewußt zur **nationalen Opposition** überging, die es im eigentlichen Sinne damals noch nicht gab. Je länger, je mehr mußte ich den neuen Kurs ablehnen. Aber aus dem Kampfgeist heraus, der seit Treitschkes Einwirkung in mir lebte, kam die Notwendigkeit, der Entwicklung Widerstand entgegenzusetzen, die an jenem Unglückstage begonnen hatte.«*[55]

»Nationale Opposition«, das bedeutete den Widerspruch derjenigen gegen staatliche Autoritäten, die selbst den autoritären Staat wollten. Im politischen und gesellschaftlichen System des kaiserlichen Deutschland, das von den meisten Nationalisten im Grundsatz bejaht wurde,[56] hatte diese Opposition oft einen antreibenden Charakter: zu »schlappe« Regierungen sollten scharf gemacht werden, um mit der »nationalen« öffentlichen Meinung im Rücken (sei es als Druck, sei es als Rückenwind) gegenüber konkurrierenden auswärtigen Mächten energischer auftreten und mehr fordern zu können. Hier zeigt sich ein weiterer Widerspruch: die autoritären und elitären Nationalisten appellieren ausgerechnet an den Reichstag,[57] wollen, daß die (im weiteren Sinne sozial konservativen) »regierungsfreundlichen Parteien« die Regierung unter Druck setzen. Diese Parteien, offensichtlich sind vor allem Konservative, Freikonservative und Nationalliberale gemeint,[58] sollen wiederum durch eine Massenbittschrift unter Zugzwang gesetzt werden.

Man muß sich dabei vor Augen halten, daß der Reichstag nach einem *relativ* fortschrittlichen Wahlmodus zusammengesetzt wurde: dem allgemeinen, direkten, gleichen und geheimen Wahlrecht für männliche Deutsche vom vollendeten 25. Lebensjahr an. In den meisten Bundesstaaten, darunter dem ausschlaggebenden Preußen, galt dagegen ein Besitz-Klassen-Wahlrecht. Der Reichskanzler und mit ihm der ganze Regierungsapparat entzogen sich jedoch der Kontrolle des Reichstages: der Kaiser ernannte und entließ die Kanzler. In einem Rechtskommentar von Edgar Loening, Jura-Professor an der Universität Halle-Wittenberg und Mitglied des preußischen Herrenhauses, heißt es deutlich:

>*Der Reichstag ist nach der Verfassung nur berufen zur* **Mitwirkung** *bei der Ausübung der Reichsgewalt durch den Kaiser und den Bundesrat.*[59] *Er hat die Reichsgewalt nicht selbst auszuüben. Er hat keine obrigkeitlichen Funktionen. Er kann keine Befehle, keine Anordnungen erlassen, abgesehen von solchen, die sich auf die Ordnung seiner eigenen Geschäftstätigkeit beziehen.*«[60]

Die Regierung war also nicht vom Vertrauen des Parlaments abhängig, die Handlungen der Exekutive, u.a. die gesamte *Außenpolitik*, waren der direkten Kontrolle des Reichstages entzogen und die Kommandogewalt des Kaisers wurde häufig extensiv ausgelegt. Auch das Wahlrecht war oft nicht geheim und nur deutlich weniger ungleich als etwa das preußische.[61] Letzteres genügte allerdings schon, um den geheimen Seehandlungsrat a.D. und Juristen Paul Schubart in seiner Darstellung der Reichsverfassung schreiben zu lassen:

>*Das allgemeine Wahlrecht ... führt allerdings leicht dazu, daß der rohen und unerfahrenen, aber zahlreichen Masse die Macht über die höheren Klassen der Gesellschaft verliehen wird, die Interessen jeder Bildung, Kultur und des Vermögens bedroht werden und durch die Quantität der besseren Qualität der Wähler Eintrag getan wird. Es läßt sich nicht verkennen, daß diese Übelstände in Preußen bei der Dreiklassenwahl wesentlich vermieden werden, und es ist größtenteils eine Folge dieses Wahlrechts, daß in Preußen, im Gegensatz zum Reiche, die Sozialdemokratie aus den Wahlen der Volksvertreter bis 1908 nicht siegreich hervorgegangen war.*«[62]

Auch die Beteiligung des Reichstages an der Gesetzgebung und der Aufstellung des Reichshaushaltes war vielen Konservativen ein Dorn im Auge — selbst wenn jede seiner Gesetzesinitiativen durch eine vom Bundesrat verfügte Auflösung des Reichstages während der laufenden Legislaturperiode blockiert werden konnte. Der jährlich festzusetzende Etat des Reiches bestand in den beiden Jahrzehnten vor dem ersten Weltkrieg zu rund 90 % aus Militärausgaben. Schon von daher war das Interesse der herrschenden Klassen berührt.

1912, als die Reichstagswahlen einen deutlichen — wenn auch machtpolitisch folgenlosen — Ruck zur Sozialdemokratie ergaben, schrieb Graf von Roon an die »Kreuzzeitung«:

>*Es war ein Irrtum unseres großen Bismarck, eine Überschätzung der Vernunft und des Patriotismus seines, unseres Volkes, als er dies Wahlrecht gab.*«[64]

Das Reichstagswahlrecht hatte zu einer Politisierung vor allem in der männlichen Bevölkerung geführt. Über die Qualität dieses politischen Bewußtseins kann man sehr kritischer Ansicht sein. Hier geht es nur darum, festzustellen, daß sich eine zunehmende Anzahl von Menschen im Deutschen Reich mit parlamentarisch-parteipolitischen Fragen beschäftigte. Dafür spricht u.a. die wachsende Wahlbeteiligung. Sieht man von dem Sonderfall 1871 ab, als die Wählerlisten noch verhältnismäßig ungenau geführt wurden und nur 50,7 % der Wahlberechtigten auch abstimmten, so betrug die Wahlbeteiligung in 1870er Jahren um 60 %, stieg seit 1887 auf über 70 % (Ausnahme 1898 mit 67 %), um 1907 und 1912 jeweils 84,5 % zu erreichen. Zeitlich in etwa parallel kletterte die Gesamtauflage der deutschen Presse. 1912 erschienen rund 4.000 Zeitungen und Zeitschriften mit einer Gesamtauflage von 5 — 6 Milliarden Exemplaren jährlich.[65]

Massenstimmrecht und Massenmedium bewirkten, daß eine reine Kabinettspolitik ohne öffentliche Legitimation immer mehr auf Schwierigkeiten stieß. Um die in Massenstimmrecht und Massenmedium enthaltenen demokratischen *Möglichkeiten* nach rechts hin zu kanalisieren (zur Konservierung der im weiteren Sinne bürgerlich-kapitalistischen Gesellschaft), mußten diese Instrumente manipulativ-elitär eingesetzt werden. Das gilt letzten Endes für die usamerikanische Hearst-Presse[66] genauso, wie für den britischen Northcliffe-Konzern. Hier ist die Bezeichnung »imperialistische Massenpresse«[67] angebracht, denn die innenpolitische Seite des modernen Imperialismus war die Integration der breiten Bevölkerungsschichten durch die Ablenkung nach Außen, die Zurückdrängung demokratischer Ansprüche durch die Beschwörung »nationaler« Ziele gegen gemeinsame äußere (und innere) Feinde. In *diesem* Sinne ist Hugenberg durchaus amerikanisch, ist seine Bewunderung für die Dynamik des US-Kapitals echt. Als Deutschnationaler hielt er jedoch die »kulturellen Werte« und das Erbe »seiner« Nation hoch. Für das Thema Öffentlichkeit in Deutschland hieß das: In einem Staat mit so konservativer Verfassung, wo Adel und Großbürgertum sich die Herrschaft teilten und die Masse des Bürgertums von der Emanzipation westlicher Länder weit entfernt war, mußte die Staatsvermitteltheit direkter, der Widerspruch zwischen Honoratioren-Steuerung und populistischem Anspruch größer und schwieriger zu lösen sein.

Vater der Alldeutschen

In ihrer Antwort auf die Zuschriften und Telegramme aus dem Reich zogen die Verfasser von »Deutschland wach' auf« eine plebiszitäre Konsequenz:

> *»In den zahlreichen Zuschriften, die aus Anlaß des »Deutschland wach' auf« uns zugingen, ist der Gedanke ausgesprochen worden, alle die Zustimmenden untereinander in Verbindung zu setzen, eine Art Nationalverein zu gründen, dessen Aufgabe es sein würde, bei ähnlichen Anlässen wie beim deutsch-englischen Vertrage öffentlich aufzutreten, **ohne Furcht und Scheu vor der Regierung oder den Parteileitern** auszusprechen, was unsere Herzen bewegt, was wir von einer nationalen Regierung verlangen wollen und dürfen. Der Wahlspruch einer solchen Verbindung gleichgesinnter Männer hätte zu sein: Deutschland über alles!«*[68]

Otto Bonhard, 1920 Geschäftsführer des ADV, der viele interne Vorgänge der Bewegung von 1890 kannte, schreibt, ein »Dr. Hugenberg, Hannover« habe die Organisation einer »völkischen Vereinigung« vorgeschlagen.[69] Da sie

> *»nur in Deutschland selbst ins Leben gerufen werden konnte, so übernahm dieser die weiteren Aufgaben der Sammlung ... Er wurde durch seine Anregung und Tätigkeit also ,der eigentliche Vater des Alldeutschen Verbandes'.«*[70]

Der »Alldeutsche Verband«: die erste Organisation der »nationalen Opposition«: nationalistisch, imperialistisch, völkisch und schließlich präfaschistisch.

»Deutschland wach auf!«, Hugenberg, der Vater des Alldeutschen Verbandes

Hugenberg, soviel steht fest, war die treibende Kraft der *Organisation*.

In einem Rundschreiben appellierte er an alle, die der »vorgeschlagenen nationalen Vereinigung«[71] beitreten wollen (oder die bereits ihren Beitritt erklärt haben), eine Adresse an Carl Peters zu unterschreiben.

> *»Erklärt sich Dr. Peters bereit, an die Spitze der Bewegung zu treten, so wird voraussichtlich der Erfolg gesichert sein.«*

Denn niemand sei geeigneter,

> *»als der soeben von einem glänzend durchgeführten Afrikazuge heimkehrende ... Erwerber Ostafrikas. ...*
> *Die hauptsächliche Vorbedingung eines Erfolges ist natürlich die Bereitwilligkeit einer genügend großen und ansehnlichen Anzahl von Herren, ihren Namen unter die Adresse zu setzen. Sie werden daher, insofern Sie mit derselben einverstanden sind, höflichst ersucht, einerseits selbst den übersandten Adressenentwurf mit Ihrer Unterschrift an den Unterzeichneten zurückzusenden, bzw. demselben die schriftliche Ermächtigung zur Benutzung Ihres Namens zu erteilen, andererseits mit Hilfe der Verzweigungen der persönlichen Bekanntschaft vertraulich dahin zu wirken, daß seitens anderer Herren dem Unterzeichneten die gleiche Ermächtigung erteilt werde. Besonders wird gebeten, unter den gebildeten Erwerbskreisen, als den unabhängigsten Elementen unseres Volkes für die Sache zu wirken. Doch kommt es immerhin zunächst weniger auf die Zahl der Namen, als auf die völlige Übereinstimmung der Gewonnenen mit den ausgesprochenen Zielen an: denn es muß Dr. Peters versichert werden können, daß unter denen, die um seine Mitwirkung bitten, nur zuverlässige Anhänger der Sache seien. ...*
> *Übrigens werden Sie nichts dagegen haben, daß die endgültige* **Redaktion** *der Adresse denjenigen Herren vorbehalten bleibt, welche sich demnächst zur Überreichung derselben an Dr. Peters bereit erklären werden. ...*

Hannover, *den 1. August 1890*

A. Hugenberg,
Dr.rer.polit.«[72]

Der Appell an die »unabhängigen«, »gebildeten Erwerbskreise«, die »vertrauliche« Organisation zur Beeinflussung von Öffentlichkeit und die letztlich zentrale Redaktion durch einige leitende Herren werden typisch für Hugenbergs Organisationspolitik.

Der erst 25 Jahre alte Gerichtsreferendar zeigt in seinem »Entwurf einer Adresse an Herrn Dr. Carl Peters« die Stoßrichtung der neuen Vereinigung:

> **»Fast noch schmerzlicher jedoch als durch das Abkommen selbst sind wir berührt durch die Aufnahme, die es in Deutschland gefunden hat. ...**
> *Zweifellos wird Deutschland — sei es im Frieden oder im Kriege — noch wiederholt in die Lage kommen, mit fremden Nationen über werthvolle überseeische Gebiete zu verhandeln. Haben wir dann nicht eine genügend starke öffentliche Meinung, welche für unsere nationalen Interessen eintritt, so wird es uns noch oft so ergehen, wie bei dem deutsch-englischen Vertrage.*
> *Es ist unser Wunsch und unsere Absicht, derartigen Möglichkeiten rechtzeitig vorzubeugen, indem wir einen unabhängigen, in der Bürgerschaft selbst wurzelnden Mittelpunkt für alle nationalen Bestrebungen unseres Volkes schaffen, einen Verein, der sich zur obersten Aufgabe die erziehliche Einwirkung auf das deutsche Volk im Sinne der Ausbildung einer einheitlichen, von großen Gesichtspunkten getragenen patriotischen Grundanschauung aller Bürger, im Sinne der Schaffung einer nationalen Moral setzt.*

"Afrika muß deutsch werden vom Tafelberg bis zum Atlas"

Carl Peters, der deutsche Kolonialpionier

Hugenberg hatte in seinem Anschreiben mitgeteilt, daß er »die vorläufige Geschäftsführung in dieser Angelegenheit« übernommen habe. Am 28. September 1890 trifft er sich mit nur 7 Gesinnungsgenossen in Frankfurt a.M. Den Vorsitz führt der Schwiegervater von Adolf Fick, der Leipziger Professor der Chemie, Johannes Wislicenus, »der nach seiner Stellung und Persönlichkeit zur Führung besonders geeignet erschien.«[74] Man beschließt, den einmal gewonnenen Zusammenhang weiter auszubauen. Dieses exklusive Treffen wurde später »als Geburtstag des Alldeutschen Verbandes« betrachtet. So formulierte es 1920 der Alldeutsche Otto Bonhard in seiner Verbandsgeschichte, die er im Auftrage der Verbandsspitze schrieb. Die offizielle Gründung fand erst im April 1891 statt. Carl Peters, der 1886 den »Allgemeinen deutschen Verband zur Förderung überseeischer deutsch-nationaler Interessen« gegründet hatte, zeigte zunächst wenig Neigung, an die Spitze des neuen Verbandes zu treten. Er will es mit der Regierung nicht verderben, die ihn schließlich 1891 zum kaiserlichen Deutschen Reichskommissar zur Verfügung des Gouverneurs von »Deutsch-Ostafrika«ernennt.

Am 1. Januar 1891 hatte das Deutsche Reich sein »Schutzgebiet« Ostafrika als staatliche Verwaltungskolonie mit einem Gouverneur an der Spitze übernommen. Im Frühjahr 1891, als der Streit um den Sansibar-Vertrag in der Öffentlichkeit abgeflaut war, erklärte sich Peters damit einverstanden, daß seine Gründung von 1886 mit der neuen Organisation verschmolzen wurde und ihr den Namen gab. Im Januar 1891 lud Peters »eine Anzahl Abgeordneter und sonstiger ein-

27

flußreicher Männer,«[75] darunter Hugenberg, zu einer Besprechung nach Berlin ein. Man einigte sich, und am 9. April fand in der Reichshauptstadt die Versammlung zur Gründung des »Allgemeinen Deutschen Verbandes« statt. In einer programmatischen Rede erklärte Carl Peters, der Verband müsse die Regierung zugleich stützen und treiben. Dann wurden die Satzungen beschlossen und ein Gründungsaufruf verabschiedet:[77]

»Aufruf!

,Gedenke, daß Du ein Deutscher bist.'
Friedrich Wilhelm, der große Kurfürst.

In die Mitte von Europa gestellt und an seinen Grenzen bedroht von fremden und feindlichen Nationalitäten, bedarf das deutsche Volk mehr als alle anderen Völker der vollen und einheitlichen Zusammenfassung seiner Kräfte, um seine Unabhängigkeit nach außen und die Entfaltung seiner Eigenart im Innern zu sichern. ...
Erst die großen Kämpfe von 1866 und 1870 errangen die Schaffung des deutschen Einheitsstaates und damit die Grundlage, auf welcher unser Volk den Wettbewerb mit anderen Nationen aufzunehmen vermag. ...
Es würde falsch sein, anzunehmen, daß durch die Errungenschaften der letzten Kriege die politische Entwicklung Deutschlands bereits ihren endgültigen Abschluß erreicht hätte. Noch ist der Ausbau des nationalen deutschen Reiches nicht beendet, und über See genießt unsere Flagge noch nicht das Ansehen, wie es der ersten Kriegsmacht Europas zukommt. Noch immer taucht alljährlich der große Strom unserer Auswanderung in fremden Nationalitäten unter, um daselbst dauernd zu verschwinden, und ein unter allen Umständen sicheres Absatzgebiet für unsere Industrie fehlt uns, weil uns eig'ne aufnahmefähige Kolonien in angemessenem Umfange fehlen. ...
In solcher Überzeugung hat sich der »Allgemeine Deutsche Verband« begründet... Der Zweck des Allgemeinen Deutschen Verbandes ist:
1. Belebung des vaterländischen Bewußtseins in der Heimath und Bekämpfung aller der nationalen Entwicklung entgegengesetzten Richtungen.
2. Pflege und Unterstützung deutsch-nationaler Bestrebungen in allen Ländern, wo Angehörige unseres Volkes um die Behauptung ihrer Eigenart zu kämpfen haben, und Zusammenfassung aller deutschen Elemente auf der Erde für diese Ziele.
3. Förderung einer thatkräftigen deutschen Interessenpolitik in Europa und über See. Insbesondere auch Fortführung der deutschen Kolonial-Bewegung zu praktischen Ergebnissen.
Als Mittel, wie diese Zwecke durch eine Verbandsbildung zu erreichen sind, fassen wir vornehmlich die Belehrung unseres Volkes durch Wort und Schrift ins Auge. ...
Auf diese Weise hoffen wir, die deutsche Nation mehr und mehr mit dem Geist einer entschlossenen Weiterentwicklung unserer nationalen Machtstellung in Europa und über See zu erfüllen. Aber das Volk vermag verfassungsmäßig auch unmittelbar in den Gang der Entwicklung einzugreifen. Durch die Mitarbeit der Volksvertretungen an der Gesetzgebung des Reiches ist der Weg gezeigt, auf welchem wir unsere Anschauungen sofort praktisch geltend zu machen vermögen. Es wird die Aufgabe des Allgemeinen Deutschen Verbandes sein, auf eine solche Zusammensetzung der parlamentarischen Körperschaften hinzuarbeiten, daß in denselben immer nachdrücklicher der Geist deutsch-nationalen Stolzes vorherrschend wird und ihre Haltung in den Einzelfragen vorwiegend bestimmt.«

Mit Rücksicht auf seine Staatsdienste war Carl Peters nur als Ehrenmitglied im Präsidium des Verbandes vertreten. Geschäftsführender Vorsitzender wurde der

Elberfelder Bankier Karl von der Heydt, Vorsitzender des Direktorialrates der Deutsch-Ostafrikanischen Gesellschaft. Mit dem Kommerzien-Rat Alexander Lucas, einem Direktor der Deutsch Ostafrikanischen Gesellschaft, als Schatzmeister saß ein weiterer Vertreter der Kolonial-Lobby in der Spitze des Verbandes. Insgesamt dominierte das *gehobene* Besitz- und Bildungsbürgertum, darunter führende konservative Politiker. Im Präsidium waren (neben Karl von der Heydt) der Oberbürgermeister von Augsburg, von Fischer; der Führer der Freikonservativen Partei, Wilhelm von Kardorff-Wabnitz (ein Gefolgsmann Bismarcks), der deutsch-konservative Reichstagsabgeordnete Julius Graf von Mirbach-Sorquitten und Professor Wislicenus. Im geschäftsführenden Ausschuß saßen weitere konservative Abgeordnete aus Reichstag und Preußischem Abgeordnetenhaus, dazu nationalliberale Professoren wie Ernst Hasse aus Leipzig und der Verleger der schwerindustriell orientierten »Rheinisch-Westfälischen Zeitung« in Essen, Theodor Reismann-Grone. Im Vorstand waren neben einer Reihe weiterer Hochschullehrer und Abgeordneter, darunter der Vorsitzende der Deutschkonservativen Partei, Otto Heinrich von Helldorf-Bedra, sowie einige führende Industrielle.[79] Zu nennen ist hier vor allem Emil Kirdorf, »der hervorragendste Führer unserer westlichen Großindustriellen«, wie ihn der bekannte Historiker und Publizist Hans Delbrück, der Herausgeber der »Preußischen Jahrbücher«, 1905 in seiner Zeitschrift nannte.[80]

Emil Kirdorf wurde am 8. April 1847 in (Düsseldorf-)Mettmann geboren und starb am 13. Juli 1938 in Mülheim/Ruhr. Die Beerdigung fand im Beisein des dankbaren Adolf Hitlers statt, den er schon vor der Weltwirtschaftskrise unterstützt hatte. Sein langes Leben steht — neben den ökonomisch-sozialen Veränderungen — auch für die Kontinuität gesellschaftspolitischer und ökonomischer Anschauungen und der Macht in der jüngeren deutschen Geschichte.[81]

Emil Kirdorf war ein Aufsteiger, er macht — ohne Kapitalbesitzer zu sein — die Karriere eines Managers: ein neuer Typ in der deutschen Industrie. 1873 wird er bei der von Adolph von Hansemann (Berliner Disconto-Gesellschaft, eine der großen deutschen Banken) und Friedrich Grillo (Zechen-Großbesitzer, dazu Maschinenfabriken) gegründeten »Gelsenkirchener Bergwerks-Aktien-Gesellschaft« kaufmännischer Direktor,[82] 1892 deren Generaldirektor.[83] Unter seiner Leitung wird die »GBAG« zu einem der großen Montan-Unternehmen Europas. 1882 kommt Kirdorf in den Vorstand des Essener Bergbaulichen Vereins,[84] 1889 in dessen Geschäftsführenden Ausschuß, 1904/05 wird er sein 2. Vorsitzender, 1913 Ehrenmitglied dieses Zechen-Zentralverbandes. 1893 waren dem Bergbaulichen Verein durch königliche Kabinettorder die Rechte einer juristischen Person verliehen; er wurde damit zu einer staatlich anerkannten Standesorganisation des Bergbaus.[85] Im selben Jahr organisierte Kirdorf das »Rheinisch-Westfälische Kohlen-Syndikat«; diese Neugründung übernimmt in der Phase der Hochkonjunktur ab Mitte der 1890er Jahre allmählich die »Gestaltung« der Preis- und Absatzpolitik vom Bergbaulichen Verein. Schon bei der Gründung gehörten ihm 98 von 160 Zechen mit 86,8 % der Ruhrgebietsförderung an. Zechen, die Hüttenunternehmen gehörten, blieben zunächst außerhalb, traten aber 1903 dem Syndikat bei. Der gesamte Absatz lief über die gemeinsame Verkaufsstelle, das Syndikat, das die Aufträge nach Quoten verteilte.[86] Vorsitzender des Aufsichtsrates war Emil Kirdorf. Das Syndikat wurde zur Basis seiner Macht. Kirdorf hatte auch im Bereich der Eisen- und Stahlindustrie Kontrollpositionen: 1891 wird der

General-Direktor Ausschußmitglied (das war die innere Führungsgruppe) und 3. Vorsitzender im »Langnamverein«.[87] Im mächtigsten industriellen Spitzenverband des Reiches, dem schwerindustriell beherrschten »Centralverband Deutscher Industrieller« wird er stellvertretender Vorsitzender des Direktoriums.

Kirdorf gehörte seit 1891 zu den ständigen Vorstandsmitgliedern[88] des Allgemeinen Deutschen Verbandes, der sich 1894 in »Alldeutscher Verband« umtaufte.

Die Verbandsgründung von 1891 schien zunächst ein Erfolg zu werden. Ende des Jahres zählte der ADV 10.000, im Mai 1892 sogar 21.000 Mitglieder.[89] Doch es kam zu einem schweren Rückschlag in den folgenden Jahren. Vor allem die hochkarätigen großbürgerlichen und adeligen Vertreter zeigten kein Interesse und keine Aktivitäten mehr. Die Gründe sind von der Forschung noch nicht hinreichend geklärt. Es überzeugt jedenfalls nicht, finanzielle Probleme[90] und mangelnde Organisation bis hin zu Kommunikationsschwierigkeiten zwischen Hauptleitung und Ortsgruppen[91] verantwortlich zu machen. Denn Geldmangel und fehlende Aktivitäten sind bei der großen Zahl der vermögenden und politisch versierten Förderer des ersten Jahres letztlich auf nachlassendes Interesse zurückzuführen. Gewichtiger ist schon, daß führende Mitglieder, darunter Karl von der Heydt, die Gründung einer »Nationalpartei« planten, weil »die bestehenden Parteien sich als unfähig«[92] erwiesen hätten. Das zielte vor allem auf Nationalliberale und (Frei-)Konservative, die im Verband zahlreich vertreten waren. Der tiefere Grund *könnte* eine erneute Hinwendung zur teils parlamentarischen, teil über »Beziehungen« zur Bürokratie laufenden Einflußnahme traditionellen Stils in der Auseinandersetzung mit Reichskanzler Caprivi sein. Eine rigorose außerparlamentarische, und wenn es sein mußte, auch antigouvernementale Opposition zu organisieren, blieb endgültig dem Hugenberg-Kreis vorbehalten.

»*Um den Verband vor dem völligen Verfall zu bewahren, fand auf Anregung der alten Hugenberggruppe eine Besprechung in Frankfurt/Main statt.*«[93]

Karl von der Heydt und Graf Mirbach schieden aus dem Präsidium aus. Neuer Vorsitzender wurde im Juli 1893 der schon genannte Leipziger Universitätsprofessor und nationalliberale Reichstagsabgeordnete (1893 — 1903) Ernst Hasse. Er war 1846, ein Jahr vor Emil Kirdorf, geboren und leitete bis zu seinem Tode 1908 den »Alldeutschen Verband«, wie er sich vom 1. Juli 1894 an nannte. Den Namen »Alldeutsch« hatte der Alterspräsident des Verbandes, August Diederichs aus der Bonner Ortsgruppe vorgeschlagen. Er »sollte das Bekenntnis zur völkischen, nicht an Staatsgrenzen gebundenen Gemeinschaft *aller* Deutschen zum Ausdruck bringen.«[94] In »Wer ist's?« von 1912 gibt der ehemalige Leiter eines privaten Knaben-Instituts eine durch Nichtigkeiten und Wiederholungen aufgefüllte eitel-skurrile Darstellung seines Lebenslaufes (sie ist länger als die des Reichskanzlers Bethmann Hollweg). Unter der Rubrik »LB« (= Lieblingsbeschäftigungen) vermerkt er: »Bekämpfung alles undeutschen Wesens und deutschunwürdigen Benehmens; Erörterung deutscher Sprachfragen.«[95]

Hasse war Vorsitzender des Leipziger Vereins für Handelsgeographie und Kolonialpolitik und gehörte zum Vorstand der Deutschen Kolonialgesellschaft, zu der auch schon Adolf Fick 1890 enge Beziehungen hatte. Der Volkswirt und Leiter des statistischen Amts der Stadt Leipzig war von einem Bündnis aus Nationalliberalen und Konservativen in der Reichstag gewählt worden. Er fühlt sich, wenn auch Abgeordneter der nationalliberalen Fraktion, nicht im engeren Sinne als Parteimann.[96] Er vertritt die rechte, »nationale Sammlung«, wie sie von unterschiedlichen Gruppen und in verschiedenen Auflagen bis hin zur Harzburger Front im Jahre 1931 immer wieder versucht worden ist. Die Vollendung oder besser gesagt die Vollstreckung blieb den Nationalsozialisten vorbehalten. Ihr »Drittes Reich« verstand sich als die »nationale Sammlung« schlechthin. Es geht hier nicht darum, alle Vertreter dieser Bewegung moralisch und politisch mit den gesamten nationalsozialistischen Inhalten und Methoden zu identifizieren, aber *es soll gezeigt werden, wie — zum Beispiel von 1890 aus betrachtet — viele deutsche Entwicklungslinien 1933 zusammenlaufen.* Das erklärt, warum bei den Anhängern und Unterstützern der nationalsozialistischen Regierung 1933 oft das Gefühl formuliert wurde, es seien alte Träume in Erfüllung gegangen. Das gilt auch für jene, die sich nicht als Parteileute im engeren Sinne begriffen.

In »dem politischen Glaubensbekenntnis,«[97] das Hasse bei seiner Kandidatur veröffentlichte, heißt es, er bekämpfe »die Internationale in jeder Gestalt, die rote sowohl wie die schwarze und die goldene, die Sozialdemokratie ebenso wie den Jesuitenorden und die internationalen Geldmächte«. Diese Ideologie entwickelte sich in einer Reihe von zeitgenössischen »nationalen« Parteien, Verbänden und Vereinen. Die meisten verstanden sich als »Bismarckianer« und wollten — trotz einzelner Streitpunkte — an dem von der Regierung Bismarcks geschaffenen politisch-ökonomischen Bündnis zwischen industriellem Großbürgertum und Junkern in erweiterter Form mit Einschluß möglichst großer Teile des Besitz- und Bildungsbürgertums festhalten. So konnte und wollte man Kritik an sozialen und wirtschaftlichen Zuständen nicht gegen die »bodenständige« Industrie richten. Man erfand die Trennung von »gutem«, weil bodenständig-nationalem, an Grund- und Hausbesitz gebundenem, Kapital und »schlechtem«, weil mobilem und internationalem Kapital, von »schaffenden« und »raffenden« Geldmächten — Vorstellungen, die später von den Nationalsozialisten aufgegriffen und verwertet wurden. Auf der einen Seite stand also die »deutsche« Fabrik, dargestellt vor allem von der Schwerindustrie — die Krupp, Thyssen, Stumm und Kirdorf; auf der anderen Seite Banken, Börsen, Händler, angeblich dargestellt von deutschen Juden. Diese Ideologie hält keiner näheren volkswirtschaftlichen Überprüfung stand, aber es gab ein Mittel, ihr den Anschein von Realität zu geben: Im »Reich« dieses mobilen Kapitals traten häufiger prominente Deutsche jüdischer Konfession auf. Das galt vor allem für die »rot-liberale« Hauptstadt Berlin. Und so konnte das neue Feindbild auf das Glücklichste mit den innenpolitischen Ressentiments vereinigt werden. Ein deutschkonservativer Reichstagsabgeordneter verlieh diesem Weltbild Ausdruck, als er während der Marokko-Krise 1911 forderte, die Regierung hätte die Verhandlungen mit England und Frankreich abbrechen sollen — was einer Kriegsauslösung nahegekommen wäre —, das

»würde im ganzen Lande ... mit hellem Jubel begrüßt worden sein«

und griffig formulierte:

»ausgenommen vielleicht von Bebel, Ballin und der Börse.«[98]

August Bebel war der Vorsitzende der Sozialdemokratischen Partei, Albert Ballin, der freisinnige Hamburger Jude, war General-Direktor der HAPAG.[99] Die »Neue Preußische Zeitung« (auch Kreuzzeitung genannt), das Berliner Sprachrohr der Deutschkonservativen Partei, tadelte knapp zwei Monate später die Friedensappelle in einer Reichstagsrede von August Bebel:

> *»Er prophezeite wieder einmal, der nächste Krieg werden den berühmten ‚großen Kladderadatsch' bringen. Selbst auf diese Gefahr hin wird das deutsche Volk den Krieg einer Demütigung vorziehen. ... Man braucht sich nicht zu wundern, daß der bloße Gedanke an einen Krieg der Börse und der Bankwelt ein Grauen ist ... aber die Macht des Kapitals ist heute schon so groß, daß kaum jemand laut auszusprechen wagt, was er über die dorther drohenden Gefahren für unsere nationale Würde und Selbständigkeit denkt.«* [100]

Heinrich Claß, der 1908 als Nachfolger Hasses Vorsitzender des Alldeutschen Verbandes wurde und es bis 1939 blieb, war ein scharfer Verfechter der völkisch-imperialistischen Ideologie und des »modernen« Antisemitismus. Und er sah sich mit Hugenberg, den er

> *»zu den geistigen Urhebern der alldeutschen Bewegung«* [101]

zählte, auf einer großen Linie. [102]

In seinen Erinnerungen schildert der Rechtsanwalt aus Mainz die Entwicklung zum Antisemiten — eine Erzählung, die die *schrittweise Transformierung des Liberalismus im »nationalen« Teil des deutschen Bürgertums* deutlich macht.

Claß hatte in seinen beiden ersten (Jura-)Semestern in Berlin auch den Historiker und Preußen-Verherrlicher Heinrich von Treitschke gehört. Es war des Vaters Wunsch, der Treitschke »einst in Heidelberg nahegestanden hatte,« [103] in der liberalen Zeit des Historikers.

> *»Mir war Treitschke der Meister, der mein Leben bestimmte. Von den Eltern her, besonders vom Großvater, war ich vorbereitet für das, was dieser größte Lehrer zu geben hatte. Da ich meine Seele ihm ganz anvertraute, nahm sie auch mit voller Überzeugung das Neue auf, das er ihr bot: die* **entschiedenste Ablehnung des Judentums.** *...*
> *Es war kein Zweifel: dieser Mann, unter dessen Bann ich stand, erblickte in dem Judentum einen Feind, eine Gefahr für sein Volk. Er, der alte Liberale, der aus der Jugendzeit jüdische Freunde besaß, hatte sich dazu erst durchringen müssen. Ich befaßte mich nun mit seinen früheren Aufsätzen, die in den »Preußischen Jahrbüchern« erschienen waren, und wurde ganz davon überzeugt, daß Treitschke richtig sah. Sein Wort »***die Juden sind unser Unglück***« ging mir mit meinen zwanzig Jahren in Fleisch und Blut über; es hat einen wesentlichen Teil meiner späteren politischen Arbeit bestimmt. ...*
> *Die Eltern und Geschwister konnten sich nicht genug erzählen lassen, als ich in den Ferien kam. Ein Schatten fiel für beide Eltern auf mein Berliner Erlebnis:* **meine Ablehnung des Judentums.** *Man muß bedenken, daß drei Worte über dem Denken und Trachten von Häusern, wie dem unserigen standen — drei Fremdworte: Patriotismus, Toleranz, Humanität. Das waren die politischen und menschlichen Ideale jener beiden Geschlechterfolgen, die ganz unter liberalen Einflüssen standen und auf die Gleichberechtigung aller Staatsangehörigen schwuren. Wir Jungen waren fortgeschritten: wir waren national schlechthin; wir wollten von Toleranz nichts wissen, wenn sie Volks- und Staatsfeinde schonte; die Humanität im Sinne jener liberalen Auffassung verwarfen wir, weil das eigene Volk dabei zu kurz kommen mußte. ...*
> *Meine Mutter meinte, die Großeltern würden entsetzt gewesen sein, solche Meinungen von mir zu hören.«* [104]

Hugenbergs »Verhältnis zum Judentum läßt sich am ehesten noch als indifferent umschreiben«, meint Heidrun Holzbach.

Der ewige Jude — deutschnationale Wahlpropaganda in der Weimarer Republik

»Auf der einen Seite zählte er einen Mann jüdischer Herkunft, wie Professor Ludwig Bernhard, bald zu seinem engsten Freundeskreis, und auch in seinem Konzern beschäftigte er später eine Reihe von Juden. Auf der anderen Seite hinderte er den radikalen Antisemiten Heinrich Claß, ... mit dem er eng zusammenarbeitete, keineswegs daran, die irrationale Judenhetze im Verband durchzusetzen. Auch in seinen Presseorganen *benutzte er antisemitische Vorurteile durchaus funktional, um politische Gegner zu schwächen.«* [105]

Mit dem Begriff »funktional« soll wohl gesagt werden, daß der Antisemitismus für Hugenberg keine »Herzenssache« war, sein Gefühl nicht dahinter stand, er privat mit Juden ganz nett sein konnte (immer gute Manieren, kein Streicher-Typ), »nur« der Verstand sich dieses Agitationsmittels bediente.

Auch in der Wahlpropaganda der seit 1928 von Hugenberg geführten Deutschnationalen Volkspartei wurde später dieser »funktionale« Antisemitismus sichtbar. Aber war die Trennung von Verlag (= Geschäft, denn einige fähige Journalisten israelischer Konfession konnte er verwerten) und Privatsphäre auf der einen sowie der öffentlichen politischen Propaganda auf der anderen Seite nicht eine Folge der Karriere Hugenbergs? Denn im deutsch-nationalen Teil von Großbürgertum und Adel hielt man als Antisemit die eigenen Freunde und Geschäftspartner für ausgenommen von der Feindschaft. Diese großbürgerliche Trennung von Lebenssphären war dem »plebejischen« Antisemitismus des Kleinbürgertums bis in den gehobenen »Mittelstand« hinein schlecht möglich.

Der ADV, seit 1893 reorganisiert, wuchs wieder und stabilisierte sich dann. Von 4.500 (1893) stieg die Mitgliederzahl bis zur Jahrhundertwende auf 22.000, ging dann, wohl durch die seit der Plauener Tagung sichtbare Radikalisierung bedingt, auf 17.000 zurück. Erst im Weltkrieg stieg die Zahl wieder an — auf rund 35.000 — um schließlich 1921/22 mit 40.000 einen Gipfel zu erreichen. [106] Schwer zu gewichten ist die Ausstrahlung, die der Verband durch die Aufnahme »nationaler« Vereine als korporative Mitglieder gewann. 1905 waren es 101 Organisationen mit 130.000 Personen. Diese Zahl wird 1913/14 sehr viel höher gelegen haben. Der Historiker Kruck weist zwar darauf hin, daß die Beteiligung der Korporativen an der Arbeit des ADV im allgemeinen nur gering gewesen sei, aber die publizistische Ausstrahlung (im weitesten Sinne) ist bisher in der Forschung kaum rekonstruiert worden. Die korporative Mitgliedschaft war häufig gegenseitig, und einige führende Stellungen im Verband und in Massenorganisationen wie Flottenvereine, Wehrverein, Reichsverband gegen die Sozialdemokratie und Kolonialgesellschaft waren in Personalunion besetzt. [107] So zählte z.B. der im Januar 1912 gegründete Wehrverein, der eine massive, alle bisher bekannten Dimensionen sprengende Aufrüstung propagierte, im Juni 1914 etwa 90.000 Einzel- und 260.000 korporative Mitglieder, darunter auch den Alldeutschen Verband. [108] Generalmajor a.D. August Keim, sein Vorsitzender, war zugleich (seit 1907) Geschäftsführender Vorsitzender (und faktischer Leiter) des Deutschen Flottenvereins, der 1913 rund 333.000 Einzel- und 790.000 korporative Mitglieder hatte. [109] Und August Keim war Mitglied der Hauptleitung des ADV. [110] Keim publizierte häufiger im »Tag« des Berliner Scherl-Verlages, den Hugenberg später kontrollieren sollte.

»Die Masse der Mitglieder«

des ADV, schreibt der Historiker Hartwig,

> *»kam aus der bürgerlichen und kleinbürgerlichen Intelligenz (durchschnittlich 50 %) sowie den oberen Schichten des Kleinbürgertums der Städte. Sehr hoch war der Anteil der Hochschullehrer und Lehrer.«* [111]

Im Jahre 1906 stellen sie zusammen 36 % aller Ortsgruppenvorsitzenden (davon wiederum 56 % Professoren).[112] Bei den Lehrern waren vor allem die Studienräte vertreten. 1904 gab es im (Gesamt-)Vorstand (276 Personen) 45 Professoren (davon 19 an einer Universität), 20 Studienräte, 7 Schuldirektoren, aber keinen Volksschullehrer.[113]

> *Wir sehen daraus vor allem die hervorragende Beteiligung der höheren Lehrerschaft. Unter ihrem Einfluß dürften alldeutsche Anschauungen auch weiterhin Eingang in die heranwachsende Jugend gefunden haben.«[114]*

Stark repräsentiert waren im Vorstand auch Ärzte und Apotheker (26), Rechtsanwälte (19), Fabrikanten (13) und Kaufleute (27), mittlere und höhere Beamte (18, mit einem Regierungspräsidenten 19), Offiziere (10) und Geistliche (9). Die große Berufsgruppe »Landwirte, Farmer« zählte dagegen nur 6 Vertreter.

»Träger des Verbandsgedankens waren vor allem die Angehörigen des nationalen Bürgertums, des gebildeten deutschen Mittelstandes.«[15] Mit den genannten Berufen war oft der soziale Status eines Honoratioren verbunden. Das gilt vor allem für die kleinen und mittleren bis hin zu den größeren Städten, die in vielen Regionen Deutschlands vorherrschten. In den gewachsenen Großstädten im engeren Sinne wurde der Rang dieser Bildungsschicht durch das (Handels-)Großbürgertum relativiert. Den Zwiespalt zwischen Honorationren-Club-Dasein und dem Anspruch auf propagandistische Massenführung hat der ADV nie überwinden können. Und dieser Widerspruch blieb auch — auf einer höheren Ebene — ein Grundproblem der Hugenbergschen Verbands- und Parteikonstruktionen bis zum Ende der Weimarer Republik. Erst die populistische NSDAP konnte ihn für die Rechte lösen.

Die soziale Basis des Alldeutschen Verbandes blieb — mit leichten Akzentverschiebungen — typisch für den *städtischen* Teil der Basis vieler »nationaler« Organisationen der Weimarer Republik.

Für die Öffentlichkeitsarbeit des ADV hatten die Reichstagsabgeordneten eine besondere Bedeutung. Die US-Historikerin Mildred Wertheimer zählt 60 von 1894 bis 1914. Das stärkste Kontingent stellten die Nationalliberalen, aber auch Deutsch- und Freikonservative sowie Antisemiten waren vertreten. Es gab in den Jahren nach der Jahrhundertwende zeitweise eine (anscheinend sehr lockere) interfraktionelle alldeutsche Vereinigung, die bis 1912 im Durchschnitt über 30 Mitglieder zählte.[116] Darunter waren: Diederich Hahn, einer der führenden Vertreter des Bundes der Landwirte, 1893 — 1903 Reichstagsmitglied als Hospitant bei den Deutschkonservativen, Vostandsmitglied der »Deutschen Tageszeitung« in Berlin (Motto im Zeitungskopf: »Für Kaiser und Reich! — Für deutsche Art! — Für deutsche Arbeit in Stadt und Land!«); Ernst Bassermann, 1905 — 1917 Vorsitzender der Nationalliberalen Partei und 1898 — 1903 sowie 1904 — 1917 Vorsitzender der nationalliberalen Reichstagsfraktion, und Gustav Stresemann, Mitglied des Zentralvorstandes der Nationalliberalen Partei, Präsidialmitglied des Bundes der Industriellen,[117] Syndikus des Verbandes Sächsischer Industrieller. Der Historiker Lothar Werner betont, daß längst nicht alle Mitglieder des ADV mit allen Zielen und Formulierungen der Leitung einverstanden sein mußten. Wieweit sich die alldeutschen Abgeordneten

> *»im Parlament dabei als Vertreter der alldeutschen Sache gefühlt haben, läßt sich freilich schwer feststellen und ebensowenig, in welchem Maße sie die anderen Abgeordneten ihrer Gruppen in diesem Sinne beeinflußten.«[8]*

Das Eintreten Stresemanns für deutsche Eroberungs-Kriegsziele im Ersten Weltkrieg zeigt jedoch den gemeinsamen nationalistischen und imperialistischen Rahmen, bei allen Unterschieden der politischen Taktik und Methode innerhalb dieser Klammer.

Von den Konfessionen dominierte die protestantische, aber es gab auch Katholiken und Juden.[119] Erst 1919 wurde der (rassistisch begründete) Antisemitismus auch in das offizielle Programm aufgenommen und Juden die Mitgliedschaft untersagt.

In den Satzungen des ADV wird auch der Begriff der Rasse formuliert. In der Fassung von 1903, die bis zur Bamberger Erklärung vom Februar 1919 in Kraft blieb, heißt es:

»Zweck.

§1. Der Alldeutsche Verband erstrebt Belebung der deutsch-nationalen Gesinnung, insbesondere Weckung und Pflege des Bewußtseins der rassenmäßigen und kulturellen Zusammengehörigkeit aller deutschen Volksteile.

§ 2 Diese Aufgabe schließt in sich, daß der Alldeutsche Verband eintritt:
1. für Erhaltung des deutschen Volkstums in Europa und über See und Unterstützung desselben in bedrohten Teilen;
2. für Lösung der Bildungs-, Erziehungs- und Schulfragen in Sinne des deutschen Volkstums;
3. für Bekämpfung aller Kräfte, die unsere nationale Entwicklung hemmen;
4. für eine tatkräftige deutsche Interessenpolitik in der ganzen Welt, insbesondere Fortführung der deutschen Kolonialbewegung zu praktischen Ergebnissen.«[120]

In der historischen Literatur zum (zweiten) Deutschen Kaiserreich wird oft betont, der Rassenbegriff sei damals kulturell und nicht (erb-)biologisch gewesen. So wie etwa englische Zeitgenossen in ihren Schriften von englischer und deutscher »Rasse« gesprochen hätten. So nennt z.B. Heidrun Holzbach den »völkischen Nationalismus« in Hugenbergs Dissertation von 1891 »eher ökonomisch-kulturell als rassisch-biologisch motiviert«[121] (wobei Hugenberg das Wort »Rasse« schon benutzt). Seit den 1890er Jahren aber wurde der Rassenbegriff allmählich transformiert und zu einem Gemisch aus historisierenden ethnisch-linguistischen und erbbiologisch-anthropologischen Definitionen. Der ADV-Vorsitzende Ernst Hasse sprach schon 1894, bei der Erörterung des deutsch-russischen Handelsvertrages, von den »Gefahren einer Überschwemmung des Reichsgebietes mit slawisch-semitischen Elementen des Ostens.«[122] Deshalb forderte er bei der Erneuerung des Abkommens 1904,

»daß die Zahl der Rassefremden, namentlich der Slawen und Semiten ... nicht noch größer wird, vor allem aber, daß diese Fremden durch Zuzug aus dem Auslande in ihrer Eigenart nicht weiter bestärkt werden, endlich aber daß durch weitere Vermischungen mit slawischem [sic] und semitischem Blute das eigentliche deutsche Volk in seiner Blutmischung nicht noch mehr verschlechtert wird, als dies bereits geschehen ist.«

Die zitierte Satzung des ADV unterscheidet 1903 ausdrücklich zwischen »rassenmäßig« und kulturell.

1912 schrieb der Verleger Reismann-Grone an Hermann Burte:

»Ich habe Ihr Buch vom ewigen Deutschen gelesen und aus mitschwingendem Herzen wohl verstanden. Es ist der Notschrei um das untergehende Germanentum — und es ist wahr, es wird untergehen, wenn wie bisher aller Kampf der Schlachtfelder und der Her-

zen auf die Blonden fällt. Aber noch sind wir nicht wehrlos, und wir brauchen nicht mißtröstig [sic] zu sein, denn wenn auch gerade die Kämpfe auf die Blonden fallen, so sollen wir auch Kämpfer sein, weil wir es können. Wenn ich mich auch in Süddeutschland auf das flache Land begab, sogar in Elsaß und in Südbaden, so sah ich doch noch immer, daß die Blonden da sind; nur in den Städten sterben sie aus. Was wir brauchen, ist nur die Erkenntnis eines gemeinsamen Blutbundes, wir müssen die alten Begriffe umändern; statt Königtum das Volk; statt Religion Sittlichkeit; statt Bildung Sprache und Kunstgefühl; **statt Menschentum Rasse«**[123]
(Hervorhebung vom Verfasser).

Noch prägnanter formulierte Claß in einem Brief an Reismann-Grone,

>*daß der russisch-slawische Haß sich nicht auf Österreich beschränkt, sondern allem Deutschen gilt, und daß er geboren ist aus den Rassenanlagen der Slawen.«*[123a]

Diese Formel verdichtete im April 1913 nur die breite Diskussion in der deutschen Öffentlichkeit über den (End-)Kampf zwischen »Slawen und Germanen«. Sie war vom Reichskanzler durch eine Bemerkung im Reichstag ausgelöst worden, fiel auf schon fruchtbaren Boden, wurde von vielen Zeitungen aufgegriffen und erreichte auch den Kaiser. So galt der ADV weit mehr als ein elitärer Klüngel ohne Massenbasis: Er war die Spitze des Eisberges, die zugespitzte Tendenz einer deutschen Entwicklung: von ihr geboren und auf sie zurückwirkend.

1912 veröffentlichte Claß unter dem Pseudonym Daniel Frymann das Buch: »Wenn ich der Kaiser wär'.«[124] Darin forderte er, den deutschen Juden die Staatsbürgerschaft abzuerkennen und sie unter Fremdenrecht zu stellen. Die Juden sind ihm

>*das geborene Volk des Geld- und Zwischenhandels, deren Instinkt und Geistesrichtung auf den Erwerb geht ... Die Träger und Lehrer des heute herrschenden Materialismus sind die Juden; seine deutschgeborenen Anhänger sind den angeborenen Instinkten entfremdete Verführte ... diese volks- und rassenfremden Gäste auf deutschem Boden ... Und dem Gesetze seines Wesens entsprechend — keiner kann aus seiner Haut, das gilt auch für alles rassenmäßig ererbte — ist der Jude in allem, was er angreift, Jude ... ohne Liebe für das geschichtlich und organisch gewordene; wird er Anwalt, so wirkt er zersetzend, weil seine angeborenen Rechtsbegriffe im Widerspruch stehen zu denen, die dem geschriebenen deutschen Rechte innewohnen.«*[125]

Hier ist das biologistische (biologisch-wissenschaftlich unsinnige) Vokabular, ist der Rassen-Antisemitismus voll entwickelt. Das könnte Original-Ton Adolf Hitler sein.

Ein besonderes Kapitel widmet Claß der Presse.

>*Das Judentum hat die Hand auf die Presse gelegt.«*[126]

Es ist

>*die jüdisch-sozialistische und jüdisch-pseudoliberale Presse ... Man denke nur an die verwüstende Tätigkeit der Berliner jüdisch-radikal-demokratischen Zeitungen vom ,Berliner Tageblatt' bis zur ,Welt am Montag', und man weiß, daß fast in jeder größeren Stadt ähnliche Blätter erscheinen, die, ohne sich zum Sozialismus zu bekennen, durch ihre zersetzende Publizistik schließlich geradeso schädlich wirken, wie die anarcho-sozialistischen. Nichts steht solchen Blättern fest, nichts ist ihnen heilig; ohne Ehrfurcht und Scheu wird mit flacher Afterlogik alles Bestehende vor den Richterstuhl der sog. [ernannten] Vernunft gezogen.«*[127]

Zur »wirkungsvollen Bekämpfung der Sozialdemokratie« sei »die vollständige Unterdrückung ihrer Parteipresse notwendig«. Das Presserecht soll geändert werden:

> *man muß eine gesetzgeberische Lösung versuchen, die den nachteiligen Folgen des ,freien Spiels der Kräfte' auf diesem für das geistige, sittliche, politische Leben des Volkes entscheidend wichtigen Gebiete dauernd vorbeugt. Man wird das Vertrauen haben dürfen, daß die Herausgeber und Redakteure der **nationalen** Presse gewissenhafte und treue Berater sein werden, wenn es gilt, diese schwierigste und feinste Aufgabe der geistigen Reform in Angriff zu nehmen ...«[128]*

Weiter verlangte Claß, »daß wir tätige äußere Politik betreiben, sagen wir ruhig aggressive.«[129] Deutschland müsse sich ausdehnen — in Südeuropa und Übersee. Aber auch westlich und östlich von seinen Grenzen könne man im Kriegsfall Siedlungsland erwerben. Auf den Hinweis, daß diese Gebiete ja schon besiedelt seien, antwortete der ADV-Vorsitzende, zur Not müsse man sie eben »evakuieren«, gewaltsam entleeren.

> *»Wer historisch denken gelernt hat, dem werden sich die Haare sträuben, wenn man verlangt, daß ein von Europäern besiedeltes Land ,evakuiert' werden soll, was die gewaltsame Unterbrechung einer vielen Jahrhunderte alten Entwicklung bedeutet ...«[130]*

Es sei auch nur ein

> *»Hilfsmittel in äußerster Not ... für den Fall, daß übermütige Feinde uns angegriffen haben und dann von uns niedergeworfen sind; mit anderen Worten, an einen Angriffskrieg zur Wegnahme fremden Landes zum Zwecke der Evakuierung sollten wir nicht denken, uns aber daran gewöhnen, eine solche Maßregel für zulässig zu halten als Antwort auf einen gegnerischen Angriff ...«*

Diese Schuldzumessung entspricht der Taktik der deutschen Reichsregierung im Ersten Weltkrieg, wie Claß überhaupt große Teile der Kriegszielproblematik vorwegnimmt. Denn:

> *»ein Raubkrieg widerspricht unseren Begriffen, eine Strafe für ruchlosen Überfall erscheint uns gerechtfertigt, auch wenn sie diese härteste Form annimmt, denn ,Not bricht Eisen'.«* Doch sogleich wird der Begriff der Verteidigung großzügig erweitert: *»Einem Verteidigungskrieg in diesem Sinne darf auch ein von deutscher Seite angriffsweise geführter gleichgeachtet werden, den wir unternehmen müßten, um den Gegnern zuvorzukommen.«* Und schon vor diesen Sätzen hatte Claß durch seine Wachstumsideologie die Friedensfrage im Grunde zu einem zweitrangigen Problem gemacht: *»Aber wenn man gerade der besonderen Lage des deutschen Volkes ganz auf den Grund geht, das in Europa eingeschnürt ist und unter Umständen bei weiterem starken Wachstum ersticken würde, wenn es sich nicht Luft macht, so wird man erkennen müssen, daß der Fall eintreten kann, wo es vom besiegten Gegner im Westen oder Osten menschenleeres Land verlangen muß ...«*

Heinrich Claß war übrigens nicht der erste, der von »Evakuierung« sprach.[132] »Wenn ich der Kaiser wär'« wurde in vielen deutschen Zeitungen besprochen. Bereits im Frühjahr 1914, knapp zwei Jahre nach der ersten Ausgabe, erschien die fünfte erweiterte Auflage (21. — 25. Tausend). 1920 trifft Adolf Hitler, Vertreter einer der vielen gegenrevolutionären und völkischen Gruppen, Justizrat Claß in Berlin. Der ADV-Vorsitzende verfügt zu dieser Zeit über erhebliche Gelder (die zum Teil aus dem von der Schwerindustrie geschaffenen »nationalen Zweckvermögen« stammen).

»In der überschwenglichen Art, die ihm in seinen jungen Jahren eigen war, küßte Hitler dem Justizrat die Hände und bekannte sich als seinen treuen Schüler. Er hätte ... nach der Lektüre von ,Wenn ich der Kaiser wär' die Überzeugung gewonnen, daß in diesem Buch alles für das deutsche Volk Wichtige und Notwendige enthalten sei.«[133]

Die Organisation des ADV entsprach den Vorstellungen Hugenbergs: viele »dezentrale« Ortsgruppen, die eigene Aktivitäten entfalten. Den Rahmen steckte jedoch die kleine Verbandsspitze, von der auch die größeren Initiativen ausgingen. Dabei prägte immer stärker der Verbandsvorsitzende die politische Stoßrichtung. Unter Claß setzte sich endgültig dieses »Führerprinzip« durch.

Die Germanisierung der Ostmark

Nach der Gründung des Alldeutschen Verbandes erhielt Hugenberg bald ein weiteres Experimentierfeld für seine Fähigkeiten zur Organisation »nationaler« Interessen. Doch zuvor ein kurzer Blick auf den Lebenslauf: Nach seiner Promotion dient der 23jährige als Einjährig-Freiwilliger beim Feldartillerie-Regiment von Scharnhorst (1. Hann. Nr. 10; ab 1. Oktober 1888), tritt 1891 zur Verwaltung über und arbeitet im Regierungsbezirk Hildesheim. 1893 wird er Regierungsassessor, vertritt 1894 den Landrat in Wesel und geht im Sommer 1894 zur Ansiedlungskommission nach Posen.[134] Von Bismarck 1886 gegründet und ausgestattet mit einem Fonds von 100 Millionen Mark kaufte die »Ansiedlungskommission für Westpreußen und Posen« »Großgüter aus polnischem und deutschem Besitz«, parzellierte und besiedelte sie mit deutschen Bauern.[135] Dieser bäuerliche Mittelstand sollte die eingesessenen Polen zurückdrängen. Hugenberg wurde bald der Hauptberater des Kommissions-Präsidenten Rudolf von Wittenburg und organisierte die Kommission neu. Er stellte eine Handakte für Verwaltungsbeamte zusammen, die, wegen der Farbe ihres Umschlages, »der rote Hugenberg« genannt wurde.[136] Der Regierungs-Assessor schlug seinem Präsidenten moderne Anwerbungsmethoden vor:

»In den Kreisblättern Niedersachsens Anzeigen aufgeben und Vermittlungsbüros einrichten.«[137]

Hugenberg regte weiter an, die Siedler in Genossenschaften zusammenzufassen, um sie wirtschaftlich unabhängiger (auch von staatlicher Unterstützung) zu machen. Sie sollten »Selbsthilfe, Selbstverantwortung und Selbstverwaltung lernen.«[137a] Die Kommission wandte sich deshalb an die Raiffeisenzentrale in Neuwied (Rheinprovinz) und schlug die Einrichtung eines Genossenschaftsverbandes für die Provinz Posen vor. Im Zuge einer turnusmäßigen Beförderung[138] wird Hugenberg im Juni 1899 zum Oberpräsidium nach Kassel versetzt. Im Februar 1900 läßt er sich vom Staatsdienst beurlauben und geht als erster Direktor des neuen Provinzialverbandes der Raiffeisengenossenschaften nach Posen zurück.[139] Die Zusammenarbeit von Genossenschaften und Ansiedlungskommission wird organisiert. In den Genossenschaften sieht Hugenberg die »wirtschaftliche Organisation des seiner selbst bewußten Deutschtums«. Um die überwiegend von Polen bewohnte Provinz zu germanisieren, werden in den folgenden Jahren alle polnischen Mitglieder aus der Genossenschaft herausgedrängt, wird der Posener Raiffeisenverband auf »völkische Grundlage« gestellt, wie es Hu-

genbergs Freund Leo Wegener später formulierte.[40] Mit der Gründung der Poser Landgenossenschaftsbank finanzierte der Raiffeisen-Direktor Molkereien, Brennereien, Einkaufs- und Verkaufsvereine. Ein weiteres neues Unternehmen, die Deutsche Lagerhaus Posen, organisierte den Getreidegroßhandel — zum »Haß des ganzen Zwischenhandels.«[141] Die Deutsche Lagerhaus war eine Gesellschaft mit beschränkter Haftung.

> *»Hier wurde zum ersten Male in einem ländlichen Genossenschaftsverbande die kapitalistische Gesellschaftsform angewendet, was 1901 nicht die Zustimmung des Deutschen landwirtschaftlichen Genossenschaftstages in München fand.«[142]*

Die GmbH gab die »Sicherheit« (und den relativen Zwang), daß das Grundkapital unkündbar zusammenblieb, während bei einer Genossenschaft jedes Mitglied spätestens zwei Jahre nach der Kündigung ausscheiden und sein Geld zurückverlangen konnte. Als Leiter des Verbandes ländlicher Genossenschaften Raiffeisenscher Organisation in Posen war Hugenberg dort auch der erste Filialdirektor der Landwirtschaftlichen Zentral-Darlehenskasse für Deutschland. So entstand das

> *»Gerüst einer zusammengeballten Wirtschaftsmacht der deutschen Siedler und Altbauern, die den nationalpolnischen Wirtschaftsvereinigungen gegenübergestellt werden sollte.«[143]*

Es gab eine enge Kooperation zwischen den zuständigen Berliner Geheimräten im Landwirtschaftsministerium und Innenministerium Preußens und den Mitgliedern der Ansiedlungskommission in Posen. Und in der Raiffeisenzentrale »regierte Hugenberg, der mit allen diesen Männern befreunet war.«[144] Zu Konflikten — wohl auch wegen der aggressiven antipolnischen Politik[145] — kam es dagegen mit der Zentrale in Neuwied. General-Direktor Heller, so meint Leo Wegener aus dem Hugenberg-»Freundeskreis«, habe u.a. das »Geschrei der Händler« in Versammlungen, Presse und Landtag genutzt,

»um Hugenberg herauszuekeln, denn er fürchtete den klugen und fleißigen Filialdirektor als seinen zu frühen Nachfolger.«[146]

Der kündigte im Frühjahr 1903 und ging gleich eine Etage höher: ins preußische Finanzministerium (ab 1. Oktober 1903 als »Hilfsarbeiter«). Unter Georg Freiherr von Rheinbaben wurde er Vortragender Rat (1904) mit dem Titel Geheimer Finanzrat[147], erhielt die Referate über Genossenschaftswesen und Ostfragen. Er protegierte jetzt Siedlungsgesellschaften, die »gemeinnützig«, aber als Geschäft betrieben werden sollen, wie es in einer »Denkschrift über innere Kolonisation« aus dem Jahre 1906 heißt.[148] Hugenberg verfaßte sie für den internen Gebrauch der Behörde.

Als erste Siedlungsgesellschaft war 1905 die Ostpreußische Landgesellschaft mbH entstanden. Das Kapital stellte sowohl der preußische Staat (die Königliche Seehandlung) wie privatwirtschaftliche Kreditinstitute. Ein Jahr zuvor hatte Hugenberg zusammen mit dem Direktor der Posenschen Landesgenossenschaftsbank, seinem Freund Leo Wegener, die Deutsche Mittelstandskasse zu Posen GmbH organisiert. Es folgten die Deutsche Bauernbank für Westpreußen GmbH (1906) und die Kreditanstalt für Städtische Hausbesitzer der Provinzen Posen und Westpreußen (1907). Alle diese Gründungen waren »Kampfinstitute«, wie Ludwig Bernhard, seit 1904 Professor an der Akademie in Posen und politischer Weggefährte Hugenbergs, sie nannte. Sie dienten, so Hugenberg selbst in einem Brief an einen Ministerialdirektor im Preußischen Finanzministerium, als »eine gesunde Grundlage für ein konzentrisches Vorgehen zur Stärkung des östlichen Deutschtums auf allen Gebieten.«[149] Für die Zukunft dachte der geheime Finanzrat noch weiter, an eine »Germanisierung des Polentums« selbst. Dazu sei aber, wie er dem ADV-Vorsitzenden Hasse schrieb, die Zeit erst reif, wenn in den Ansiedlungsprovinzen »das Deutschtum nicht mehr in der Verteidigungsstellung, sondern in einer starken Angriffsstellung« sei. Die dazu notwendige »wirtschaftliche Machtverschiebung« wollte Hugenberg einleiten: Man müsse »dem Polen offen« sagen:

»Was die jeweiligen Gesetze, die wir jederzeit zu ändern in der Lage sind, strikte vorschreiben, ist dein Recht. Darüber hinaus gibt es für dich **nichts** *— keine Rücksicht, keine Vergünstigung. Was wir an solchen zu vergeben haben, namentlich auf wirtschaftlichem Gebiete, erhalten die Deutschen.«[150]*

Hugenberg hatte in Berlin — wenn auch mit geringerem Gehalt als auf dem Posten des Doppel-Direktors in Posen — seinen Einfluß auf die Ansiedlungspolitik verstärkt. Um und mit ihm sammelte sich eine »Gruppe junger Staatsbeamter«, dazu Leo Wegener als intellektueller Pol und Ludwig Bernhard. Dieser »Freundeskreis«, so schreibt Bernhard, »spielte seit 1904, ich möchte geradezu sagen, die Rolle einer Nebenregierung in der ostmärkischen Ansiedlungspolitik.«[151] Den Höhepunkt ihrer politischen Wirksamkeit erreichten sie 1908 mit der Durchsetzung eines neuen preußischen Gesetzes. Es sah in bestimmten Fällen die Enteignung polnischer Großgrundbesitzer vor.

Ludwig Bernhard beschrieb in der Berliner Scherl-Zeitung »Der Tag« die gouvernementalen Bedenken gegen das Gesetz vom 8. März 1908:

»Die Regierung hielt den Gedanken, Güter aus politischen Gründen zu enteignen, für so radikal, daß es dauernder und schwerer Enttäuschungen bedurfte, bis endlich der Ministerpräsident Fürst Bülow sich entschloß, vom Landtag das Enteignungsgesetz zu verlangen.«[152]

Die Regierung hatte sich stark auf die Berichte der Ansiedlungskommission gestützt. Die Fachreferenten des Innen- und des Finanzministers gehörten zum »Freundeskreis«: Friedrich von Schwerin und Alfred Hugenberg, ebenso Arnold Wahnschaffe, Unterstaatssekretär in der Reichskanzlei — Bülow war ja zugleich Reichskanzler. Im preußischen Herrenhaus soll der schon erwähnte Schwiegervater Hugenbergs, der Frankfurter Oberbürgermeister Franz Adickes, dem Gesetz mit auf die Beine geholfen haben.[153] Die nun so deutlich sichtbare neue Qualität im antipolnischen Nationalitätenkampf erregte jedoch großen Widerstand nicht nur bei den Polen. Das preußische Dreiklassen-»Parlament« vertrat nicht die Mehrheit der Bevölkerung. Die Regierung, so klagte 1912 Ludwig Bernhard im »Tag«, »zögerte ... von der Waffe, die sie gefordert hatte, Gebrauch zu machen.« Zwar hatten die Männer des Freundeskreises »weit über ihre formelle Zuständigkeit hinaus« in die Amtsgeschäfte eingegriffen und manchmal »sogar gegen die Beschlüsse der zuständigen Instanzen« gehandelt[154], aber die Konspiration war an ihre Grenzen gestoßen: Es fehlte ihr die breite politische Rückendeckung. Auch die »Kampfinstitute« erreichten die angestrebte »wirtschaftliche Machtverschiebung« nicht, wie Heidrun Holzbach im Unterschied zu dem Historiker Guratzsch kritisch betont, aber sie trugen zur deutsch-polnischen Polarisierung und zur Ideologisierung von Agrariern und Bürgerlichen in den preußischen Ostprovinzen bei. Eine neue Dimension bekam die »Ostpolitik«, wie Wegener sie nennt[155], nach dem Balkankrieg 1912.

»Die Lehren des Balkan-Krieges für den völkischen Gedanken« heißt eine Rede von Friedrich Siebert in der Nationalliberalen Partei Münchens (Januar 1913). Siebert, der aus der jungliberalen Bewegung kam, erwähnt das Schlagwort vom kommenden Kampf zwischen Germanen und Slawen und sagt knapp:

> »So heißt denn die Aufgabe des Deutschtums Kolonisation des Ostens, völkische Aufforstung.«[155]

Politische Öffentlichkeit

Eine Zusammenstellung von Hugenbergs Reden und Publizistik vor dem ersten Weltkrieg fehlt. 1894 sprach er bei einem Anwerbungsbesuch für die Siedlung im Osten in Hannover kritisch über den Sansibar-Vertrag. Ein »Linksblatt«, berichtet Kriegk, habe daraus »eine politische Sensation« gemacht und unterstellt, es sei von einem »Regierungspräsidenten« Hugenberg zum »Sturz des Reichskanzlers Caprivi« aufgefordert worden.[156] »Nach Posen ging ein sehr ernster Verweis.« Hugenberg drohte mit seinem Abschied, wenn der in die Personalakte komme. Präsident Wittenburg von der Kommission soll der Anweisung aus Berlin zum Akten-Eintrag nicht gefolgt sein. Im selben Jahr kritisierte Hugenberg in einer Artikelfolge der »Alldeutschen Blätter«[157] den »Preußische[n] Staat als Polonisator«:

> »Und so haben wir denn ... das erbauliche Schauspiel vor uns, daß auf der einen Seite die Königliche Ansiedlungskommission zu Posen mit staatlichem Gelde **germanisiert**, während auf der anderen Seite die gleichfalls Königliche! — Generalkommission zu Bromberg mit staatlichem Kredit polonisiert.«[158]

Auch für einen großangelegten deutschen Schlachtflottenbau machte Hugenberg 1896 persönlich Propaganda.[159] Nach den Erfahrungen des Jahres 1894 — 96 hat er sich während seiner Zeit als Regierungsbeamter, in der Öffentlichkeit mehr zurückgehalten, wenn seine Ansichten nicht zur Regierungslinie paßten, »in der Stille« gewirkt. Das gilt auch für den ADV, dessen Vorstand er bis Ende 1903 angehörte. Um ein leitendes Amt im engeren Sinne bewarb Hugenberg sich nicht. Er wollte vermeiden,

> »daß meine Eigenschaft als alldeutscher Bazillenzüchter aller Welt durch eine Wahl in den Ausschuß oder in anderer Weise bekannt gemacht wird,«

schrieb er 1908 an Claß.[160] Aber er blieb in ständigem Kontakt mit dem Vorsitzenden, so wie er auch schon die Verbindung mit dessen Vorgänger Hasse gepflegt hatte. Die — mehr oder weniger — versteckte Zusammenarbeit mit dem ADV blieb also bestehen. Ohne daß sie hier im einzelnen dargestellt werden kann, zwei Beispiele. Sie zeigen die Bandbreite *versuchter* Indoktrination von der Posener Zeit bis zum Kriegsausbruch: 1897 gründete Hugenberg den »Evangelischen Verein für Waisenpflege in der Ostmark.« Sein Ziel sollte es sein,

> »großstädtische Waisenkinder zur Erziehung in die Provinz zu verpflanzen und dadurch Nachwuchs für Arbeiter, Kleinbauern und Handwerker zu gewinnen.«[161]

1899 wurde unter (finanzieller) Mitwirkung des ADV das Waisenhaus Neuzedlitz (Provinz Posen) eingeweiht, »wodurch der Verband auch selbstwirkend im Dienste des Ostmarken-Deutschtums hervortrat.«[162] 1912 spendete Krupp 75.000 Mark für das Heim. Leo Wegener hatte Hugenberg vorher empfohlen, bei Krupp darauf hinzuweisen,

»daß dieses Waisenhaus brauchbare Arbeitskräfte schaffen will — Waisenkinder wer-
den in der Großstadt leicht Sozialdemokraten —, und daß die Frauen hier das Kochen
lernen sollen. Wenn die Frau gut kocht, ist der Mann zufrieden und verfällt schwerer
den Sozis.«

Zusammen mit der auch von Hugenberg organisierten Fürsorgeanstalt Miel-
schin ergab sich die Konzeption »Völkischer Nachwuchsinstitute«, so Heidrun
Holzbach, die den hier skizzierten Zusammenhang zum erstenmal genauer be-
schrieben hat. — Als die alldeutsch-schwerindustrielle Berliner Tageszeitung
»Die Post« 1911 mit finanzieller Unterstützung eine Beilage zum Abendblatt er-
hielt, besprach Hugenberg die Einzelheiten mit dem Superintendenten (später
Generalsuperintendenten) der evangelischen Landeskirche in der Rheinprovinz,
Carl Klingemann.[163] Der protestantische Spitzenfunktionär war Mitglied der
Hauptleitung, des engsten Führungsgremiums im Alldeutschen Verband.

Des Deutschen Reiches Waffenschmiede

»Als Hugenberg fühlte, daß ein Fallenlassen der Ostpolitik eintreten könnte, was anderthalb Jahre später geschah, nahm er Ende 1907 seinen Abschied aus dem Staatsdienst,«[164]

schreibt 1930 Freund Wegener. Die Probleme bei der Durchsetzung einer noch schärferen, »konsequenten« Germanisierungspolitik, z.T. ideologisiert als »Reibungsverlust« der starren bürokratischen Methoden, haben anscheinend eine Rolle gespielt. Hinzu kam noch ein profaner Grund: Hugenberg schrieb an den Ministerialdirektor Förster im Preußischen Finanzministerium,

»daß ich auf die Dauer nicht in der Lage bin, meinen Verbrauch entsprechend dem Rückgange der Einkünfte einzuschränken, der sich aus dem Übertritt von der Posener in die Berliner Stellung für mich ergeben hat.«

Aber

*»es leiten mich nicht nur finanzielle Gründe ... sondern ebenso sehr auch — ich weiß nicht ob ich es sagen soll, **geschäftliche oder ideelle.**«[165]*

Die neue geschäftlich-ideelle Bewegungsfreiheit war eine leitende Position in der »freien« Wirtschaft. Im Januar 1908 kam Hugenberg durch die Vermittlung seines Schwiegervaters Adickes in den Vorstand der Frankfurter Berg- und Metallbank. Sie war die Holding-Gesellschaft des Merton Konzerns. Der geheime Finanzrat lernte Arbeit und Organisation deutscher Banken von innen her kennen. Doch auch hier war er nicht sein eigener Herr. Es gab anscheinend Reibereien mit dem Vorsitzenden des Aufsichts-Rates, dem »Großindustriellen«[166] und Kontrolleur des Konzerns, Wilhelm Merton.[167] Hugenberg schrieb an Wegener:

»Auch finanziell finde ich hier offenbar nicht das, was ich suchte: die Möglichkeit, in einer kurzen Zahl von Jahren soviel zurückzulegen, damit ich eine gewisse Unabhängigkeit gewönne.«[168]

Im Oktober 1909 gelang dem 44-jährigen der große Durchbruch: Er wurde Vorsitzender des Vorstandes der Friedrich Krupp AG in Essen. Der preußische Finanzminister Freiherr von Rheinbaben hatte seinen ehemaligen Vortragenden Rat auf eine Anfrage Krupps hin der Firma empfohlen:

»er kenne nur einen Mann, und der sei Dr. Hugenberg.«[169]

Otto Kriegk nennt die Zeit bei einem der größten Rüstungsbetriebe Europas zutreffend:

»Im Dienste der Industrie, des Vaterlandes und des Krieges.«[170]

Als erster Mann im Management von Krupp kommt Hugenberg in die Schlüsselposition der schwerindustriellen Interessen-Organisationen. 1911 wird er in das Direktorium des Centralverbandes Deutscher Industrieller gewählt, 1912 Vorsitzender des Baulichen Vereins und des Zechenverbandes (beide in Personalunion bis 1925). Der »Zechenverband« war 1908 gegründet worden und hatte die Aufgaben eines Arbeitgeberverbandes übernommen, während der alte Bergbauliche

Verein[171] sich seitdem überwiegend mit technischen Fragen befaßte.[172] Im schon genannten Langnamverein der Eisen- und Stahlindustrie gehörte Hugenberg zum Ausschuß, in der 1913 gegründeten Vereinigung der Deutschen Arbeitgeberverbände wurde er Mitglied in Ausschuß und Vorstand und seit 1913 Präsident der Handelskammer für Essen, Mülheim (Ruhr) und Oberhausen, sowie Vorsitzender der Vereinigung von Handelskammern des niederrheinisch-westfälischen Industrie-Gebietes. Damit war der Verwaltungs-Jurist und Finanzexperte Hugenberg zu einem der hervorragenden Träger schwerindustrieller Macht geworden mit ihrem alle anderen industriellen Gruppen übertreffenden Einfluß auf die Politik des kaiserlichen Deutschlands. Und wieder agierte er an den Nahtstellen zwischen Wirtschaft und Staat — noch eine Etage höher.

»Schon vor Stinnes legte er Wert darauf, die senkrechte Verbindung in der Industrie durchzuführen, d.h. die Ware vom Rohstoff bis zum Verbraucher in einem Betriebe herzustellen.«[173]

Hugenberg förderte in seinen Ämtern den kartellartigen Zusammenschluß der deutschen Schwerindustrie. Obwohl der Firmenchef Gustav Krupp von Bohlen und Halbach wieder stärker in die Firmenleitung eingriff als vorher Margarethe Krupp, konnte sich so sein neuer »General-Direktor«[174] quasi außerhalb der Firma eine eigene Machtsphäre aufbauen. Der Angestellte wurde »selbständig«. Für seinen »Arbeitgeber« machte er 1911 die westfälische Drahtindustrie durch Verträge abhängig. Bei Krupp wurde die Rüstungsproduktion forciert. In der Festschrift zur Hundertjahrfeier der Firma im Jahr 1912 wird betont:

»Weit größere Umwälzungen als in den Werkstätten für Friedenserzeugnisse erfuhr die Gußstahlfabrik durch den Bau neuer und die Modernisierung der älteren Werkstätten für den Geschütz- und Lafettenbau und die sonstigen Erzeugnisse in Kriegsmaterial. ... besonders auch durch den Ausbau der deutschen Flotte und die Vergrößerung der Geschützkaliber ...«[175]

Die Rüstungsproduktion wurde weiter spezialisiert, in besonderen Werkstätten zusammengefaßt und die gesamte Leitung zentralisiert.[176] Der Historiker Willi A. Boelcke kommentiert in »Krupp und die Hohenzollern«:

»Hugenberg wurde zur wichtigsten organisierenden Gestalt im Essener Rüstungskonzern. Von seinem Chefzimmer im sogenannten ,Hungerturm' in Essen gingen wichtige Entscheidungen der deutschen Geschichte aus. Unter ihm schritten die Krupp-Werke auf breiter, gesicherter Bahn dem Weltkrieg entgegen. ... Die Leistung der Krupp-Werke überstieg ,in geradezu märchenhaftem Umfange' die vorbereiteten Zahlen über die Sicherstellung des deutschen Kriegsbedarfs. Krupp schien auf den Krieg hinreichend vorbereitet.«[177]

Diese Zahlen erwiesen sich schließlich als unzureichend: Der Krieg war länger, der Gegner stärker als erwartet — »Fehler«, die sich im Kleinen wie im Großen in den Prognosen deutscher Militärs im 20. Jahrhundert häufen sollten. Das spricht für ihre kastenmäßige Beschränktheit. Hugenberg selbst sagt in einem Rückblick aus den 20er Jahren, während der letzten anderthalb Jahre vor dem Kriege habe ihn vor allem

»der Gedanke an unsere Rohstoffversorgung für den Fall eines zu fürchtenden Krieges bedrückt. Unter den ,zu erledigenden Dingen' stand der Punkt ,wirtschaftliche Mobilmachung' damals ständig in meinem Notizbuche — neben dem Punkt ,Erhaltung und

Hundert Jahre Krupp AG, Aufsichtsrat des Unternehmens im Jahre 1912 (in der Mitte Generaldirektor Hugenberg)

Stärkung der nationalen Presse'. Es war vom Standpunkte seiner politischen Freunde aus ein Verdienst Liebknechts, daß er mir durch die Anzettelung des sog. Krupp-Prozesses (,Kornwalzerprozesses') nebst Rüstungskommission u. dgl. die Zeit und Bewegungsfreiheit nahm, diesen Punkten damals wirklich nachzugehen.«[178]

Auf die Themen Prozeß und Presse wird noch zurückzukommen sein. Im übrigen beweisen die erfolgreichen Anfänge seines Presse-Imperiums vor dem Krieg, daß Hugenberg hier eine persönliche Dolchstoßlegende konstruiert.

Die massive deutsche Hochrüstung in den letzten Vorkriegsjahren, die Heeresvorlage und Flottennovelle von 1912, vor allem aber die »Milliardenvorlage« von 1913 brachten der Rüstungsindustrie große Aufträge. Der Reichstag hatte bewilligt. Die Mehrheit des Parlaments und der »staatstragenden« Öffentlichkeit war in einer hochgeputschten nationalistischen Krisenstimmung. Interessierte Verbände und Interessengruppen, nicht zuletzt die Freunde des schwerindustriellen Wachstums, hatten durch Versammlungen, Reden und Presse kräftig nachgeholfen, das Bild der angriffslüsternen Feinde Deutschlands an die Wand zu malen. Und das militarisierte deutsche Bürgertum hatte sich gerne einstimmen lassen.

»Hugenbergs Einfluß war allen Aktionen der von ihm geleiteten Verbände aufgeprägt.«[179]

So auch »unverkennbar« bei der Eingabe der Vereinigung von Handelskammern des niederrheinisch-westfälischen Industriebezirks an den Reichstag vom 3. April 1913. In ihr wurde die schnelle Verabschiedung der großen Heeresvermehrung gefordert.

Wie wurde die deutsche Rüstung begründet? Welche langfristigen Legitimationen wurden der Öffentlichkeit serviert? Und was sagte die »nationale« Presse ih-

47

ren Lesern in den letzten Vorkriegsjahren zur Rüstungsexplosion?

In der Festansprache zum Firmenjubiläum 1912 hatte Hugenberg in Gegenwart des Kaisers ganz allgemein und vorsichtig die Expansionsideologie formuliert:

Die »Kruppsche Werkgemeinschaft« sehe in

> »der Arbeit für des Reiches Wehrhaftigkeit und Sicherheit ... stets ihre höchste Ehre, aber auch ihre höchste Verantwortung. Im Gefühle dieser Verantwortung folgen ihre Blicke dem Geschütze, das die Werkstätte verläßt und nun bereit sein soll, auf den Wink des Kaisers als Werkzeug zur Verteidigung von Herd und Heimat mit dem Volk in Waffen hinauszuziehen. Ihre Blicke folgen ebenfalls dem stahlgepanzerten Schiffsriesen ... ein leibhaftiges Zeugnis dafür, daß inmitten des engen Europa ein Volk lebt, das ... sich mehren und seinen Teil von den Gütern dieser Erde sein eigen nennen will.«

Und der General-Direktor macht Deutschland zu Groß-Krupp und Krupp zu Groß-Deutschland, wenn er schließt:

> »in Stunden wie **dieser** liegt es sonnenklar vor den Augen eines jeden Angehörigen der Kruppschen Werkgemeinschaft: ... wie des Einzelnen Schicksal zusammengekettet ist mit dem seines Volkes, wie ein großes Weltunternehmen steigen und sinken muß mit der Flagge seines Landes, kann er alle seine Wünsche und Hoffnungen nur in dem einen Gedanken zusammendrängen: Heil Kaiser und Reich!«[180]

Der Wunsch, sich zu mehren und einen Teil von den Gütern und Ländern dieser Erde sein eigen zu nennen (ein eigen, das man offenbar noch nicht hatte und das vor allem für das vermehrte Volk größer sein mußte), war nicht nur das Ziel von Alldeutschen wie Hugenberg. Die Verwandschaft war weitläufig. In der »nationalen« deutschen Presse tobte der Krieg schon ehe er begonnen hatte.[181]

Liebknecht contra Hugenberg

Während der Beratungen zur Wehrvorlage der Regierung, im April 1913, erklärte der sozialdemokratische Abgeordnete Karl Liebknecht im Reichstag:

> »Der Vorstand der Gußstahlfabrik Friedrich Krupp, Essen an der Ruhr, unterhielt — darf ich jetzt sagen — in Berlin bis vor wenigen Wochen einen Agenten namens Brandt, einen früheren Feuerwerker, der die Aufgabe hatte, sich an die Kanzleibeamten der Behörden der Armee und Marine heranzumachen und sie zu bestechen, um auf diese Weise Kenntnis von geheimen Schriftstücken zu erhalten, deren Inhalt die Firma interessiert. ... Die berühmte Firma nutzt ihre Geldmacht systematisch dazu aus, um höhere und niedere preußische Beamte zum Verrat militärischer Geheimnisse zu verleiten.«[181a]

Maximilian Brandt war im Kriegsministerium beschäftigt, ehe er als Feuerwerker bei Krupp arbeitete, um schließlich amtierender Leiter des Berliner Büros der Firma zu werden. Mit den Bestechungen wollte er vor allem die Preisforderungen der Konkurrenz und die amtlichen Preiskalkulationen, aber auch den Fortschritt der staatlichen Rüstungswerkstätten und Einzelheiten über die zukünftige Bewaffnung erfahren. Liebknecht hatte bereits im November 1912 ihm zugespielte geheime Papiere über die Praktiken des Krupp-Vertreters dem Kriegsminister übergeben. Diese firmeninternen Dokumente waren mit dem Code-Wort »Kornwalzer« gezeichnet, daher auch die Bezeichnung »Kornwalzer-Affäre«. Die Beschattung durch die Kriminalpolizei ergibt, daß sich Brandt »an neutralen Orten«[182] mit Beamten des Kriegsministeriums traf, darunter Angehörige der Artillerie-Prüfungskommission, in Zivil. Bei einer Hausdurchsuchung in der Essener Hauptverwaltung findet die Staatsanwaltschaft im Büro eines leitenden Krupp-Beamten weitere »Kornwalzer«-Papiere. Der Untersuchungsrichter vernimmt die Direktoren, Hugenberg an der Spitze.[183] Doch der Untersuchungseifer der Justiz erlahmt aus undurchsichtigen Gründen. Da geht Liebknecht an die Öffentlichkeit. Der Skandal schlägt internationale Wellen. Hugenberg eilt nach Berlin. Am Tage nach Liebknechts Rede sitzt er auf der Zuschauertribüne des Reichstages. Liebknecht tritt erneut auf, und Hugenberg erklärt einige Tage später der »Rheinisch-Westfälischen Zeitung« (Essen):

»*Er habe am letzten Samstag von der Tribüne aus die Verhandlungen des Reichtages über den sog. Fall Krupp mit angehört und müsse gestehen, daß er dabei zum ersten Male in seinem Leben bedauert habe, nicht Reichstagsabgeordneter zu sein, nicht um dort für die Interessen einer einzelnen Firma einzutreten, sondern um der Sozialdemokratie den Augenblickssieg streitig zu machen.*«[184]

Diese Stellungnahme deutet einen Zwiespalt an: Auf der einen Seite wird dem Reichstag, der »Schwatzbude«, wie ihn Konservative bis 1933 gerne nannten (durch das »zum ersten Male«) die Verachtung ausgedrückt. Auf er anderen Seite fühlt Hugenberg die Notwendigkeit, in der Öffentlichkeit präsent zu sein, das Parlament wie die Presse als Medium zu benutzen. So ist es logisch, daß der Geheimrat 1919, als auch die direkte Macht vom Parlament ausgeht, erst in der Nationalversammlung, dann im Reichstag sitzt.

Das Reismann-Grone Blatt (»Wir hatten heute Gelegenheit, den Vorsitzenden des Direktoriums der Firma Krupp, Herrn Geheimen Finanzrat Hugenberg, zu sprechen«) brachte die Stellungnahme Hugenbergs an leitender Stelle unter der Schlagzeile »Fall Krupp — Fall Liebknecht« und folgte damit genau der Taktik des Interviewten, die Fronten zu verkehren. Hugenberg wörtlich:

»*Ich nehme für mich und selbstverständlich ebenso für die Firma Krupp in Anspruch, daß die herkömmliche Unbestechlichkeit des preußisch-deutschen Beamtentums uns zum allermindesten ebenso hoch steht wie dem Herrn Liebknecht. Wir haben ja auch ein viel größeres eigenes Interesse daran als er. ... ist diese Sache den stinkenden Lärm wert, mit dem sie die ganze Welt erfüllt? ... wegen solcher Lappalien ... So ist, wie mir scheint, eigentlich der ‚Fall Krupp' im Grunde ein ‚Fall Liebknecht'.*«

Auch die Berliner »Post« verkehrt die Fronten.

»*Herr Liebknecht, der würdige Sohn seines großen Vaters, der radikalsten und vaterlandsfeindlichsten Genossen einer ... hat es für angezeigt gefunden, eines unserer größten industriellen Werke nicht nur mit Schmutz, sondern geradezu mit Kot von ausgesuchtester Qualität zu bewerfen. Und warum? Weil man in Angelegenheiten der Armeelieferung einer Schmiergeldaffäre auf die Spur gekommen ist, in welche nach den bisherigen Feststellungen auch einige Beamte der Firma Krupp verwickelt sind.*«[185]

Hugenberg versuchte, in den schwerindustriellen und anderen, seiner politischen Richtung nahestehenden Blättern, das Ansehen der Firma Krupp zu retten und die Kritik gegen Liebknecht zu kehren. Dem »Berliner Lokal-Anzeiger«, den er wenige Jahre darauf erwerben sollte, erklärte der Krupp-Vertreter: Die festen persönlichen Bezüge Brandts hätten, ohne die »üblichen Weihnachtsgratifikationen«, zuletzt jährlich 10.500 Mark betragen (ein *Berliner* Facharbeiter verdiente durchschnittlich 1.500 Mark pro Jahr).[186]

> *»Die Industrie muß eben ihre Leute, zumal diejenigen in mehr oder minder verantwortlicher Tätigkeit ... sehr viel höher bezahlen als der Staat. Durch die Hände des Herrn Brandt ging ... der gesamte, auch ganz geheime Schriftwechsel zwischen den Militärbehörden und der Firma Krupp.«*

Nachdem er das Gehalt Brandts als *relativ* niedrig dargestellt hat,

> *»mit Rücksicht auf die Berliner Lebensverhältnisse und die besondere Verantwortlichkeit seiner Berliner Stellung«*

sagt Hugenberg offen:

> *»Und nun der ,***Verrat militärischer Geheimnisse***'. Ist man sich denn darüber klar, daß schon die ersten und vagesten Absichten in Bewaffnungsfragen vor der Ausführung mit der Firma Krupp erörtert werden, daß also ein* **ständiger Meinungsaustausch von der ersten Idee bis zum letzten Glied der Ausführung** *stattfindet?*
> *Wenn es Geheimnisse auf dem Gebiete der Bewaffnung vor der Firma Krupp gäbe, so müssen wir und ebenso die Büros der Militärbehörden zunächst einmal alle umdenken und den gegenseitigen Geschäftsverkehr auf andere Geschäftslagen [sic] stellen. Nach dem, was ich über den Inhalt der sogenannten ,geheimen Berichte' gehört habe — ich kenne sie persönlich nicht — mag es darin vielleicht einiges geben, was Herrn Liebknecht gegenüber militärische Geheimnisse sind. Der Firma Krupp gegenüber sind es lauter Dinge, die ihr auch ohne die Brandtschen Berichte zugänglich waren.«*[187]

Krupp als Reichsinstitution. Was gut für Krupp, ist gut für das militärische Deutschland, und was die Armee braucht, hat Krupp.

Wenn Hugenberg die Affäre auch auf einen Alleingang eines Krupp-Beamten zu reduzieren versuchte, eins macht seine Offensiv-Verteidigung ungewollt deutlich: das Übel saß tiefer. Die Verfilzung von Behörden und Industrie, von Staat und »Privatwirtschaft« war im Rüstungssektor schon fortgeschritten. Liebknecht analysierte das im Reichstag:

> *»Besondere Schwierigkeiten für die Untersuchung ergeben sich auch daraus, daß gewisse Beamtenposten besonders in der Militärverwaltung geradezu systematisch als Durchgangsposten für gute Pfründen in der Privatindustrie betrachtet werden.«*[188]

Die Königliche Artillerie-Prüfungskommission selbst hatte die enge Berührung mit Krupp schon in einer Adresse zum 100-jährigen Firmenjubiläum ausgedrückt, gepflegt, aber deutlich:

> *»Der Firma Fried. Krupp Aktiengesellschaft. ...*
> *Die Artillerie-Kommission kann ihre bisherigen Wege nicht in Gedanken durchwandern, ohne auf Schritt und Tritt der Firma Krupp zu begegnen. In stetig zunehmendem Maße sind die gegenseitigen Beziehungen enger und vielseitiger geworden. Schon längst gibt es innerhalb des Wirkungsbereichs der Artillerie-Prüfungskommission kaum noch ein Feld, auf dem sie die Unterstützung der Kruppschen Fabrik entbehren möchte. Freudig bezeugt sie die Kruppschen Verdienste um den glorreichen Ausgang der Einigungskriege von 1864, 1866 und 1870/71 und die Vormachtstellung Deutschlands. Bei der Feier des hundertjährigen Bestehens der Firma und der Gußstahlfabrik durch den Präses und die Abteilungs-Chefs vertreten, übersendet die gesamte Kommission der Jubilarin ihre aufrichtigen Glückwünsche und gibt der Hoffnung Ausdruck, daß*

Des Kaisers Geheimrat

gemeinsame Arbeit das bestehende Band noch immer fester verknüpfen und der Welt-
truf der Firma allzeit unerschüttert bleiben möge.
Berlin, im August 1912.
Im Namen der Kgl. Artillerie-Prüfungskommission:
S i e g e r
Generalmajor und Präses.«[189]

Die Unbestechlichkeit des preußischen Beamtenapparates ist eine Legende, die
bis heute durch Schul- und Fachbücher geistert. Eher kann man das Drei-
Klassen-Preußen als Staat der institutionalisierten Korruption bezeichnen. Wahlrecht, Verfassung, Verwaltung, Besitz, sozialer Rang und »Beziehungen« bildeten ein Geflecht von legalen oder durch die *damaligen* Gesetze nicht zu erfassen-
den Privilegien, so daß Leute mit Rang und Beziehungen nur selten zu direkt ille-
galen Mitteln greifen mußten. Hugenberg hat diesen Zusammenhang im Kopf,
wenn er zur »Rheinisch-Westfälischen Zeitung« sagt:

> *»Oder glaubt etwa irgend ein vernünftiger Mensch, daß ich oder einer meiner Kollegen*
> *wegen solcher Lappalien … Ehre, Ansehen und Stellung aufs Spiel setzen würde?«*[190]

Die Bearbeitung der Presse durch den Krupp-Direktor war kein großer Erfolg.
Zwar hielten die »industriefreundlichen« Blätter die Essener Fahne hoch,[191] doch
auch Teile der bürgerlichen Presse zeigten sich schockiert. Der Reichstagsabgeordnete Immanuel Heyn (Fortschrittliche Volkspartei), evangelischer Pfarrer an
der Berliner Kaiser-Wilhelm-Gedächtniskirche, schrieb der »Vossischen Zeitung« über die Verhandlungen im Reichstag:

»Der Herr Kriegsminister ... hat doch gestern behauptet, die Enthüllungen Liebknechts
seien stark übertrieben, er hat versucht, die Hauptschuld auf untere Organe der Firma
Krupp abzuwälzen ... und er hat sich trotz allem und allem veranlaßt gesehen, der Firma Krupp für ihre Verdienste um das deutsche Vaterland ein hohes Loblied zu singen.
Ich urteile: so große Verdienste die Firma Krupp um die Sicherstellung des Vaterlandes
hat — ihr Ruhm ist nicht in jeder Beziehung fein, und gerade der jetzige Augenblick
[der Einbringung der Wehrvorlage] war so ungeeignet wie möglich, sie zu preisen.«[192]

Das linksliberale Berliner Blatt brachte die Zuschrift an leitender Stelle mit der
Schlagzeile: »Der Fall Krupp.« Die »deutschnationale«[193] »Deutsche Zeitung«
schäumte angesichts der negativen Resonanz:

»Das Unerhörteste, das Beschämendste aber ist, daß die bei uns infolge der nationalen
Dummheit der Deutschen viel zu verbreitete Presse der roten und goldenen Internationale es wagen darf, jeden in der Öffentlichkeit tätigen patriotischen Deutschen als einen bezahlten Agenten der ‚Panzerplattenfabrikanten', als ‚Prozentpatrioten' zu be-
geifern. Also, wer seinen Staat, wer sein Volk mit heißem Herzen liebt, wer den leiden-
schaftlichen Willen hat, beide groß, mächtig und gebietend zu sehen ...: der darf von
einem lauten Chor elender Kläffer ... in den Staub der Gemeinheit gezogen werden, ohne daß ein Schrei der Empörung darüber durch die **Volksgemeinschaft** [Hervorhebung
des Vf.] gellt! Sind die Deutschen denn national pervers?«[194]

Auch dieser Patriotismus war subventioniert. Die zum Büxenstein-Konzern ge-
hörende »Deutsche Zeitung« wurde ebenso wie die »Post«, die »Rheinisch-
Westfälische Zeitung« und die »Berliner Neuesten Nachrichten« vom Centralverband Deutscher Industrieller unterstützt.[195] Und pervers war es eher, wenn die
Hüttenwerke in Rheinland und Westfalen 1910 pro Kopf des Arbeiters in ihren
Betrieben 10 Pfennig an die »Post« zahlten.[196] So mußten die eigentlichen Produzenten auch hier selbst ihre Unterdrücker finanzieren.

Munitionshalle bei Krupp

In den großen Ballungsgebieten war die Bedeutung der *unmittelbar* schwerindustriellen Interessen verpflichteten Zeitungen nicht sehr groß. Eine Ausnahmne ist die »Rheinisch-Westfälische Zeitung« zusammen mit dem im gleichen Verlag erscheinenden »Rheinisch-Westfälischen Anzeiger«. Bedingt kann man auch die »Hamburger Nachrichten« nennen. Sicher war eine Reihe von anderen Blättern bereit, industrielle Interessen im weitesten Sinne zu vertreten, wie z.B. die »Kölnische Zeitung« als bedeutendstes westliches Blatt. Aber nicht den von der Schwerindustrie im allgemeinen und ihren aktivsten Vertretern wie Hugenberg im besonderen geforderten, scharfen und formierten Kurs, speziell bei wirtschafts-, sozial- und außenpolitischen Fragen. In Berlin konnten die linksliberalen Blätter aus den Verlagen von Ullstein und Mosse die konservative Konkurrenz von Scherl überbieten. Von den drei *bedeutendsten* deutschen Tageszeitungen waren zwei, die »Frankfurter Zeitung« und das hauptstädtische »Berliner Tageblatt« linksliberal, die »Kölnische Zeitung« nationalliberal mittlerer Linie. Diese Blätter konnte man auch in den Hauptstädten des europäischen Auslandes an Kiosken kaufen.[197] Ihre Auflagen kamen jedoch nicht an die französischen oder englischen Metropolen-Zeitungen heran, die manchmal schon die Millionengrenze überschritten. Berlin hatte nicht die kulturell-intellektuelle Ausstrahlung für Deutschland wie Paris oder London für ihre Länder. Das drückte sich auch in der Dezentralisierung der deutschen Presse aus. Die in ihrer Summe noch vorherrschende mittlere bis kleinere Provinzpresse aber war oft — in weiterem Sinne — konservativ, wenn auch nicht »formiert«. Das wußte Hugenberg, und Erfahrungen wie der »Kornwalzer« machten es ihm immer mehr zur Notwendigkeit, eine eigene Presse-Großmacht zu besitzen. Den *amtlichen* Untersuchungen konnte der Krupp-Direktor mit sehr viel mehr Gelassenheit entgegensehen. Die Verhandlung des Reichstages, die er selbst miterlebte, brachte schon ein gutes Omen. Die »Rheinisch-Westfälische Zeitung« berichtet:

> *»Während der Sitzung sah man noch den Kriegsminister mit dem* **Unterstaatssekretär Wahnschaffe** *verhandeln, und schließlich verschwand die rechte Hand von Bethmann Hollweg mit Dr.* **Spahn** *aus dem Saale. Man darf annehmen, daß es sich hierbei um ernste Besprechungen handelt, wie der Fall weiterhin in Angriff genommen werden soll.«*[198]

Arnold Wahnschaffe aus dem »Freundeskreis«, der beim Enteignungsgesetz von 1908 mitgewirkt und damals nach der entscheidenden Abstimmung zusammen mit einem Kollegen an Hugenberg geschrieben hatte: »Todmüde Krieger nach erfochtenem Siege grüßen den treuen Waffengefährten.«[199]

Beim Krupp-Prozeß 1913 kam die Essener Direktion weitgehend ungeschoren davon. Nur Krupp-Direktor Otto Eccius, Leiter der Abteilung Auswärtige Lieferungen, vorher Legationsrat im Auswärtigen Amt, erhielt 1.200 Mark Geldstrafe, Maximilian Brandt 4 Monate Gefängnis, die beim Urteil als verbüßt galten.[200] Die preußisch-deutsche Justiz hatte sich trotz kritischer Ansätze letztlich wieder einmal als Klassenjustiz entpuppt, wie so oft, wenn »staatserhaltende« Interessen im Spiel waren.[201] Staatsanwaltschaft und Angeklagte verzichteten auf eine Revision. Wollf's Bureau meldete, eine Rückverweisung durch das Reichsgericht an die erste Instanz und damit eine Neuaufrollung sei vermieden; sie widerspräche »nach den gemachten Erfahrungen in hohem Maße dem Interesse der deutschen Industrie namentlich dem Ausland gegenüber.[202]

Der Reichstag regte in Konsequenz der Affäre eine »Kommission zur Prüfung der Rüstungslieferungen« an. Eine Aufzeichnung über die interne Vorbesprechung (ohne Reichstagsabgeordnete) von Vertretern des Reichsamtes des Innern, des Reichsschatzamtes, des Reichsmarineamtes und des Kriegsministeriums macht die Verschleierungstaktik der Regierung deutlich. Clemens Delbrück, der Staatssekretär des Innern, führt den Vorsitz und erklärt, der Reichskanzler sei bereit, dem *Wunsch* des Reichstages stattzugeben und eine Kommission zu bilden. Neben Vertretern der beteiligten Ressorts und geeigneten Sachverständigen würden auch Mitglieder des Reichstages berufen, wobei die *Wünsche* der Parteien Berücksichtigung finden würden.

> *»Die Bildung dieser Kommission wird im einzelnen erst besprochen werden können, wenn wir über ihre Ziele einig sind.«*

Das heißt, die Abgeordneten und »Sachverständigen« sollen im Prinzip so ausgesucht werden, daß sie der von den Regierungsvertretern vorgezeichneten Linie akklamieren. Und Delbrück erklärt ungeschminkt:

> *»Die Verhandlungen müssen m[eines] E[rachtens] von vornherein darauf angelegt werden, daß eine Erörterung darüber, ob Mißstände bei den Rüstungslieferungen vorliegen, ausgeschieden und im wesentlichen allgemeine Fragen wirtschaftlicher Natur erörtert werden. Dies wird dadurch erleichtert werden, daß ich die Führung der Verhandlungen übernommen habe. ... Derartige Erörterungen werden die Verhandlungen der Kommission wesentlich schmücken. ... Wenn die Fragen so erörtert werden, dann wird das Ergebnis sein, daß keine angeblichen Mißstände als solche zur Erörterung gelangen. Außerdem werden wir zahlreiche Anfragen, die im Reichstag alljährlich wiederzukehren pflegen, für die Zukunft ausschalten können, wie wir dies bei der Bankenquete erlebt haben.«*[203]

Man darf diese Passagen als charakteristisch für das Verhältnis der »unbestechlichen« preußisch-deutschen Beamten (Delbrück war gleichzeitig preußischer Staatsminister) zu jeder Andeutung von parlamentarischer Kontrolle betrachten. Aus der Sozialdemokratischen Partei schlug Delbrück die Abgeordneten Noske und Südekum vor. Albert Südekum war zwar publizistisch als Kritiker der Rüstungslieferungen aufgetreten, neigte aber zum sich herausbildenden letztlich auch »staatserhaltenden Flügel« der Sozialdemokratie. So wurde er z.B. in der Julikrise 1914 der Kontaktmann des Reichskanzlers zum SPD-Vorstand, der am 29. Juli 1914 Bethmann-Hollweg berichtet, von der Sozialdemokratie sei »keinerlei wie immer geartete Aktion (General- oder partieller Streik, Sabotage u. dergl.) geplant oder auch zu befürchten.«[204] Der Direktor im Reichsamt des Innern empfahl im August 1914 Südekum dem Kaiserlichen Kommissar für die freiwillige Krankenpflege.

> *»Herr Südekum möchte Verwaltungsdirektor eines Lazaretts ... im Umkreis von Berlin werden.«*

Der Herr Reichskanzler wünsche »aus politischen Gründen«, daß der Bitte dieses Mannes von »sehr angenehmen Umgangsformen und auch von praktischem Blick« stattgegeben werde.[205]

Gustav Noske wurde 1918/19 der Vollstrecker einer Politik der »Mehrheitssozialdemokratie« (MSPD), die mit verantwortlich für die Ermordung von Karl Liebknecht und Rosa Luxemburg war. Noske, der sich selbst den »Bluthund«

nannte. George Eliasberg, dessen Buch über den Ruhrkrieg von 1920 der sozial-demokratische Verlag Neue Gesellschaft veröffentlichte, schreibt dazu:

> *»Es dürfte für den Mann charakteristisch sein, daß er sich selber diesen Namen gab, noch bevor seine eigentliche ‚Karriere' als oberster Hüter der Ruhe und Ordnung begann. Man kann sich schwerlich vorstellen, daß der Schöpfer der Tscheka, Felix Dser-shinski, oder gar Danton oder Saint Just von sich selber in solcher Weise gesprochen hätten.«* [206]

Die SPD-Fraktion verlangte 1913, daß Liebknecht in die Kommission gewählt werde:

> *»das habe ich [Delbrück] unter Hinweis auf den von ihm bewiesenen Mangel an Objektivität abgelehnt.«* [207]

Noske hatte bereits über den Kopf des Fraktionsvorstands seine Zustimmung gegeben, wollte Klassenerster sein, doch die sozialdemokratische Fraktion verzichtete nach der Ablehnung Liebknechts auf einen Vertreter, und Noske zog seine Meldung zurück. [208] Der Direktor im Reichsamt des Innern, Theodor Lewald, teilte Liebknecht bei einer Besprechung mit:

> *»Die Kommission soll ein unparteiisches objektives Organ sein«*

und wäre bestrebt,

> *»alle diejenigen Persönlichkeiten, die in der Frage eine prononcierte Stellung eingenommen hätten, fernzuhalten.«* [209]

Die Beratungen der genannten Ressorts führten zum Entwurf eines Programms für die noch zu bildende Kommission. Dem bereits zitierten Ausdruck in der »Post« entsprechend, hieß es: man könne

> *»vielleicht am ehesten allgemeinen Erörterungen über Korruption vorbeugen, wenn man diese, wie es tatsächlich richtig ist, unter den verhältnismäßig harmlosen Begriff des Schmiergeld-Unwesens stellt.«* [210]

So leistete die ohne Sozialdemokraten gebildete Kommission wenig Aufklärung. Klar wurde, daß Firma Krupp beim Angebot großkalibriger Geschütze eine Monopolstellung besaß. [211]

Es ist nicht ohne Symbolik für die deutsche Geschichte, daß Liebknecht im Januar 1919 ermordet, Hugenberg im Januar 1933 Minister im Kabinett Hitler wurde.

Zwischen Staatsintervention und Individualismus

Hugenberg verwaltete als Vorsitzender des Direktoriums bei Krupp ein eigenes Ressort: laufende Finanzgeschäfte und die Wirtschaftspolitik. [212]

Bereits Anfang 1906, zu seiner Zeit als Vortragender Rat im Preußischen Finanzministerium hatte er eine sowohl beschreibende wie wirtschaftstheoretische Darstellung der »Bank- und Kreditwirtschaft des deutschen Mittelstandes« [213] verfaßt. Darin heißt es programmatisch:

»Um ein starkes Volk zu bleiben, bedürfen wir des kapitalistischen Geistes und Systems als Grundlage unserer Volkswirtschaft.«[214]

Diesen Kapitalismus verband Hugenberg mit dem Begriff »Individualismus«, wie die Mehrheit der Unternehmer und leitenden Angestellten. Individualismus, das bedeutete Freiheit der Entscheidung für die Kapitals-Eigner und -Kontrolleure, »Freiheit der Wirtschaft«, wie es ideologisiert bis heute genannt wird. Denn diese »Freiheit« heißt gleichzeitig Abhängigkeit für die Produzenten. Die »individualistische Gesellschaftsordnung«[215] war die Garantie der persönlichen Verfügungsgewalt über den Besitz, vor allem den an Produktionsmitteln, die Ideologie des Privateigentums. Doch für die Lohnabhängigen war das Industriekapital der große Zwangsuniformierer. Die Normierung von Arbeiten und Wohnen, die Nivellierung der materiellen Lage, die Proletarisierung als Folge eben dieser Wirtschafts- und Gesellschaftsordnung macht den ideologischen Charakter des »Individualismus«-Begriffes deutlich. Gleichzeitig war er Kampfformel gegen den Sozialismus.[216] Hugenberg selbst ist dieser Zusammenhang deutlich, wenn er schreibt:

> *»Es ist das eine der psychologischen Kontrastwirkungen ...: man denke ... daran, wie aus dem schärfsten wirtschaftlichen Individualismus die Kapitalherrschaft des zusammengeballten Großbetriebes hervorgeht, und wie andererseits hiergegen der Sozialismus unter dem Schlagworte der Freiheit und Persönlichkeit ankämpft.«*[217]

Guratzsch betont, die preußische Ansiedlungspolitik in den Ostprovinzen habe durch Hugenberg »stark privatwirtschaftliche Akzente« erhalten.[218] Doch der Regierungsbeamte ist in der Praxis kein Verfechter des Laissez-faire im Sinne des Wirtschaftsliberalismus, wie auch schon im Zusammenhang mit dem »Kathedersozialismus« deutlich wurde. Seine Konstruktionen zeigen ebenso staatsinterventionistische Züge. Die »Zentralisation des ländlichen Genossenschaftswesens«, heißt es in der »Bank- und Kreditwirtschaft«, sei eine so umfangreiche Aufgabe

> *»und erfordert schon für ein staatlich autorisiertes Institut — um wieviel mehr also für ein rein privates — so große Kapitalien, daß ihre staatliche Inangriffnahme das Genossenschaftswesen mit einem Ruck um Jahrzehnte vorwärts und über einen kaum zu erklimmenden Berg hinweg gebracht hat. Das war ,Staatshilfe', wie nicht zu leugnen ist — aber nur eine Staatshilfe der ausgleichenden Gerechtigkeit.«*[219]

Man könnte annehmen, daß Hugenberg sich als Staatsbeamter (natürlich) mehr für die Technik und Möglichkeiten staatlicher Eingriffe interessierte und als Krupp-Direktor dann andere Ansichten vertrat, zumal er doch schon in der Posener Zeit die Siedler letzten Endes von der »Staatsschürze« abhängen[220] wollte. Damit würde ein objektives Dilemma Hugenbergs verdeckt: Einerseits lehnt er staatliche »Sozialpolitik«, also den »bevormundenden« von unten erzwungenen Eingriff in die Unternehmerhoheit ab. Andererseits muß er den Staat zu Hilfe rufen für seine »Mittelstandspolitik«. Denn die Mittelstandbetriebe, vor allem die dazu gezählten bäuerlichen, sind kapitalarm und müssen erst auf die Beine gebracht werden, um gehen zu lernen. Die Agrarkrise der 1890er Jahre hatte den Kapitalmangel in der deutschen Landwirtschaft, vor allem auch in großen Teilen Ostelbiens, noch fühlbarer werden lassen. Mit der Landwirtschaft aber standen und fielen wichtige »staatstragende« Klassen: die Junker als eine Säule des Staatsapparates und die Bauern als zuverlässige Rekruten und Wähler. So dient die Mittelstandspolitik mit ihrer bäuerlichen Orientierung letztlich wieder dem politischen Ziel nationaler Sammlung und Herrschaftskonservierung. Das erklärt auch, warum es Hugenberg (spätestens ab 1909) gleichzeitig möglich war, für großindustrielle Interessen einzutreten, deren »mittelstandsschädigende Struktur gern ignoriert wurde«.[221] Mehr noch, in der »Bank- und Kreditwirtschaft des deutschen Mittelstandes« wird betont, der »Großkapitalismus« sei keineswegs »an allem schuld«. »In diesem Sinne Mittelstand und Kapitalismus einander ge-

genüberzustellen, liegt mir fern.«[222] Im Gegenteil, Mittelstandspolitik sollte ein vorbeugendes Mittel gegen die Ausbreitung des Sozialismus sein und die (angebliche) Proletarisierungs-These des »Marxismus« widerlegen.

Hier ist Hugenberg der *modernisierende Konservative*, der neue Herrschafts- und Integrationstechniken propagiert. Dazu gehören auch pychologische Überlegungen:

> »...*unsere Arbeitergesetzgebung, die den Arbeiter zufriedener machen sollte ... faßt als Versicherte die ganze breite Masse der arbeitenden Klassen zu einheitlichen Gruppen zusammen, innerhalb deren das Hauptstreben auf den Schutz der schwachen, in Not geratenen Existenzen geht, auf die Belastung der Gesamtheit zu gunsten dieser Einzelnen, nicht aber auf möglichste Differenzierung, möglichste Förderung des Aufstiegs dieser besseren Elemente in die kapitalistische Welt. ... Wir müssen ... dem einzelnen Tüchtigen einen leichteren Übertritt in die höheren Schichten - aber nicht durch Schulbildung, sondern durch Sichauslebenlassen - den Aufstieg in die selbstwirtschaftenden Klassen, die Abwendung und Freimachung von den niederziehenden Einflüssen der breiten Durchschnittsmasse ermöglichen können.«*[223]

Dann könne man die «Arbeiterwelt von ihrem jetzigen Anspruche, die ganze Welt zu beherrschen« auf ihre »eigenen Interessen« zurückführen. Die meisten dieser Gedanken finden sich sinngemäß in den sozial- und bildungspolitischen Erklärungen konservativer Parteien, wie sie z.B. von der Mehrheit in CDU und CSU der Bundesrepublik formuliert werden. Modernität zeigt Hugenberg auch in einigen Slogans, so wenn er davor warnt, die kapitalistische Henne zu schlachten, die goldene Eier legt.[224]

Um den Widerspruch zwischen prokapitalistischer Politik und Mittelstandsideologie zuzudecken, entwickelt auch der engere »Freundeskreis« (vor allem Wegener und Hugenberg) die Unterscheidung von beweglichem und unbeweglichem Kapital,[225] wie sie bereits angesprochen wurde. Sie wird zu einer Integrationsideologie der nationalen Sammlung in den letzten Vorkriegsjahren, des erneuerten Bündnisses von Agrariern und Schwerindustrie, erweitert um die rechten Mittelstandsverbände.

Die Reichstagswahlen vom Januar 1912 hatten ein erdrutschartiges Anwachsen der sozialdemokratischen Mandate[226] und den »Bankrott«[227] der alten rechten Sammeltaktik gebracht. Es kam zu einem erneuten Versuch »nationaler Sammlung« auf breiterer Grundlage. Sie richtete sich gegen die (scheinbar) drohende Parlamentarisierung im allgemeinen und die (angeblich schon) zu weitgehende Sozialpolitik des Staates im besonderen. In seiner Festansprache vor dem Kaiser, beim Krupp-Jubiläum im August 1912, warnte Hugenberg:

> »*was im bürgerlich-agrarischen Staate als die vollkommenste Verwirklichung höchster Begriffe von Gleichheit und Gerechtigkeit erschien, wie ein gleiches Stimmrecht Aller in den gemeinsamen Dingen, - im Kopfe weiter Keise malt es sich plötzlich als gefährliches Machtwerkzeug, als Gewaltmittel, das Leute, die des Abgunds am Ende dieses Weges nicht achten, zu dem Versuche benutzen möchten, gestützt auf eine einzelne, aber unendlich zahlreiche Schicht des Volkes allen anderen Volksklassen und geschichtlich gegebenen Mächten ihre* **Herrschaft** *aufzuzwingen.«*[228]

Angesichts der großen und schnellen Fortschritte der Industrie könnten sich

> »*manche Wünsche, die der nüchtern abwägende Geschäftsleiter zur Zeit als unerfüllbar zurückweisen muß, für weite Kreise der deutschen Arbeiterschaft«*

58

einmal erfüllen.

>>*Aber dann wird es nicht auf dem Wege des Zwanges durch Stimmzettel und Gesetz, nicht auf dem Wege des Klassenkampfes oder der Umwälzung aller Verhältnisse geschehen, sondern nachdem und weil Deutschland inzwischen sehr viel reicher, sehr viel größer und sehr viel mächtiger geworden sein wird, als es jetzt ist. In der Tat - niemand hat eigentlich heute mehr Anlaß, für sein Land und sein Volk zu beten, als der deutsche Industriearbeiter.*<<[229]

Nationalökonom Ludwig Bernhard aus dem >>Freundeskreis<<, inzwischen Professor der Staatswissenschaften an der Universität Berlin, veröffentlichte Ende 1912 eine sozialpolitische Kampfschrift: >>Unerwünschte Folgen der deutschen Sozialpolitik.<< Darin zog der >>Meister des Wortes<<[230] vor allem gegen das Renten-System in der deutschen Sozialversicherung zu Felde.[231] Wenn überhaupt >>Sozialpolitik<<, dann war die betriebsintern gesteuerte patriarchalische >>Arbeiterfürsorge<<[232] nach Kruppschem Modell das Ideal der Großindustriellen: Stiftungen, >>Wohlfahrtspflege<<, Pensionskasse, >>Konsumanstalt<<, Werkswohnungen, >>Bildungsverein<<; >>Nationaler Arbeiterverein<<, Werkvereine, >>Werksgemeinschaft<< - kurz die >>Arbeitsgemeinschaft<<, wie Hugenberg sie nannte,[233] als Keimzelle der späteren >>Volksgemeinschaft<<.

Die rechte Sammlungsbewegung, angereichert mit mittelständischen Appellen, führte im August 1913 zur Gründung eines >>Kartells der Schaffenden Stände<<.[234] Der nationalliberale Bassermann, *innenpolitisch* auf einer mittleren Linie (seiner Partei), schrieb einem Parteifreund:

>>*Die konservativen Drahtzieher [darunter Hugenberg] ruhen nicht, sie wollen die Verbindung herstellen zwischen Zentralverband [Deutscher Industrieller], Bund der Landwirte und dem antisemitischen Reichsverband der Mittelständler. Das bedeutet allerhand: Hochschutzzoll, lückenloser Zolltarif, Sozialistengesetze, keine Wahlrechtsreform in Preußen, ein zunächst stiller Kampf gegen alles, was liberal ist ... die Hoffnung auf den starken Mann.*<<[235]

Der Krieg der Illusionen

Im Juli 1914 löste die Politik der Reichsregierung den Weltkrieg aus.[236] Der Kaiser erklärt, der kenne keine Parteien mehr, er kenne nur noch Deutsche. Die >>Neue Preußische Zeitung<< formuliert den sozialpolitischen Erwartungshorizont der Konservativen:

>>*Das Verhältnis zwischen Arbeitgeber- und -nehmer, Herrschaft und Dienstboten muß wieder werden wie in früherer Zeit, ein patriarchalisches.*<<[237]

Der Artikel vom 14. August ist überschrieben: >>Deutsches Wesen. (Abdruck erwünscht.)<<

Schon 1912 hatte Claß in >>Wenn ich der Kaiser wär<< die >>*Beseitigung*<< des Reichstagswahlrechtes >>*um jeden Preis - auch den des Konflikts oder des Staatsstreichs*<< gefordert und gehofft:

>>*Nicht ausgeschlossen erscheint das Dazwischentreten auswärtiger Verwicklungen ... Wer nun sein Volk liebt und die Krisis der jetzigen Krankheit beschleunigen möchte, wird den Krieg herbeisehnen als den Erwecker aller guten, gesunden, starken Kräfte im Volke.*<<[238]

Der Krieg als Erneuerer — Kriegsbegeisterung zum Ausbruch des I. Weltkrieges 1914.

Von daher und nicht von einer bloßen »hohen Begeisterung«, wie es Otto Bonhard und Kruck[239] apologetisch formulieren, ist der »Waffensegen« zu verstehen, den der Alldeutsche Verband am ersten Kriegstag den aufbrechenden Soldaten mit auf den Weg gab:

> »'Es ist eine Lust zu leben' - so jauchzte Herr Ulrich von Hutten, die Refomation zu begrüßen, und ein ganzes Volk jauchzte mit ihm. ... Die Stunde haben wir ersehnt ... derartiges mitzuerleben, lohnet ein Leben. Aber dieser Lebensinhalt soll noch reicher werden durch das Ergebnis des blutigen Kampfes, den unser Volk in Waffen jetzt zu bestehen hat - reicher durch seine Taten, seinen Sieg!«[240]

Das Ergebnis, die Kriegsziele, wurden bald von mächtigen Interessengruppen fomuliert und die Alldeutschen spielten dabei die Rolle des ideologischen Vorreiters. Im November 1914 traf sich in Berlin unter dem Vorsitz des Organistors Hugenberg »ein erlesener Kreis von Vertretern der großen wirtschaftlichen Verbände«[241] Claß hielt das einleitende Referat vor Hugo Stinnes, Emil Kirdorf, Wilhelm Beukenberg (General-Direktor der Phoenix AG), Paul Reusch (General-Direktor der Gutehoffnungshütte in Oberhausen), Ernst von Borsig (Teilhaber und Leiter der gleichnamigen Berliner Maschinenfabrik), alle vom Centralverband Deutscher Industrieller, dazu führende Vertreter des Bundes der Industriellen (Fertigwarenindustrie) und des Bundes der Landwirte.

> *»Das Referat des alldeutschen Führers übte auf die Anwesenden einen tiefen Eindruck aus. Hugo Stinnes sprach sich namens des Centralverbandes Deutscher Industrieller grundsätzlich für die Forderungen von Claß aus, und nachdem er das Eis gebrochen hatte«,*

folgten ihm die anderen.[242] Hugenberg, Claß und der Syndikus der Essener Handelskammer und nationalliberale Landtagsabgeordnete Ernst Hirsch wurden mit der Formulierung einer gemeinsamen Kriegsziel-Denkschrift beauftragt. Man traf sich im Januar 1915 auf Einladung Hugenbergs in erweitertem Kreis. Am 10. März 1915 erschien das inzwischen von fünf Verbänden gezeichnete Programm, wurde dem Reichstag vorgelegt und am 20. Mai 1915 zur Eingabe der sechs Wirtschaftsverbände erweitert. Neben den genannten drei waren noch der Reichsdeutsche Mittelstandsverband, der Deutsche Bauernbund und die Christlichen deutschen Bauernvereine hinzugekommen. Später schloß sich auch der Hansabund an (Chemie, Banken und gehobenes kaufmännisches Gewerbe). Die Forderungen, die

>*die Vorstellungen der führenden wirtschaftlichen Schichten Deutschlands bis tief hinein in den bürgerlichen und bäuerlichen Mittelstand von der zukünftigen Stellung Deutschlands in der Welt eindrucksvoll wiederspiegeln*<,[243]

lauteten: ein größeres Kolonialreich; die militärische und wirtschaftliche Beherrschung Belgiens, ohne der belgischen Bevölkerung im Reichsverband politische Rechte einzuräumen; die belgische und französische Kanalküste, Belfort, Verdun, die Erzbecken von Lonwy und Briey, dazu die Kohlengebiete des Departement du Nord und des Pas de Calais. Die übernommene einheimische Bevölkerung sollte auch dort alle politischen Rechte (also z.B. die Beteiligung an Wahlen) verlieren und zusätzlich die vorhandenen »wirtschaftlichen Machtmittel, einschließlich des mittleren und größeren Besitzes« in deutsche Hände übergehen. Als Gegengewicht zu diesem industriellen Zuwachs wurde die Annexion von größeren ländlichen Gebieten, darunter Teilen der russischen Ostseeprovinzen, gefordert.

Hugenberg, Kirdorf, Stinnes und Thyssen, dazu Wissenschaftler und Intellektuelle (unter ihnen Leo Wegener und Ludwig Bernhard) trugen im Mai 1915 dem General Freiherrn von Gayl beim Generalkommando in Münster ihre Kriegsziele in ausführlichen Stellungnahmen vor. Hugenberg, der Sprecher der Gruppe, wies auf die sozialpolitische Bedeutung expansiver Kriegsziele hin: Nach dem Kriege würden die von der Front zurückkehrenden Arbeiter

>*mit großen Ansprüchen an die Arbeitgeber herantreten, und wenn nicht auf der Grundlage eines großen Zuwachses an Gebiet und wirtschaftlicher Kraft auf dem Gebiete der Lohnfrage in weitherziger Weise verfahren werden kann, dann wird es zwischen Arbeitgebern und Arbeitnehmern einen fürchterlichen Kampf geben, der die größten Schäden im Gefolge haben wird. Denn der Wandel gewisser Arbeiterkreise in bezug auf ihre nationalen Anschauuungen beseitigt noch keineswegs die sozialen Gegensätze.*<[244]

Jetzt, im Krieg, wird es noch deutlicher als in der Fest-Rede von 1912: Die »soziale Frage« soll exportiert, die Gewinne sollen auch bei steigenden Löhnen durch die noch schnellere (gewaltsame) Expansion weiter in die Höhe getrieben werden können. Man kann sich fragen, ob die heutige »Industrie- und Konsumgesellschaft« dieses Kapital-Problem nicht mit z.T. anderen Mitteln im Sinne Hugenbergs gelöst hat. Nur daß statt des antiquierten *militärischen* Kampfes zwischen Industrie-»Nationen«, die Expansion weltweit auch in die halb- und nichtindustriellen Länder gelenkt wird. Die internationalen Märkte beherrscht man - abgestuft - gemeinsam, die Integration des Arbeiters ist weitgehend gelungen, und nur (bisher zyklische) Wachstumsstörungen führen zu sozialen Konflikten. Sie werden immer systemimmanent gelöst. Die Gewalt *in und zwischen* den hochindustrialisierten kapitalistischen Ländern findet mehr strukturell und nach innen durch den Polizeiknüppel statt. Das militärische Potential dient zur Bedrohung und Beherrschung der »dienenden« Länder oder des staatssozialistischen Konkurrenten. So gelang die konservative Modernisierung: rapide technisch-industrielle Innovation bei Konservierung des hierarchischen Prinzips in der Gesellschaft.

Intern, im »Freundeskreis«, sind die Kriegsziele noch radikaler, als die öffentlich Vorgestellten. Was Claß vor dem Krieg als Möglichkeit andeutete, fordern jetzt Hugenberg und Bernhard: »Land ohne Menschen« im Osten. Die Annexion eines »evakuierten« polnischen Grenzstreifens wurde zum Programm der Obersten Heeresleitung unter Ludendorff.[245]

Die deutsche Reichsleitung, die unter Kanzler Bethmann Hollweg den Krieg planmäßig ausgelöst hatte, formulierte ihre Kriegsziele im «Septemberprogramm« 1914 als »Verteidigung«:

> »Sicherung des Deutschen Reiches nach West und Ost auf erdenkliche Zeit.«»Zu diesem Zweck« sollte allerdings »Frankreich so geschwächt werden, daß es als Großmacht nicht neu erstehen kann« und »Rußland von der deutschen Grenze nach Möglichkeit abgedrängt« werden.

Kurt Riezler, einer der engsten Berater des Reichskanzlers notierte im August 1916 noch ein weiteres Ziel in sein Tagebuch:

> »Kampf mit England um die Weltherrschaft.«[246]

Doch inzwischen war etwas geschehen, was die Regierenden bewog, solche Gedanken nur Tagebüchern anzuvertrauen: Die militätische Führung hatte nach dem verlustreichen Rückzug an der Marne und der Schlacht bei Ypern erklärt, der Krieg sei »eigentlich verloren« und die Armee ein »zertrümmertes Werkzeug«. Es kam zum Stellungskrieg, alle Kräfte wurden mobilisiert, um sich zu behaupten. Der »Burgfrieden« mit der Sozialdemokratie wurde so wichtiger denn je und sollte nicht durch die Bekanntgabe oder öffentliche Diskussion von Eroberungszielen auf's Spiel gesetzt werden. Grund genug für die »sechs Verbände«, vor allem für die alldeutsch-schwerindustrielle Fraktion, schon Parlamentarisierung und Demokratisierung zu wittern und die Opposition gegen die Regierungspolitik zu verschärfen. So ging aus der Gruppierung des »Kartells der Schaffenden Stände« schließlich die präfaschistische »Vaterlandspartei« von 1917 hervor.

> »Die Deutsche Vaterlandspartei, gegründet von Kapp und Tirpitz, war mit über einer Million Mitgliedern auf ihrem Höhepunkt im Sommer 1918 [247] der erste geglückte Versuch einer Massenbewegung von rechts im Kaiserreich. Finanziert von der Schwerindustrie, besonders vom Rheinisch-Westfälischen Kohlensyndikat Kirdorfs, organisatorisch getragen vom Bund der Landwirte, dem Alldeutschen Verband und dem Unabhängigen Ausschuß für einen deutschen Frieden, die jeweils ihre bestehenden Organisationen und Wanderredner zur Verfügung stellten, war die neue ‚Partei' der organisierte Protest der alten Machteliten gegen einen Verständigungsfrieden im Sinne der Juliresolution des Reichstages, was die außenpolitische Zielsetzung anging, hinsichtlich der sozialen Zusammensetzung aber eine Neuauflage des Kartells der schaffenden Stände von

Die Werkstatt des Todes, Kanonenherstellung in Essen

Kanonenfutter, Arbeiterinnen beim Abwiegen von Eierhandgranaten

1913 mit erweiterten Zielen. „Der alldeutsche Eroberungsgeist und das innenpolitische Herrentum der schweren Industrie und des ostdeutschen Großgrundbesitzes' schufen sich in ihr ‚ein Organ, das ihre wahren Tendenzen blendend verhüllte'.« [248]

Die Vaterlandspartei behauptete, innenpolitisch neutral zu sein und nur alle diejenigen sammeln zu wollen, die für einen »Siegfrieden« seien. Dieser Kampf um den »Hindenburgfrieden« gegen einen »schlappen« »Scheidemann-Frieden« [249] verdeckte jedoch nur die innenpolitischen Ziele: Stopp jeder Parlamentarisierung, keine Konzessionen an die Arbeiterbewegung.

Alfred von Tirpitz, 1897-1916 Staatssekretär im Reichsmarineamt und durch dessen Nachrichtenbüro einer der Einpeitscher des Schlachtflottenbaus in der deutschen Öffentlichkeit, der in der Weimarer Republik deutschnationaler Reichstagsabgeordneter werden sollte (1924-28), war als 1. Vorsitzender vor allem Aushängeschild. Das gleiche gilt für Herzog Johann Albrecht, Herzog zu Mecklenburg, Regent von Braunschweig, 1895-1920 Präsident der Deutschen Kolonialgesellschaft, der Ehrenvorsitzender der im September 1917 gegründeten Vaterlandspartei wurde. Die »eigentliche Führungsgruppe« [250] stellten Hugenberg, Kirdorf, Claß, Conrad Freiherr von Wangenheim (Bund der Landwirte), Georg Wilhelm Schiele (Reichsdeutscher Mittelstandsverband; Hauptgeschäftsführer) und Wolfgang Kapp (General-Landschaftsdirektor von Ostpreußen). Der innere Führungskreis wollte mehr als nur den konservativen Status quo in der Innenpolitik aufrechterhalten, sie sahen in der Vaterlandspartei »die Massenbasis für eine Militärdiktatur unter der Führung von Ludendorff und Hindenburg bzw. Tirpitz und Kapp«. Die Schaffung einer Massenbasis war für sie »von Anfang an die conditio sine qua non jeder erfolgreichen politischen Arbeit.« [251] Kapp hat später versucht, die »nationale Diktatur« mit militärischer Gewalt durchzusetzen. Beim »Kapp-Putsch« im Jahre 1920 marschierten seine Soldaten mit »Hakenkreuz am Stahlhelm, schwarz-weiß-rot am Band« in Berlin ein. Dieser Staatsstreich scheiterte trotz breiter Resonanz im konservativen Bürgertum. Denn der Wiederhall beschränkte sich oft auf eine mehr mentale Zustimmung, verbunden mit einer abwartenden Haltung in der Praxis. Das Bürgertum war noch nicht genügend »formiert«. Den Ausschlag gegen den Putsch aber brachte die aktiv-kämpferische Haltung der Industriearbeiter. Schon 1917/18 war es ein Hauptziel der Vaterlandspartei, die Arbeiter auf »nationale Grundlage« zu stellen. Im März 1918 wurde eine »Abteilung für Werbung und nationalpolitische Aufklärung der Arbeiter« gegründet. Als ihr Redner trat unter anderen der Vorsitzende des »Nationalen Arbeitervereins« bei Krupp auf. Doch ein direkter Einbruch in Arbeiterbewegung und Industriearbeiter-Klasse gelang nicht. In enger Fühlung mit Kapp wurde deshalb im März 1918 zur Gründung einer »Deutschen Arbeiter- und Angestellten-Partei« aufgerufen. Sie benutzte den Antisemitismus verstärkt als Agitationsmittel, um Aggressionen gegen die im Krieg noch krasser sichtbar werdenden Konturen der deutschen Klassengesellschaft zu kanalisieren und umzubiegen. Denn eins war in den Kriegsjahren immer deutlicher geworden: Während die schlechtentlohnte Masse hungerte, gab es auf dem Schwarzen Markt für Geld fast alles. Die Manipulation des Handels und das »Kriegsgewinnlertum« aber versuchten die antisemitischen Agitatoren den Juden anzulasten.

Die militärische Niederlage und damit den endgültigen Zusammenbruch des konservativen Gesellschaftssystems vor Augen, propagierte auch der Alldeutsche Verband einen verstärkten, offenen Antisemitismus. Auf einer Sitzung des Geschäftsführenden Ausschusses im Oktober 1918 berichtete Claß:

>*Exzellenz von Gebsattel hat dringend aufgefordert, die Lage zu benutzen zu Fanfaren gegen das Judentum und der [sic] Juden als Blitzableiter für alles Unrecht zu benutzen.*«[252]

Und Claß selbst forderte, die Judenfrage »nicht nur wissenschaftlich-politisch, sondern auch praktisch-demagogisch« zu behandeln.

Wir stehen jetzt alle auf diesem Standpunkt. ... Kirdorf, der noch im Jahre 1910 das geschäftliche Entgegenkommen der Juden in der Disconto-Gesellschaft rühmte und ein ausgesprochener Philosemit war, ist jetzt ganz entgegengesetzter Ansicht, sogar ein rabiater Antisemit, wie alle Leute in der Schwerindustrie. Ich glaube, daß auch die Armee und der preußische Adel mit Vehemenz dabei sind, aber das ganze Volk muß es sein und mitmachen. Ich werde vor keinem Mittel zurückschrecken und mich in dieser Hinsicht an den Ausspruch Heinrich von Kleist's, der auf die Franzosen gemünzt war, halten: ,Schlagt sie tot, das Weltgericht fragt euch nach den Gründen nicht!'.«[253]

Dirk Stegmann, dessen Aufsatz über präfaschistische Organisationen[254] die Vorarbeit zu einer (ersten) umfassenden Darstellung der Vaterlandspartei ist, skizziert die Ansätze einer neuen, populistischen Herrschaftstechnik:

>*Antisemitismus, Rassismus und Imperialismus sollten jetzt in eine neue Integrations-Ideologie zusammengeschmolzen werden, und zwar nicht nur zur Gewinnung des Bürgertums, sondern auch der unteren Gesellschaftsschichten.*
>*Dem Antisemitismus kann in dieser ideologischen Konstellation eine ganz wesentliche, bewußt kalkulierte Funktion zugesprochen werden.*«[255]

Die Vaterlandspartei war der vorläufige Höhe- und Endpunkt der Politik der »nationalen Sammlung«. Doch noch auf einer anderen Schiene zur Durchdringung öffentlicher Meinung sammelte Hugenberg: Im Krieg entsteht der erste *große* »nationale« Pressekonzern in Deutschland. Seine Grundlagen wurden in den letzten Vorkriegsjahren geschaffen.

Schon kurz nach der Jahrhundertwende hatte Hugenberg den »Posener Raiffeisenboten« gegründet, eine (1914) zweimal monatlich erscheinende Fachzeitschrift als Sprachrohr der Genossenschaften. Leo Wegener, sein Posener Freund, war von dem Gedanken beherrscht,

>*daß für den wirkenden Menschen alles darauf ankommt, den Weg zu finden ,zu den Gehirnen der Menschen'. Er begriff, was er immer wieder aussprach und noch heute täglich ausspricht*«,

schrieb Ludwig Bernhard 1928 über ihn und die Posener Zeit,

>*daß alles darauf ankommt, belebende Gedanken in die Gehirne der schläfrigen Menschen hineinzuschmuggeln. ... Einem solchen Manne mußte das* **Zeitungswesen** *ein unerschöpfliches Thema sein.*«[256]

Das Bewußtsein von der wachsenden Bedeutung der Presse konnte großzügig in die Praxis umgesetzt werden, als Hugenberg in die Wirtschaftsverbände einzog und begann, die großen »Spenden« und »Zuschüsse« der Industrie organisert zu kontrollieren. Bernhard beschreibt die Anfänge des neuen Systems:

>*Als Hugenberg im Dezember 1912 Vorsitzender des Bergbaulichen Vereins geworden war, dem alle großen Werke des Ruhrgebiets angehören und der seit 1858 Träger ihrer*

Solidarität ist, begann er die leitenden Persönlichkeiten darauf hinzuweisen, daß sie jährlich bedeutende Summen zerfließen lassen, ohne zu wissen, was damit geschehe. **Hugenberg** schlug eine sehr einfache Organisation vor, um diesem Mangel abzuhelfen. Jede Bitte um einen großen Geldbetrag sei seinem Bureau schriftlich oder telephonisch zu melden. Er werde Auskünfte einholen, um die Sache zu kontrollieren. Leicht war die Arbeit durch einen Sekretär zu bewältigen, und bald fühlten die routinierten und gut empfohlenen Sammler, daß geheimnisvoll irgendeine kontrollierende Instanz errichtet worden sei. Und diese Instanz, das war die Hauptsache, befand sich in den Händen eines Mannes von **Hugenbergs** Eigenart.«[257]

Die nationale Meinungsfabrik, der Großverlag Scherl in Berlin — 80 Jahre später wird fast am gleichen

Der Konzern

Hugenberg entschied nun zunehmend darüber, welche Vereine, Parteien und Zeitungen mit den schwerindustriellen Geldern beeinflußt werden sollten. Im Juli 1912 bildete sich eine Art schwerindustieller »Freundeskreis«, eine »Gruppe Hugenberg«.[258] Zur »Förderung der Beziehungen und der Stellung der heimischen Industrie zu den wichtigeren ausländischen Wirtschafts- und Kulturgebieten durch Verbesserung des Nachrichtenwesens«[259] wurde im März 1914 eine Finanzierungsgesellschaft gegründet (Ausland GmbH) und mit ihrer Hilfe im folgen-

Ort der Springer-Verlag stehen

den Monat die »Ausland Anzeigen GmbH« konstituiert. Diese Doppelkonstruktion diente der Verschleierung des industriellen Einflusses. Die Ausland GmbH als Holdinggesellschaft des gesamten Kapitals trat weder bei der notariellen Gründung noch in der Gesellschafterliste der Anzeigen-Gesellschaft in Erscheinung. Offiziell betrieb diese »das Geschäft der Anzeigenvermittlung, namentlich mit dem Ausland«. Hugenberg betonte jedoch intern, er sehe den eigentlichen Zweck in der »Beeinflussung der Inlands-Tagespresse«. 1917 enstand aus den »Ausland Anzeigen« die »Allgemeine Anzeigen GmbH«, kurz AlA genannt. Sie kaufte 1918 weitere Annoncen-Büros und wurde 1923 schließlich in die AlA Anzeigen AG umgewandelt.

Zur Gründung der »Ausland Anzeigen« hatten sich 22 Gesellschafter zusammengefunden, 1916 waren es 37, 1918 schon 44, darunter Krupp, Kirdorf und Reusch.[260]

Die beteiligten Werke der westlichen Schwerindustie verpflichteten sich, ihre gesamten Anzeigen-Gelder über die Vermittlungsstelle zu vergeben. Sie hatten keinen Einfluß darauf, in welchen Zeitungen inseriert wurde. Damit lag es letztlich bei der »Ausland Anzeigen« und ihrem Apparat, wie die Anzeigenpakete aufgeteilt wurden. Die Streuung erfolgte in einer Mischung aus kommerziellen und politischen Gesichtspunkten. Einerseits konnte man nicht alle großen eingesessenen Blätter als Werbeträger umgehen, andererseits wurden innerhalb bestimmter Regionen und Auflagen-Gruppen »nationale« Blätter bevorzugt. In einem Rundschreiben der Gesellschaft hieß es 1917, der deutsche Industrielle wolle neben geschäflichen auch deutschnationale Gesichtspunkte bei der Auftragsvergabe berücksichtigen.[261] Die ein paar Monate zuvor von einer alldeutschen Gruppe mit Claß und Hugenberg an der Spitze gekaufte Deutsche Zeitung (Berlin) stellte in einem Artikel zur AlA-Gründung klar, die Beeinflussung des Inseraten-Marktes geschehe nach nationalen Gesichtspunkten, um das Monopol von Mosse zu brechen.[262] Bisher hatte die Annoncen-Expedition Rudolf Mosse mit Agenturen in rund 270 deutschen Städten den Markt weitgehend beherrscht.[263] Die Anzeigen-Büros berechneten ihren Auftraggebern nur den Original-Anzeigenpreis der Zeitungen und übernahmen die (gewünschte) Verteilung sowie die Vervielfältigung des Textes, die Korrespondenz mit den Verlagen bzw. den Anzeigen-Redaktionen usw. Ihre Einnahmen kamen aus den Provisionen (33% und mehr), die die Blätter gewährten. Denn ohne Anzeigen konnten die umfangreicheren Zeitungen schon vor dem Ersten Weltkrieg nicht mehr existieren, und umgekehrt machte die anzeigenstarke Presse große Gewinne. Nach einer Berechnung von Munzinger erzielten in der Hochsaison vor Weihnachten 1900 (1.-23. Dezember) der »Berliner Lokal-Anzeiger« mit 610 Inseratenseiten 354.000 Mark[264] Bruttoumsatz und lag damit an der Spitze der deutschen Zeitungen. Es folgten die »Dresdner Nachrichten«, die es im billigeren Dresden mit 714 Seiten auf 155.000 Mark brachten und an dritter Stelle das »Berliner Tageblatt« mit 131.000 Mark für 278 Seiten.[265] Die Anzeigen-Büros nahmen nicht nur die Wünsche der Kunden entgegen, sondern arbeiteten selbst Pläne zur Streuung größerer Anzeigenaufträge aus.

Im Mosse »Zeitungs Katalog«[266] von 1914 heißt es:

> *»Insbesondere erstreckt sich eine solche Beratung auf die geschickte Abfassung und die auffällige Ausstattung der Anzeigen sowie die zweckentsprechende Auswahl der Insertionsorgane.«*

Vor allem, wenn die Büros die Verteilung selbst vornahmen, waren manche Zeitungen von deren »Wohlgeneigtheit und dem guten Willen ... abhängig«.[267] Um die Verteilung zu vereinfachen, hatte Mosse schon in seinem Gründungsjahr 1867 begonnen, ganze Anzeigenteile von Zeitungen zu pachten. Die Zeitungen erhielten so regelmäßig feste Einnahmen und die Pächter besorgten die Besetzung der noch leeren Seiten. Mosse besaß bei Beginn des Weltkrieges über hundert Pachtblätter.[268] Holzbach schreibt, die AlA sei in der zweiten Hälfte der Zwanziger Jahre auch zum Pacht-System übergegangen und zitiert für 1927 die Angabe von »etwa 100 Pachtungen von Kalendern, Zeitschriften, Zeitungsringen«[269], doch zumindest in einer Reihe von Einzelfällen wurde dieses System schon vorher angewandt. Der Dortmunder Presse-Historiker Kurt Koszyk schildert den Fall der »Weser-Zeitung« als »typisch«[270]: Das in Handel- und Schiffahrtskreisen der Bremer Region gelesene linksliberale Blatt wurde im Weltkrieg von einem Konsortium Bremer Senatoren und Handelskammer-Mitglieder übernommen. Die AlA, daran nicht sichtbar beteiligt, schloß mit der neuen Leitung einen Vertrag ab, durch den sie zwei Anzeigenseiten für einen Zeitraum von zehn Jahren fest kaufte und gleich bezahlte.

> *»Es wurde vermutet, daß mit der Anzeigenpacht auch gewisse Vereinbarungen über die künftige politische Haltung der Zeitung, der die Auslands-Anzeigen-GmbH das finanzielle Rückgrat lieferte, verbunden waren. Der neue Chefredakteur ... kam vom* **Bremer Tageblatt**, *an dem er ... im alldeutschen Sinne tätig gewesen war.«*

So wurde aus dem »altbewährten liberalen Organ« im Mosse-Katalog von 1914[271] ein »unabhängig [!] national[es]« Blatt (Handbuch der Deutschen Tagespresse 1932).

Der (nicht völlig unkritische) Haus-Historiker des Hugenberg-Konzerns, Ludwig Bernhard, läßt selbst da politische Ziele erkennen, wo er in einer »sphären«-haften Sprache die Interessen nur andeutet:

> *»Wesentlich verstärkt werden die Wirkungsmöglichkeiten, wenn ein Annoncenbureau zugleich Besitzer oder Pächter des Annoncenteils von Zeitungen ist. Und ist ein bedeutendes Annoncenbureau gar auf irgendeine Weise mit dem Kraftzentrum einer politisch geladenen Sphäre verbunden, so kann eine mindestens indirekte politische Wirkung des Annoncenbureaus auch dann nicht ausbleiben, wenn das Bureau rein geschäflich, politisch neutral geleitet wird. Inseratenaufträge zu erhalten, ist für jede Zeitung eine Lebensfrage. Politischer Einfluß eines Annoncenbureaus bedeutet nicht Inseratenbestechung. Politischer Einfluß eines Annoncenbureaus bedeutet auch nicht Untreue gegen den Auftraggeber, der mit seinem Inserate nicht Politik treiben, sondern den größtmöglichen geschäftlichen Nutzen erzielen will. Politischer Einfluß eines Annoncenbureaus bedeutet vielmehr eine suggestive Wirkung, die notwendig ausströmen wird von einem Unternehmen, das erstens bedeutende Inseratenaufträge zu vergeben hat, zweitens Verfügungsrechte über den Annoncenteil von zahlreichen Zeitungen hat und drittens mitten in einer entschieden politischen Sphäre steht.*
> *In ganz loyaler, gegen kein Gebot des Anstands verstoßender Weise, kann dieser politische Einfluß durch die systematische Anwendung von geschäftlichen Maßnahmen verstärkt werden: In den zahlreichen, sich immer wiederholenden Fällen, in denen die Inserenten zweifeln, welche von mehreren Zeitungen für die Insertion die geeignetste sei, wenn also mehrere Zeitungen in bezug auf die geschäftliche Wirkung ihrer Inseratenteile gleichwertig sind, wird jedes Annoncenbureau den Auftrag im Zweifel derjenigen unter den gleichwertigen Zeitungen zuwenden, mit der es selbst in enger Geschäftsverbindung steht. Diese geschäftliche Selbstverständlichkeit aber verursacht überall da ei-*

ne politische Wirkung, wo die eng mit einem Bureau verbundenen Zeitungen einer bestimmten politischen Richtung angehören.« [272]

Die Gesamt-Wirkung der AlA ist schwer zu bestimmen, da auch, wie schon berührt, eine Reihe von Zeitungen für Anzeigen schwer entbehrlich waren. Das gilt vor allem für große Provinzblätter, die in bestimmten Städten und Regionen besonderes Ansehen besaßen. Ein Beispiel für den Westen ist die »Kölnische Zeitung«. Holzbach zählt sie zu der Presse, die »einem tendenziellen politischen Einfluß der AlA ... zugänglich«[273] war. Das in der Weimarer Republik der rechtsliberalen Deutschen Volkspartei verbundene Blatt ist jedenfalls ein deutlicher Kritiker der Hugenberg-Linie in der Politik seit 1928. Möglich, aber nicht bewiesen ist, daß die Verbindung zur AlA zu einer etwas konservativeren Grundstimmung beitrug und in einigen Fällen den Grad der Kritik mitbeeinflußte. Im allgemeinen werden vor allem die kleineren, kapitalschwachen Provinzzeitungen bei Verbindungen zur AlA direkte politische Einflüsse zu spüren bekommen haben - und natürlich die »Sanierungsfälle«.

Ende 1918 hatte die AlA bereits 290 Gesellschafter, darunter 62 Verleger. Zu den Firmen gehörten u.a. die Stahlwerke Hoesch in Dortmund, die Rheinischen Stahlwerke in Duisburg-Meiderich und der Verlag der »Kölnischen Volkszeitung«[274], der katholischen Zentrumspartei nahestehend. Ihr Verleger, Karl Bachem,war bei seiner Wahl in den Aufsichtsrat der AlA zweiter Vorsitzender des Vereins deutscher Zeitungsverleger.[275] 1922 sind bereits 75 Zeitungsverleger Gesellschafter der AlA geworden, die nach der Aussage de Mendelssohns

»schließlich die größte deutsche Annoncen-Expedition und ein außerordentlich wirksames Instrument der Hugenbergschen Pressepolitik wurde.« [276]

Den Firmen,die sich der AlA bedienen wollten, stand die Beteiligung durch Übernahme von Geschäftsanteilen (mindestens 500 Mark) zwar offen, aber die Masse des Kapitals blieb in wenigen Händen, während allein 112 Gesellschafter mit nur 500 Mark beteiligt waren. Die Gruppe Hugenberg behielt über Strohmänner und eine hohe Verschuldung an ihre Finanzierungsgesellschaft, die Ausland GmbH, das Heft in der Hand.[277]

Die Geldgeber und Kontrolleure gründeten 1916 - nicht öffentlich - die »Wirtschaftliche Gesellschaft«, um die Organisation ihrer Medien in großem Stile finanzieren zu können. Schon 1913 hatte die engere Zusammenarbeit zwischen Kirdorf, Hugenberg und Hugo Stinnes begonnen. Dieser formlos arbeitende »Dreierausschuß« war 1916 durch den bei der Kriegsziel-Eingabe schon genannten General-Direktor der Phoenix-Werke, Wilhelm Beukenburg, zum »Viererausschuß« erweitert worden. Der industrielle »Freundeskreis« institutionalisierte dann seine Zusammenarbeit in der nicht öffentlich gegründeten »Wirtschaftlichen Gesellschaft« (WG). Die Gelder der WG stammten, entsprechend ihren Mitgliedern, von Krupp, Phoenix, der Gelsenkirchener Bergwerks-AG und dem Stinnes-Konzern.[278]

Diese vier Firmen dominierten auch in der »Ausland« - hier kamen aber noch weitere Geldgeber aus Bergbau und Hüttenindustrie (darunter auch Unternehmen aus Lothringen und dem Saargebiet) hinzu: u.a. Paul Reusch (Gutehoffnungshütte), Friedrich Springorum (Generaldirektor der Hoesch-Werke) und Peter Klöckner (Klöckner Werke in Lothringen und Zechen im Ruhrgebiet). Verwaltungsratsvorsitzender und Geschäftsführer war Hugenberg, stellvertretender

Sonntag, 2. August 1914

Berliner

№ 357   Zentral-Organ für   die Reichshauptstadt   32. Jahrgang

Lokal-Anzeiger

Die Mobilmachung in Deutschland.

Se. Majestät der Kaiser und König hat die Mobilmachung der gesamten deutschen Streitkräfte angeordnet. Als erster Mobilmachungstag gilt Sonntag, der 2. August.

Zu den Waffen!

„So wenig für mein treues Volk als für Deutsche, bedarf es einer Rechenschaft über die Ursachen des Krieges, welcher jetzt beginnt. Klar liegen sie dem unverblendeten Europa vor Augen.

Als preußens König im Jahre 1813 zu seinem Volke. So kann auch heute der deutsche Kaiser mit gutem Recht zum deutschen Volke sprechen

gleichem zu vergelten. Aber der schwere Reid an Deutschlands Blüte, auf die Erfolge unserer Arbeit, auf seine Einigung und die Selbständigkeit, die es durch sein gutes Schwert errang, hat es in die Arme unserer Feinde getrieben. Das Zarentum, einst der Rocher de bronce der Monarchie in Europa, hat sich der Republik verbündet und klatscht den Klängen der Marseillaise Beifall, weil wir nicht meh...

Mit heiligem Ernst gehen wir Deutsche in den schwersten Kampf, der uns für die Ehre und den Bestand unseres Volkstums je aufgedrungen worden ist. Jeder andere Gedanke, als der an den Sieg und das Heil des Vaterlandes schweige von nun ab.

Wir blicken alle mit vollem Vertrauen auf unseren Hohenzollern-Kaiser und folgen ihm, wohin er uns führt.

Der »Lokalanzeiger« meldet die deutsche Mobilmachung und nährt die Hoffnung auf Krieg

Vorsitzender Kirdorf.

So standen dem Geheimen Finanzrat 1916 mit WG und »Ausland« zwei große Finanzierungsgesellschaften zur Verfügung, um vom Reich der Anzeigen direkt in die Presselandschaft einzumarschieren. Er kaufte den Scherl-Verlag. »Der Berliner Lokal-Anzeiger« und »Der Tag« waren seine beiden hauptstädtischen Tageszeitungen. Mit dem »Lokal-Anzeiger« hatte der Verleger August Scherl 1883 »einen für Deutschland völlig neuen Zeitungstyp«[279] geschaffen:

> »die Zeitung, die jedem etwas und den meisten alles bot, die schnell, umfassend und unterschiedslos berichtete, die keine Meinung, keinen Charakter, kein Gesicht hatte, die sich für niemand einsetzte außer für sich selbst, die keinen anderen Zweck verfolgte, als möglichst viele Inserate zu bringen und möglichst hohe Auflagen zu erzielen.«[280]

Es ist der neue Typ der »Massen-Presse«, die Boulevard-Zeitung des 20. Jahrhunderts kündigt sich an. Doch zunächst wurde das Scherl-Blatt im Typ des »General Anzeigers« kopiert. De Mendelssohn beschreibt die Oberfläche, wenn er von der Gesichtslosigkeit des Lokal-Anzeigers spricht, der sich parteipolitisch neutral gab, »farblos«, wie man das damals oft nannte. Doch hinter dieser Fassade war es wilhelminisch-konservativ, das Blatt der Hofberichterstattung, das der Kaiser nicht nur ausgeschnitten, wie die anderen Zeitungen, sondern regelmäßig als vollständiges Exemplar vorgelegt bekommt (während der Marokkokrise 1905, als Wilhelm II eine Mittelmeerreise macht, wird es ihm bis nach Tanger nachgesandt[281]), die Zeitung, die das Volk für die Monarchie gewinnen wollte. Auch beim Reichskanzler Bethmann Hollweg erfreute sich der »Lokal-Anzeiger«

Die Organisation einer Weltzeitung

dargestellt am

Berliner Lokal-Anzeiger

Eigene Redaktions-Vertretungen an den wichtigsten Plätzen der Welt berichten die neuesten Geschehnisse

Expeditionen und Wissenschaftler in unerforschten und wenig bereisten Ländern schildern ihre Erlebnisse und Eindrücke in Wort und Bild

Ein großer Stab von prominenten Redakteuren und Journalisten bearbeitet die im eigentlich sich reckenden Neubau einlaufenden Meldungen. Führende Mitarbeiter aus Politik, Wirtschaft, Kunst und Wissenschaft stehen diesem Stab zur Seite

Sonder-Berichterstatter eilen auf dem schnellsten Wege zu wichtigen Ereignissen

Die neuesten technischen Erfindungen im Nachrichten-Dienst, u. a. eigene Funk- und Fern-Photographie-Station, verbürgen schnellste Übermittlung der Meldungen aus aller Herren Länder

Die größten und leistungsfähigsten Druckmaschinen und modernsten Reproduktions-Verfahren sichern eine auf die Minute pünktliche Herstellung der Zeitung

Eine weltumfassende Vertriebsorganisation mit eigenen Filialen, Agenturen und Vertriebsstellen sorgt für schnellste Zustellung überall da, wo in der Welt Zeitungen gelesen werden

Ein eigener Überland-Dienst mit Automobilen und Flugzeugen macht den Vertrieb unabhängig von Post und Eisenbahn

Deutschlands größte Zeitung mit Morgen- u. Abendausgabe

Berliner Lokal-Anzeiger

Eine der wenigen Zeitungen, auf deren Stimme die Welt hört!

»größter Wertschätzung«.[282] Diese »staatstragende« konservative Einstellung zeigt sich zumindest in den letzten Vorkriegsjahrzehnten deutlich. Noch sehr viel direkter kam diese anti-(sozial-)demokratische Zielsetzung in dem 1900 gegründeten »Tag« zum Ausdruck, trotz seines Mottos: »Keiner Partei dienstbar. Freies Wort jeder Partei.« Die Zeitung erschien zweimal täglich und hatte eine illustrierte Beilage, den »roten Tag«. Hier gab es eine technische Neuheit: Rot eingerahmter Kopfteil, rote Überschriften und (manchmal) rote Unterstreichungslinien.

»Das sich hierdurch das schwarz-weiß, rote [sic] Farbenbild der Reichsflagge ergab, war gewiß kein Zufall.«[283]

Eine Analyse aus dem 1. Halbjahr 1914, zeigt, daß im »roten Tag«, dem »Meinungsteil« des Blattes, die Artikel konservativer Politiker, Offiziere und Beamter deutlich überwiegen. Auch Alldeutsche kommen häufig zu Wort.[284] Als August Scherl durch andere Projekte in finanzielle Schwierigkeiten geriet, verkaufte er seinen Verlag. Die Reichsregierung schaltete sich unter dem Eindruck der Meldung Scherls ein, der »demokratische« Rudolf Mosse habe bereits für die acht Millionen Mark Stammanteile elfeinhalb Millionen geboten. Im Januar 1914 teilte der preußische Landwirtschaftsminister, Freiherr von Schorlemer, dem Reichskanzler mit, er habe durch die Vermittlung und einstweilen noch auf den Namen des Bankiers von Oppenheim in Köln die Stammanteile August Scherls übernommen. Das Geld war von 59 »wohlhabenden Herren« aufgebracht worden, ein »regierungsfreundliches Konsortium«, wie der Landwirtschaftsminister es nannte. Sie gründeten den »Deutschen Verlagsverein«. Die 12 Millionen Mark der Kaufsumme hatte der Minister dem Bankier Oppenheim vorgestreckt, bis Schorlemer die neuen Besitzer zusammenführen konnte, die den Kredit zurückzahlten. Die Hauptbeteiligung erwarben die Vertreter der Disconto-Gesellschaft (Berliner Großbank). Zu den Mitgliedern des in Düsseldorf sitzenden Verlagsvereins zählten u.a. auch ein Vertreter der Gutehoffnungshütte und der Landwirtschaftsminister selbst mit einer Beitragssumme unbekannter Höhe. Geschäftsführer und, »um dem Gesetze genüge zu tun«, zunächst offizieller Erwerber der Stammanteile wurde der Aufsichtsratsvorsitzende der Bergwerksgesellschaft Hibernia, Hermann von Krüger. Die Käufer, so betonte er in einem Schreiben an die preußischen Minister des Innern und der Justiz, hätten sich

> *»lediglich von der Rücksicht auf das allgemeine Wohl, von dem Wunsche leiten lassen, den Scherlschen Verlag nicht unter linksliberale, staatsfeindliche Leitung gelangen zu lassen.«*[285]

Diese »Rettungsaktion«, so kommentiert de Mendelssohn,

> *»öffnete ... Alfred Hugenberg den Weg zur Beherrschung der deutschen Rechtspresse, die wiederum die Bahn für die Versklavung der gesamten deutschen Presse durch das Hitler-Regime freimachte.«*[286]

Als der »Deutsche Verlagsverein« 1915 in Finanznöte gerät[287], intervenieren wieder staatliche Stellen, und der »Landwirtschaftsminister v. Schorlemer mußte also wieder seine reichen Freunde bestürmen«, wie es Bernhard nett umschreibt. Die »Freunde« waren Kirdorf, Beukenberg und Krupp. In diesen Kriegsjahren, als die Zeitungen durch Abonnenten- und Anzeigenrückgang sowie Papiermangel unter großem finanziellen Druck standen, waren die Gewinne der schwerindustriellen Rüstungsbetriebe enorm. Krupp hat, nach einer vorsichtigen Schätzung, im Weltkrieg mindestens 800 Millionen Goldmark Reingewinn gemacht.[288]

> *»Die Basis der wirtschaftlichen Macht bildeten nicht allein die immensen rüstungswirtschaftlichen Produktionsleistungen, die der Staat nicht entbehren konnte und wollte, sondern ebenso der überschäumende Gewinnsegen, der die Industrie von Staat und Banken weitgehend unabhängig machte, ihr eine noch größere Autonomie gab und dem erfolgreichen wirtschaftlichen Management eine nahezu unerschütterliche Position.«*[289]

So flossen die Gelder für Hugenberg reichlich, und er hatte bald 6,1 Millionen für die Sanierung des Verlagsvereins zusammen. Diese Summe stellte zwar nur 42,7% des jetzt über 14 Millionen betragenden Gesamtkapitals dar, aber die Hugenberg-Gruppe erhielt doppeltes Stimmrecht, eine Vorzugs-Dividende für ihre Einlagen und die absolute Mehrheit der Sitze in den Verwaltungsausschüssen von Verlagsverein und Scherl. Diese Ausnahme-Bedingungen waren den alten Gesellschaftern als Preis für die Sanierung diktiert worden, die für den Scherl-Verlag selbst noch weitere 10 Millionen kosten sollte.[290] Im Mai 1916 kam es zum Machtwechsel. Ludwig Bernhard nennt die Zeitungen und Zeitschriften des Verlages, die nun in den Händen der »nationalen Opposition« lagen:[291]

> »Berliner Lokal-Anzeiger«, in 241.500 Exemplaren gedruckt. - »Der Montag«, in 232.200 Exemplaren gedruckt. - »Die Woche«, in 256.250 Exemplaren gedruckt. - »Der Tag«. - »Täglicher Vergnügungsanzeiger und Fremdenführer.« - »Die Gartenlaube.« - »Die weite Welt.« - »Vom Fels zum Meer.« - Die Wochenzeitschriften »Praktischer Wegweiser« und »Allgemeiner Wegweiser.« -»Internationale Wochenschrift für Wissenschaft, Kunst und Technik.« - »Berliner Wohnungs-Register.« - »Export Trade.« - »Sport im Wort.« - »Sport im Bild.« - Fast alle diese Zeitschriften gehörten zu den verbreitetsten ihrer Art, ferner gehörten der August Scherl G.m.b.H. Buchverlage, insbesondere die Mehrheit der August Scherl, Deutsche Adreßbuch G.m.b.H., welche die Adreßbücher von Berlin, Breslau, Frankfurt a.M., Halle a.d.S., Leipzig, Magdeburg, Stettin herausgab - Die Bibliothek August Scherl G.m.b.H.

> »Die Firma besaß in Berlin und Leipzig Druckereien, die durchaus auf der Höhe standen und die besonders gut für den Druck illustrierter Zeitschriften ausgerüstet waren.«[292]

Die weitere Expansion des Konzerns war unaufhaltsam. Fast jeder Zukauf steigerte noch zusätzlich die Bedeutung der schon kontrollierten Medien und erhöhte die Wirkung des Gesamtsystems. So rückte durch den Erwerb von Scherl die »Ausland-Anzeigen« sofort in die Reihe der großen deutschen Annoncen-Expeditionen.[293] Ein weiterer Grundstein für den Erfolg der AlA seit 1917 war gelegt.

Im Juni 1916 werden die Verträge zur allmählichen Übernahme der »Telegraphen-Union« unterschrieben. Diese Nachrichtenagentur war 1913 durch Albert von Schwerin, dem Bruder Friedrich von Schwerins aus Hugenbergs »Freundeskreis«, gegründet worden. Solche Nachrichtenbüros waren vor allem für Zeitungen wichtig, die sich keine eigenen Korrespondenten (im In- und Ausland) leisten konnten, also die Masse der mittleren und kleineren Provinzblätter, die auch kein eigenes Berliner Büro besaßen.[294] Zur außenpolitischen Abrundung der Telegraphen-Union (TU) beteiligte sich 1916 die »Ausland« führend an der Gründung des »Deutscher Überseedienst GmbH« (Berlin). Dieser Nachrichtendienst lieferte seinen deutschen Kunden Meldungen aus dem Ausland und diente umgekehrt der Berichterstattung über Deutschland für ausländische Abnehmer. In einem vertraulichen Werbebrief »An Deutschlands Handel, Industrie, Landwirtschaft und Verkehr« vom Oktober 1917 nennt sich der Überseedienst eine

> »Stelle ... , die dazu berufen ist, den wirtschaftlichen Nachrichtendienst und die wirtschaftliche Propaganda Deutschlands ... auf eine einheitliche Grundlage zu stellen, um so ... das deutsche Auftreten im Auslande wuchtiger zu gestalten.«[295]

»Ich habe geglaubt, es müsse neben der Presse und Propaganda der Ullstein, Mosse und des Vorwärts auch eine nationale Presse und Propaganda in Deutschland geben und habe danach in der Stille, das ist und bleibt in der Welt das Wichtigste, gehandelt« — verteidigt Hugenberg seinen Scherl-Konzern.

Zu den Gründungen (bzw. »Übernahmen«) der Jahre 1916/17, die hier nicht alle aufgezählt werden sollen, gehörte die »Deutsche Lichtbild-Gesellschaft e. V.« in Berlin (November 1916). So fiel der Schatten Hugenbergs auch auf die Film-Produktion, sicherte sich seine Gruppe Einfluß im zukunftsträchtigen Medium des bewegten Bildes. Der Krieg hatte, schrieb der »Kopf« des deutschen Heeres, Generalquartiermeister Erich Ludendorff im Juli 1917, »die überragende Macht des Bildes und des Films als Aufklärungs- und Beeinflussungsmittel« erwiesen.[296]

Zum Aufbau des Medien-Imperiums gehörte auch die direkte Übernahme von Provinzzeitungen durch Kauf oder Mehrheitsbeteiligung. Wie schon erwähnt, waren viele kleinere und mittlere Zeitungen in Existenznöten. Dazu trug auch der Papiermangel bei. Eine Kriegswirtschaftsstelle für das Zeitungsgewerbe legte seit dem April 1916 im Regierungsauftrag die Zuteilungs-Quoten fest. Die drastischen Reduzierungen der zugeteilten Papiermengen führte nicht nur zur Verringerung der redaktionellen Seiten, sondern auch des Anzeigenteils. Etwa 500 meist kleinere Blätter stellten ihr Erscheinen endgültig ein, nach der Berechnung von Kurt Koszyk 12% aller deutschen Zeitungen.[297] Hugenberg nutzte die Situation. Hier einige Beispiele:[298] So schreibt der politische Freund und Geschäftspartner Claß im April 1918 an Hugenberg:

> *»Vertraulich, aber zur geeigneten Verwendung teile ich mit, daß folgende Zeitungen zu verkaufen sind:*

1) Lippesche Tageszeitung. 10.000 Bezieher - Reingewinn 22.000 Mk; mit Druckerei, Ztg. und Zubehör 500.000 Mk.
2) Fürther Tagblatt mit Druckerei und Haus 300.000 Mk.
3) Celler Kurier 40.000 Mk.«[299]

Wenige Tage später kommt es zu einer Besprechung mit Hugenberg über die Zeitungen, »die *uns* [Hervorhebung vom Vf.] angeboten worden sind«. Claß hatte inzwischen noch drei weitere Blätter genannt.[300]

Zu einer Anregung, die »Trierer Zeitung« zu erwerben, bemerkt Claß, er habe die Bestrebung,

> *»nach dieser Richtung hin zu arbeiten, weil nur durch die* **kleinere** *Presse in größtem Maße Einfluß auf die weitesten Schichten des deutschen Volkes gewonnen werden kann.«[301]*

Die (exakt) »Lippische Tages-Zeitung« (Auflage vor dem Krieg 10.000) und das »Führther Tagblatt« sind im Mosse-Zeitungskatalog von 1914 als parteilos bzw. »liberal«, die (exakt) »Trierische Zeitung« als »nationalliberal« eingestuft.[302] Vor allem bei »parteilosen« und liberalen Blättern, deren Liberalismus oft schon einen konservativen Grundton hatte, sollte die schärfere Tonart, die harte Rechtstendenz durchgesetzt werden. Als der Eigentümer der »Bayerischen Landeszeitung« in Würzburg, Memminger, Claß um Hilfe für das »nationale Mittelstandsorgan«[303] bittet, antwortet der ADV-Vorsitzende:

> *»Die Auslands-Anzeigengesellschaft ist keine alldeutsche Gründung; ihre Absichten liegen ganz in der Richtung straff nationaler Politik und ich werde an den mir persönlich bekannten Vorsitzenden des Aufsichtsrates [also Hugenberg] schreiben, um zu sehen, was für ihr Blatt erreicht werden kann. Ich hoffe, daß auch in Bayern selbst in allernächster Zeit eine Stärkung der völkischen Presse durchgeführt werden kann, was ich aber streng vertraulich zu behandeln bitte.«[304]*

Alle Hugenberg-Unternehmungen wurden von der »Wirtschaftlichen Gesellschaft« zentral gelenkt. »Diese leitete wiederum ein Mann: Alfred Hugenberg.«[305] Denn die Gelder der WG waren ein »Zweckvermögen«. Das heißt, sie dienten *primär* politischen Zwecken und nicht wirtschaftlichen. Die Geldgeber verzichteten auf jeden Besitz- und Dividenden-Anspruch. So kontrollierte der wohl bald sehr vermögende aber ursprünglich kapitallose Hugenberg den Konzern. Die drei anderen WG-Mitglieder ließen ihm einen weiten Spielraum, denn er organisierte gut - und vertrat ihre Interessen. Der Chefredakteur der »Berliner illustrierten Nachtausgabe« (einem Scherl-Boulevard-Blatt seit 1922), Fritz Lucke, drückte es 1981 im Interview plastisch aus:

> *»... als man sah, daß er den Verlag erfolgreich geführt hat - hat also, würde ich sagen, die gesamte Schwerindustrie ihm den Verlag Scherl zum Geschenk gemacht.«[306]*

Alle Aktionen der »Wirtschaftlichen Gesellschaft« laufen diskret, oft direkt konspirativ. Dennoch ist es bei ihrem Ausmaß nicht zu vermeiden, daß einige der geheimen Drähte in der Öffentlichkeit sichtbar werden. So verwahrt sich eine Konzern-Gesellschaft in einem Rundschreiben vom Februar 1918:

> *»Seit Monaten geht durch die sozialdemokratische und die ihr nahestehende Presse die entrüstete Behauptung, daß die Industrie - insbesondere die Schwerindustrie - durch Ankauf von Blättern und sonstige Mittel versuche, die* **»öffentliche Meinung zu kaufen«**. *... Diese Behauptungen, die von ihren Verbreitern als* **Anklagen** *aufgemacht wer-*

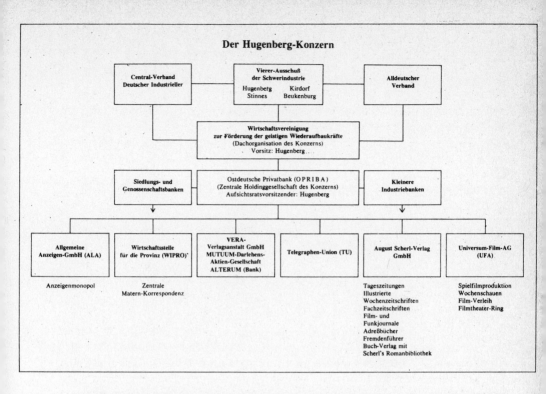

Der Hugenberg-Konzern

Central-Verband Deutscher Industrieller

Vierer-Ausschuß der Schwerindustrie
Hugenberg   Kirdorf
Stinnes   Beukenburg

Alldeutscher Verband

Wirtschaftsvereinigung zur Förderung der geistigen Wiederaufbaukräfte (Dachorganisation des Konzerns) Vorsitz: Hugenberg...

Siedlungs- und Genossenschaftsbanken

Ostdeutsche Privatbank (O P R I B A) (Zentrale Holdinggesellschaft des Konzerns) Aufsichtsratsvorsitzender: Hugenberg

Kleinere Industriebanken

Allgemeine Anzeigen-GmbH (ALA) — Anzeigenmonopol

Wirtschaftsstelle für die Provinz (WIPRO)ˋ — Zentrale Matern-Korrespondenz

VERA- Verlagsanstalt GmbH MUTUUM-Darlehens- Aktien-Gesellschaft ALTERUM (Bank)

Telegraphen-Union (TU)

August Scherl-Verlag GmbH — Tageszeitungen Illustrierte Wochenzeitschriften Fachzeitschriften Film- und Funkjournale Adreßbücher Fremdenführer Buch-Verlag mit Scherl's Romanbibliothek

Universum-Film-AG (UFA) — Spielfilmproduktion Wochenschauen Film-Verleih Filmtheater-Ring

den, müssen wegen ihrer Gegenstandslosigkeit eigentlich die Industrie und **alle die bür-** **gerlichen Kreise** *mit Beschämung erfüllen, die auf dem Boden der Bismarck'schen Reichsschöpfung stehen, unter deren Schirm und Schatten wir groß geworden sind. Denn sie weisen diese Kreise auf eine schwere Unterlassungssünde hin, deren sie sich in der Zeit des deutschen wirtschaftlichen Aufstieges schuldig gemacht haben. Sie haben im Gegensatz zu dem Verhalten der politischen Gegner die ihren Auffassungen nahestehende Presse bisher vernachlässigt und soweit es an ihnen lag, der Verkümmerung überlassen. Das ist einer der wichtigsten Gründe für die mancherlei unliebsamen Erscheinungen unseres öffentlichen Lebens im Kriege und der weitgehenden Fälschung der öffentlichen Meinung, die in ihm hervorgetreten ist.«*[307]

Um »einigermaßen das Gleichgewicht wiederherzustellen«, wird zur Beteiligung an der VERA Verlagsanstalt geworben, die demnächst ihr Kapital von 2 auf 5 Millionen erhöhen werde.

»Um zu vermeiden, daß einzelne Personen oder Gruppen ein überwiegendes Interesse an dem Unternehmen erwerben, soll die Höchstbeteiligung auf etwa 100.000 Mark gehalten werden.«

Das war schlicht gelogen, denn die Hugenberg-Gruppe besaß den beherrschenden Einfluß in der 1917 gegründeten »Hilfsgesellschaft« für kleine Zeitungen.[308]

»Es ist nicht beabsichtigt, einen **beherrschenden** *Einfluß auf die Verlagserscheinungen zu gewinnen, an denen eine Beteiligung genommen wird. Vielmehr soll mit dem Einschuß von* **Minderheitsbeteiligungen** *solchen Zeitungen und Zeitschriften eine* **freiere** *und* **kräftigere** *Entwicklung ermöglicht werden, die in völkischer Hinsicht auf dem Boden der oben und in der Anlage wiedergegebenen Auffassungen stehen.«*

Der VERA ging es, nach ihrer Selbstdarstellung, vor allem um die Verbesserung der Vertriebs- und Anzeigenorganisation, des Handelsteils und Nachrichtenwesens »besonders auch zur Förderung eines unabhängigen Auslandsdienstes, also kurz fachtechnische Beratung und Förderung.«[309]

Das Schreiben zeigt im ersten Teil einen charakteristischen Widerspruch der Hugenberg-Methode: Zuerst werden alle »Anklagen« bestritten, dann wird allmählich klar, daß diese Vorwürfe zumindest für die politische Stoßrichtung stimmen, der ein großes Kapital die Kraft gibt. Geheimhaltung auf der einen und der (hier zumindest halb-)öffentliche Appell zur nationalen Sammlung auf der anderen Seite, wirtschaftliche Konspiration hier und ideologische Publizistik dort: das ergänzte sich zunächst; je mehr Hugenberg jedoch politisch-öffentlich hervortrat, desto stärker mußte er in Widersprüche geraten.

Das Gespenst der Demokratie

Im Juli 1917 wurde Reichskanzler Bethmann Hollweg gestürzt. Die Rechte und ihre Presse hatte sein elastisches, auf die Integration der Sozialdemokratie zielendes Konzept abgelehnt - und gezeigt, wer letztlich immer noch der Herr im Hause war. Die dritte Oberste Heeresleitung (OHL) führte mit Ludendorff und Hindenburg ein fast diktatorisches Regiment. Die »starken Männer« waren da, Schwerindustrielle und Alldeutsche gingen im Großen Hauptquartier ein und aus. Doch das Jahr 1918 zeigte endgültig die Grenzen der Kraft des Systems: die großen Streiks im Januar, der militärische Zusammenbruch im August/September und die Revolution im November. Die Vaterlandspartei hatte bei Arbeitern und Soldaten im Reich wenig Erfolg gehabt. Das gilt auch für den größeren Teil der Angestellten.[310] Das Bürgertum blieb unter sich, die Klassengesellschaft wurde zu offensichtlich; keine AlA, keine VERA und kein Scherl konnten die Hungernden mit Papier satt machen. Aber der rapide Fall des Lebensstandards allein führte nicht zur Revolution. Die materielle und vor allem die intellektuelle Gewalt von oben war nicht organisiert genug, um die soziale Ebene von Arbeitern und (Heimat-)Soldaten voll zu erfassen, ihre Mentalität zu durchdringen. Die Spaltung der Arbeiterbewegung war zwar politisch und formal vollzogen, aber sie hatte sich an der Basis im täglichen Umgang miteinander nicht durchgesetzt. Das zeigte sich im November und Dezember 1918 bei vielen Arbeiter- und Soldatenräten im Ruf nach Einigkeit, aber auch in der schnellen Bereitschaft vieler Räte, die »Sünden« der Burgfriedenspolitiker aus MSPD und Gewerkschaften um der »Einheit« willen zu vergessen. Der von der bürgerlichen Agitation nicht zerstörte proletarische Zusammenhang wurde zu *einer* Voraussetzung für die Revolution, seine politische Begrenztheit aber - und das ist auch ein Erfolg der Propaganda von oben - zog ebenso die Grenzen der Revolution.

Am 9. November 1918 muß der »Berliner Lokal-Anzeiger« Abschied von der Monarchie nehmen, in der man sich, trotz mancher Kritik, doch gut eingerichtet hatte. In der Abendausgabe schreibt C. Mühling den Leitartikel über »Die Tragödie Kaiser Wilhelms II.« Er tadelt die Entlassung Bismarcks zwar als »verhängnisvoll«, lobt aber »das soziale Empfinden, das aus der Liebe zu seinem Volke emporgewachsen war« und bereitet schon die monarchistische Dolchstoßlegende vor:

»Denn im letzten Grunde ist die Abdankung des Kaisers darauf zurückzuführen, daß durch die ungeheuerlichsten Fälschungen, Verleumdungen und Irrtümer fast die ganze Welt ihn für das Unglück verantwortlich macht, das dieser Krieg über die Menschheit gebracht hat.«

Der Artikel wird dann noch zur Hymne auf Wilhelm II. Und ganz im Gegensatz zu den jahrelang gepflegten Kriegszielforderungen für das größere Deutschland ertönen nun lauter Friedensschalmeien im »Lokal-Anzeiger«:

»Deutschland bedarf weder neuen Kriegsruhms noch irgendwelcher Eroberungen«,

wird die Thronrede Wilhelms (1888!) zitiert. Doch nach dieser Geschichtsklitterung wartet auf den Leser eine Überraschung. Alpträume Hugenbergs sind Wirklichkeit geworden. In einem »Extra-Blatt« heißt es:[311]

»Die Redaktion des »Berliner Lokal-Anzeigers« ist von Vertretern des revolutionären Volkes (Spartakus-Gruppe) besetzt.«

Und trocken wird hinzugefügt:

»Die Redaktionsführung ist damit an die Leitung der Genossen übergegangen.«

Es folgt ein 15-Punkte-Programm, in dem die Wahl von Arbeiter- und Soldatenräten in ganz Deutschland gefordert wird,

»in deren Hand ausschließlich Gesetzgebung, Exekutive, Verwaltung aller gesellschaftlichen Einrichtungen, Kassen und sonstigen öffentlichen Besitzes liegt.«

Auch alle Fabriken und Banken sollen den Räten übergeben werden.

In der »2. Abend-Ausgabe« des 9. November springt der Wechsel ins Auge: »Die rote Fahne« heißt nun der Kopf, Untertitel: »Ehemaliger Berliner Lokal-Anzeiger« und der Aufmacher: »Berlin unter der roten Fahne«. Auch die Perspektive der Berichte ist - versteht sich - eine andere geworden: »Die Übernahme der Kasernen.« »W.T.B. (Wolff's Telegraphisches Bureau) von A.(rbeiter-) und S.(oldatenrat) besetzt.«[312] Hier hielt Hugenberg ein Viertel des Aktienkapitals.

Unter den Besetzern war Hermann Duncker von der Leitung der Spartakus-Gruppe. Er berichtet in seinen Erinnerungen:

»Der Portier öffnete die Tür, niemand machte Miene, sich uns zu widersetzen. Vor der roten Fahne, die wir mit uns führten, kapitulierten alle Gegner. Im Setzersaal hielt ich eine kurze Ansprache: Die Setzer sollten fortan nicht mehr für die Geldsack- und Hohenzollerninteressen schuften, sie sollten helfen, die revolutionäre proletarische Zeitung zu schaffen. Zwar sahen wir in einige verwunderte Gesichter, aber die meisten zeigten eine ängstlich eilfertige Bereitwilligkeit.«[313]

Und zu den Redakteuren im Sitzungssaal:

»Meine Herren, das Blatt hat sich gewendet. Ihr Blatt muß sich auch wenden! Sie verstehen, daß eine siegreiche Revolution eine konterrevolutionäre Presse nicht dulden kann.«[314]

Nur die Titelseite der 2. Abend-Ausgabe war von den revolutionären Arbeitern noch umgestaltet worden. Für die restlichen Seiten wurde der druckfertige Satz des »Lokal-Anzeigers« übernommen.[315] Erst die zweite Nummer der »Roten Fahne« konnte sich am folgenden Tag ganz in den Dienst der Revolution und der Politik der Linken stellen. Rosa Luxemburg, aus dem Gefängnis in Breslau be-

Die rote Fahne

Ehemaliger Berliner Lokal-Anzeiger — 2. Abend-Ausgabe

Verlag August Scherl G. m. b. H., Berlin SW 68, Zimmerstr. 35-41. — Fernsprecher: Amt Zentrum 9001 bis 9029. — Telegramme: Scherlverlag.

Berlin unter der roten Fahne.

Polizeipräsidium gestürmt. — 650 Gefangene befreit. — Rote Fahnen am Schloß.

Die Redaktion des „Berliner Lokal-Anzeigers" ist von Vertretern des revolutionären Volkes (Spartakus-Gruppe) besetzt. Die Redaktionsführung ist damit an die Leitung der Genossen übergegangen.

Mit rasender Wucht rollt sich die Entwicklung [...] nern überredeten sie die Führer eines dort haltenden Militärautos, sich ihnen anzuschließen. Zwei Soldaten erkletterten das Dach und schwangen im Weitermarsch rote Fahnen. Vor dem Auswärtigen Amt machten die Demonstrierenden ebenfalls eine kurze Pause, betraten das Haus, kehrten aber sofort wieder freiwillig um. [...] Offizier, dem im Felde bereits großes Unrecht geschehen ist, ersuche ich euch, der Freiheit zum vollen Siege zu verhelfen. Wir wollen jedes Blutvergießen vermeiden, müssen aber selbst Ordnung halten. Achtet besonders auf die Gewehrträger unter euch, ebenso die Waffen zum Mißbrauch draußen. Jede unnütige Gewalt muß unterbleiben. Es lebe die soziale Revolution!" [...] teilen. Die Automobile waren dicht besetzt mit Arbeitern und Soldaten, die Mehrzahl mit Gewehren bewaffnet. Vorne auf den Automobilen stand je ein Arbeiter und ein Soldat, die als die Hand richten. Auf einem Automobil sahen wir auch einen Feldwebelleutnant. Von den Automobilen wurden zu Tausenden Flugblätter untergeworfen, die zumeist den bekannten Erlaß [...]

Die Presse der »Hausbesetzer« — 2 Tage muß Hugenbergs Betrieb die »Rote Fahne« drucken.

freit, erschien noch am Abend des 10. November bei Scherl. Dort weigerten sich inzwischen die Drucker für Spartakus und die Linke zu arbeiten — sei es »aus Loyalität zu dem alten Dienstherrn«[316], sei es aus Verbundenheit zur von der MSPD (= Mehrheitssozialdemokratie) beherrschten Exekutive. Die »Regierung«[317] hatte verfügt, daß Privateigentum nicht konfisziert werden dürfte.

> »Die Drucker stehen eingeschüchtert umher. Auf versprochene Zusatzprämien der alten Besitzer hoffend, weigern sich die meisten, das bereits gesetzte Spartakusblatt zu drucken.«[318]

Als Rosa Luxemburg erscheint, gewinnt sie durch eine mitreißende Rede die Belegschaft, und die »Rote Fahne« wird fertig.[319] Kurz darauf erscheinen Soldaten und vertreiben die linken Redakteure — die Verlagsleitung hatte bei der Regierung interveniert. Am 11. November erscheint der »Lokal-Anzeiger« wieder in der gewohnten Form. Der Verlag erklärt den Lesern:

> »Wir halten es in erster Linie für unsere Pflicht, in diesen außergewöhnlich schweren Zeiten ... die Regierung zu unterstützen, wobei selbstverständlich ist, daß wir uns auch weiterhin unsere politische Überzeugung wahren werden. Auch damit befinden wir uns in Übereinstimmung mit der Regierung, die bekanntlich die Freiheit jeglicher Meinungsäußerung als ein unveräußerliches Menschen- und Bürgerrecht anerkennt.«[320]

Die Vertreter der wilhelminischen Klassengesellschaft, die Propagandisten des Eroberungskrieges, die den Menschen in den annektierten belgischen und französischen Gebieten nicht einmal das Wahlrecht lassen wollten, die Vaterlandsparteiler mit ihren heimlichen Diktaturplänen als Bürgerrechtler. Das ist kein individueller Zynismus, sondern hat System. Im Bündnis mit dem kooperationswilligen Teil der alten Mächte rettet die Mehrheitssozialdemokratie auch den Scherl-Verlag vor der Revolution. Das große Privateigentum wird nicht angetastet. Die bürgerlichen Medien bleiben. Sie ducken sich nur unter dem Novembersturm. Aber auch das Bewußtsein der Arbeiter ist, wie das Verhalten der Drucker zeigt, nicht einheitlich politisch.

Im Januar 1919, beim sogenannten Spartakus-Aufstand, wird Scherl ein zweites Mal besetzt. Ein Zeuge beschreibt die Ausgangslage:

Barrikaden aus Zeitungspapier, Spartakisten besetzen die Meinungsfabriken im Zeitungsviertel.

»*Von Stunde zu Stunde wurde der Ring der konterrevolutionären Truppen um Berlin enger. Im Zeitungsviertel warfen die Rotationsmaschinen noch immer Hunderttausende konterrevolutionäre Zeitungen und Flugblätter heraus ... In dieser Situation fiel auch das Stichwort: 'Auf zum Vorwärts'!*«[321]

Das Gebäude des MSPD-Zentralorgans, das Wolffsche Telegraphenbüro und die Zeitungsverlage Scherl, Mosse, Ullstein und Büxenstein werden aus Protest besetzt: von Arbeitern, Soldaten und Gruppen der Freien Sozialistischen Jugend. Unter ihnen sind »Unabhängige« (USPD) und Spartakus-Mitglieder. Doch in Zusammenarbeit mit General Groener (dem Nachfolger Ludendorffs) und Hindenburg hatte die MSPD-Führung »Freiwilligentruppen« aufstellen lassen. Diese Söldner, von kaiserlichen Offizieren geführt, sollten »den Kampf gegen die städtischen Arbeitermassen aufnehmen«, wie es Groener in seinen Erinnerungen formuliert.[322] Sie »säuberten«[323] Berlin, erschossen und vertrieben die Besetzer. Die führende Mehrheitssozialdemokratie hatte Hugenbergs Unternehmen ein zweites Mal gerettet. Der Geheimrat dankte es ihr nicht. 1933 erhielt die SPD die Quittung, mit unterschrieben von Hugenberg.

Ein bedeutendes rechtsliberal bis konservatives Blatt, die »Deutsche Allgemeine Zeitung« in Berlin, sonst ganz gegen die Sozialdemokratie eingestellt, hat die Politik der Ebert-Noske-Scheidemann im Jahr 1930 rückblickend gewürdigt:

»*Daß die Revolution schon im Anfangsstadium abgewürgt werden konnte, ist zum größten Teil das Verdienst der damaligen Mehrheitssozialdemokratie. Was das Bürgertum betrifft, so hat es in jener Stunde auf der ganzen Linie versagt. Erst nachdem der schlimmste Nervenschock überwunden war, bildeten sich die Freikorps, die um des Staates willen mit der sozialdemokratischen Regierung paktierten und im Verlauf der nächsten Monate das Deutsche Reich retten halfen. Ebenso ist das Ausharren der Beamtenschaft im Winter 1919 ein bleibendes Verdienst.*
Das Bürgertum muß sich jedoch darüber klar sein, daß es im Jahre 1918 und 1919 ganz einfach noch Glück im Unglück gehabt hat: die ganze Entwicklung hätte eine viel gefährlichere Wendung genommen, wenn ihm damals eine **einige sozialistische Macht** *gegenübergestanden hätte.*«[324]

81

Kartell der Patrioten

Wer rettet uns vor dem Untergang?

Die deutschnationale Volkspartei!

Die sozialistische Revolution war gescheitert, die politisch-staatsrechtliche aber hatte gesiegt. Die Republik entstand. Sie brachte auch — gemessen an den Opfern seit 1914 bescheidene — soziale Verbesserungen: allgemeines gleiches und geheimes Wahlrecht für Männer und Frauen in ganz Deutschland, Acht-Stunden-Tag, Tarifhoheit der Gewerkschaften und erste Ansätze von Mitbestimmung, wie sie im Betriebsrätegesetz von 1920 (den vorangehenden Forderungen gegenüber allerdings sehr reduziert) formuliert wurden. Hinzu kamen viele kleinere Reformen, um die zum Teil noch gestritten wurde, sei es im Bereich Schule oder auf kommunaler Ebene. Die MSPD hatte ja unter anderem deshalb gesiegt, weil sie versprach, die Wünsche der Arbeiter durch die Parlamente schrittweise zu verwirklichen. So galt es für die alte wilhelminische Besitz- und Kontrollelite, sich dem entgegenzustemmen. Die industrielle Herrschaft, die Verfügung über die Produktionsmittel, war ungebrochen. Aber ihr Einfluß auf Öffentlichkeit wurde durch die Revolution zurückgedrängt und durch die Fraktionierung des Bürgertums zuszälich gebrochen. Die Linksliberalen, 1919 hinter SPD und Zentrum die drittstärkste Partei, bejahten den Parlamentarismus, die Rechtsliberalen wollten zumindest innerhalb der republikanischen Staatsform ihre Interessen wahren. Auch das katholische Zentrum, sozial gesehen eine Mischung vom Arbeiter und Bauern bis zum Industriellen und Großgrundbesitzer in der Klammer

der Konfession, setzte zunächst auf die Republik. So drückte »Schlotbarone«
und »Krautjunker« mehr denn je die Notwendigkeit, öffentliche Meinung zu machen, Parteien und Wahlen zu beeinflussen.

Ein erster Schritt zu neuer »nationaler Sammlung« war die Gründung der
Deutschnationalen Volkspartei. Sie war ein Zusammenschluß aus Deutschkonservativen, Christlich-Sozialen, Deutschvölkischen, Alldeutschen, Mitgliedern
der Vaterlandspartei und einem kleineren Teil der Nationalliberalen. Ihr Programm von 1920 sagt:

> »*Das Kaisertum hat uns auf den Gipfel staatlicher Macht geführt.* ... *Letzten Endes
> wurde die Revolution die große Verbrecherin, die Sittlichkeit, Staatsordnung und Wirt-
> schaft zertrümmerte und uns der Verachtung der Welt preisgab.* ... *Die monarchische
> Staatsform entspricht der Eigenart und geschichtlichen Entwicklung Deutschlands.*«[325]

Hugenberg wird einflußreiches Mitglied der Deutschnationalen und läßt sich
vom Wahlkreis Posen-Westpreußen (im Januar 1919 noch beim Reich) in die ver-
fassungsgebende Nationalversammlung wählen, ab 1920 in den Reichstag. Krupp
hat er zum 31. Dezember 1918 verlassen. Hugenberg widmet sich nur noch Presse
und Parteien.

1919 erhält der Hugenberg-Konzern ein neues Dach: Die »Wirtschaftsvereinigung zur Förderung der geistigen Wiederaufbaukräfte Deutschlands«. Sie ist eine
Antwort der schwerindustriellen »Freunde« auf Novemberrevolution und Republik. Die »Wirtschaftsvereinigung« ist die Nachfolgerin der »Wirtschaftlichen
Gesellschaft« und übernimmt deren Vermögen. Zwölf »nationale Männer« stehen an der Spitze, fünf von ihnen beteiligten sich am weiteren Aufbau des Ver-
einsvermögens: Hugenberg, Kirdorf, Albert Vögler (General-Direktor im größten Stinnes-Unternehmen; 1926 Mitgründer der Vereinigten Stahlwerke) und drei
Vertreter des Zechen-Kapitals.[326] Es war vor allem der Essener Bergbau- und Zechenverband, der nach 1918 den weiteren Ausbau des Konzerns finanzierte, die
Vertretung der gesamten rheinisch-westfälischen Kohlenindustrie. In der Satzung
der »Wirtschaftsvereinigung« (WV) hieß es:

> »*Der Zweck des Vereins ist nicht auf Gewinn seiner Mitglieder gerichtet, sondern ge-
> meinnützig.*«

Die Überschüsse wurden also nicht als Dividende verteilt, sondern dienten dem
weiteren Ausbau des Konzerns. Die industriellen Einlagen waren teils Darlehen,
teils geschenkte Zuschüsse (à fonds perdu) — die Geldgeber-Firmen hatten keinen Anspruch auf Gewinne. So kontrollierten die Mitglieder der »Wirtschaftsvereinigung« alleine das Vereinsvermögen. Es war ein »Zweckvermögen«. Ludwig Bernhard:

> »*Für die Entscheidung über Beteiligungen oder über die Begründung und den Ausbau
> der verschiedenen Unternehmungen ist* **in erster Linie** *die voraussichtliche* **politische**
> *Wirkung maßgebend und erst in zweiter Linie das geschäftliche Ergebnis.*«[327]

An der Spitze der Organisation stand Hugenberg, der mit seinen »Freunden« die
Mehrheit hatte und die politische Richtung bestimmte. Seine überragende Stellung als Vorsitzender entsprach dem Führerprinzip. Die anderen Mitglieder, so
Heidrun Holzbach, konnten »bestenfalls beratend auf seine Beschlüsse einwir-
ken.«[328] In seiner Rede vor den »Beratern« formulierte der Konzernchef die politische Stoßrichtung und begründete die Konstruktion der Verschleierung:

»Es wird auf die Dauer in Deutschland keine große Presse geben, die Eigentum eines Werkes oder einer Gruppe von Werken oder eines Verbandes von Interessenten ist (...). Es wird auf die Dauer keine große deutsche Presse geben, die Interessenvertreterin einer solchen Gruppe oder eines solchen Verbandes ist — aus dem einfachen Grunde, weil ihr die Leser weglaufen würden. Eine wirkliche große deutsche Presse kann ihren Kristallisationspunkt nur in einer Idee oder in einer Persönlichkeit finden. Eine wirklich große Persönlichkeit pflegt aber wiederum Trägerin von Ideen zu sein. Eine solche Idee ist der **nationale Gedanke** *— die große Grundfrage, die für das deutsche Volk nicht etwas instinktiv Gegebenes ist, wie für die anderen Völker, sondern ein Gegenstand tausendjährigen inneren Ringens und damit steter Verjüngung. Die zweite große Idee, die recht eigentlich die Idee der Gegenwart und der Zukunft darstellt, ist die* **Wiederdurchsetzung des germanischen Persönlichkeitsgedankens** *in Kultur und Wirtschaft, der in seiner Reinheit, seiner Kraft und Gestalt — und formenreichen Auswirkung durch den sozialistischen Massenwahn schwerer bedroht ist denn je. Auf dem Gebiet der Wirtschaft ist er im* **Privateigentum** *verkörpert. Diese beiden Ideen bilden die Grundlage des Baues, dem unsere Arbeit gewidmet ist.«*[329]

Gegen das, was er selbst weiß, fühlt sich Hugenberg in diesem Moment nicht als Vertreter eines Verbandes von Interessenten. Er will nicht sehen, wie seine Ideen sich aus Interessen ableiten. Dabei verbindet sich die Liebe zur Idee mit dem Zwang zur Legitimation vor den Zuhörern. Wesentlich deutlicher ist Hugenberg in einer Aktennotiz über das Vermögen der WV:

»Die Wirtschaftsvereinigung stellt materiell im wesentlichen eine Tarnung des Zechenverbandes bzw. Bergbauvereins, ideell ein Instrument derjenigen Männer der Wirtschaft dar, die bemüht waren, in schwerer Zeit einen nationalen Presse- und Propagandaapparat aufzubauen, der unabhängig von wirtschaftlichen Faktoren nach fachmännisch verlegerischen Gesichtspunkten arbeiten sollte.«[329a]

»Es ist niemals mein Ehrgeiz gewesen ein Redner zu sein...«, der Medienzar hält in 13 Jahren nur wenige Reden im Reichstag. Als einer der einflußreichsten Abgeordneten zieht er die Fäden in aller Stille.

Noch ungeschminkter, als in Hugenbergs Rede vor der »Wirtschaftsvereinigung« werden die politischen Ziele in einem »Abkommen« zwischen der Scherl G.m.b.H. und der »Außendienst GmbH« genannt. Die im Juni 1918 gegründete »Außendienst« war offiziell eine Gesellschaft zur »Beschaffung, Vermittlung und Verarbeitung von Nachrichten, insbesondere aus dem Ausland«.[330] Tatsächlich aber war sie die Treuhänderin der »Wirtschaftsvereinigung«. Die Vertreter des Scherl-Verlages schreiben:[331]

An die　　　　　　　　　　　　　　　　　　　　　　　　　*14. Oktober 1932*
Außendienst
Gesellschaft mit beschränkter Haftung
Berlin W. 10
Victoriastraße 30

Wir bestätigen hierdurch, mit Ihnen das nachstehende Abkommen getroffen zu haben:
　Die jetzt in der Wirtschaftsvereinigung zur Förderung der geistigen Wiederaufbaukräfte zu Berlin vereinigten Personen haben seinerzeit mit den Ihnen[332] zur Verfügung gestellten Mitteln den Ankauf der Geschäftsanteile unserer Gesellschaft, insbesondere auch durch Übernahme des Verlagsvereins veranlaßt bezw. durch die ihnen nahestehenden Gesellschaften oder sonstigen juristischen Personen, durchführen lassen. Hauptzweck dieses Erwerbes für die Wirtschaftsvereinigung war die Sicherstellung, dass die von uns oder unseren Tochtergesellschaften herausgegebenen Zeitungen und Zeitschriften in politischer, sozialpolitischer und wirtschaftlicher Beziehung dauernd eine Richtung vertreten, welche mit den Auffassungen des rechts gerichteten, auf dem Boden einer gesunden Privatwirtschaft stehenden wirklich nationalen Bürgertums übereinstimmen, wie sie zurzeit von der Deutschnationalen Volkspartei vertreten werden.
　Der Deutsche Verlagsverein, welcher seinen Sitz in Düsseldorf hatte, ist inzwischen durch Fusion mit der Firma »Deutsches Gewerbehaus Aktiengesellschaft« vereinigt worden, wobei letztere die aufnehmende Gesellschaft war. Die Majorität des Aktienkapitals der Firma »Deutsches Gewerbehaus Aktiengesellschaft« besitzen Sie. Abgesehen hiervon sind Sie auch die Haltegesellschaft und die Vertreterin nach außen der vorgedachten Wirtschaftsvereinigung.
　Sie und die Mitglieder der Wirtschaftsvereinigung haben ein erhebliches Interesse daran, dass diese vorerwähnte politische, sozialpolitische und wirtschaftliche Richtung und Haltung unserer Verlagserscheinungen dauernd gewahrt bleibt und nicht bei irgend einem Wechsel im Besitz unserer Geschäftsanteile geändert werden kann. Wir haben uns deshalb Ihnen gegenüber verpflichtet, diese vorstehend erwähnte politische, sozialpolitische und wirtschaftliche Haltung unserer Verlagserscheinungen nicht ohne Ihre ausdrückliche schriftliche Zustimmung zu ändern. Für jeden Fall der Zuwiderhandlung gegen diese Verpflichtungen haben wir an Sie eine Vertragsstrafe von je 300.000 Reichsmark — i.W. dreihunderttausend Reichsmark — zu zahlen, deren Herabsetzung durch richterliches Urteil oder in sonstiger Weise ohne Ihre Zustimmung ausgeschlossen sein soll.
　Sie haben sich uns gegenüber verpflichtet, für die Dauer des vorerwähnten Abkommens uns sämtliche Anzeigen, Aufträge und Druckaufträge zu überlassen bezw. zu verschaffen, über welche jeweils Sie sowie die Firma »Deutsches Gewerbehaus Aktiengesellschaft« und »Ostdeutsche Privatbank Aktiengesellschaft« — solange Sie Majoritäts-Gesellschafterin dieser beiden Firmen sind — zu verfügen haben. Sie werden ferner darüber hinaus sich bemühen, auch sonstige, Ihnen nahestehende oder befreundete Firmen zu veranlassen, uns nach Möglichkeit ebenfalls ihre Anzeigen- und Druckaufträge zu erteilen sowie unsere sonstigen geschäftlichen Ziele tunlichst zu unterstützen.

Die Deutschnationalen schüren den Haß
gegen die Unterzeichner des Friedensvertrages.

Treu der Monarchie & Industrie

Wir haben uns Ihnen gegenüber verpflichtet, für das Jahr 1932 an Sie innerhalb 4 Wochen nach Genehmigung unserer Bilanz für das Jahr 1932 einen Betrag von 300.000,— Reichsmark zu zahlen, welchen Sie zur Förderung der Ziele der Wirtschaftsvereinigung zu verwenden haben. Wir werden die gleichen Verpflichtungen auch für die folgenden Geschäftsjahre bis zum Jahre 1939 einschließlich Ihnen gegenüber eingehen, wenn Sie dies zur Förderung der Ziele der Wirtschaftsvereinigung für notwendig erklären und uns diese Erklärung durch eingeschriebenen Brief spätestens bis zum 31. Dezember des betreffenden Geschäftsjahres abgeben.

Zur Sicherheit für die Einhaltung der sämtlichen von uns in diesem Abkommen übernommenen Verpflichtungen werden wir Ihnen unsere Verlagsrechte und sämtlichen Urheberrechte an der von uns herausgegebenen Tageszeitung »Berliner Lokal-Anzeiger« einschließlich unseres Rechtes auf den Zeitungstitel und einschließlich unserer Rechte aus den bezüglich des »Berliner Lokal-Anzeiger« jeweils bestehenden Anzeigen- und Abonnementsverträgen in besonderer Urkunde verpfänden oder nach Ihrer Wahl sicherungshalber übereignen bzw. abtreten. Wir werden ferner nach Möglichkeit dafür Sorge tragen, dass, wenn Sie genötigt sind, dieses Pfandrecht oder diese sonstige Sicherung zu verwerten, mit dem Verlagsrecht am »Lokal-Anzeiger« und den sonstigen verpfändeten Rechten auch die Rechte aus den Verträgen mit den Redakteuren und kaufmännischen Angestellten des »Lokal-Anzeiger« auf den Erwerb der verpfändeten Rechte übergehen. ...

Die Gültigkeit der von uns in diesem Abkommen eingegangenen Verpflichtungen soll aber in keiner Weise berührt werden, wenn etwa die in dem vorstehenden Absatz erwähnten Sicherheiten aus irgend einem Grunde von uns nicht oder nicht in vollem Umfange oder nicht in gültiger Weise geleistet werden sollten oder etwa aus irgend einem Grunde nachträglich wieder rückgängig gemacht oder sonst hinfällig werden sollten.

Dieses ganze Abkommen wird für die Zeit bis zum 31. Dezember 1939 geschlossen; es verlängert sich jeweils auf 5 Jahre, wenn es von keinem Teile ein Jahr vor Ablauf durch eingeschriebenen Brief aufgekündigt wird. ...

Wir bitten ergebenst, uns den Empfang des Schreibens der Ordnung halber zu bestätigen.

Hochachtungsvoll
August Scherl
Gesellschaft mit beschränkter Haftung.
gez. L. Klitzsch   Lehmann.

Dieses »Abkommen« ist exemplarisch für die Geschäftspraktik und das *interne* politische Selbstverständnis. Im Oktober 1932, zu einer Zeit, als die Scherl-Presse für die »Volksgemeinschaft« des »sozialen« Hugenberg trommelt, Arbeiter und Angestellte für die deutschnationale Front des »Dritten Reiches« zu werben versucht, ist man »unter sich« klar, worum es geht: um die Interessen des »wirklich nationalen Bürgertums«. Dafür werden selbst die Verträge der Redakteure und Angestellten verpfändet. Sozialpolitik nach Konzern-Art.

Die Presse der Weimarer Republik

Der Erste Weltkrieg hatte die deutsche Presse reduziert, ihre dezentrale Struktur aber nicht entscheidend verändert.[333] Die Zahl der Zeitungen wird für 1914 auf 4.221 geschätzt.[334] Dabei entsteht durch die »Kopfblätter« eine gewisse Unsicherheit in der Statistik, also durch Zeitungstitel, hinter denen keine selbständige Redaktion mehr steht und die, nur mit einem anderen Zeitungskopf versehen, Zeile für Zeile der Ausgabe des Hauptblattes entsprechen. Für 1928 nennt das »Handbuch des öffentlichen Lebens« noch 3.356 Zeitungen.[335]

Auch nach der Inflation gab es also eine heute unbekannte Vielfalt. In einer Stadt wie Hamburg wurden 1932 (mit Vororten) 20 selbständige Zeitungen angeboten, die das ganze politische Spektrum umfaßten. In den kleineren Städten und auf dem Lande war der politische Ausschnitt sehr viel schmaler, aber fast jede Kleinstadt hatte noch ihre eigene Tageszeitung. So waren die durchschnittlichen Auflagen entsprechend gering.

Nach einer Zählung von 1919/20 kamen 67 % der deutschen Zeitungen nicht über eine Auflage von 5.000 Exemplaren hinaus. Nur 17,1 % überschritten 10.000, 2,1 % die 50.000. Jenseits der Marke von 100.000 gab es noch etwa 26 Blätter (nicht alle Verlage nannten die Auflage), das waren 0,7 % des Gesamtbestandes.[336] Millionenauflagen wie in den Metropolen des westlichen Auslandes gab es in Deutschland nicht. Die größte deutsche Tageszeitung war die »Berliner Morgenpost« (Ullstein) mit einer Auflage von 611.000 im Oktober 1929.[337] Die nächstgrößten Konkurrenten folgten in weitem Abstand und pendelten um die 200.000er Marke, wie z.B. der »Lokal-Anzeiger«. Bekannte und angesehene Tageszeitungen wie die »Vossische Zeitung« und die »Deutsche Allgemeine Zeitung« blieben schon deutlich unter 100.000.[338] Die durchschnittliche Auflage der deutschen Zeitungen kann mit 5.000 angegeben werden; ohne die Nebenausgaben lag sie etwas höher.

»In Frankreich gibt es viele Orte von 8.000 - 10.000 Einwohnern, in denen überhaupt keine Zeitung erscheint. In Deutschland wäre das ganz undenkbar. Aber selbst wenn in einer französischen Stadt eine Zeitung erscheint, liest der Provinzfranzose fast stets noch eine Pariser Tageszeitung. In Deutschland begnügen sich viele, jawohl die meisten Bewohner der Provinzstädte mit ihren Lokalzeitungen.«[339]

1914 waren von den deutschen Zeitungen nur 94 (etwas über 2 %) sozialdemokratisch.[340] Diese Zahl verschiebt sich, wenn man die Auflagen berücksichtigt, nur geringfügig zugunsten der SPD. Bei den Reichstagswahlen 1912 erhielt die Partei jedoch 34,8 % der abgegebenen Stimmen, das waren 4,25 Millionen Wähler. Nach 1918 erreichten die sozialistischen Blätter zwar mit 210 Zeitungen (davon 133 MSPD)[341] einen Anteil von 5 % aller deutschen Zeitungen, doch das Verhältnis zur Stimmenzahl blieb gering: 1920 gewannen MSPD, USPD und KPD zusammen 42,1 % der Wähler. Im Juli 1914 hatten die SPD-Zeitungen eine Gesamt-Auflage von 1,4 Millionen.[342] Sie sank im Weltkrieg bis auf 740.000 (1917), stieg nach Kriegsende aber auf 1,7 Millionen Exemplare (1919). 1926 erreichten die 130 SPD-Blätter nur noch eine Auflage von 1,1 Millionen.[343] Die KPD-Presse hatte 1926 eine Gesamtauflage von 282.000.[344] Diesen Zahlen gegenüber blieb die bürgerliche Presse klar dominierend. Das Handbuch des öffentlichen Lebens registrierte für das Jahr 1928 27,3 % der deutschen Zeitungen als »rechtsgerichtet« (1917 waren es nur 16,8 % gewesen). Dabei werden neben DNVP-, NSDAP-und Wirtschaftspartei- auch die DVP-Blätter mitgerechnet. Es dominierte offiziell die Gruppe »parteilos, amtlich und ohne Angabe« mit 52,7 % (1928).[345] Viele dieser Zeitungen sind jedoch als bürgerlich-konservativ (politisch rechts bis rechtsliberal) einzuordnen, vor allem in Klein- und Mittel-Städten.[346]

Die bürgerliche Presse hat also weder durch die Revolution 1918 noch durch die Inflation 1922/23 gegenüber der sozialistischen Presse an Boden verloren.[347] Auch in diesem Bereich blieb die Macht weitgehend in alten Händen.

Die Dezentralisierung der deutschen Presse scheint auf den ersten Blick den Einfluß des Hugenberg-Konzerns in engeren Grenzen zu halten. In Berlin war Scherl nur einer von den großen Drei. Die linksliberalen Blätter von Mosse und Ullstein überrundeten mit ihrer Auflage die Scherl-Tageszeitungen um weit mehr als das Doppelte. Auch die paar Dutzend Provinzblätter des Konzerns verloren sich in der großen Masse. Doch das wirkungsvollste Mittel politischer Lenkung war die Form indirekter Herrschaft, die Kontrolle der Drähte »zu den Gehirnen der Menschen« (Bernhard).

Die »Telegraphen-Union« (TU) wird ausgebaut.[348] Die Nachrichtenagentur gibt seit 1921 einen »Deutschen Handelsdienst« mit 13 Zweigausgaben heraus.

> »Daß die Telegraphenunion wegen ihrer engen Beziehungen zu den industriellen Kreisen den Handelsdienst in überlegener Weise mit Nachrichten versorgen konnte, ist begreiflich.«[349]

Auf diesem Gebiet ist man dem sonst immer noch dominierenden halbamtlichen Wolffschen Büro (WTB) überlegen. Hugenberg benutzt das als Druckmittel, um auch für die TU die Lieferung amtlicher Nachrichten durchzusetzen. So kann er allmählich zum WTB aufschließen. 1924 wird der amtliche Widerstand gegen eine Rundfunkkonzession überwunden. Wie das WTB, kann jetzt auch die TU über einen Sender in Königswusterhausen bei Berlin Nachrichten per Rundfunk an die Zeitungen übermitteln. Diese Funk-Sendungen ergänzten den allgemeinen Weltnachrichtendienst. Beide galten als sogenannte »reine« Nachrichtendienste: ohne Kommentar und ohne Tendenz. Doch die Vorstellung von der Nachricht an sich, die heute noch viele Redakteure, nicht zuletzt bei der »Deutsche Presse Agentur GmbH« (dpa), mit sich herumtragen, ist ideologisch. Die Kunst liegt vor allem in der Auswahl, der Komposition des Ganzen. Ein Beispiel von vielen: Im September 1930 schreibt Hugenberg an Otto Mejer, einem Direktor der TU:

> »Aus einem Briefe des Herrn Schmidt — Hannover [deutschnationaler Reichstagsabgeordneter, Wahlkreis Osthannover] entnehme ich folgende Sätze: 'Ich schrieb Ihnen schon, daß in der gesamten Kleinpresse meines Gebiets die Überflutung mit 'Tatsachenmeldungen' der konservativen Mitte, die von den Zeitungen wahllos übernommen wurde, eine unklare und nicht günstige Atmosphäre schafft. Ein großer Teil der Meldungen stammt anscheinend von der TU. Die Wirkung solcher Tatsachenmeldungen ... wird in Berlin, glaube ich, unterschätzt. Wir müssen deshalb auch stärker mit Tatsachenmeldungen arbeiten. Hierzu gehören einmal **positive** Einzelmeldungen über Kandidatenlisten, Hugenbergreden ... dann aber vor allem **negativ** Störungsfeuer gegen die anderen.«[350]

Nach diesem Zitat weist Hugenberg Mejer an:

> »Ich bitte dies freundlichst bei der **Auswahl** [Hervorhebung vom Verf.] der von T.U. gebrachten Nachrichten zu berücksichtigen. Wenn es von unserer [deutschnationaler] Seite her an der nötigen Aktivität in bezug auf Nachrichten fehlen sollte, so muß sie angeregt werden.«

Dann folgt eine Aufzählung möglicher »positiver« Nachrichten.

Auch der »Parlamentsdienst« der TU berichtete »über die Parteien von der äußersten Rechten bis zur Volkspartei fast wörtlich: bei der Volkspartei hörte die Objektivität auf, und es gab nur noch Auszüge oder Zusammenfassungen.«[351]

Die TU gab insgesamt 19 Dienste heraus, darunter einen Landesdienst mit 24

Zweigausgaben und eine »Berliner Vertretung« als Sonderredaktion für Provinzzeitungen, die keinen eigenen Berliner Korrespondenten hatten.

»Von ihnen war der ,Sportdienst' der objektivste, obgleich auch er es nicht unterließ, gegen die ... Arbeitersportvereine, zu polemisieren.«[352]

Die (indirekte) politische Tendenz bewegte sich in der Bandbreite von den Deutschnationalen (DNVP) bis zum rechten Flügel der deutschen Volkspartei (DVP). Die letztere wurde zwar außenpolitisch durch den jetzt relativ gemäßigten Stresemann vertreten, war in innenpolitischen Fragen aber eher konservativ. Der großindustriell-rechte Flügel hatte hier oft das Sagen. So galt es für Hugenberg im Sinne »nationaler Sammlung« einen möglichst großen Teil der DVP zur DNVP hinüberzuziehen. 1925 schrieb Hugenberg im »Lokal-Anzeiger«, nur in den Großstädten mache die Öffentlichkeit noch einen Unterschied zwischen Volkspartei und Deutschnationaler Volkspartei, auf dem Lande gäbe es ihn nicht mehr.[353] Das war übertrieben, zeigt aber die Tendenz. Neben den »neutralen« Nachrichten bot die TU über einen besonderen Verlag auch vier »gefärbte« Dienste an, je einen für deutschnationale, volksparteiliche, »nationale« katholische Zeitungen und für »neutrale« General-Anzeiger.

1928 arbeiteten 90 Redakteure, 600 feste Angestellte und 2.000 regelmäßige »freie Mitarbeiter« für die Telegraphen-Union. Zum Vergleich: die »Tagesschau« der ARD beschäftigte Mitte der 70er Jahre rund 30 Redakteure. Seit 1920 war jeder TU-Redakteur vertraglich verpflichtet, sich für die »Linie des politischen und wirtschaftlichen Wiederaufbaus Deutschlands ohne parteipolitische oder sonstige Bindung *auf nationaler Grundlage*« einzusetzen.[354] Von den genannten 3.356 deutschen Zeitungen hatten nach Holzbach 1.600, also rund die Hälfte, TU-Dienste abonniert. De Mendelssohn gibt für das Ende der 20er Jahre, vor der Weltwirtschaftskrise, zwei Drittel aller Blätter als Kunden der speziellen Dienste an, während der »reine« Nachrichtendienst von fast allen Zeitungen gehalten worden sei: von der alldeutschen »Deutschen Zeitung« bis zur kommunistischen »Roten Fahne«. Nur einige große linksliberale Blätter, wie die »Frankfurter Zeitung« und das von Mosse verlegte »Berliner Tageblatt« hätten es sich leisten können, darauf zu verzichten.[355] Eine Reihe kleiner Provinzzeitungen wird man — aus den entgegengesetzten Gründen — dazurechnen können.

Die anderen großen Nachrichtenagenturen, das offiziöse »Wollffsche Büro« lieferte nach Koszyk an 1.300 Zeitungen; davon hielten 250 auch die TU.[356] Das heißt, die meisten Zeitungen konnten sich nicht mehrere Agenturen umfassend leisten, also abonnierten auch viele nur (oder überwiegend) die TU. Das galt vor allem für die kleineren Blätter.

Die Nationalsozialisten haben nach der Einsetzung des Kabinettes Hitler und der Gleichschaltung der Parteien die Telegraphen-Union mit dem WTB zum »Deutschen Nachrichtenbüro« (DNB) vereinigt (5.12.1933), um die großen Nachrichtenbüros ganz unter staatlicher Kontrolle zu haben. In einer Denkschrift »über die Notwendigkeit der Beibehaltung zweier großer Nachrichtenbüros in Deutschland« hatte die alte Konzernleitung noch Anfang Mai 1933 betonen lassen:[357]

»Von den fast 3.000 deutschen Zeitungen sind es jetzt nur noch wenige hundert, die nicht mittelbar oder unmittelbar mit den Diensten der TU versehen werden. **Viele hun-**

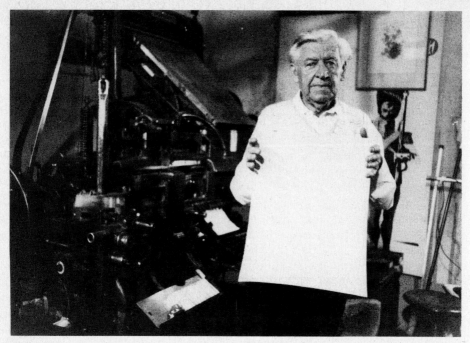

Erich Marten arbeitete als Setzer in Hugenbergs Imperium. 1981 in einer Setzerei zeigt er eine der Papp-
matern, mit deren Hilfe der Scherl-Verlag fertige Artikel an die Provinzpresse lieferte.

derte von Zeitungen, *darunter auch große und angesehene, begnügen sich* **ausschließlich mit der TU als Nachrichtenquelle.«**

Das mußte die Reichsregierung allerdings nur noch stärker bewegen, die TU endgültig »gleichzuschalten«, trotz der Verdienste dieser Agentur: die TU habe,
heißt es in der Denkschrift,

> *»den Boden für die nationale Erneuerung mit an erster Stelle auflockern helfen. ... In
> welchem Maße die TU auch für die NSDAP unentbehrlich war, ergibt sich allein dar-
> aus, daß bis zum Umschwung sämtliche nationalsozialistischen Zeitungen ausschließ-
> lich mit den Diensten der TU gearbeitet haben.«*

WTB und TU beherrschten die Nachrichtendienste. Doch nicht einmal die Konkurrenz dieser beiden war hundertprozentig. Denn 25 % vom Aktienkapital des
WTB hielt Hugenberg. Die Reichsregierung besaß zwar die absolute Mehrheit
und den bestimmenden Einfluß, aber die »Wirtschaftsvereinigung« erhielt durch
ihre beiden (indirekten) Interessenvertreter im Aufsichtsrat des WTB Einblick in
die amtliche Pressepolitik und färbte *vielleicht* den »politischen Grundton«[358] der
Agentur etwas ein.

Die zweite große Feder der Provinzpresse waren die Matern-Dienste. Sie liefer-
ten den kapitalschwachen Provinzzeitungen fertige Beiträge — bis zu ganzen Seiten — in Pappstreifen gepreßt. Die Buchstaben mußten zum Druck nur noch aus-
gegossen werden. Das aufwendige Bleisetzen (Personal und teures Gerät) entfiel.
Angeboten wurde alles, was eine Zeitung brauchte und haben wollte: Leitartikel,
Nachrichten, Marktberichte, Börsenkurse, Fortsetzungsromane, Plaudereien,

Witze, Rätsel. Die kleinen Blätter ließen sich so auf ihren ersten Seiten vor allem die »große Politik« servieren und setzten selbst nur noch die lokalen Ereignisse und Anzeigen hinzu.

> *»Besonders den Zeitungen der kleinsten Städte und Orte ist heute die Maternkorrespondenz fast unentbehrlich geworden. Dort ist der Verleger immer gleichzeitig Drucker und Redakteur und der Faktor besorgt alles übrige. Dieses ,übrige' besteht im wesentlichen nur in dem Zusammentragen und Setzen von — sagen wir — Stadtklatsch und in Mitteilungen und Bemerkungen über alltägliche Erscheinungen.«* (Ludwig Bernhard[359])

Zum Hugenberg-Konzern gehörten zwei große Materngesellschaften.[360] Die 1922 gegründete »Wirtschaftsstelle der Provinzpresse« (Wipro) in Berlin lieferte ihre Dienste an rund 300 Zeitungsverlage. Das 1925 gekaufte »Central-Büro für die deutsche Presse GmbH« verschickte aus Berlin seinen Hauptdienst an 230 Blätter. Wieviele Abonnenten seine anderen Dienste hatten, war bisher nicht zu ermitteln. Die »Wipro« gab zwei Haupt-Matern-Korrespondenzen heraus: eine »parteilose« und eine für rechtsgerichtete Zeitungen. Zu erwähnen ist noch ein *Bildmaternverlag* mit relativ billigen Diensten,[361] der 1928 gekauft wurde. Die Materngesellschaften des Hugenberg-Konzerns stellten seit 1925 etwa die Hälfte der Lieferungen an deutsche Zeitungen.[362]
Ein linksliberales Blatt äußerte anerkennend:

> *»Im Hugenberg-Konzern herrscht der Provinzjournalist und der Provinz-Zeitungsfachmann vor, die beide genau wissen, was die Provinzpresse will, was sie braucht, wie sie anzufassen ist und wie man sie gewinnen kann.«*[363]

Und Ludwig Bernhard fügt kommentierend hinzu:

> *»Der Ursprung dieser psychologischen Kunst ... liegt in den Lehrjahren in der Ostmark.«*

Kriegsgewinnler-
Inflations-Gewinnler

Nicht die in tausend Karikaturen verspotteten »Raffkes« gehoben-mittelständischer Prägung waren die eigentlichen Kriegsgewinnler,[364] sondern die großen Unternehmen der Schwer- und Rüstungsindustrie. Zwar gab es nach 1918 Probleme mit Friedensvertrag und Reparationen, doch bald blühte für viele von ihnen wieder eine spezielle Konjunktur, trotz Ruhrbesetzung und Ruhrkampf (die Regierung bezahlte den Zechen die von den Besatzungstruppen requirierte Kohle und organisierte die »Ruhrhilfe«): die Hoch-Inflation des Jahres 1923.

Die Reallöhne sanken drastisch, denn die Nominallöhne hinkten der galoppierenden Geldentwertung hinterher. Karl Richter, in den 20er Jahren Drucker in Berlin und als Gewerkschafter im Vorstand des Deutschen Buchdruckerverbandes, erinnert sich:

> *»Wenn man am Freitag, am Lohnzahlungstag, einen Waschkorb voll Geld bekommen hatte, hatte man zu tun, daß man den nächsten Tag noch ein Brot dafür bekam.«*
> *»Für ein Pfund Margarine wurde neun Stunden gearbeitet.«*

Das Millionengeschäft — wertloses Inflationsgeld als Brennstoff

»Ich hab' ... mit Leuten auch gesprochen ..., die waren nicht mehr in der Lage, die Wohnungsmiete oder irgend etwas zu bezahlen, die sind tatsächlich in ein Asyl gezogen.«[365]

Gewinner der Inflation war vor allem das große Kapital. Durch Kriegsprofite, günstige Verarbeitung von Kriegsgut nach der Niederlage, hohe Reichsentschädigungen für Verluste in den abgetretenen Gebieten (wie z.B. die Hüttenindustrie in Lothringen) und stark steigende Rohstoffpreise (Kohle) verfügte vor allem die Schwerindustrie über

»große Mengen anlagesuchenden Kapitals. Das war die Grundlage für den nun beginnenden wahllosen Konzentrationsprozeß ... Clevere Spekulanten rafften in wenigen Jahren ungeheure Sachwerte zusammen: Peter Klöckner [einer der Geldgeber von Hugenbergs »Ausland«; s.o.], Otto Wolf ... fusionierten zahlreiche Firmen. Hugo Stinnes

94

[ein weiterer Geldgeber, der mit Hugenberg, Kirdorf und Beukenberg 1916 die »Wirtschaftliche Gesellschaft« gegründet hatte; s.o.], *der gerissenste und skrupelloseste von allen, baute das größte Industrieimperium auf, das es in Deutschland je gegeben hatte. ... Kennzeichnend wurde gegenüber der Vorkriegszeit der vertikal organisierte Konzern.«*[366]

Vertikal, das hieß z.B. bei Stinnes: vom Wald in Ostpreußen über das Sägewerk zum Faserholz für die Herstellung von Zellulose, dann die Papierfabrik, die Druckerei, der Verlag, die Redaktion, die Zeitung: alles in einer Hand.[367] So erwarb er den Verlag Reimar Hobbing in Berlin mit der »Deutschen Allgemeinen Zeitung«.

Wie seine schwerindustriellen Freunde wurde auch Hugenberg vom Kriegsgewinnler zum Inflationsgewinnler. Die Geldentwertung — die schon im Krieg begonnen hatte — setzte vor allem die kleineren Zeitungen unter starken finanziellen Druck: Die Preise für Rohstoffe, hier also Papier und Blei, kletterten steil in die Höhe, eilten der durchschnittlichen Inflationsrate manchmal sogar voran, während die Einnahmen weit zurückblieben. So war Druckpapier schon 1920 (in Goldmark gerechnet) doppelt so teuer wie im letzten Friedensjahr 1913.[368] Der Konzern-Haushistoriker Bernhard beschreibt die »drei Hauptmittel« der großen Verleger zur, wie *er* es nennt, »Überwindung der Inflationsgefahr«[369]: 1. Gründung von Exportzeitschriften, Export von Büchern. Das brachte wertbeständige Devisen. 2. Beschaffung von Papiermarktkrediten, die u.a. in Druckpapier und Metallen wertbeständig angelegt wurden. Die Kredite zahlte man billig ab, wenn die Papiermark weiter deutlich an Wert verloren hatte. 3. Aufnahme von langfristigen Valutakrediten (Leihen von Dollar, Gulden, Goldmark u.a.), die erst nach der Stabilisierung durch die neue »Rentenmark« 1924 zurückgezahlt wurden. So konnte man während der letzten Phase der Inflation, wo die harten Devisen enorm hoch im Kurs standen, billig »einkaufen«, die Zinsen und Kredite aber mit der wieder stabilisierten Mark zu weit günstigeren Kursen zurückzahlen.

1927 erklärte Hugenberg auf einer deutschnationalen Parteiversammlung in Herford:

> *»Wenn ich Inflationsgewinne gemacht habe, so hat sich das so vollzogen, daß ich für eine Organisation, an deren Spitze 12 nationale Männer stehen und das Leitmotiv abgeben dafür, wie diese Organisation arbeiten soll und will, schwach werdende nationale Blätter, die bis dahin den nationalen Kurs nicht eingehalten hatten, erworben habe, um sie entweder der nationalen Sache zuzuführen oder aber, sie dem nationalen Gleise zu erhalten, und sie nicht an die großen Pressemächte fallen zu lassen, die einzigen großen Pressemächte, die es daneben in Deutschland noch gibt: Ullstein, Mosse und Frankfurter Zeitung.«*[370]

Christian Diederich Hahn, Sohn des schon genannten Diederich Hahn[371], in den 20er und 30er Jahren Wirtschaftsredakteur bei Scherl, über Hugenbergs Erfolg:

> *»In der Inflation hatten wir eine Exportzeitschrift, ... während alle anderen Verleger nicht wußten, wie sie Papier bezahlen sollten, kriegten wir dauernd die Millionen herein ... Und diese Millionen hat er gut angelegt.«*
> *»Hugenberg hatte die ungeheuren Einflüsse in der Papierindustrie, wenn die [Provinzzeitungen] also zu hoch verschuldet waren und nicht weiter konnten, dann wendeten sie sich an Hugenberg-Konzern, Scherl also. Und da hatten wir eine Gesellschaft, die VERA, von der unendlich viele Zeitungen abhängig waren, und durch die VERA wurde geregelt, daß sie neues Papier und Kapital bekamen. Und dafür beteiligte sich Hu-*

genberg dann natürlich in dieser oder jener Form an den entsprechenden Zeitungsge-
sellschaften.«[372]

Die VERA hatte sich in ihren ersten Jahren nicht so günstig entwickelt. Die geplante Kapitalerhöhung (s.o.) von 2 auf 5 Millionen Mark war 1918 nicht mehr zustande gekommen. Nachkriegsinflation und allgemeine Expansion des Konzerns brachten den Aufschwung. Die VERA ist schließlich nach ihren eigenen Angaben bei 60 Zeitungsverlagen als Gesellschafterin oder Kommanditistin beteiligt. Ehemalige Konzern-Mitarbeiter nennen 20 — 30 Verlage.[373] Außerdem zahlte eine Reihe anderer Zeitungen für laufende Fachbearbeitung monatlich ein Honorar an die VERA. Über diese vertraglich auf mindestens 3 Jahre festgelegte Beratertätigkeit[374] war es möglich, auch die TU, die AIA und andere Unternehmen des Konzerns bei den Provinzblättern einzuführen. Zur Finanzierung der Beteiligungen und Kredite wurden, sozusagen in Einleitung der Inflations-Offensive, die »Mutuum Darlehens-AG« und die »Alterum-Kredit AG« gegründet. Die »Mutuum« (= gegenseitig) vergab Kredite an Zeitungen und beteiligte sich an Verlagen. Ihre Mehrheitsaktionärin war ein weiteres Konzernunternehmen, die »Ostdeutsche Privatbank AG«[375] (hervorgegangen aus der Posener Landesgenossenschaftsbank). Vorsitzender des Aufsichtsrates der »Mutuum« war Alfred Hugenberg, der »Alterum« (= das Andere, Alternative; alter ego = mein zweites Ich) im Jahr 1922/23 Albert Vögler von der Deutsch-Luxemburgischen Bergwerks- und Hütten AG (ab 1926 Vereinigte Stahlwerke), 1928 aber ebenfalls Hugenberg. Zum Gründungskapital der »Alterum« (auch ein Kreditgeber und Beteiligungsunternehmen) hatte u.a. der Verband deutscher Druckpapierfabriken mit 20 Millionen Mark beigetragen. Die »Mutuum« bot auch Fachberatungen für die Presse an. Beide Zeitungsbanken waren durch Verträge und Personen eng mit der VERA und der Materngesellschaft Wipro verbunden.[376]

Der Gesamteinfluß des Hugenberg-Konzerns auf die deutsche Provinzpresse kann nicht in Kilogramm gewichtet, nicht in Metern gemessen werden. Es ist auch falsch, sich die Wirkung mechanisch zu erklären: nicht durch irgendeinen »Knopfdruck« in der Zentrale entstanden automatisch die gewünschten politischen Leitbilder. Die »Empfänger« waren nicht bloßes Objekt, sondern reagierendes Subjekt mit einer bestimmten sozialen Lebenserfahrung. Alle Anzeichen sprechen aber dafür, daß schon vorhandene konservative Grundströmungen verstärkt und »umgebogen« wurden in Richtung »Volksgemeinschaft«. So gesehen ist es kein Zufall, daß die Nationalsozialisten ihre größten Wahlerfolge in klein- bis mittelstädtischen und ländlichen Gebieten erzielten. Ein wichtiger Aspekt dieses Prozesses ist *der gemeinsame Nenner* der vielen Reden, Leitartikel und Berichte. Dabei spielten die Berliner Scherl-Blätter den ideologischen Vorreiter. Doch zunächst zu ihren Machern, den Journalisten.

»Zeilonesen« nannte man die Boulevard-Journalisten, die von Zeilenhonoraren lebten.

Redakteure und Korrespondenten des Scherl-Verlages kamen nicht von Presse-schulen,

> *»sondern der allergrößte Teil von ihnen waren in anderen Berufen verkrachte Existen-*
> *zen. Da gab es frühere Seeleute, es gab frühere Juristen, es gab frühere Theologen, die*
> *aber eine Gabe hatten: Sie konnten schreiben, und die zweite Gabe war: Sie hatten,*
> *durch die Erfahrung in anderen Berufen, Kriterien. Das waren die beiden Dinge, auf*
> *die damals sehr streng gesehen wurde.«*[377]

Diese Aussage des ehemaligen Scherl-Redakteurs und Korrespondenten Hans
Georg von Studnitz muß ergänzt werden: Eine Reihe von Journalisten hatte keine abgeschlossene Berufsausbildung in einem anderen Beruf. Diese »Autodidak-
ten«, die dann aber in den Verlagen den Journalismus »von der Pike auf« lern-
ten, gelten auch heute noch oft als die besten Journalisten. Wieweit zu Recht, sei
dahingestellt. Unabhängig davon vergrößert diese »informelle« Form der Ausbildung in den meisten Fällen die Abhängigkeit von der Firma. Das gilt vor allem
für die Einstellung junger Anfänger. Für diese »unbeschriebenen Blätter« spielen
»Beziehungen« dann eine besondere Rolle, denn wer hat schon halbwegs genaue
Kriterien dafür, was der zukünftige Redakteur zu leisten vermag?

Hans Georg von Studnitz wurde am 7. April 1907 in Potsdam geboren.

> *»Mein Vater diente dort als Hauptmann bei der Gardeartillerie, meine Mutter stammte*
> *aus Hamburg — sie war die Tochter des damals sehr bekannten Hamburger Bankiers*
> *Max von Schinkel, der so etwas ähnliches war, wie Hermann Abs in unserer Zeit. ...*
> *Wenn ich daran denke, was ich als Kind werden wollte — so war natürlich ... Offizier*
> *zu werden. ... Ich begann dann, mich für Politik zu interessieren. Ich wurde auch Mit-*
> *glied im Deutschen Herrenclub in Berlin und wollte gerne politisch irgendwie aktiv wer-*
> *den. Da ich aber die Ochsentour ... der politischen Parteien scheute, dachte ich, daß*
> *der Journalismus vielleicht ein guter Weg wäre.«*[378]

Hans-Georg von Studnitz war Chef-Korrespondent im Scherl-Verlag. Heute schreibt er für »Welt am Sonntag«, »Bayernkurier« und andere konservative Zeitungen und Zeitschriften.

Er wird »freier Mitarbeiter« bei der »Neuen Preußischen Zeitung«. Als das Blatt einzugehen drohte, muß er sich

> *»nach einem neuen Broterwerb umsehen. Und das war in der damaligen Zeit sehr schwer, und es gelang mir dann, mit Hilfe meines Großvaters, eine Unterredung mit dem Geheimrat Hugenberg zustande zu bringen und Hugenberg, der sah mich vielleicht 5 Minuten und empfahl mich dann an den Generaldirektor des Scherl-Verlages, Herrn Klitzsch.«*

Studnitz wurde für ein Anfangsgehalt von 50 Mark als Volontär eingestellt, stieg aber, weil seine Fähigkeiten zu gebrauchen waren, schnell auf.

Auch Hahn betont die Bedeutung der Protektion. Von seiner Zeit als Angestellter bei der deutschen Botschaft in Paris her kannte er einen Scherl-Direktor. Später, als Arbeitsloser zur Zeit der Inflation in Berlin,

> *»da entsann ich mich in meiner großen Not ... des Dr. Fessmann. Ging in den Verlag, schickte ihm meine Karte und wurde empfangen, weil er sich dieser Pariser Tage entsann. Und dann habe ich ihn gebeten, mich einzustellen. Und das ist mein Weg in den Scherl-Verlag, ein ganz persönlicher Weg.«*

Über den weiteren Weg entschieden dann langfristig *die vom Verlag gewünschten* Fähigkeiten.

Die »Empfehlung« aus honetten bürgerlich-wilhelminischen Kreisen bedeutete die Gewähr einer »nationalen« Haltung. Oder man repräsentierte diese vorrepublikanischen Kreise selbst noch. Das galt vor allem für Offiziere aus der kaiserlichen Wehrmacht, die im 100.000-Mann-Heer der Republik keine Planstelle mehr fanden und keinen anderen Beruf gelernt hatten. Hans Georg von Studnitz:

Fritz Lucke war Chefredakteur bei »Nachtausgabe« und »Lokalanzeiger«. Heute arbeitet er für die »Nordwestzeitung«.

»Im Verlag waren — möchte ich sagen, die Positionen fast generalstabsmäßig besetzt. Da waren eine ganze Reihe früherer Offiziere, wie der berühmte Kapitän Mann, der hinter den Kulissen einen ganz enormen Einfluß hatte — der auch bis in die Politik reichte.«

Fritz Lucke, vor 1933 Chefredakteur »in Vertretung«[379] (später Chefredakteur) der »Berliner illustrierten Nachtausgabe« erinnert sich:

»Wir hatten viele ehemalige Offiziere in der Redaktion, Oberste, Hauptleute, Majore, die im allgemeinen mit ihren alten Diensträngen angeredet wurden und die mich bewogen, eine Grundausbildung bei der Reichswehr durchzumachen.«

Die »nationale« Tendenz von Scherl wurde schon in den Einstellungsverträgen der Redakteure festgeschrieben. Allerdings in einer viel allgemeineren Formel als die interne Festlegung auf die Deutschnationale Volkspartei. Fritz Lucke (bei den Film-Aufnahmen auf seinen alten Verlag zeigend):

»Es war auch so, daß nicht etwa irgend eine parteipolitische Verpflichtung zu übernehmen war, sondern der Begriff der Tendenz des Verlages war weitgehend gehalten. Sie sehen es hier beispielsweise an meinem Einstellungsvertrag, da lautet es einfach: ,Die grundsätzliche Einstellung des Verlages oder die Richtung der Zeitung ist die Herrn Fritz Lucke bekannte allgemein vaterländische.' ... also Hugenberg-Presse im Sinne von Hugenbergs Deutschnationaler Partei, davon war im Scherl-Verlag niemals die Rede. Es war ... [ein] Verlag, der vor allem Auflage machen wollte, die gut war, die gelesen wurde.«

Liest man die Scherl-Blätter, dann ist die direkte, ins Auge springende Unterstützung der DNVP z.B. bei Wahlkämpfen keine Frage. So bringt der »Lokal-

Anzeiger« z.B. im April 1928 als Aufmacher über drei von vier Spalten der ersten Seite *unkommentiert* »Die Wahlaufrufe der Deutschnationalen« mit dem Untertitel »Zur Freiheit des Vaterlandes durch Staats- und Wirtschaftsreform.«[380] (Zur Reichstagswahl am 20. Mai 1928). Einen Tag vor der Reichstagswahl vom 14. September 1930 heißt der Aufmacher quer über die ganze erste Seite: »Morgen für Liste 2« (der Platz der DNVP, die sich als zweitstärkste Partei bei der vorangegangenen Wahl von 1928 behauptet hatte; nach dem September 1930 *rutschte sie auf Liste 5 ab*). In einem großen, eingerahmten Kasten unter der Schlagzeile heißt es auf der Mitte der Seite:

»Diesmal gilt es doppelt! ... Darum deutschnational!«

Beide Zeilen sind durch Fett- und Großdruck hervorgehoben.[381] Zwar wird, wie noch zu zeigen ist, 1930 u.a. mit Blick auf die Nationalsozialisten auch die »große Rechte« propagiert, aber selbst jetzt bleibt die direkte Werbung für die Deutschnationale Volkspartei dominierend. So gibt es in Artikel eingefügte Parolen wie im »Tag« vom 13. September 1930 (also gleichfalls einen Tag vor der Wahl): gerade liest man, daß im »Novemberdeutschland« (Anspielung auf die Novemberrevolution) der »Trieb« des Egoismus »auf allen Gebieten des öffentlichen Lebens« nicht gezügelt, sondern gefördert wird, da springt ein Kästchen ins Auge: »Wählt euch frei — mit Liste 2« — in deutscher (Sütterlin-)Schrift. Auf der rechten Seite ist der Leser gerade beim »Entscheidungskampf der nationalen Angriffsfront«, als ein weiteres Kästchen assoziiert: »Liste 2: *die* deutsche Kampfpartei!« Und unten, quer über die erste Seite: »Nutze die letzten Stunden! Wirke und werbe für Liste 2«.[382] Und durchtränkt sind die Scherl-Blätter, seit seiner Wahl zum Parteivorsitzenden der DNVP im Oktober 1928, mit Hugenberg-Artikeln (von und über), Hugenberg-Reden und Hugenberg-Kästchen. Z.B. im »Tag« vom 14. August 1930 auf Seite 1, in einen Artikel über »Staatsreform« hineingesetzt, die Meldung: »Heute abend spricht Hugenberg im Sportpalast.«[383] Schon aus dieser Beschreibung wird deutlich — und die Optik verstärkt den Eindruck noch — daß es sich nicht um »Wahlanzeigen« der DNVP handelt, wie Lucke meint, sondern um die direkte Werbung des Blattes für die Partei. Die Einschätzung über die »nur« allgemein-vaterländische Tendenz des Scherl-Konzerns spiegelt die tägliche Praxis des Journalisten wider. Er vergißt, daß die großen Richtlinien durch Personalpolitik und Organisation längst festgelegt sind, daß er nur ein kleineres Rad in der großen Maschine ist, die »Sachzwänge« schafft. Er überschätzt seinen persönlichen Spielraum, glaubt zu sehr, gerade auf ihn komme es an. Das Erlebnis des Schreibens, des »Machens« und Gestaltens ist nah und konkret, die gelenkte Organisation des Verlages ferner und abstrakter. Wenn man es als seine eigentliche Aufgabe ansieht, das Blatt »farbig« zu »gestalten«, »gut« zu schreiben, »unterhaltend« zu sein, schwinden die (doch nicht zu ändernden) politischen Rahmeninhalte aus dem Bewußtsein. Sie sind selbstverständlich geworden. Das gilt besonders für Boulevardblätter, die sich oft als unpolitisch verstehen. Fritz Lucke:

> »Die ‚Nachtausgabe' beispielsweise, war ja betont unpolitisch und wir kamen, offen gesagt, durchaus in Schwierigkeiten, wenn Wahlkämpfe waren, weil wir dann natürlich verpflichtet waren, eine Wahlpropaganda zu betreiben; wir haben — und so geschieht es, glaube ich auch heute noch — [uns] geholfen, indem wir auf [der] ersten Seite am Fuß eine Anzeige einfach veröffentlichten: Wählt Liste 5, Deutschnational [nach 1930 Liste 5, s.o.], so daß der Eindruck entstanden ist oder entstehen konnte: Hier hat die

Deutschnationale Volkspartei eine Wahlanzeige aufgegeben (lacht). Natürlich sind Wahlanzeigen der Sozialdemokratie nicht veröffentlicht worden (lacht). Das ist ja wohl klar.«[384]

Der Aufmacher der »unpolitischen« Nachtausgabe vom 13. September 1930 lautete übrigens:

»Der Tag der Abrechnung ist da: Wählt entschieden rechts!«[385] (quer über die ganze Seite)

Die Erfahrung der wie von selbst funktionierenden täglichen Praxis läßt den Chef fern und entrückt erscheinen. Lucke: »Sein Büro ... die große Leitung ... in der Viktoriastraße, unweit vom Potsdamer Platz, war für uns ja so etwas wie der Olymp im alten Griechenland, da thronte ein Mensch, den man nicht sah ...« Seine Lenkung, sein Einfluß, werden kaum noch wahrgenommen. Nur im Konfliktfall kann diese Macht sehr real werden, aber grundsätzliche Auseinandersetzungen finden selten statt. Christian Hahn:

»Es war so, daß eigentlich bei Scherl eine bestimmte Gruppe von Leuten waren, die in einem großen Konsens miteinander standen. Alles Individualisten. Wir hatten sogar Kommunisten im Nachrichtendienst, die aber absolut seriös für das Haus arbeiteten und die gute Kameraden von uns waren. Wir hatten auch sehr viel Juden, wir haben nie mit ihnen Differenzen gehabt, sondern das ist ganz ausgezeichnet in einem Teamwork gelaufen.«
Frage: »Und welche Grundrichtung war das, der Grundkonsens, den es vielleicht gab?«
Hahn: »Das war die Verteidigung der alten deutschen Begriffe von Ehre und Tugend und Tapferkeit und persönlicher Bescheidenheit und alle anderen, die dagegen verstießen, wurden mit Ironie und ähnlichem angebissen.«

Es mag sein, daß diese »Betriebsgemeinschaft«, in der Erinnerung auch durch die Erfahrung nach 1933 bestimmt, hochstilisiert wird. Der »Konsens« — subjektive Empfindung und Forderung zugleich —, der *letzlich* im geräuschlosen Funktionieren besteht, ist aber heute noch Leitbild und Selbstanschauung vieler Redaktionen. Konsens und Individualismus, das beißt sich, konsequent gedacht. So bleibt denn der Individualismus letztlich ein privater. Im Betrieb sind auch Kommunisten seriös. Allerdings nur im Nachrichtendienst. In die meinungsbildende Redaktion würden Linke nicht passen. Lucke:

»Da hätte sich ein Mann, ein Sozialdemokrat, der beispielsweise für den ,Vorwärts' geeignet war, nicht wohl gefühlt. Das ist klar.«

Brach jemand den Konsens mit der *Leitung des Hauses*, gab es geräuscharme, *aber deutliche Winke*:

Frage: »Wie sah es bei Scherl aus, wenn einer nicht mehr beliebt war in der Redaktion?«
Hahn: »Ach wissen Sie, das ist auch eine herrliche Geschichte: Dann merkt er eines schönen Tages, daß sein Schreibtischsessel nicht mehr da war und dann fehlte sein Schrank und dann fehlte sein Teppich. Und dann wußte er Bescheid. Er kriegte weiter Gehalt, die waren ja ungeheuer korrekt in der Vertragseinhaltung, und wenn sie einen lebenslänglichen Vertrag hatten (lacht) kriegten sie lebenslänglich ihr Gehalt überwiesen. Mußten ultimo selber abholen an der Kasse, dadurch hielt man sie am Bande.«

Der Konsens machte den direkten Eingriff Hugenbergs in die Redaktionsarbeit zum Ausnahmefall. Und wenn es doch nötig war, wurden nur wenige leitende

Jügendburg sagt:

Wir wollen dem
deutschen Arbeiter
wieder Arbeit ver=
schaffen, die der Marxismus
ihm genommen hat.

sozialisten in ... lich...
schwer verletz... ge feinl
seinen ... diese Revolution tritt uns...

Heute rot,
morgen Not.

Der Montag

...siesien zu | m...

Wahl-Ergebnis
im Montag

"Der Montag" erscheint von Sonntag ...
... mehreren Ausgaben ...
Gesammelt ...

Die bedeutendsten Zeitungen und Zeitschriften des Scherl -Verlags:	Zeitungen unter Hugenbergs Kapitalmehrheitsbeteiligung:
Der Tag	Hannoverscher Kurier
Berliner Lokalanzeiger	Schlesische Zeitung
Berliner Illustrierte Nachtausgabe	Lippische Tageszeitung
Die Woche	Merseburger Tageblatt
Scherl Magazin	München-Augsburger Abendzeitung
Gartenlaube	Rheinisch-Westfälische Zeitung
Silberspiegel	Bergisch-Märkische Zeitung
Allgemeiner Wegweiser	Schwäbischer Kurier
Praktischer Wegweiser	Magdeburgische Tageszeitung
Scherl's-Wohnungs-Zeitung	Weimarer Zeitung
Filmwelt	Saale Zeitung
Denken und Raten	Mitteldeutsche Zeitung
Das Grundeigentum	Eiserne Blätter
Der Kinematograph	Deutsche Zeitung
Echo	Motorschau – Nationale Deutsche Motorfahrt Zeitung
Deutsche techn. Auslandszeitschrift	Kösliner Zeitung
	Stargarder Zeitung
	Oberschlesische Tageszeitung
	Oppelner Nachrichten
	Volksbote f. d. Kreise Kreuzburg u. Rosenberg
	Süddeutsche Zeitung
	Rosenberger Zeitung
	Stralsunder Anzeiger
	Münchner Neueste Nachrichten
	Fränkischer Kurier
	Hamburger Nachrichten
	Leipziger Neueste Nachrichten

Herren angewiesen. So verflüchtigt sich der Einfluß Hugenbergs in der Erinnerung Christian Hahns fast in nichts:

»Er [Hugenberg] hat nie Einfluß genommen. Er hat mich gefragt: Wie denken Sie über diese oder jene Sache und dann habe ich ihm das vorgetragen und er war ja nicht sehr gesprächig. Er sagte: So, so — so, so und damit war der Fall erledigt.«

Von Studnitz sieht es so:

»Sicherlich wurde im Scherl-Konzern nach Hugenbergs Richtlinien verfahren, genau wie in der UFA ... Aber man muß sich das nicht so vorstellen, daß da etwa täglich oder wöchentlich Weisungen von ihm ergingen, sondern es war ein allgemeiner Konsensus, der zwischen den leitenden Leuten des Verlages mit den Chefredakteuren abgesprochen wurde und dann operierte man in diesem Rahmen. Richtlinien für Einzelfragen gab es so gut wie nie, es sei denn, mal in bestimmten Agrarfragen, wo Wünsche vom Reichslandbund usw. propagiert wurden.«

Doch Hugenberg setzte für politische Kampagnen seine Medien auch gezielt ein. So schrieb der Geheimrat an einen Direktor der Telegraphen-Union:

»Sehr geehrter Herr Mejer!
In der Anlage übersende ich ihnen ein fingiertes Interview mit der Bitte um möglichst rasche Verbreitung. ...Besonderen Wert würde ich darauf legen, wenn es vom ‚Tag’ und vom ‚Lokalanzeiger’ gebracht würde und wäre Ihnen dankbar, wenn Sie das veranlassen würden.«[386]

Dieses fingierte Gespräch war laut Anlage »eine Rede« »in kleinerem Kreise«, in der Hugenberg (nach seinem eigenen an die TU-Redaktion gesandten Text) »bemerkenswerte Ausführungen über die Lage machte.«[387] Dies ist nur ein Beispiel aus einer Reihe ähnlicher Anordnungen. In den meisten Fällen werden die Anweisungen durch das Telefon gegeben worden sein. Eine regelmäßige Zusammenarbeit gab es vor allem in dem Dreieck Brosius (»Pressestelle der Deutschnationalen Volkspartei«) — Hugenberg — Telegraphen-Union. So fand Hans Brosius es selbstverständlich, Scherl zu »unsere[r] Presse« zu zählen.[388] Die Akten vermitteln den Eindruck, als habe Hugenberg die »schnellen« Medien wie die TU bevorzugt und — seit seiner Wahl zum Parteivorsitzenden der DNVP notgedrungen — intensiv vor allem mit der von Brosius geleiteten DNVP-Pressestelle gearbeitet. Anscheinend hat der deutschnationale »Führer« durch die »große Politik« aufgesogen, dann den direkten Kontakt zu den Redaktionen seiner Zeitungen weniger wahrgenommen. In Konfliktfällen macht er aber seinen Führungsanspruch deutlich. So ermahnt er im September 1931 den Chefredakteur des »Tag«, Eberhard Freiherr von Medem, schärfer gegen den politischen Gegner vorzugehen:

»Sie haben mir versichert, daß sie die Politik persönlich zu fördern bemüht sind, die zu vertreten meine Aufgabe ist.«[389]

Setzer und Drucker

Die Zeitung, das ist im Bewußtsein vieler Journalisten die Redaktion. Lucke:

>*Also bei dieser Tendenz, der allgemeinen vaterländischen ist natürlich klar, daß für Sozialdemokraten, die ja damals noch weitgehend Marxisten waren und auch klassenkämpferisch eingestellt waren, im Scherl-Verlag natürlich kein Platz war.*«
Frage: »*Aber in den unteren Etagen schon. Bei den Druckern und Setzern …*«
Lucke: »*Die Setzer waren weitgehend organisiert, wenn in Berlin gestreikt wurde und bei Lohnkonflikten … dann mußten wir beispielsweise, da wir ja bestreikt waren, eine eigene Hauszeitung herstellen, um beschäftigt zu werden, dann war das technische Personal natürlich geschlossen auf der Seite der Streikenden.*«
»*Ich glaube nicht, daß unter den Setzern einer der DNVP angehört hat. Das kann ich mir nicht vorstellen (lacht). Aber das war, verstehen Sie, das war überhaupt kein Problem. Darüber wurde auch nicht gesprochen. Sondern was auch immer in der Zeitung stand, wurde auch gesetzt, wurde umbrochen.*«[390]

Die organisierten Arbeiter multiplizierten die ideologischen Vorlagen ihrer Gegner. Und sie mußten es, um leben zu können. Frage an den ehemaligen Scherl-Setzer Erich Marten:

>*Hat Ihnen das nicht wehgetan, daß Sie das drucken mußten?*«
Marten: »*Wir sind da angestellt und wir müssen ja … da haben wir alles gedruckt, hat*

Der Chef, »Der Kleene«, kam nie in die Setzerei. Der Setzer Erich Marten.

uns nicht gestört. Das ist ja unsere Arbeit. Ob die Leute das nun glauben, was da geschrieben wird — das ist dem Einzelnen überlassen.«
Frau Marten fügt hinzu: »Du warst ja auch politisch gar nicht engagiert.«
Erich Marten: » ...[in] keiner Partei, war nur organisiert.«
(im Verband der deutschen Buchdrucker im Allgemeinen Deutschen Gewerkschaftsbund, der Verband war personell und politisch eng mit der SPD verflochten).

Der Drucker Karl Richter, der im Berliner Vorstand des Verbandes war, selbst *nicht* bei Scherl gearbeitet hat, aber in anderen Berliner Verlagen, berichtet:

»Es hat starke Auseinandersetzungen innerhalb des Betriebes gegeben. Wir konnten natürlich keinen Einfluß auf die Schreibweise nehmen, denn das ist klar — das würde schwierig werden, wenn die Buchdrucker meinetwegen festlegen wollten, welche Zeitung gedruckt wird und welche nicht. Und der ,Lokalanzeiger' und der ,Tag', die standen ja immer in vorderster Linie, wenn Angriffe gegen die Arbeitnehmerschaft gestartet wurden.«
Frage: »Ist das eigentlich ein Konflikt für organisierte Drucker, Sozialdemokraten in Betrieben, wenn sie also sehen, daß die Zeitungen, die sie selbst produzieren, permanent mit Angriffen auf ihre eigenen Ideen befaßt [391] sind?«
Karl Richter: »Man könnte das annehmen, aber das sind reine Lohnaufträge, die müssen ausgeführt werden ... wenn es so wäre, daß die Drucker bestimmen würden, was gedruckt werden sollte, würde man zu anderen Schwierigkeiten ... kommen.«

Diese Aussagen zeigen ein gewerkschaftliches Bewußtsein, in dem die Tariffrage die weiteren politischen Probleme zudeckt. Im *Prinzip* ging es den Scherl-Arbeitern allerdings nicht anders als den Bergleuten der Ruhrzechen, aus deren Arbeit die Gelder des Zechenverbandes und damit das Vermögen der »Wirtschaftsvereinigung« stammten.

Wenn Scherl Setzer einstellte, »wenn sie gebraucht wurden — da wurde niemals gefragt, ob er irgendeiner Partei angehört.« (Marten). Es bleibt dennoch zu

»Die Setzer waren Sozialdemokraten« — Fritz Lucke (rechts im Bild) überwacht den Umbruch seiner »Nachtausgabe«.

untersuchen, ob bei Mosse und Ullstein mehr kommunistische Setzer und Drucker arbeiteten (und arbeiten konnten) als bei Scherl.

Korrespondenten und Redakteure auf der einen, Setzer und Drucker auf der anderen Seite — alle arbeiteten für Scherl, doch es trennten sie soziale Welten. Im Milieu der Redaktion wurde wohl über »soziale« Politik für Arbeiter gesprochen, doch die lebten in anderen Vierteln der Stadt.

Frage: »Die Leute, die in den Setzereien und Druckereien gearbeitet haben — haben also keine Probleme gehabt, wirtschaftlich?«
Lucke: »Keinerlei Probleme, nein, nein. Überhaupt, der Verlag bezahlte überall Tarif, auch in den Redaktionen. Aber er hat besondere Leistungen … honoriert. Er war beispielsweise bei Herrn von Studnitz großzügig in Bemessung der Spesenpauschalen und Spesenaussendungen, die, wenn er z.B. in Indien war, nicht gering waren.«
Erich Marten: »1929 habe ich beim Scherl-Verlag angefangen … mit einem **Wochenlohn** *von 58 Mark. Es dauerte nicht lange … unter der Brüning-Regierung wurden dann zehn Mark vom Tarif abgesetzt … durch die Notverordnung.«*
Frau Marten: »War ein ganz schöner Einschnitt für uns - bei monatlicher Miete von 45 Mark — 10 Mark abziehen, war ja schon die Miete …«

Der Lohn für eine internsive Arbeit.

Erich Marten: »Zeitung ist immer Tempo.«
Frau Marten: »Weil immer ein Druck hinter war — um halb eins mußte die Zeitung stehen, da wurde kein Frühstück gemacht und hinterher war dann eben Pause. So hast du mir das damals erzählt. Immer hetzen und jagen.«

Kurzarbeit bei Scherl:

»Da haben wir müssen aussetzen. Die Auflage der Zeitungen ging zurück. Ging einfach zurück. Ja — und man wollte keinen entlassen.«
Frage an Fritz Lucke: »Gab es auch Fälle von Kurzarbeit in der Krisenzeit?«

107

»Nein, nein, nein. Der Verlag selber hat eine Krisenzeit, würde ich sagen, zumindest in den Zeiten der Weimarer Republik, überhaupt nicht gehabt. Das Bedürfnis nach Zeitungen wurde umso größer, je stärker natürlich die politischen Spannungen im ganzen Deutschen Reich zunahmen. Und alle Publikationen hatten sich einer steigenden Auflage zu erfreuen.«

Leo Wegener in einer Propagandaschrift über Hugenberg:

»Er hat großes Verständnis für volkswirtschaftliche Zusammenhänge und für die wirtschaftliche Lage und Geltung der Arbeiterschaft, insbesondere für deren Auslese, für die Arbeiter im Druckereigewerbe.«[392]
Erich Marten: »Wer bei Hugenberg, bevor Hitler kam, den 1. Mai feierte, der konnte damit rechnen, daß er entlassen wurde.«

Politik als Ware —
Die Zeitungen

Einige der bedeutendsten Zeitschriften und Zeitungen des Scherl-Verlages.

Der Scherl-Verlag besaß drei Tageszeitungen. Sie schrieben mit verteilten Rollen. »Der Tag«: war das »anspruchsvollste Blatt« des Hauses und richtete sich »an ein gehobenes politisch interessiertes Publikum.« (von Studnitz[393]). Im »Tag« wurden neben den traditionellen Leitbildern auch die neuen politischen Ideen eines »modernen« Konservativismus propagiert. Der italienische Faschismus auf die deutschen Verhältnisse übertragen und ihnen angepaßt, war die letzte Konsequenz der ideologischen Entwicklung des Scherl-Vordenkers.

»Der Tag« erschien siebenmal wöchentlich, also auch sonntags. Seine Aufmachung wirkt strenger, auf den ersten Blick langweiliger als die der anderen Scherl-Blätter. Fotos sind selten, dafür gibt es häufiger Zeichnungen. Seine Bedarfsauflage fiel von 68.000 im Jahresdurchschnitt 1929 auf 60.000 im Jahr 1932 (Ultimo Dezember 1932: 54.400). Da die Tendenz bei den Auflagen der meisten deutschen Blätter rückläufig war, wird wohl auch hier die Weltwirtschaftskrise die wesentliche Ursache sein. »Der Tag« war meist ein Verlustgeschäft[394], wurde aber (wie z.B. Springers »Welt« seit den 60er [?] Jahren) aus politischen Gründen durch Zuschüsse am Leben erhalten.

Der »Berliner Lokal-Anzeiger« war ein »Generalanzeiger Typ« und sprach, so von Studnitz, »vor allen Dingen das Berliner Kleinbürgertum« an. Halb Boulevard-Blatt, halb politische Tageszeitung mit starken lokalen bis regionalen Bezügen, wurde der BLA aber auch in mittleren bis gehobenen bürgerlichen Kreisen gelesen. Dort brachten die Berliner Zeitungsboten manchmal sowohl die »Deutsche Allgemeine Zeitung« (die »Frankfurter Allgemeine« ihrer Zeit) für die umfassende politische Information »gemäßigt« konservativer Leser, wie auch den »Lokal-Anzeiger« für die hauptstädtische Unterhaltung ins Haus. Zum Sonntag, wenn die Auflage deutlich anstieg,[395] hatte das Scherl-Blatt

> *»seine Glanzzeiten, ... oft 100 Seiten Kleinanzeigen, die natürlich, weil sie im Fließsatz hergestellt wurden, viel Geld eingebracht haben.« (Lucke). —*
>
> *« ... wir haben immer geschätzt, daß der ‚Lokal-Anzeiger' monatlich 1 Million bar, netto, überhatte.« (Hahn).*

Vom Zeitungs-Typ her erinnert das Scherlsche Familienblatt an Springers »Hamburger Abendblatt«, die soziale Zusammensetzung des Leserkreises hat sich allerdings verschoben. Dem »Abendblatt« ist ein sehr viel größerer Einbruch in die Schichten gelungen, die Hugenberg für sich noch erobern wollte. Eine, wie Valeska Dietrich betont, »sehr ungenaue und soziologisch unzureichende Aufstellung der Leser des ‚Lokalanzeigers' aus dem Jahre 1915«, zeigt eine Tendenz zu bürgerlichen Mittelschichten.[396] (Dabei reicht der Begriff »Kaufleute« vom Grünhöker an der Ecke bis zum Export/Importbetrieb):

Eigentümer, Rentiers, Pensionäre, ohne Berufsangabe *56.597*
Kaufleute *27.461*
Beamte *17.451*
Frauen, weibliche Berufe *17.394*
Handwerker *15.582*
Gastwirte, Gastgewerbe, Fleischer, Bäcker *13.405*
Akademiker, Ärzte, Lehrerinnen, Privatbeamte *11.441*
Kleingewerbe *10.940*
Künstler, Schriftsteller, Architekten *7.169*
Militär, Adel, Landwirte, Direktoren *6.557*
Juweliere, Anstalten, Vereine, Apotheker, Dentisten *4.764*
Hausangestellte *4.298*
Arbeiter *2.061*
Auswärtige Abonnenten, Bahnhofsbuchhandel, Straßenverkauf *58.648*

Die Auflagensumme ist 253.768; davon gingen 195.120 Exemplare an feste Abonnenten in Berlin.[397] Otto Groth bezieht im (1928 erschienenen) ersten Band seiner großen Darstellung der Zeitung die Angaben nicht auf das Jahr 1915, sondern schreibt, diese Berufsstatistik habe der »Lokal-Anzeiger« »vor einiger Zeit« gegeben.[398] Die *Tendenz* wird in den 20er Jahren geblieben sein. Auffallend ist vor allem der geringe Arbeiter-Anteil. Der BLA blieb ein bürgerlich bis kleinbürgerliches Blatt. Dabei könnten die Angestellten (die durch diese Begriffe nicht voll beschrieben werden) im Leserkreis stärker vertreten gewesen sein. Der »Lokal-Anzeiger« erschien vom Dienstag bis zum Sonnabend zweimal täglich (Morgen- und Abendausgabe), Sonntag früh und wieder am Montag-Abend. Diese Lücke schloß am Sonntagabend und Montag-Morgen der »Montag«. Seine Konzeption erinnert an Springers »Bild am Sonntag« mit einem Schuß »Welt am Sonntag«: Sensationelle Aufmacher, Sport und Bilder; dazu häufiger ein Leitartikel von Friedrich Hussong, der in seiner Propaganda-Technik manchmal an den frühen »Hans im Bild« erinnert (und zwar vor allem dort, wo »Hans« den linken politischen Gegner angreift).

Die Bedarfsauflage des »Lokal-Anzeigers« sank von 216.000 im Jahresdurchschnitt 1929 auf 184.000 im Jahr 1932 (Ultimo Dezember 1932: 178.240), Der »Montag« stieg dagegen von 147.000 (1929) auf 185.000 (1932; Ultimo Dezember 1932: 149.016). Durch die Wirtschaftskrise litt vor allem das Anzeigengeschäft. 1928 und 29 hatte der »Lokal-Anzeiger« (inclusive Beilagen) noch einen Inseraten-Umsatz von 10,6 Millionen, 1932 waren es nur noch 5,6 (1933: 4,8) Millionen Mark.[399] Zu Auflagen-Verlusten führte vor allem der Rückgang der Abonnements, während der Straßenverkauf in etwa gehalten werden konnte.[400]

Der »Lokal-Anzeiger« brachte (seit Ende der 20er Jahre) ab und zu, vereinzelt, Fotos und zeigte weniger »Bleiwüste« als der »Tag«; seine Artikel waren im Durchschnitt kürzer, die Seiten mehr mit Meldungen durchsetzt. Für das heutige Auge wirkt das Familienblatt aber eher etwas »streng«.

Das locker aufgemachte Boulevard-Blatt von Scherl war die im April 1922 gegründete »Berliner Nachtausgabe«, die 1928 zur »Berliner illustrierten Nachtausgabe« (BiN) wurde. Frage an Fritz Lucke, ihren späteren Chefredakteur:

> »Hatten sie bei Scherl Vorbilder, Journalisten, die sie nachahmen wollten?«
> Lucke: Nein, ich muß sagen, ich bin also, ohne mich überheblich hier darstellen zu wollen, ein Revolutionär gewesen, denn als ich '21 in diesen Scherl-Verlag eintrat, da war man noch — auch in der journalistischen Aufmachung — in der ganzen journalistischen Schreibweise und Darstellung und Umbruch ... erzkonservativ und reaktionär und [es] bewegte sich noch in den alten, für mich schon ausgetreten[en] Bahnen; ich habe dann also ja im Scherl-Verlag die Ära mit der großen Schlagzeile eingeführt und mit dem bekannten roten Strich; die Nachtausgabe ist ja die erste gewesen mit dem roten Strich. Und der Oberverleger, wollen wir ihn einmal so nennen, der Geheimrat Hugenberg ist ja damals schon schwer attakiert worden. Die Konkurrenzpresse schrieb: Nun geht der Hugenberg auf den roten Strich.«[401]

Die durchgehende, rot unterstrichene Schlagzeile,

> »die ja, was man sich heute gar nicht mehr vorstellen kann, sensationell war« (Lucke),

wurde 1923 bei der »Nachtausgabe« und 1928 beim »Montag« eingeführt.[402] Andere Blätter imitierten sie im Lauf der nächsten Jahre — bis hin zum »Völkischen Beobachter«. Scherl versuchte sogar durch einen Musterprozeß gegen den von Otto Strasser herausgegebenen »Nationalen Sozialisten«[403] die weitere Verbreitung der farbigen Hervorhebung rückgängig zu machen — ohne Erfolg.[404]

Noch wichtiger war die Illustration mit Fotos durch Autotypien; vor dieser Technik waren auf normalem Zeitungspapier nur Strichzeichnungen möglich,

> »und hier hat der Scherl-Verlag technisch bahnbrechend gewirkt, indem er Autotypien herstellte, ein damals noch langwieriges Unternehmen, also eine Autotypie hat mindestens zwei Stunden Zeit gekostet ... in Wirklchkeit waren es zwei [Autotypien], die durch eine Kautschukschicht zusammengepreßt wurden, um die Höhen und die Tiefen eben deutlich zu machen. Es sind auch die ersten Experimente gemacht worden mit einem Mehrfarbendruck.«[405]

Fritz Lucke nennt die alte Technik »erzkonservativ und reaktionär«, die moderne Aufmachung, die neue Technik, den flotten Boulevard-Stil »revolutionär«; er überträgt die politisch-sozialen Begriffe — die dabei ihre alten Inhalte verlieren — auf neue Methoden und Maschinen eines politisch ganz konservativen Verlages. Aber es ist nicht mehr der alte, bloß beharrende Konservativismus, sondern seine moderne dynamische Form: Die rapide Entwicklung der »Mittel« soll von der Gesellschaft abgekoppelt werden, um die politisch-soziale Herrschaft der alten führenden Gesellschaftsklassen, vor allem ihrer Eliten, zu konservieren. Dabei wandelt sich aber auch die Gesellschaft selbst, denn diese Abkoppelung ist letzten Endes nicht durchführbar, es gibt immer auch eine Rückkopplung — ein Problem, das der *Politiker* Hugenberg nicht lösen konnte.

Die »Nachtausgabe« erschien täglich (vom Montag bis zum Sonnabend) in zwei »Ausgaben« (s. Anmerkung) und lebte vom Straßenverkauf. Die erste »mußte um 14 Uhr vom Tisch und die zweite ... um 16 Uhr pünktlich vom Tisch. Danach gab es einen sogenannten Wachdienst, und wenn sich irgendwie die Möglichkeit ergab, so wurden immer mehrere Ausgaben gemacht.« (Lucke), also bei Ereignissen, die Bedeutung, Spannung, Sensation versprachen; d.h. es wurde jedesmal eine neue Schlagzeile gesetzt, aber viele Artikel blieben unverändert. Bei einem Zeppelinflug z.B. waren es an einem Tag fünf Ausgaben.[406] Die BiN berichtete vor allem über Außergewöhnliches, Sensationelles, das aus dem Alltag heraushob, über glückliche Zufälle und Abenteuer ebenso wie über Unglücke, Katastrophen und Verbrechen, über Staatsakte, Hochzeiten, Wahlen und Regierungssturz — und dazu etwas Sex — heute nur noch als ein Hauch wahrnehmbar — z.B. in Bildern der UFA-Stars.

»Also mehr als die Köpfe der Schauspielerinnen, höchstens mit dem Busenausschnitt, vielmehr war in der ‚Nachtausgabe' nicht zu sehen, aber das war, sagen wir mal, in den 20er Jahren schon äußerst gewagt.» (Lucke)

Der evangelische Licentiat Reinhard Mumm, deutschnationaler Reichstagsabgeordneter mit christlich-sozialer Vergangenheit, der Landtagsabgeordnete Pastor Kliesch und andere nahmen Hugenberg die »Nachtausgabe« übel.[407] Ein konservativer pseudonymer Kritiker des deutschnationalen Führers empörte sich:

> »*Selbstredend bringt dieses Hugenbergsche Nachtgewächs ebenso schamlose Bilder halbnackter Girls wie jedes andere Asphaltblatt. Selbstredend bringt es die gleichen Anzeigen (Nachtlokale, zweideutige Cabarets etc.). Selbstredend sind die Spalten gefüllt mit der gleichen modrigen, aber modernen Kost der Kurzgeschichten, die von Ehebruch, von Liebesabenteuern, von Verführung und ähnlichen Dingen handeln.*«[408]

Der konservative Geheimrat rechtfertigte sich 1929 auf einer Wahlversammlung der DNVP in Gera. In einem Bericht heißt es:

> »*‚Ach, Ihr steht ja der Welt so fern‘, meinte Hugenberg! ‚Ja, ich selbst, ich persönlich habe die Nachtausgabe in die Wege geleitet. Warum? Weil‘, so fuhr Hugenberg wörtlich fort, ‚man eine Presse nicht lediglich mit Gesinnung, sondern mit anderen Dingen macht. Bin ich denn in der Lage, den Geschmack zu ändern? Ich überlasse es nicht allein Mosse und Ullstein nun ihrerseits mit solchen Mitteln zu arbeiten!‘*«[409]

»Von heiligen und unheiligen Dingen« nannte Hugenberg seine Rede vor dem Evangelischen Reichsausschuß der DNVP im April 1930:

> »*Boulevardblatt ist in allen Großstädten der Welt ein durch besondere Aufmachung wirkendes Blatt — nicht Sonntagsblatt. Sonst kaufen es eben diese Großstädter nicht. Sie kaufen es — wegen der Sensation, die darin steht — und nehmen die Politik, die dazwischen steht, mit in sich auf.*«[410]

Deutlicher wird die Kommerzialisierung der Erotik in einem von Scherl verlegten »Magazin«. Eine Berliner Zeitung beschreibt die Eindrücke beim Blättern im »Scherl-Magazin«:

> »*Wo man hinblickt, nackte oder nur sehr schwach bekleidete Damen, Badenymphen in möglichst interessanten Stellungen und ähnliche ‚Pikanterien‘. ... Unter all der wirkungsvoll gezeigten Nacktheit Unterschriften, wie diese: ... ‚Je brauner, desto besser‘, ‚Beinspreize aus der Kerzenhaltung‘, ‚6 Mädchen suchen ein Opfer‘, ‚Wer möchte da nicht mitangeln‘ ...*«[411]

Die Kritik in der DNVP sah meist nur die (alt-)konservative Moral bedroht. Doch das Problem hat eine andere Dimension: die Veränderung der Sexualmoral, vor allem in den größeren Städten, die Ablehnung der bürgerlich-wilhelminischen Prüderie wird kommerzialisiert und so ihrer Inhalte beraubt, zur passiven bloßen Verbraucherhaltung herabgedrückt.

Hugenberg selbst und sein Freundeskreis haben die Taktik der offensiven Verteidigung ihrer Position[412] wie z.B. oben im Vortrag vor dem Evangelischen Reichsausschuß nicht konsequent durchgehalten (und nicht durchhalten können). So schildert Leo Wegener in seiner »Plauderei« einen ganz anderen Hugenberg:

> »*Er raucht nicht. Er spielt nicht Karten. Unanständige Witze sind ihm zuwider. Dagegen hat er als Niederdeutscher Sinn für Humor.*«[413]

Der Unterschied zwischen privater Moral und politischem Geschäft war belanglos für das Funktionieren seiner Medien, doch sobald Hugenberg als führender Politiker an die Öffentlichkeit trat, mußte diese Kluft zum Widerspruch werden.

Die »Nachtausgabe« sollte auch Angestellte und Arbeiter erreichen, die z.B. für die »Deutschnationale Volkspartei« direkt nicht zu interessieren waren. Der Vorläufer-Typ der bundesdeutschen »Bild«-Zeitung verbreitete den Slogan: gelesen von Gustav Stresemann bis zum Taxifahrer.[414] Preisausschreiben und andere Mittel trugen zur Popularisierung bei.

Als der Anzeigenumsatz der »Nachtausgabe« in einem Jahr um 35 % stieg (von rund 1,1 auf 1,5 Millionen Mark), kommentierte der Geschäftsbericht von 1929:

> »Dieses besonders günstige Ergebnis ist vornehmlich auf das in diesem Ausmaße im deutschen Zeitungswesen noch nicht dagewesene Rätsel-Preisausschreiben zurückzuführen, das bekanntlich eine ganz gewaltige Beteiligung seitens der Leser auslöste (316.306 Einsendungen).«[415]

Die »Nachtausgabe« brachte 1930 schon einen Vorläufer des Fotoromans, den bebilderten Krimi «Der Schuß im Tonfilm-Atelier« — womit dem Leser die neuen Medien als Potpourri serviert wurden.

Die BiN hatte noch Anfang 1926 nur eine Auflage von 35.000, stieg bis Ende des Jahres auf 60.000, kletterte bis Ende 1927 auf 70.000 und überschritt im Mai 1928 die 100.000er Marke. Im Jahr 1929 erreichte die BiN eine durchschnittliche Bedarfsauflage von 192.000; sie sank bis 1932 auf 185.000[416] (Ultimo Dezember 1932: 157.921); d.h. das Boulevard-Blatt hielt sich in der Weltwirtschaftskrise relativ gut und konnte noch 1930 als einzige Tages-Zeitung des Verlages eine Steigerung erzielen (1930: 213.000; 1931: 209.000). Dennoch muß man bezweifeln, daß die »Nachtausgabe« von Berliner Industriearbeitern viel gelesen wurde. Neben den schon beim »Lokal-Anzeiger« genannten Gruppen werden es eher Angestellte gewesen sein. Berlins größtes Boulevard-Blatt (Deutschlands größte Tageszeitung), die »Berliner Morgenpost« von Ullstein, hatte 1932 noch eine Auflage von 560.000.[417]

Heidrun Holzbach erklärt,

> »die hohen Auflageziffern[418] der Scherl-Blätter, besonders des Berliner Lokal-Anzeigers und der Berliner Illustrierten Nachtausgabe, rührten daher, daß politische Aussagen geschickt dosiert und ,unpolitisch' verpackt wurden.«[419]

Das kann man so nicht sagen. Der »Lokal-Anzeiger« ist an vielen Tagen — nicht immer — ein ausgesprochenes politisches Kampfblatt; schon eher kann man die »Nachtausgabe« hier einordnen, allerdings sind Dosierung und Verpackung oft reichlich grob. Man darf sich jedenfalls keine *Beschränkung* auf eine indirekte oder versteckte Politisierung vorstellen. Unter einem weiteren — anders zu formulierenden — Aspekt ist aber Holzbachs Gedanke wichtig: Manche der politischen Selbstanschauungen und Stereotypen, die in der Rückbetrachtung sofort als scharf rechtsgerichtet und konservativ auffallen, waren großen Teilen des Bürgertums in der Weimarer Republik Selbstverständlichkeiten.

Für Hugenberg selbst war klar, daß seine Zeitungen direkte politische Waffe sein *sollten* — und nicht auf die feine englische Art. Im März 1931 schreibt er seinem politischen Freund, dem Direktor des Pommerschen Landbundes und Konzern-Mitarbeiter, Hans Joachim von Rohr-Demmin:[420]

> »Den deutschen Journalisten die Notwendigkeit des Hämmerns beizubringen, ist ungeheuer schwer. Sie sind zu wenig Propagandisten, die ihre Kunst in der steten Wiederho-

lung in immer wieder anderer Form erblicken, während der Journalist seinen Ehrgeiz darin sieht, immer etwas Neues zu sagen. Ich betone dies bei jeder Gelegenheit und empfinde die verhältnismäßig geringen Erfolge als ein Zeichen dafür, wie schwer es ist, mit einmal eingewurzelten Standesvorurteilen aufzuräumen.«

Als Tendenz ist dieses »Hämmern« aber in vielen Ausgaben von BLA und BiN (sicher seit 1928) zu lesen.
Fritz Lucke:

»denn ... wir haben damals ... festgestellt, daß der Leser überfordert wird, wenn er aus der Vielfalt aller Artikel sich selber eine Meinung bilden will. Es ist schon besser, ihm also mehr oder weniger eine Meinung aufzuzwingen. Da ist er gar nicht böse.«

Für den elitären Hugenberg waren die Leser letztlich nur politische Objekte, der gesichtslose Block als Sockel seiner Machtergreifung. In einem Brief an den Chefredakteur des »Tag«, von Medem, spricht er von

»den Köpfen der Menschen, die wir für die Wahlen und für die sonstige Beeinflussung der öffentlichen Meinung brauchen.«[421]

Wohin ging die politische Stoßrichtung der Hugenberg-Zeitungen? Was schrieben die Journalisten? Wie standen sie alle zur Republik?

Ein Revolutionär der Boulevardpresse, Fritz Lucke (Mitte oben) mit Kollegen der »Nachtausgabe« und dem Kinderstar Jackie Coogan.

114

Kulturkampf

»Ein Vorbild in schreiberischer Hinsicht war natürlich der ... als Journalist wenn auch umstritten[e] aber berühmte Friedrich Hussong, der in der Kunst der Stilistik wirklich einzigartig und vorbildlich war.«[422]

So sieht sein früherer Kollege Fritz Lucke den Star-Schreiber der Scherl-Blätter.

1934, im zweiten Jahr des Nationalsozialismus, veröffentlichte Hussong im Scherl-Verlag eine Auswahl seiner großen (Leit-)Artikel von 1919 bis 1933. Er nennt die Broschüre: »,Kurfürstendamm'. Zur Kulturgeschichte des Zwischenreichs.«[423] Im Vorwort schreibt Hussong über 15 Jahre »Kulturkampf«:

> *»Der Kurfürstendamm ist oder war nicht etwa nur die knallige Fassadenprotzerei einer Straße in Berlin W.*
> *Der Kurfürstendamm zog sich mitten durch ganz Deutschland. Seine Amüsementsfabriken, seine Schaubühnen, seine Luxusbuden standen in allen deutschen Städten.*
> *,Kurfürstendamm' — das war ein Kulturbegriff schlechthin geworden. In seinen Namen gefaßt waren die Willeleien des Weimar von 1919, die Perversitäten und Ohnmächte des ,Zeittheaters', der Tod der Musik in der Jazzband, Niggersongs und Negerplastik, Verbrecherglorie, Proletkult, wurzelloser Pazifismus, blutloser Intellektualismus, Dramatik für Abtreibungspropaganda, Salonkommunismus, schwarzrotgoldene Repräsentationsversuche, Futurismus, Kubismus, Dadaismus, demokratische Knopflochschmerzen, Tyrannis des Zivilisationsliteraten und jede Fäulniserscheinung einer sich zersetzenden Gesellschaft.*
> *Der Kurfürstendamm — aller braven Leute unbeschadet, die dort wohnen —, das war der Feind. ...*
> *Der Kurfürstendamm ist heute besiegt und geschlagen. Er scheint zerstört und bis auf den Grund und im Keim vernichtet. Aber es ist noch genug von ihm da. Das duckt sich nur. Doch der großen Niederlage des Kurfürstendamms darf man sich dennoch freuen, wenn man fünfzehn Jahre lang gegen seine geistige, seelische, kulturelle Schreckensherrschaft gekämpft hat in Zeitungen und Zeitschriften, wenn man im Gerichtssaal sich seiner zu erwehren hatte und bald erheitert, bald ergrimmt es in Kauf nahm, von ihm in die Wüste der ,Ungeistigkeit' verstoßen zu werden, weil man in Deutschland die Nation über die Internationale stellte, das Gesunde über das Kranke, das Simple über das Zerspaltene, das deutsche Lied über den Niggersong, den Faust über den Faustkampf, die Volkheit über das Weltgewissen und die Deutschen über die Syrier. ...*
> *Die Auslese konnte zehnmal soviel bringen, aber sie zeigt auch so, wie der große Umbruch der deutschen Dinge durch die nationale Revolution Erfüllung dessen bedeutet, wofür in diesen Aufsätzen fünfzehn Jahre lang gestritten wurde.«*

»Seelischer Bolschewismus« heißt die Schlagzeile des ersten Artikels der Scherl-Broschüre. Er ist im April 1919 geschrieben. Rückblickend kommentiert »Hugenbergs-Prophet«[424] den Ausgangspunkt seines Kampfes:

»*Die seelische und geistige Nichtsnutzigkeit der Novembermeuterei brachte es notwen-
digerweise mit sich, daß der politische Zusammenbruch und die politische Revolte sich
sofort auch ins Kulturelle auswirkten. So war es notwendig, von allem Anfang an den
Kampf gegen Zusammenbruch und Revolte gleichfalls von der kulturellen Seite her zu
führen.*«[425]

Hier erscheinen die 14 Jahre der Weimarer Republik als »Zwischenreich« — zwischen dem Zweiten und dem Dritten Reich. Die Weimarer Republik, das ist die
verlängerte, quasi permanente Novemberrevolution — bis sie schließlich durch
die andere, die »Nationale Revolution« widerrufen wird. Eine neue Gewalt steht
an der Wiege des neuen Deutschland. Hussong begrüßt sie: »Es ist etwas Wun-
derbares geschehen. Sie sind nicht mehr da,«[426] beklatscht er das Exil der Schriftsteller; über Tucholsky: »Es war der demokratische ,Intellektuelle' schlechthin,
wenn dieser *Peter Panther* mit giftigem Schaum vorm ungewaschenen Maul zu
geifern wagte ... Es ist der Zivilisationsliterat schlechthin ...«[427] Am 12. Mai 1933
werden in Deutschland öffentlich Bücher verbrannt. Hussong gibt dem Schauspiel seine Weihe: »Feuerspruch« nennt er den Artikel:

»*In vielen deutschen Städten haben junge Deutsche einen Akt symbolischer Reinigung
vollzogen. ... Welcher ist im allereigentlichsten Sinne der Name des Antideutschen, der
vor allen anderen für alle stehen könnte? Ist es jener groteske* **Heinrich Mann** *... Diesen
zuerst ins Feuer? Oder etwa diesen Kurt* **Tucholsky** *...* **Kerr** *... Benzin darüber! Ins Feuer! ...Man kann keinem den Preis geben. Es ist immer dasselbe, Ob* [sic] *ein* **Bert Brecht**
die Unterwelt aufruft, ob ein **Zweig** *die deutschen Dinge besabbert und beseimt, ob ein*
Emil Ludwig-Cohn *die deutsche Geschichte anschmutzt, dafür dem Bolschewismus zu-
jubelt ... Wem also könnte da vor anderen unser Feuerspruch gelten? Dem großen Ge-
schichtsphilosophen* **Lion Feuchtwanger**, *der in Amerika den Ausbruch der Barbarei in
Deutschland verkündete ... Petroleum darüber! Wem unseren Feuerspruch? Dem Un-
säuberling* **Hasenclever** *oder dem Räteregenten und ,Hinkemann'-Dichter* **Ernst Toller**

Der Kampf mit dem Federkiel — Wirtschaftsredakteur C.D. Hahn.

... **Johannes R. Becher** ... **Kurt Pinthus** ... *Ihnen allen und vielen ihresgleichen unseren Feuerspruch. Denn sie sind alle* **einer**. *Sie sind der tausendzüngelnde, schmutzfingernde, geiferspeichelnde Thersites, der seit Jahrzehnten in der Welt gegen Deutschland gearbeitet hat, der das starke Friedensdeutschland moralisch unterminierte, der dem Kriegführenden in den Rücken fiel, der sich zum Psalmisten der Meuterei und der Selbstentmannung machte und eine sadistische Tyrannei über das in Schmach verkommene Nachkriegsdeutschland sich anmaßte. ... Ins Feuer damit! Und stoßt es tief in die Glut! Sonst zuckt die Flamme selber vor diesem Unrat zurück; sonst versagt das Element sich diesem ‚fäkalischen Barock'.«*[428]

Christian Hahn, Wirtschaftsredakteur bei Scherl, 1981 im Interview:
»Herr Hussong, würde ich sagen, war streng national, war wirklich ein Deutscher. Und alle Vorkommnisse, die dem zu widersprechen schienen, die nahm er übel und dagegen ergriff er seinen Federkiel. Und er setzte sich in jeder Redaktionskonferenz durch.«[429]

Grüner Wald und roter Asphalt

Der Asphalt der Großstadt als Humus der »Roten« und ihrer Zivilisationsliteraten. Hier berühren sich Hussong und Hugenberg: Zum Todestag eines Forstmeisters sinniert der Geheinrat über den deutschen Wald als »Rückhalt der Volksgesundheit« und kommt ins Politische:

»*Etwas mehr von der Ruhe des deutschen Waldes, etwas weniger von dem Geschrei des Börsensaals — das wäre unserem Volke dringend zu wünschen. Zum mindesten das platte Land müßten wir vor der zersetzenden Herrschaft der Großstadt schützen. Großstadt und plattes Land dürfen nicht über einen Kamm geschoren werden, zumal in Erziehungs- und Wohnungsfragen. Die Großstadt ist das Grab, das platte Land der Jungbrunnen des Volkes.*«

Diesen Besinnungsaufsatz aus Hugenbergs Streiflichtern[430] — sie erscheinen Anfang 1927 — druckte »Der Tag« zur »Grünen Woche« im Februar 1927.[431] Die »grüne« Ideologie ist kein nostalgischer Romantizismus, sondern hat ihre handfeste politische Seite: In den industriellen Ballungsräumen sitzt für die deutschen Konservativen der Feind, weil hier die Hochburgen bedrohlicher, demokratischer, »gleichmacherischer« Bewegungen sind: vor allem die sozialistische Arbeiterbewegung. Aber auch der (entschiedene) bürgerliche Liberalismus gilt als zu konzessionsbereit und deshalb verderblich. Dieses Weltbild ist nicht vorindustriell, wie es Kapital-Freundeskreis-Historiker formulieren,[432] sondern gerade auch *ein* Produkt stürmischer industrieller Expansion. Der Krupp-Direktor a.D. und mit ihm eine Reihe von industriellen »Führungskräften« — selbst Agenten der größten, sichtbaren, sozialökonomischen Veränderungen — suchen politischen Rückhalt auf dem konservativen platten Land. Und ihr Ideal ist das alte Vorkriegs-Preußen.

Das städte- und bürgerarme ostelbische Fürstentum war erst durch Erwerb und Annexion vor allem der Rheinprovinz und Westfalens, sowie (Ober-)Schlesiens zur Industriemacht geworden.

Bis zum Ende des 18. Jahrhunderts war die relative Unterentwicklung Kern-Preußens nur ein Teil eines bis weit ins 20. Jahrhundert andauernden zivilisatorischen West-Ost-Gefälles in Europa. Die Preußifizierung Deutschlands schuf im 19. Jahrhundert das Nebeneinander moderner industrieller Expansion und konservativer politisch-ökonomischer Herrschaft, wie sie sich im Typus des ostelbischen Großgrundbesitzers, des adeligen Junkers und nach 1871 auch zunehmend im westlichen Großindustriellen darstellt.

Aber der Aufstieg Preußens zur Großmacht war eine bewaffnete Karriere — bis hin zum ersten, vergeblichen »Griff nach der Weltmacht«[433] im Ersten Weltkrieg. Und die Weimarer Republik war für die deutsche Rechte nur eine kurze Dekadenz — vor dem zweiten, endgültigen Anlauf zu einer Weltmacht-Stellung.

Der, ideologisch noch überhöhte, Gegensatz Industriestadt — Land spiegelte sich auch in »Weltanschauung« und Propaganda der Nationalsozialisten wieder. Auch sie schwärmten von der Scholle, sprachen von Blut und Boden, trieben aber nach 1933 die industrielle Konzentration und Kartellierung voran und modernisierten die (Rüstungs-)Technik bis hin zur V2-Rakete. Der Aufstieg der NSDAP vor 1933 war *auch* Ausdruck des Aufstandes der konservativen Provinz gegen die Ballungszentren.

Zur Logik konservativer Zivilisationskritik ein Beispiel von Arnolt Bronnen im »Lokal-Anzeiger«[434]:

> *»Nimmt man noch hinzu, daß gerade Berlin im städtearmen Teil des Reiches liegt, so wird man es begreiflich finden, daß die Formulierungen, welche den Gegensatz zwischen ländlicher und städtischer Wesenheit präzisieren, in Deutschland erheblich klarer ausgesprochen werden können, als zum Beispiel in den romanischen Ländern. Paris ist Frankreich, die Städtetrios Neapel-Rom-Mailand ist Italien; aber was ist eigentlich Berlin? Man isoliert es, man prägt draußen auf dem Lande das Wort von Asphalt-Kultur, man bekämpft alle von der Hauptstadt ausstrahlenden Einflüsse, soweit sie nicht rein technischer Art sind. Man weiß nur, was es nicht ist: Berlin ist nicht Deutschland, sagt der Mann auf der Scholle. In einer solchen Bekämpfung des Städtischen in seiner höchsten Potenz steckt zweifellos eine Ablehnung des Städtischen überhaupt; hier hat sich eine geistige Haltung lebendig erhalten … die bis zu den Anfängen germanischer Kultur reicht. … So kann kein Zweifel bestehen, daß die deutsche Kultur, soweit sie auf der germanischen Kultur fußt, emporgewachsen ist aus einer ländlichen Kultur: Sproß eines Geistes, einer Haltung, die dem Land nicht entflohen sobald sie konnten; die vielmehr, erst unbewußt, dann immer bewußter, Ausdruck, Formung der Landschaft wurden, die sich niemals anmaßten, den Menschen aus dem magischen Kreise seiner Landschaft zu entlassen. Setzt man in einen derart gefestigten ländlichen Kulturkreis eine Stadt, so ist die Aufgabe dieser Siedlung fest umrissen:*
> *Sie bringt nichts Neues, sie konzentriert nur, was an Einflüssen der sie umgebenden Landschaft in sie hineindringt. Sie ist* **Kulturstadt**. *Eine solche Stadt ist etwa München, dessen Bewohner ihrer Haltung, ihrer Gesittung nach den durchaus bäuerlichen Charakter bewahrt haben, trotz des Asphalts. Der Münchener tut das, was das Land will, er spricht das, was das Land spricht, er denkt das, was das Land denkt.«*

Bronnen zeigt sich, in der Sprache Hussongs gesagt, als Anti-Zivilisationsliterat. Ohne den Nebel deutsch-konservativer Ideologie heißt das: Er ist *anti-rationalistisch, anti-aufklärerisch, mystisch*. Die Beziehung des Menschen zur Landschaft ist »magisch«. Die *gute* Stadt, eine bloße Siedlung (fast erscheint das Wort »Stadt« schon ärgerlich), »bringt nichts Neues«. Sie ist bloßer Reflex des Landes. Die — triviale — Tatsache, daß die Entwicklung der Zivilisation von den ersten »Hochkulturen« bis ins 20. Jahrhundert auf der *Wechselwirkung* Land — Stadt beruht und die Städte in ihr das jeweils fortgeschrittenste Stadium einer Gesellschaft darstellen, wird umgebogen. Der schlichte Zusammenhang zwischen agrarischem Fortschritt und städtischem Aufstieg entfällt.

> »Diese [germanische] Kultur beginnt nicht mit einer Stadtgründung wie die griechische, sondern sie beginnt mit den einzeln kämpfenden Männern auf dem Gebiet der endlosen Moore und Forsten, sie beginnt mit den Dämonen der Landschaft. Trotzdem, das wissen wir, war die germanische Kultur zu historischer Zeit der römischen Stadt-Kultur, geistig gesehen, durchaus gewachsen; schon im Kimbern-Kampf stand Kultur wider Kultur, maß sich Gesittung mit Gesittung.«

Doch die germanische »Kultur« konnte gar nicht mit Städtegründungen beginnen, weil ihr Ackerbau viel zu wenig entwickelt war, um die Träger einer städtischen Arbeitsteilung und Spezialisierung zu ernähren. Und nicht Magie, Dämonen oder Gesittung haben das im mittelalterlichen Deutschland geändert, sondern u.a. Dreifelderwirtschaft, Kummet und Eisenpflug.

Kann Bronnen das (seiner Einschätzung nach) konservative München akzeptieren (»daß nach der Arbeit das Vergnügen kommt, dafür sorgt, nächst dem Hofbräuhaus, die menschliche Veranlagung«), so nicht die rote Reichshauptstadt: »In Berlin triumphiert die Stadt-Kultur, die ‚Metropolen-Kultur'.« Und der Berliner Literat weist auf die preußische Geschichte:

> »Dieses Mammutgebilde, emporgewachsen in einer kulturell wenig gefestigten Umgebung, die ihre koloniale Vergangenheit noch immer nicht ganz überwunden hat, frohlockt gern, und nicht immer zartfühlend, über das karge Land ringsum, dem es einst gleich war und das es so erstaunlich überflügelt hat.«

Hier wird ein Widerspruch sichtbar, der letztlich in dem Konflikt zwischen Ideologie und Empirie begründet ist. Vom »überflügeln« eines »kargen« Landes »kolonialer Vergangenheit« zu reden, bedeutet, in den Kategorien fortschreitender materieller, ökonomischer Entwicklung zu denken. Wie soll diese Kargheit der Fülle ihren Stempel aufdrücken, und was ist an diesem ländlichen Entwicklungsstand »gefestigt« und »kulturell«? Im Gegensatz zum Mythos von der heilen ländlichen Welt bleibt gerade für die ostelbischen preußischen Provinzen festzustellen: Die rigide soziale Herrschaft der Junker in ihren Gutsbezirken bis 1918[435] war für die ländlichen Tagelöhner und Kleinbauern keineswegs eine Idylle. Viele von ihnen wanderten im 19. Jahrhundert nach Westen, um in der Industrie zu arbeiten.

Während vor allem im »Tag«, aber auch im »Lokal-Anzeiger« ein Kreuzzug gegen die Großstadt und ihre »Asphalt-Zivilisation« geführt wird, sitzt die Zentrale des Hugenberg-Konzerns selbst in der größten deutschen Metropole und dirigiert von dort aus die Provinzpresse. Das System VERA bewirkte, schreibt der Zeitungswissenschaftler und Historiker Kurt Koszyk,

> »daß die oft als besonders heimattreu geltende Provinzpresse in ihrer Mehrzahl von Männern beherrscht wurde, die sich in dem jeweiligen Verbreitungsbezirk nie sehen ließen und auch gar nicht auskannten.«[436]
>
> Fritz Lucke betont:
>
> »Das Kennzeichen der ‚Berliner Nachtausgabe' war, daß sie wirklich von Grund auf berlinerisch war ... diese Boulevardpresse, die damals auch Asphaltpresse genannt wurde, weil sie eben im Straßenverkauf gehandelt wurde.«

Während der Scherl-Journalist sein Blatt positiv mit dem Leben der Metropole verbunden sieht, schreibt Chef Hugenberg sein politisches Programm im »Lokal-Anzeiger«:

>*Der neue Staat, den wir anstreben, soll wieder den Frieden des Feldes und des Waldes atmen — statt der Unrast der Großstadtkasernen.«*[437]

Im — wenn auch ideologisch verbrämten — Bewußtsein der historischen Wurzeln des preußisch-deutschen Konservativismus wird das Westlich-Demokratische von der deutschen Rechten bis weit in die »Mittelparteien« hinein abgelehnt. Seit 1927 verstärkt die Agrarkrise diese Strömung auf dem Lande.

»Blut und Boden«, heißt die Schlagzeile eines Artikels im »Tag«.[438] Dittmar Holstein (ein Pseudonym?) schreibt über »Die Auflehnung des Bauern gegen die Zivilisation/Scholle und Volk/Not und Freiheit.« Der Verfasser schildert die »Flut der Zwangsversteigerungen« seit 1927 und die schwarzen Fahnen der Landvolk-Bewegung als eine Antwort:

>*Die schwarze Fahne ist das Zeichen des Aufstandes gegen die unterjochenden, zivilisatorischen Elemente, gegen die westeuropäischen Ideen von 1789, die seit 1918 in Deutschland herrschend geworden sind. Zu der schwarzen Fahne hat auch die national-revolutionäre Jugend gegriffen, als sie zum Protest gegen die Versklavung durch den Young-Plan in allen großen deutschen Städten marschierte. Den lebensvernichtenden Kräften Westeuropas wird die Todesfarbe entgegengesetzt, sie soll Freund und Feind die Augen öffnen, daß ein Kampf um Leben und Tod des Volkes begonnen hat. ... Die Demokratie fühlt sich bedroht, weil die Bewegung von **unten** kommt und auf die Hilfsmittel der parlamentarischen Organisation verzichtet. ... Gewiß, die schwarze Fahne bedeutet Aufstand. Es ist aber nichts so notwendig wie die **Auflehnung** gegen die europäische Zivilisation und die Knechtschaft des Vaterlandes!«*

1789 als Sündenfall, als Quelle des westlichen Liberalismus — ein altes konservatives Klischee. In der »völkischen« Ideologie gewinnt es eine neue Qualität. Nicht mehr die *statische* konservative (Stände- oder Honoratioren-)Gesellschaft ist die Alternative zum parlamentarischen Liberalismus, sondern die »nationale Revolution.«[439] Hatten die Konservativen im 19. Jahrhundert an der Französischen Revolution vor allem die Bewegung »von unten«, das »plebeische Element« gefürchtet, so tritt nun, nach der Revolution von 1918, eine »Bewegung von unten« gegen die Demokratie an: die »konservative Revolution.«[440] Sie war eine Konter-Revolution.

Kampf gegen den Liberalismus von 1789 war auch ein Schlagwort nationalsozialistischer Propaganda. In den »National-Sozialistischen-Briefen« schrieb Georg Strasser 1929 »*gegen* Liberalismus und lebenswidrigen Marxismus, für einen *Konservativismus* des Inhalts, nicht der Form, und einen biologischen Sozialismus!«[441] Die

>*Welle der großen französischen Revolution, in deren Zeichen der Sieg der Dreieinigkeit: Freiheit des Geistes, Freiheit des Menschen, Freiheit der Wirtschaft — mit anderen Worten: Ratio, Liberalismus, Kapitalismus«*

heute zu Ende gehe und durch

>*eine Revolution im Zeichen einer neuen Dreieinigkeit: Gebundenheit es Geistes, Gebundenheit des Menschen, Gebundenheit der Wirtschaft — mit anderen Worten: Mythos, Nationalismus, Sozialismus«*

abgelöst würde.

Die konservative Zeitschrift »Der Ring«, die den Artikel zitiert, fügt eine Umwertung aus (alt-)konservativer Sicht hinzu:

> *Wir möchten diese Formel in unserer Sprache übersetzen: Gebundenheit des Geistes = Religion; Gebundenheit des Menschen = Nation; Gebundenheit der Wirtschaft = dem Staate verantwortliche Selbstverwaltung, um in dieser Hauptsache zuzustimmen.«*

»,Das Zeitalter des Liberalismus ist tot!'« heißt die Schlagzeile des »Völkischen Beobachters« am Jahresende 1930 und das »Kampfblatt der nationalsozialistischen Bewegung Großdeutschlands«, wie es sich im Untertitel nennt, erklärt, wem es das Zitat verdankt: »Ein wertvolles Geständnis der jüdischen ,Frankfurter Zeitung'.«[442]

»Ablösung des Liberalismus« forderte der Schriftsteller Franz Schauwecker am 20. Mai 1928, dem Tag der Reichstagswahl, im »Tag«[443]:

> *Heute stehen sich in Deutschland zwei Welten gegenüber: Liberalismus und Nationalismus. ... Was ist der Liberalismus heute? Eine Entartung der Ideen von 1796.[444] Er glaubt an Dinge, die es nicht gibt: an den Volkswillen als etwas Tatsächliches, an den Wert der Konzession, an das Parlament, an die Berechenbarkeit, an die Entscheidung im Materiellen, an die Ohnmacht der Idee, an die Willkür der Mache, an die Ausschöpfung des Möglichen durch Konstruktion, an die Allmacht seiner selber, an das Geschäft, mit anderen Worten: Er betrügt sich selbst und alle anderen mit ihm. Er handelt nur nach Berechnung und wertet nur noch den Tageserfolg. Er hat sich von jeder Bindung an das Jenseitige entfernt. ... Staat ist Willkür heute, Geschäftswillkür, Verdienstwillkür, Interessenwillkür.«*

Als Hauptgegensätze der Zeit erscheinen bei Schauwecker also nicht etwa Kapitalismus und Sozialismus oder (Konservativ-)»Rechts« und (Progressiv-)»Links«, sondern Nationalismus und Liberalismus. Diese Linie wurde auch im Hugenberg-Freundeskreis propagiert.

Zwar bleibt für Bernhard »der letzte und äußerste Gegensatz ... der zwischen Besitz und Nichtbesitz«, aber »solange jener ... sich nicht zur Katastrophe steigert«, wirkt im politischen Leben der »,vorletzte' Gegensatz sogar stärker«, »der zwischen beweglichem und unbeweglichem Besitz«.[445] Und das bewegliche, internationale, kosmopolitische Kapital ist liberal; das unbewegliche, nationale, bodenständige ist konservativ. So erweist sich diese Konstruktion als der ideologische Reflex konservativer bürgerlicher Sammlungspolitik. Als erstes Ziel setzt sie die Zusammenfassung des eigenen Lagers, des Bürgertums — das, so wird indirekt unterstellt, vereinigt Nichtbesitz und Sozialismus überlegen ist. Der Spalter der Einheit, der Liberalismus, wird deshalb zum Hauptgegner der *ersten* Sammlungsphase.

Volksgemeinschaft

Der »Blut und Boden«-Artikel von Dittmar Holstein wurde in einer der ständigen Beilagen des »Tag« abgedruckt: »*Wege zur Volksgemeinschaft*«.[446] Die »Volksgemeinschaft« als Überwindung des Klassenkampfes, als moderne Form sozialer Harmonisierung ist einer der ideologischen Kampf-Begriffe, die Mitte bis Ende der 20er Jahre zunehmend in der Scherl-Presse auftauchen, also *vor*

dem Aufstieg der Nationalsozialisten. Schon im Januar 1924 erklärte die deutschnationale Reichstagsfraktion: »Ziel deutscher Innenpolitik muß die *Volksgemeinschaft* sein.«[447]

Der soziale Inhalt der Ablehnung »westlicher« Demokratie war der Wunsch zur Konservierung sozialer Privilegien da, wo sie noch unverändert bestanden und zu ihrer Rückeroberung dort, wo man seit 1918 Boden verloren hatte. Oder man erstrebte diese Vorrechte für eine neue Generation von »Führern« »einfacher« Herkunft — das galt vor allem für einen Teil der Nationalsozialisten.

Rangordnung als Dienstordnung

Eine *Voraussetzung* aller Demokratie ist die Gleichheit vor dem Gesetz, die sich in der Gleichheit der Stimme zur Wahl der gesetzgebenden Versammlung ausdrückt. So formal und unzureichend für die soziale Verwirklichung von Demokratie — und die heißt immer noch Gleichheit der gesellschaftlichen Macht und Möglichkeiten — das allgemeine, gleiche und geheime Wahlrecht heute erscheinen mag: Es bedurfte durchaus eines längeren Prozesses und des Kampfes antidemokratischer Reaktion, um ihm seine egalitären Tendenzen zu nehmen. Und dieser Konflikt dauert an.

»Rangordnung — unser Kulturproblem« heißt es schon 1930 in einem »Tag«-Artikel[447a] des Schriftstellers Georg Foerster:

> *»Das Führer-Geführten-Verhältnis ist Dienst an gemeinsamer* **Idee** *und bedeutet ein gemeinsames Schicksal. Doch die neue Rangordnung unserer Kultur liegt, wie gesagt, in den geistesgeschichtlichen Zusammenhängen von Luther zu Kant und von Kant zu keinem anderen als Nietzsche bereits vorbereitet da und wird uns gewiß einmal in ihrer vollen Größe und letzten Tiefe erstehen.* **Deren Kriterium** *— denn auch Nietzsches Wille zur Macht steht unter dem Diktat der Wahrheit und verantwortlich vollzogenen schöpferischen Freiheit — dürfte sein: der autonome, der* **herrschaftliche Mensch.***«*

Und prophetisch fügt der Verfasser kaum mehr als 2 Jahre vor der »Machtergreifung« hinzu:

> *»Auf dem uns in einer materialistischen Zeit abhanden gekommenen Glauben an den* **großen** *Menschen und auf der Liebe zu ihm als auf der Liebe zu verleiblichter Wahrheit beruht die Rangordnung der Zukunft.«*

Zur Herrschaft gehören die Beherrschten und für sie propagiert der »Tag«:

> *»Arbeit — Dienst — Pflicht«*[448]:
> *»Im alt-preußischen Sinne ist Führertum aufs engste verbunden mit dem Begriff ,Dienst' … ,Herrschen und Dienen sind die ewigen Formen des Gleichgewichts zwischen Individuum und Gemeinschaft, und die ewigen Gestalter der Stufen und Grade wahrer Persönlichkeit', sagt Gustav Steinbömer.*[449] *Eine liberalistische Führerschicht wird dieses Gleichgewicht nicht herstellen. Deshalb besteht auch wenig Aussicht, daß die Idee des deutschen Arbeitsdienstjahres bei ihr Anklang findet. Diese Idee beruht auf einer* **lebendigen, konservativen Lebenshaltung.** *Um sie zu verleiblichen, bedarf es eines* **neuen** *Führertypus, der stark und gefestigt genug ist, um sich den Glauben an den Mythos nicht wegintellektualisieren zu lassen — wie es beispielsweise die deutsche nachbismarcksche Diplomatie geschehen ließ. Bei den Führern der Vorkriegsjahre war bereits unter dem Einfluß liberalistischer Sophistik zu einem erheblichen Teile anstelle des nationalen Instinkts eine zivilisatorische Denkart (Zerdenkart) getreten, mit der sie selbstverständlich unterliegen mußte.«*

Dieses »Vorwärts zum neuen Führer — zurück zu Bismarck« ist ein typisches Versatzstück deutsch-nationaler Scherl-Propaganda. Im Unterschied zu den Appellen (alt-)konservativer Deutschnationaler wird die Sehnsucht nach dem *neuen* Führer stärker akzentuiert und wird aus dem wörtlichen »Zurück-zu-Bismarck« mehr eine Vorbild-Erinnerung an die autoritäre Staatsführung, den Kürassierstiefel-Militarismus und vor allem den Erfolg des ersten Kanzlers im »Zweiten Reich«. Das entsprach der Tendenz der Nationalsozialisten, deren große Mehrheit sich auch als Bismarck-Verehrer gab. »Von Bismarck zu Hitler«

Aus der »Berliner Illustrierten Nachtausgabe« vom 2.1.1930, der Wirtschaftsführer und Lotse trägt deutlich erkennbar die Gesichtszüge des Verlegers Hugenberg.

überschrieb der »Völkischer Beobachter« einen Bericht aus Mecklenburg.[450] Das NSDAP-Mitglied Karl Litzmann,[451] im Ersten Weltkrieg Infanterie-General, sprach auf einem »deutschen Abend« in Weimar von dem

> *»Ungeist der heutigen Zeit« und »dem strammen soldatischen Geist des alten Heeres, von dem* **Geiste Bismarcks,** *dem Einiger des Deutschen Reiches. Dieser Geist muß wieder im deutschen Volke geweckt werden, dieses ist Aufgabe des Nationalsozialismus. Gott verläßt keinen Deutschen … und hat darum dem deutschen Volke einen Mann beschert, der ihm Führer sein will.* **Adolf Hitler.«**

Hitler als der neue Bismarck, der Mann, der Altes und Neues verbindet, der die Schwäche der Epigonen erfolgreich vergessen machen wird, als Bismarcks Erbe.

Historisch gesehen hat sich das »Werk Bismarcks«, die Reichsgründung »von oben«, allerdings als kurzlebig erwiesen. Die in ihm angelegten sozialen Konflikte und die damit *verbundenen* Tendenzen zu Militarismus und gewaltsamer Expansion haben es selbst zerstört. Es ist historisch konsequent, wenn seine endgültige Vernichtung in Erinnerung an Bismarck vorbereitet wird.

Der zitierte Artikel der »Tag«-Redaktion bespricht auch eine Schrift über das »Deutsche Arbeitsdienstjahr statt Arbeitslosenwirrwarr«.[452] Der unbezahlte Arbeitsdienst, kein Tariflohn, aber dafür viel Liebe vom und zum Führer. So unter anderem sah im Klartext die »Volksgemeinschaft« aus. Sozialpolitik war da wenig gefragt.

> *»Der liberale Individualismus, innerlich verbunden mit der materialistischen Theorie von der möglichst großen Portion ,Glück', das der Einzelne zu beanspruchen hat, denkt bei der Regelung der Arbeitslosenfrage nur an den Einzelnen. Er konstruiert eine Unterstützungsorganisation. Er beschaut die Stelle des Krankheitsausbruchs mit dem Mikroskop. Aber der Überblick, das Gefühl für den organischen Zusammenhang des Ganzen fehlt. Die Aktion ist ideeenlos — notwendigerweise, eben wegen der engen Verwandtschaft zwischen Instinkt (Blut) und Geist.«*[453]

Auch im »Blut und Boden«-Artikel (s.o.) über die Landvolkbewegung war die Arbeitslosenversicherung angegriffen worden. Nach einem Tritt gegen den Rundfunk, den der Landwirt wegen der Marktberichte und Preisnotierungen zwar brauche, dessen »übrige[s] Programm« aber »den Absud der städtischen Kultur ins Land« trage, heißt es unvermittelt:

>*Eine andere Einrichtung unseres Zeitalters, die Arbeitslosenversicherung, hat weite Schichten des Kleinbauerntums moralisch verwüstet.*«[454]

Der Kampf gegen — angeblich — zuviel Sozialpolitik im allgemeinen und die Arbeitslosenversicherung im besonderen gehörte ab 1929/30 zu den politischen Hauptstoßrichtungen nicht nur der Scherl-Blätter, sondern vieler anderer Zeitungen der Rechten *und Rechts-Liberalen.* Die schwerindustrielle »Rheinisch-Westfälische Zeitung« sagt Ende 1929 aus klassischer Unternehmerperspektive:

>*Unsere Sozialpolitik ... schreit nach einer Reform. Die Krankenkassen züchten Krankheiten, die Erwerbslosenversicherung Erwerbslosigkeit.*« Mit ihren Beiträgen würden »*Schmarotzertum und Minderwertigkeit ... großgezogen.*«[455]

So zeigt sich die Rangordnung der Herrenmenschen als Dienstordnung für ihre Ernährer. Doch wer hat Zutritt zu den oberen Rängen, Anrecht auf Führertum? Mit dem schlichten Hinweis, daß noch vor der »Leistung« vor allem der vererbte Familienbesitz, die Herkunft »aus gutem Hause« über Startchancen und Karrieren entschied, konnte eine Sammlungspartei keine Breitenwirkung erzielen. Wo blieb da die »Volksgemeinschaft«? Die ideologische Lücke füllt die Rassentheorie.

Untermensch und Edelmensch

Den sozialen Inhalt rassistischer Theorie bringt der Schriftsteller von Wolzogen zur Sprache, wenn er im »Tag« schreibt:[456]

>*Die neuerdings in Aufnahme gekommene Einteilung der Menschheit in Untermenschen, Masse, Edelmensch ist die einzig vernünftige und brauchbare als Ausgangspunkt von Betrachtungen über soziale Fragen aller Art. Die ehemaligen Stände und Klassen — im Sinne des Marxismus — sind so gut wie erledigt. ...*
>*Es ergänzt sich aber diese Oberschicht keineswegs aus den Nachkommen der ihr bereits Angehörenden, sondern sie findet Zuzug aus allen Gesellschaftsklassen, aus allen geistigen Bezirken.*
>*Ebenso besteht das Untermenschentum keineswegs nur aus dem moralischen Auswurf der Masse, aus irgendwie Schlechtweggekommenen, die die Wege zum Aufstieg verrammelt sehen. Denn wenn wir den Begriff Untermensch richtig deuten, so umfaßt er alle geborenen und gewordenen Feinde der geistigen und moralischen Höherentwicklung der Menschheit. ...*
>*Es ist selbstverständlich, daß der Massenmensch überall und für alle Zeit den Großbestandteil jedes Volkes ausmachen muß. Ziel aller Volkserziehung kann nur sein, den Untermenschen unschädlich zu machen und das Edelmenschtum zu vermehren. ...*
>*das Heil in der Zuchtwahl, d.h. in einer vernünftigen Ehepolitik. Aber allen noch so fein erdachten Bemühungen, die Gattenwahl zum Wohle der Gesamtheit zu beeinflussen, steht die Tatsache gegenüber, daß der Mensch das instinktloseste aller Tiere ist. Jeder, der mit einigermaßen offenen Augen durchs Leben geht, wird schon oft ratlos den Kopf geschüttelt haben über die Blindheit, die der Mensch bei der Gattenwahl betätigt.*
>*Der wilde Hund, der Wolf denkt nicht daran, sich mit Füchsen, Schakalen oder Hyänen zu paaren.*«

Der Mann soll sich deshalb nicht nur eine körperlich intakte und hübsche, sondern auch eine intelligente Frau suchen. Allerdings:

Untermensch, Masse, Edelmensch und Ehe / Von Ernst von Wolzogen

Die neuerdings in Aufnahme gekommene Einteilung der Menschheit in Untermensch, Masse, Edelmensch ist die einzig vernünftige und brauchbare als Ausgangspunkt von Betrachtungen über soziale Fragen aller Art. Die ehemaligen Stände und Klassen — im Sinne des Marxismus — sind so gut wie erledigt. Deutliche Schranken zwischen Mensch und Mensch bilden tatsächlich nur noch die geistigen und moralischen Werteunterschiede. In der Oberschicht der Edelmenschen gehören außer den Helden, Heiligen und Genies allgemein erhöhter Begabung, die sich bis zu den gewissenlosesten Ausbeutern, zu den höchstgebildeten, höchstintelligenten den zu höchstbegabtesten Kreisen, so findet Zugang aus allen Gesellschaftsklassen, aus allen geistigen Bezirken.

Ebenso bezieht das Untermenschentum keineswegs seinen ganzen Nachwuchs aus den moralischen Auswurf der Masse, aus irgendeine Schlechtweggekommenen, die die Wege zum Aufstieg verrammelt sehen. Denn wenn wir den Begriff Untermensch richtig deuten, so umfaßt er alle geborenen und gewordenen Feinde der geistigen und moralischen Fortentwicklung der Menschheit. Und unter diesen Gegenspielern des Edelmenschen befinden sich viele aus jener zahlreichen Führerschaften, harte Intelligenzen, Willensathleten, ja sogar glänzende begabte Talente.

Es ist selbstverständlich, daß das Massenmenschentum überall für alle Zeit der Großteil eines jeden Volkes ausmachen muß. Ziel aller Volkserziehung muß sein, das Untermenschentum unschädlich zu machen und das Edelmenschentum zu vermehren. Dr. Käthe Schirrmacher, die unserm weiblichen Führertum als die typ[?]ennalogisch[?] Kopf über diese Frage zerbrochen. Auch ihr steht das Heil in der Zuchtwahl, d. h. in einer vernünftigen Ehepolitik.

Der milde Mann, der Wolf denkt nicht daran, sich mit Füchsen, Schakalen oder Hyänen zu paaren. Aber unter liebenswürdiger Freund, der zivilisierte Hund, kann fast nur durch Zwangsmaßregeln dazu gebracht werden, sein Liebeswerben an raffisches Bewußtsein, sündische Anstandspflicht zu wahren. Steigende Zivilisation hat unweigerlich Minderung der Triebsicherheit zur Folge.

Ganz so blind wie ehemals braucht heute die Liebe, Gott sei Dank, nicht mehr zu sein. Die gegenwärtige hübsche und vernünftige Kleidermode gestattet der Frau ihren ganzen Körper zu zeigen, und Betrugsversuche durch Einschnürung und Auswattierung sind um mindestens viel schwieriger geworden.

das Ziel schon wieder erheblich im Preise gesunken sein. Ein erfreulicher Fortschritt ist das — wenn es wahr ist. Bei uns — ier gesund an den Hochschulen, in den Wehrverbänden, in der vernünftiger Sportbetätigung auslebt und mit Verachtung auf die Großstadtbewohner blickt, glaube ich bemerkt zu haben, daß sie bei der Liebeswahl einen bewußt altmodischen Geschmack betätigt. Sie bevorzugt liebenswürdige Hausmütterchen, tatenhaft verspielte Anmut und anerkennt die Neigung, ihr das Schreiben zu lassen als einen Beweis von Charakterstärke. Leider aber vermag sie aus eigener Beobachtung noch kein Welchen des uralten männlichen Vorurteils gegen die gescheite Frau festzustellen.

Die Furcht vor der geistigen Ebenbürtigkeit oder gar Überlegenheit des Weibes scheint auszurotten. Es ist eine erwiesene Tatsache, daß die schöpferischen Begabungen fast immer nur von der Mutter kommen. Der Charakter, also die Eigenschaften, die in der Hauptsache die Tüchtigkeit zum Daseinskampf bedingen, pflegt Vater[?]erbe zu sein, wogegen die die Eigenschaften,

Die Geschichte einer Jugend / Von Eitel Kaper

Im Herz der alten Seestadt, hundert Schritte hinter den Arkaden des alten Rathauses lag die Gelehrtenschule zu St. Wolfram, außen ein ehernes, stark und feierlich. Die Söhne der besten Familien gingen dort hin und die da geblieben waren einst große Männer, die auf den Gassen mit ehrsucht gegrüßt wurden und dereinst mit einem schweren nachdenken, wenn sie in schweren Röcken und großen, wuchtigen Bücherstößen durch St. Wolframs Kirchpforte verschwanden.

In diese klassische, abgeschlossene Welt kam eines Tages ein Fremder. Der Präzeptor Michaelis, den sie Sulla nannten, weil er so unerbittlich war wie der Diktator Roms, führte einen kleinen, schmalen Jungen, stellte ihn mitten vor sein Katheder und sprach über ihn zu uns:

„Dies ist Reinhard Latour. Er kommt von der Bürgerschule zu uns. Seid zu ihm wie Kameraden . . ."

Er war ganz still, als sei der Sohn des Bogenschreibers Latour, der seit Jahren als erster die Begabtenprüfung bestanden, eine „Elementaren" bestanden hätte, zwischen die Söhne der Patrizier und großen Beamten festsetze.

Er kam neben Rochus Miller, der aus einer uralten Familie stammte.

Latour hatte es schwer. Zum Unglück sprach er noch den ungefügen, singenden Tonfall des Hafenviertels und bekam darum manche Zurückweisung. Rochus Miller, der bei uns für die

Die Zwergin am Ruder

Teil des Tafelaufsatzes aus Alabaster, der im Tutanchamon-Grab gefunden wurde

Das soeben erschienene neue Heft der „Woche" bringt einen interessanten Aufsatz von Professor Dr. Alexander Scharff (Neues Museum, Berlin) über „Neue Kostbarkeiten aus dem Tutanchamon-Grab".

hochfahrend galt, sah über den Nebenmann hinweg. Aber als wir dann draußen im Klosterhof Turnen hatten, da wurde Latour ein Wunder. Das glitzernde Eisen des Recks knirschte unter seinen Fäusten. Der geschmeidige Körper schwang sich in die Luft, reckte sich weit, drückte sich in den Arm und jagte weiter, daß keine die Augen verwandt, bis Latour auf die Matte sprang.

„Das war großartig," sagte der Präzeptor und drückte ihm die Hand.

Rochus Miller und seine Freunde freilich meinten, daß Latour sei wohl von Hippodrom, und der Bann reichte weiter auf uns allen. Einige Male sind wir beim Bann draußen an der Kirchpforte Schlägerei. —

Dann — ich weiß noch — kam ein freundlicher Sommertag. Präzeptor Michaelis sprach von den Epheden, von den Heldenjünglingen der Hellenen, von Mut und großem, reinem Geist. Wir wußten nicht, was das hinaus sollte. Nur Latour hatte den Kopf gesenkt, saß beinahe schamhaft zu Boden und spielte aufgeregt mit dem Federhalter. Der Präzeptor suchte uns einzeln mit den Augen, dann wieder trieb uns mit Macht. In den Kerben standen weiß und ruhig die Büsten Homers und Herodots.

„Ich habe euch zu sagen, daß einer unter uns sich für eine mutige, heldische Tat eine Auszeichnung verdient hat. Es ist Reinhard Latour, der ein Kind aus dem altstädtischen Kanal gerettet hat. Ihr dürftet stolz auf ihn sein . . ."

Er trat zu Latours Platz und legte ihm das große Diplom und die Medaille auf die zerrißte Bank.

Rochus Miller war der erste unter uns, der zu ihm ging und ihm die Hand schüttelte. Der ihre höchsten Maßnahmen ist, und gingen zusammen mit „Sulla" draußen zu einem kleinen Fährhaus, ruderten, schwammen und waren voll Freude.

Ostern war zur unsere ganze Klasse eingesegnet worden, und da hatte Reinhard Latour zum ersten Male zu uns gesagt, er werde Seemann werden. Was war das? Solange wir uns zu erinnern wußten, waren alle Jungen von St. Wolfram auf die Alma mater gegangen der Gelehrte geworden. Und nun wollte Latour, dessen Zeugnisse einmal in der Aula verlesen waren, zur See. Wir redeten auf ihn ein, nahmen es als Scherz und vergaßen es bald den ganzen Tag.

Ich weiß nur noch, daß Latour zur unsere Einsegnung fest und ruhig sagte: „Ihr werdet sehen . . ."

Drei Monate darauf war der Kanzlist Christoph Latour, Reinhards Vater. Wir saßen betäubt neben Rochus. Wir schrieben an feste[?] letzten Tag einen Aufsatz über die Schiffsfahrt unserer Heimatstadt, und es war uns allen unvergeßlich, als Latours Abhandlung vorgelesen wurde. Die Stimme des Rektors wurde dabei seltsam bewegt, wir fühlten und lauschten.

Das war kein Schulaufsatz, es war ein Bekenntnis, ein reines, herbes Epos. „Sie müssen alle die Gefahr lieb haben," sagte Diestel.

Latour ging zu Ostern von der Gelehrtenschule ab. Das war ein ein Schlag für uns und die Lehrer. Als der Diestel davon gesagt hatte, da war der alte „Zeus" furchtbar erregt. Am nächsten Tag schon ließ er Latour die Mitteilung, daß er ihm das große Stipendium verschafft habe, das seit zehn Jahren nicht verliehen worden ist.

Reinhard Latour schien beschämt und voller Zweifel, aber einen Augenblick. Dann sagte er:

„Ich bin Ihnen so dankbar, Herr Rektor. Aber ich würde nicht glücklich sein, wenn ich Gelehrter würde. Ich muß Seemann werden!"

Es kam so ohne alles Pathos heraus, und der Rektor gab den Widerstand auf. Am Sonntag Miserikordias ging Latour mit dem großen Dreimaster „Antikola" zur ersten Male auf große Fahrt. Wir alle waren am Bollwerk, als auch die Witwe Latour und winkte dem Jungen nach. Sie war so stolz darauf, daß er hier soviel Freunde besessen hatte, und sie dann begrüßten, sagte sie, die Fahrt ginge ja nach Oregon und ihr Junge würde wohl viel von der großen Welt sehen, nach der sie sich längst geführt hatte.

*

Jahre später lernte ich den Kapitän Arians kennen, der ihn in einem kleinen Hafen[?]ngen[?] am neuen Deich zur Ruhe gesetzt hatte und er auf der letzten Fahrt Reinhard Latours Kapitän gewesen war.

Freimütig sagte er, daß er nicht einen Schiffsjungen am Bord gehabt hatte, von dem und Geist der See verfiel, wie dieser Gelehrtenschüler von St. Wolfram. Es war kein glatte

>*Die Gattin des Mannes, der zur Höhe strebt, braucht nicht selber geistig zu schaffen, aber sie muß nachempfinden, selbständig denken, verständnisvoll dem Manne ihrer Liebe auf den Wanderungen seines Geistes folgen können.*«

Ernst Freiherr von Wolzogen, geboren 1855, Verfasser von Romanen und Novellen,[457] nennt seinen Artikel: »Untermensch, Masse, Edelmensch und Ehe.« Er macht deutlich, was die Rassenideologie zu leisten *vermag* (auch wenn bei ihm selbst noch nicht alle Aspekte der »Theorie« entwickelt sind): Jeder, »aus allen Gesellschaftsklassen«, hat die Chance auf dem Weg nach oben. Schafft er es nicht, sind weniger die gesellschaftlichen Verhältnisse als seine Erbanlagen verantwortlich. Das erklärt auch, warum die Masse unten bleiben muß (und erweist egalitäre Forderungen als utopisch). Doch der »geborene« Führer setzt sich immer durch. Ein Trost bleibt den Geführten: Gehören sie einer Herrenrasse an, wie der deutschen, sind sie zwar im eigenen Land weit unten, aber hoch über vielen anderen Völkern. Auch wenn der Nationalsozialismus als Vollender des deutschen Rassismus von damals *ohne* die Besonderheiten der deutschen Entwicklung nicht denkbar ist, so sind doch solche »Rassentheorien« allgemein in »marktwirtschaftlich«-kapitalistischen Systemen funktionsfähig: an jeden (in der »Volksgemeinschaft«) der Appell zur Leistung, zum Wettbewerb, denn jeder hat eine Chance, der zur Herrenrasse gehört; gelingt der Aufstieg nicht, wie es der Masse in einem hierarchischen System auch nie glücken kann, war es das unabänderliche Schicksal der Erbanlage. Das zeigt sich aber erst im Erfolg oder Mißerfolg, denn niemand kennt sie vorher genau (schon gar nicht die Biologie der 20er und 30er Jahre).

Ernst von Wolzogen denkt schon deutlich an den »biologischen Rassismus«: »Von Niggern, Damen und Musik«, heißt ein Bericht aus den USA.[458] Er *tadelt* zwar als Gentleman die »Rohheit« der »Yankees« gegen die als Dienstboten »fast immer freundlich[en], gefällig[en]« Schwarzen, macht aber klar:

>*Die Neger sind sicherlich kein Herrenvolk ... Und wenn der Rassestolz weißer Völker sich gegen die Mischung mit Negerblut sträubt, so tut er recht. ...*
>*Und neuerdings hat die Wissenschaft festgestellt, daß die roten und weißen Blutkörperchen der verschiedenen Rassen sich auch sehr verschieden gegeneinander verhalten. Man kann unter dem Mikroskop beobachten, wie sich die Blutkörperchen einer Rasse mit denen einer anderen Rasse herumboxen, während sie denen einer dritten Rasse sich zutraulich nähern und sozusagen Arm in Arm mit ihnen abziehen. Mir ist auch der Richter Lynch durchaus sympathisch, der so eine schwarze Bestie, die eine weiße Frau vergewaltigt hat, teert, federt, aufhängt und anzündet. Das Anzünden ist garstig. Abschießen ist besser. Lustmörder, Eisenbahnattentäter, Hoch- und Landesverräter sollte man überall abschießen.*«

Der Gedankensprung im letzten Satz bis hin zur Innenpolitik zeigt, wer noch gemeint ist. Das ist nicht die spleenige Einzelleistung eines alten Herrn, sondern in vielen Zügen typisch für die Mischung aus rabiater Ideologie und plattester Pseudowissenschaft (wie sie nicht nur in den Scherl-Blättern grassierte).

>*»,Herren mit weitem Augenabstand stellen wir nicht ein!'«*

zitiert die Nachtausgabe den Leiter »der Personalprüfstelle eines großen Berliner Industrieverbandes«, »Regierungsrat F.« über die Bedeutung der Phrenologie bei Einstellungsprüfungen.[459] Artikel wie »Rassenkunde und Rassengeschichte«[460], »Deutsche Urrassen«[461], »Das ewig Nordische« und »Die

Herrschaft der Minderwertigen« tauchen regelmäßig in den Beilagen des »Tag« auf. Otto Schmidt-Gibichenfels schreibt in einem Aufsatz über «Idee und Volkstum«:

> »Wer also an Stelle der verschiedenen Rassen und Völker eine sogenannte ,Menschheit' als letztes Ziel setzt, vertritt eine von vornherein verfehlte Idee.«[462]

Schon 1913 hatte Schmidt-Gibichenfels eine Broschüre veröffentlicht:

> »Der Krieg als Kulturfaktor, als Schöpfer und Erhalter der Staaten« —

unter dem Beifall der »Alldeutschen Blätter.«[463]

Hugenberg selbst, wenn auch kein Vorreiter und besonders aktiver Propagandist des biologischen Rassismus, schwimmt doch in dieser ideologischen Strömung mit und versucht, sie politisch zu nutzen. Typisch für diese »funktionalistische« Haltung ist eine Rede im April 1931. Der »Lokal-Anzeiger« berichtet[464] unter dem Titel »Das Erbgut des deutschen Volkes« über eine Ansprache Hugenbergs in Bückeburg:

> »Leider habe ich nie die Zeit gehabt, mich eingehender mit Rassen- und Vererbungslehre zu befassen. Trotzdem ist es mir vielleicht gestattet, ein Wort darüber zu sagen. ... Ich glaube durchaus an die große Lehre vom **rassischen Erbgute**. Unser öffentliches Leben muß unter Anerkennung des Gesichtspunktes gestaltet werden, daß dieses Erbgut ... nicht verseucht und durch den Einfluß des Minderwertigen unterdrückt werden darf. ... der Born der Gesundheit ... ist unser mitteleuropäischer, mit germanischem Blute gedüngter Boden, unser Klima, ... unser Wald und unser Wasser ... erneuert das deutsche Blut unseres Volkes.«

Das ist eine diffuse Mischung aus (genetischen) Vererbungsbegriffen und Umweltfaktoren; es ist irrational wie die ganze rassistische Vererbungslehre in ihren verschiedenen Popularisierungen.

Die deutsche rassistische Ideologie, ein Kunststück, um im Innern die sozialen Konflikte abzubauen und doch gleichzeitig »Rangordnung« stabilisieren zu können, wendet sich auch nach außen, gegen Völker »minderer Rasse«. Sie bleibt dabei nicht etwa bei einer arrogant-defensiven Haltung nach dem Motto »mit denen wollen wir nichts zu tun haben«, sondern dient zur Rechtfertigung der Expansion der »Herrenmenschen«. Rassismus und Imperialismus ergänzen sich so. Dabei wird im Grunde genommen die mystische Einheit von Blut und Boden zerstört, denn »Wald und Wasser«, die ganze Landschaft und das Klima sind in den zu erobernden Räumen anders als in Deutschland. So geht auch hier die aggressive Dynamik der Laison von Kapitalismus und Neokonservativismus über das Beharrende altkonservativer Vorstellungen hinaus.

Volk ohne Raum

»Deutschland braucht Raum und Rohstoffe« heißt die Schlagzeile im »Tag« über eine Versammlung der »Kolonialen Reichsarbeitsgemeinschaft« in Köln.[465] In ihrem »Manifest« (so der »Tag«) heißt es über das »Allgemeine Deutsche Kolonialprogramm:«

> »Das stetige **Anwachsen** der deutschen Bevölkerung innerhalb eines eng begrenzten Wirtschaftsgebietes, das für die zunehmende Volksmenge **weder hinreichend Raum**

noch hinreichend Rohstoffe *und Lebensmittel bieten konnte, ist eine wesentliche* **Ursache** *der sozialen und wirtschaftlichen Erschütterungen und Kämpfe gewesen, in denen das deutsche Volk schließlich seine besten Kräfte* **aufzehrte.**«

In »einer großen Stahlhelmkundgebung in Dresden«[466]erinnert sich Hugenberg im November 1931 an die Anfänge des modernen deutschen Imperialismus und damit auch an seine Jugend:

> »**Führer war damals Bismarck. ... Glanz umwob uns. Glück und Wohlstand breiteten sich in** *einem aufsteigenden Volke aus.* **Not war das Unglück einzelner. Ein Volk des Elends** *wie heute gab es* **nicht. ... Damals begann die Gedankenwelt sich zu entwickeln, aus der heraus heute die Jugend nach Taten ruft.** *... es waren nur manche Einzelne rings im Lande, die hatten mit leidenschaftlicher Sehnsucht Carl* **Peters** *... verfolgt — sie fühlten und sahen ein:*
> **Wir sind ein 'Volk ohne Raum'.**
> *Das war für uns noch kein geflügeltes Wort, kein Titel eines erschütternden Romans.*[467] Aber wir **kannten die Tatsache.**«

Hugenberg berichtet dann vom Sansibar-Abkommen und dem Inserat in der »Kölnischen Zeitung«; den Titel (original: »Duetschland wach' auf!«) gibt er seinen Zuhörern zeitgerecht verändert wieder: »*'Deutschland erwache'* — *das Wort,* das jetzt in der Notzeit millionenfach durchs Land schallt.«[468]

Im »Manifest« der »Kolonialen Reichsarbeitsgemeinschaft« wird der Versailler Vertrag verantwortlich gemacht für »die Einengung des deutschen Lebens-und Wirtschaftsraumes«. Der Kampf gegen Versailles ist eins der zentralen politischen Themen der Scherl-Blätter.

Die Schmach von Versailles

»Zehn Jahre Schmach!« verkündet die Schlagzeile des »Lokal-Anzeigers« am 28. Juni 1929. Und im Rückblick auf den 10. Jahrestag des Friedensvertrages nennt Friedrich Hussong seinen Leitartikel:[469] »Volk unter Kreuz«, »...zehn Jahre deutscher Passion«. Und Eberhard von Medem peitscht im »Tag« die nationalen Gefühle:[470]

> »... *Versailles. Welch ein Schicksal! ... Versailles, geboren aus dem Haß der Welt, die über deutsche Soldaten in fünf Jahren nicht zu siegen vermochte«,* hat Deutschland von »*der Höhe der Ehre und der Weltgeltung*« herabgestürzt.

Doch der Kampf gegen Versailles ist hier nicht nur der Aufschrei einer verletzten Seele oder gar die gerechte Wut eines zu Unrecht bestraften; Revision ist für die nationale Rechte zugleich neue Expansion:

> »*In dem Befreiungswillen gegen Versailles, in dem Drang unserer deutschen Seele nach Boden und Raum beginnen wir so, unsere Stellung als nationale Minderheit bewußt auf der eigenen Scholle und innerhalb der eigenen Grenzen zu beziehen. Damit werden wir stark. Sehr stark! Wir trauern nicht am Tage von Versailles. Wir sind keine Pazifisten. Wir wollen das deutsche Schicksal Versailles überwinden. Wir überantworten die Erbmasse unseres Blutes, bereichert durch das deutsche Kampferlebnis des Großen Krieges, kommenden Geschlechtern mit der Flamme des Befreiungswillens, die in ihr lebendig ist. Wir schweißen den Block der nationalen Minderheit im neudeutschen Staate zusammen zum Kampfe gegen Versailles, das nicht nur außenpolitisch, das auch innenpo-*

litisch ein Begriff ist. Durch diesen Kampf werden wir um den eigenen Kern den großen deutschen Volksblock neu erschaffen. Der aber soll in der Zukunftsstunde entscheidender Erprobung nicht mehr auseinanderbrechen, wie es Deutschland vor zehn Jahren tat.

Das gebe Gott, der Herr über Völker und den Menschen.   **Medem«**

Die Minderheit wurde zur Mehrheit. Der Nationalsozialismus verwirklichte die aggressiven Träume bis zur erneuten Konsequenz: wiederum folgte ein »Krieg der Illusionen«.

Der italienische Faschismus — warum kein Exportartikel?

Nur eine Diktatur, das wußte die Rechte, konnte diesen Block schaffen, nur ein »starker Mann« ihn zusammenhalten und in der »entscheidenden Erprobung« des nächsten Krieges einen November 1918 verhindern. Die umfassende, uneingeschränkte Führung, die permanente Oberste Heeresleitung mußte entstehen. Ein Vorbild gab es, lange vor dem Aufstieg der Nationalsozialisten, in Programm[471] und Methode: »das System Mussolini«. Es fand seine direkte oder indirekte Anerkennung in hunderten von Artikeln der Scherl-Presse, verstärkt seit 1927/28 und vor allem im »Tag«. Trotz der deutschnationalen Aversion gegen die Südtirol-Politik der römischen Regierung wurde der Vorbild-Charakter des Faschismus immer deutlicher.

Im Januar 1928 schreibt der ständige Korrespondent des »Tag« in Rom, Gustav W. Eberlein (der auch für den »Lokal-Anzeiger« arbeitete):

»*Übergangsstimmung hat Europa ergriffen. Wir alle fühlen, daß etwas Neues im Werden ist, wir sehen einen Reiter mit verhängten Zügeln dahersprengen, Sturmwind im Haar, noch läßt sich in der Dämmerung sein Gesicht nicht erkennen. Ist es derselbe, der im Osten zu Pferde stieg? ... Kommt er aus dem lichten Süden, trägt aber, seltsam genug, ein schwarzes Hemd? ... Wird er [der Reiter mit dem Schwarzhemd, d.h. der Faschist] sich stärker erweisen als der Geist der Rassenverneinung? ... Beide Glaubensbekenntnisse, Bolschewismus wie Faschismus, haben sich auf das Einreißen verstanden, aber nur Mussolini hat ein wirklich Neues geschaffen.*«[472]

Der Weg »vom liberalen zum faschistischen Staat« ist für Eberlein richtungsweisend.[473] Dem (angeblich in Deutschland herrschenden) System des Kollektivismus stellt er den »Führer« gegenüber, das große Individuum, das Geschichte macht:

»*Mussolini formte seinen Staat in einem Augenblick der Leidenschaft. Er ist überzeugt davon, daß der Faschismus das zwanzigste Jahrhundert erfüllen wird, wie der Liberalismus das neunzehnte. Wir stehen vor der Tatsache, daß jene hundertjährigen Prinzipien, auf denen die heutigen Demokratien wie auf Pfeilern ruhen, unter den Faustschlägen eines einzigen Mannes zusammenbrechen konnten.*«[474]

Das erste innenpolitische Ziel des Faschismus war die Kaschierung sozialer Gegensätze, die Unterdrückung sozialer Konflikte, die »Trockenlegung« des Klassenkampfes. Dazu mußte man eine Massenbasis »sammeln« — gelenkt nach dem Führerprinzip. Die Rezepte der Wilhelminischen Ära waren überholt. Es galt neue »Wege zur Volksgemeinschaft« (so die Beilage des »Tag«) zu finden.

Bestärkt wurden diese Überlegungen durch den Ausgang der Reichstagswahl 1928. SPD und KPD gewannen, die rechtsliberale »Deutsche Volkspartei« (DVP) und vor allem die Deutschnationalen verloren Stimmen. Eine »große Koalition« aus SPD, Deutscher Demokratischer Partei (= DDP, linksliberal) Zentrum (katholisch) und DVP entstand. Hermann Müller (SPD) wurde Reichskanzler. Zum erstenmal seit dem Herbst 1923 war die SPD wieder an der Reichsregierung beteiligt, zum erstenmal seit 1920 wieder ein SPD-Mann Reichskanzler geworden. Die Gewerkschaften forderten umso nachdrücklicher die Mitbestimmung in den Betrieben, die »Wirtschaftsdemokratie«. Die SPD-Wähler erwarteten von ihrer Partei eine aktive Sozialpolitik — dieses Thema hatten Partei und freie Gewerkschaften zu einem Hauptpunkt ihrer Wahlkampfagitation gemacht.

Die konservativen Kräfte, Unternehmer, Großagrarier, die Politiker der bürgerlichen Rechten formierten sich zum Gegenstoß — ohne allerdings zunächst ihre Fraktionierung zu überwinden und deshalb mit unterschiedlicher Taktik.

Im Herbst 1928 kam es beim Arbeitskampf im Ruhrgebiet zu einer heftigen Konfrontation zwischen den Unternehmern der westlichen Schwerindustrie und den Arbeitern. Obwohl der Reichsarbeitsminister Wissell (SPD) den Schiedsspruch eines Schlichters für verbindlich erklärte, sperrte der Verband der nordwestlichen Gruppe des Vereins deutscher Eisen- und Stahlindustrieller 213.000 Arbeiter aus. »Das ist Geist vom Geiste Hugenbergs«, kommentierte der sozialdemokratische »Vorwärts« diesen Beschluß.[475]

Die Ideen Kants im Werke Mussolinis

Von Professor Dr. Georg Mehlis

In meinem Buche „Der Staat Mussolinis" habe ist darauf hingewiesen, daß seine ideellen ... ... besonders in der Philosophie des ...

werden, so manches, was an den Geist der praktischen Vernunft von Kant erinnert und einmal früher im Staate Friedrichs des Großen lebe...

Hans-Georg von Studnitz war Scherl-Korrespondent im faschistischen Italien Mussolinis.

»Das bedeutet, daß dieselben Unternehmer, die sonst nicht genug über den Mangel einer starken Staatsautorität klagen können, sich gegen diese Staatsautorität erheben und damit die Anarchie, die Verneinung des Staatsgedankens, proklamieren.«

Der Grund für die massive Attacke der Schwerindustrie gegen das geltende Schiedsspruch-System war unmittelbar politisch. Die »Deutschen Führerbriefe« — eine unter anderem vom »Langnamenverein« finanziell geförderte Korrespondenz[476] — schrieben:

»Unseres Erachtens ist eine gründliche Kursänderung auf dem nun so lange verfolgten Wege der deutschen Wirtschaftspolitik nur nach einem Kampfe möglich.«[477]

Die Sozialpolitik wurde zu einem Hauptkonfliktpunkt in der Koalition. Die industrielle DVP brachte die SPD-Spitze durch Abstrich-Forderungen in einen immer stärkeren Konflikt mit Wählern, Parteimitgliedern und Gewerkschaften. Aber noch saß die SPD im Sattel: in der Reichsregierung und im »roten Neupreußen« mit Otto Braun als Ministerpräsident. Vor diesem Hintergrund liefen die zahlreichen Attacken der Hugenberg-Blätter und vieler anderer rechter bis rechtsliberaler Zeitungen gegen den »Hauptfeind Sozialdemokratie« und die Sammlungsgedanken der Gruppen, die sich — ganz klassenmäßig — als *das* Bürgertum begriffen.

Auch die »gemäßigte«, rechtsliberal-konservative Presse, zunehmend von der Erkenntnis durchdrungen, daß die alte Honoratioren-Öffentlichkeit endgültig passé sei, forderte immer lauter den autoritären Staat mit einem Führer neuen Typs. Ein publizistischer Höhepunkt ihrer Strategie-Diskussion ist die achtteilige Artikel-Serie der rechtsliberalen (rechter Flügel der DVP) bis deutschnationalen »Deutschen Allgemeinen Zeitung« über »Bürgerliche Erneuerung«:

> *»Wird die bürgerliche Welt die Kraft finden, der proletarischen einen allmählich wachsenden Widerstand entgegenzusetzen? Das heißt, soll das Jahrzehnt von 1918 bis 1928 nur eine Episode vorübergehender Schwäche des Bürgertums bleiben, dem ein neuer Aufstieg, ein neuer Glanz folgen kann, oder muß man sich damit abfinden, daß es seine Herrschaft endgültig verloren hat? ... Die Wahlsieger vom 20. Mai [1928] haben in einer Weise abgewirtschaftet, wie* **nie ein** *Wahlsieger vor ihnen ... In dieser Lage fehlt dem Bürgertum nichts als* **ein Führer,** *der die Werbetrommeln rührt, der* **neue Parolen,** *keine Ladenhüter aus der Agitationskiste der Vorkriegszeit, ausgibt und zum Sammeln bläst.«*[478]

Es bedürfe nur einiger heftiger Stöße, um die Front des Sozialismus einzureißen.

Der Artikel der DAZ macht gerade in seiner Betonung der Klassengegensätze deutlich, worum es Journalisten und Geldgebern des Blattes ging: um die politische Alleinherrschaft des Bürgertums und damit die endgültige Sicherung seiner sozialen Dominanz. *Hier* sind Hugenberg — und »gemäßigte« Unternehmerpresse auf einem Nenner — dies zeigt sich besonders deutlich bei der ablehnenden Behandlung des Parlamentarismus. Von den Verlags-Aktien der »Deutschen Allgemeinen Zeitung« in Berlin[479] gehörten Ende der Zwanziger Jahre 70 % der westlichen Eisen- und Kohleindustrie, 12 % der Schiffahrt (vertreten durch die Hamburger Hapag) und 18 % einigen Banken.[480] Nach den Angaben des Berliner Historikers Fritz Klein (einem Sohn des gleichnamigen Chefredakteurs der DAZ), der Teile des Redaktions-Archivs besitzt, erhielt die Zeitung von 1930 - 32 monatliche Zuschüsse von 70.000 - 100.000 Reichsmark.[481] Die Besitzer zahlten im Verhältnis ihrer Aktienanteile. Nach einer anderen Angabe wurden von den Mitgliedern der »Ruhrlade«[482] Anfang 1932 »zusammen monatlich etwa 60.000 - 70.000 Mark« an die DAZ und die »Rheinisch-Westfälische Zeitung« (Essen) gezahlt.[483]

Die Probleme der Parteien und Sammlungsbewegungen, die sich selbst als »bürgerlich« verstehen und dennoch nach einer erweiterten Massenbasis suchen, kann die »Deutsche Allgemeine« nicht lösen. Weiter ist der »Tag«, das »Intelligenzblatt« des Scherl-Verlages. Am 9. September 1930, fünf Tage vor den Reichstagswahlen, die den Nationalsozialisten ihren ersten spektakulären Erfolg auf Reichsebene bringen werden, setzt die Redaktion einen besonderen Akzent in ihrer Pro-Faschismus-Agitation. Auf Seite 1 läßt sie Hans Reupke, einen Vertreter schwerindustrieller Interessen, offen fragen:

»Der Faschismus — warum kein Exportartikel?«[484]

Der Duce habe gesagt, schrieb Reupke, der Faschismus sei kein Exportartikel. Das stimme aber nicht.

> *»Wenn der einfache Mann in Deutschland den Stoßseufzer losläßt, daß uns ein Musso-lini fehle ... fühlt er den großen Zug heraus und gleichzeitig die Möglichkeiten und Not-wendigkeiten nicht zu einer Kopie, wohl aber zu gleichgerichteten Bewegungen, die sich die in Italien vorliegenden Erfahrungen sehr wohl zum Studium dienen lassen können. Was ist der Kern des Faschismus, der uns immer verständlicher wird, nachdem wir Er-fahrungen durchgemacht haben, die von denen Italiens zwischen 1919 und 1922 nicht so sehr verschieden sind? ...: Nationalismus und Antimarxismus ... Ganz Italien ist mit einer stolzen, im geringsten Bergbauern lebendigen Nationalidee erfüllt, die in vielen Dingen das scheinbar Unmögliche möglich macht: Arbeit und Kapital sind auf der Ba-sis der faschistischen Sozialpolitik geeinigt, und die Sozialdemokratie hat ihre Rolle so gründlich ausgespielt, daß ihre Organisationen weggeblasen sind, ihre unbelehrbarsten Vertreter im Exil sitzen.«*

Reupke war Rechtsanwalt, seit 1927 Mitglied der Geschäftsführung des Reichs-verbandes der Deutschen Industrie und im Institut für ausländisches Recht tätig. Er hatte nach einer Studienreise durch Italien im Mai 1930 eine Broschüre über »das Wirtschaftssystem des Faschismus« veröffentlicht[485] und es gelobt.

> *»Besonders Mussolini«,*

betont Reupke in seinen »Schlußfolgerungen«,

> *»ist so sehr von der überragenden Bedeutung der Privatinitiative in der Wirtschaft durchdrungen, daß er ... einer Ausschaltung der Unternehmerpersönlichkeit und ihrer Betätigung«*

nie zustimme.

Der Faschismus sei ein »Pfadfinder des kapitalistischen Systems« mit der Auf-gabe »den die moderne Welt zersetzenden Klassengedanken restlos zu vernichten und zu ersetzen«.

> *»Man wird ihm [dem Faschismus] daher beistimmen, wenn er die höchsten Kräfte, my-stischen Glauben und Gewalt, Selbstverleugnung und heroische Anstrengung, Geist und Tat mobil macht. Es wäre ein schwerer Schlag gegen die kapitalistische Wirt-schaftsidee und damit gegen die Evolution der Menschheit überhaupt, wenn ... die vom Genie Mussolini entfachte und behütete Bewegung nicht zur vollen und harmonischen Entwicklung ausreifen würde, Opfer und Beispiel vergebens wären.«*[486]

Der schon genannte Generaldirektor der Vereinigten Stahlwerke[487], Albert Vög-ler, lobte das Buch Reupkes in einem Schreiben an den Geschäftsführer des »Reichsverbandes der Deutschen Industrie« als »ausgezeichnet« und fügte hinzu:

> *»Ich möchte vor allem die Schlußfolgerungen [aus denen zitiert wurde] durchaus unter-streichen.«*[488]

Reupke sandte ein Exemplar seines Buches an Hitler, der ihm in einer Danksa-gung im Juli 1930 schrieb:

> *»Durch die Verbreitung dieses Buches in Wirtschaftskreisen nutzen Sie der Bewegung zweifellos.«*[489]

Daß die faschistische »Lösung« nur mit Gewalt zu erreichen war, machte Reupke in seinem »Tag«-Artikel deutlich, wenn er anmerkt:

> »Gewiß geht in Italien unter dem Regime nicht alles sanft zu, und hierüber pflegen unsere aufgeklärten Demokraten prompt die Hände zu ringen.«

Der erwähnte römische Korrespondent der Berliner Hugenberg-Blätter begeisterte sich über »Mussolinis neue Gerichtsbarkeit«:

> »Die erste [!] Erschießung« hieß die Schlagzeile eines Artikels, den der »Lokal-Anzeiger« als Aufmacher im Oktober 1928 brachte:[490]

> »Schnelle Justiz vor 600 Mann Miliz. Das Revolutionstribunal arbeitet. Mussolini läßt erschießen. Terror. — Man hört sie kreischen, die Internationale.«

Artikel von einer *so offenen* Militanz fallen zwar selbst in der Hugenberg-Presse noch auf, aber eine zumindest latente Bereitschaft, »die Marxisten« im Falle einer Gegenwehr mit allen Mitteln zu unterdrücken, deutet sich öfter an.

Hinter der Leinwand

Hugenbergs UFA produziert »Die Frau im Mond« unter der Regie von Fritz Lang.

Vor seinem Eintritt in die große Politik im Jahr 1928 rundete Hugenberg das Medien-Imperium ab. 1927 brachte er die »Universum-Film AG (UFA) unter die Kontrolle der Wirtschaftsvereinigung. Schon vorher besaß der Konzern Film-Erfahrung. Die genannte »Deutsche Lichtbild-Gesellschaft« hatte 1920 als Tochterfirma die »Deulig-Film GmbH« (ab 1922 »Deulig-Film AG«) gegründet. Sie gehörte Mitte der zwanziger Jahre zu den größten deutschen Filmfirmen und produzierte eine Wochenschau, die »Deulig-Woche«. So besaß die Hugenberg-Gruppe neben ihrem Geld auch Film-Fachleute, um die UFA, Deutschlands größtes Filmunternehmen, zu durchdringen und dem Konzern anzugliedern. Ihr Leiter wurde Ludwig Klitzsch, zunächst als »Delegierter« des neuen Aufsichtsrates, ab 1931 mit dem Titel eines General-Direktors.[491] Der Spitzenverdiener[492] Klitzsch war gleichzeitig General-Direktor des Scherl-Verlages (seit 1920). Er hatte als geschäftsführender Direktor der »Deutschen Lichtbild« von 1917 bis 1920 bereits Erfahrungen in der Branche gesammelt.

Die UFA stand Anfang 1927 vor dem finanziellen Zusammenbruch, ehe sie von einem Konsortium unter Führung der Hugenberg-Konzern-Gesellschaften Scherl, »Außendienst« und »Deutsches Gewerbehaus« saniert wurde.[493] Im Aufsichtsrat saßen nun u.a. Hugenberg (Vorsitzender), Emil Georg von Stauß (Direktor der Deutschen Bank, die ein großes Aktienpaket besaß) und Leo Wegener. Die »Ostdeutsche Privatbank« (Opriba) übernahm die Treuhand-Verwahrung der Aktien des (engeren) Hugenberg-Konsortiums,

»mit der Maßgabe«,

wie es in einem Schreiben der »Gewerbehaus« an die Opriba heißt,

»dass Sie in den Generalversammlungen der 'Universum-Film Aktiengesellschaft' mit diesen sämtlichen Aktien für die Firma Scherl und uns abzustimmen haben. Die Instruktionen darüber, wie in den Generalversammlungen abzustimmen ist und wem Sie etwa Stimmkarten zu erteilen haben, erfolgen jeweils rechtzeitig vor der Generalversammlung durch die Firma Scherl, die Außendienst und uns gemeinsam.«[494]

Die Gesellschaften dieses Dreier-Konsortiums besaßen zwar weniger als die Hälfte des gesamten Aktienkapitals, aber zu ihrem Paket gehörten alle Vorzugsaktien mit zwölffachem Stimmrecht für die Besetzung des Aufsichtsrates, Änderung der Satzungen und Auflösung der Gesellschaft;[495] die Beteiligungen sind

»derart gepoolt«,

heißt es in einem internen Bericht der Scherl G.m.b.H.,

»daß uns die Majorität bei Abstimmungen unbedingt zur Verfügung steht. Es erhellt hieraus, daß die wirtschaftliche Führung dieses Unternehmens vollständig in den Händen unseres Konzerns liegt, was auch durch entsprechende Personalunion in der Leitung laufend praktisch zur Auswirkung gelangt.«[496]

In geringem Maße beteiligt waren auch die Vereinigten Stahlwerke, die August-Thyssen-Hütte in (Duisburg-)Hamborn und die I.G. Farben, der Ende 1925 gebildete größte deutsche Chemiekonzern.[497] 1934 verpflichtete sich die UFA »zur Deckung des gesamten in- und ausländischen Eigenbedarfs an Positivfilmen und mindestens 90 % an Negativ-Rohfilmen durch die I.G. Farben.«[498] Dafür gewährte der Chemiekonzern Preise für Großabnehmer. Gegenüber Scherl verpflichtete sich die UFA zur Übertragung sämtlicher Druckarbeiten und erhielt dafür Rabatte.[499] Es ist zu vermuten, daß hier etwas festgeschrieben wurde, was vorher schon tendenziell Praxis war. In einer Rede auf einer deutschnationalen Wahlkreisversammlung in Herford, die der »Lokal-Anzeiger« abdruckte, erklärte Hugenberg:

> *»Meine Damen und Herren! ... die Mehrheit der UFA liegt in den Händen einer nationalen Gruppe, von der ich vorhin gesprochen habe, und ich habe jedem, der es hören wollte, bei Einleitung des Geschäftes gesagt, daß ich es nur machen würde, wenn ein einheitlicher und ausschlaggebender Einfluß klar sei. Wenn auf dieser Grundlage andere mitgehen wollen, so kann mir das nur sehr lieb sein.«*[500]

Die zwanziger Jahre sahen in Deutschland den Siegeszug des Kinos. In einer Zeit, als es noch kein Fernsehen gab, waren die Wochenschauen vor dem Hauptfilm die einzige Nachrichtensendung in bewegten Bildern. Auf viele Menschen wirkten sie faszinierend. Die UFA gab seit Juli 1925 eine (noch stumme) Wochenschau heraus.[501] »Durch die Hinzunahme der Deulig-Woche«, so heißt es im UFA-Geschäftsbericht für 1927/28, »zu der sich später noch die Trianon- und Opel-Woche gesellten, hat sich die Stellung der UFA auf dem Felde der deutschen Wochenschauen erheblich verstärkt.«[502]

Die »Trianon« wurde 1929 eingestellt, die »Opel« Ende 1930. Statt dessen erschien von 1931 - 1933 die stumme »O.L.S. Wochenschau«. Eine neue Qualität des unmittelbaren sinnlichen Eindruckes erreichte das Medium durch die Gleichzeitigkeit von Ton und Bild. Im Dezember 1929 wurde der erste Tonfilm der UFA uraufgeführt, im September 1930 folgte die erste »tönende UFA-Wochenschau«.[503] Im Januar 1932 wurde die »Deulig-Woche« auf Tonfilm umgestellt. Größere Konkurrenten der UFA waren nur noch »Fox tönende Wochenschau« und die »Emelka Woche«. In der Saison 1932/33 produzierte die UFA 201 Wochenschauen. Trotz der Weltwirtschaftskrise lief das Geschäft. Die Zahl der Bezieher stieg an.[504]

Eine Domäne der UFA wurden die großen Spielfilme. Von 1926 bis 1928 waren in Deutschland 752 längere Spielfilme hergestellt worden, davon produzierte die UFA nur 43 (= 6 %[505]). Mit der Einführung des Tonfilms in Deutschland seit Ende 1929 wuchs ihr Anteil rasch. 1931 lag er bereits bei 13 %. Doch diese Quantitäten[506] sagen alleine nicht viel. Es war vor allem die neue »Qualität« aufwendiger, großer Produktionen mit modernster Technik, die schon 1931 die UFA »zum größten europäischen Film-Unternehmen«[507] werden ließ. Die Gesellschaft beschäftigte im Mai 1931 rund 5.000 Arbeiter und Angestellte. Die Ateliers lagen in Neubabelsberg bei Potsdam und Berlin-Tempelhof (dort gab es auch ein Kopierwerk) mit rund 500.000 Quadratmetern Grundbesitz. Die drei Produktionsstätten waren, so meldet stolz der Geschäftsbericht,

> *»durchweg nach den modernsten Errungenschaften eingerichtet und ausgestattet, mit dem entsprechenden Stab von Künstlern und Technikern«.*[508]

Eine eigene Verleih-Organisation (»Film, Reklame, Platten usw.«) machte 1930/31 etwa 19 Millionen Mark Umsatz. In mehr als hundert Kinos mit über 100.000 Sitzplätzen wurden die eigenen Produkte oft zuerst an den Mann gebracht.[509] Denn es waren meist die großen (Erstaufführungs-)»Film-Theater«, die von der »Universum« in den Städten eröffnet wurden. Zum Beispiel die UFA-Theater in Mainz (1.200 Sitzplätze), Ludwigshafen (1.350), Heilbronn (700),

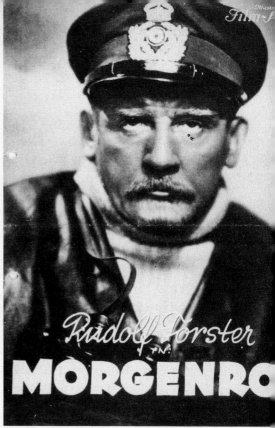

Patriotische Ware der UFA, der Film »Yorck« trägt die Botschaft zum Aufruhr für ein neues Reich. Noch 1982 zählt er zu den von den Alliierten 1945 verbotenen Filmen.

»Wir fahren gegen England« — Hugenbergs aufwendiges Heldenepos aus dem U-Bootkampf im I. Weltkrieg.

Düsseldorf (1.150) und Elberfeld (900) oder gar das »Universum« am Lehniner Platz in Berlin (1.800), der »UFA-Palast« in Nürnberg (2.041) und der »Phöbus-Palast« in München mit 2.175 Sitzplätzen.[510] So wurde 1929 und 1930 der »Theaterpark« erweitert durch neue oder übernommene Kinos in Barmen, Chemnitz, Frankfurt a.M., Hamburg, Mannheim, Stettin, Berlin, Hamm, Leipzig, Koblenz, Offenbach, Plauen, Stuttgart und Danzig. Der Geschäftsbericht vermerkt:

»Es handelt sich durchweg um größere Objekte mit mehr als 1.000 Sitzplätzen. Der planmäßige Ausbau des Theaterparks unter Abstoßung ungeeigneter Objekte wird ständig fortgesetzt.«[511]

1930/31 besuchten 29,3 Millionen Menschen die UFA-Kinos, 1931/32 waren es 30,7 und 1932/33 rund 28,4 Millionen. Dann stieg die Zahl wieder auf 29,3 im Geschäftsjahr 1934/35.[512] Obwohl auch die UFA ein Absinken der Konjunktur bemerkte, was sie zu einer Reduzierung ihrer Eintrittspreise veranlaßte, überstand sie die Weltwirtschaftskrise relativ gut.[513]

1931 gab es in Deutschland 5.057 Kinos mit fast zwei Millionen Plätzen.[514] Die UFA verfügte mit ihren rund 100.000 Sitzen also nur über 5 % der Gesamtsumme. Aber die großen Kinos mit ihren Premieren waren meist Vorreiter für die »Schauburg« und das »Olympia« in Vororten und Hinterland. Dorthin kamen die Filme später, und aufsehenerregende Premieren mit einer breiten Presseresonanz waren werbewirksam. Und das Publikum der größeren Städte kam aus allen Kreisen. Hier waren viele »Köpfe«, die Hugenberg durch seine anderen Medien kaum erreichen konnte. Hier wohnten auch die (potentiellen) Anhänger der Linken. Ludwig Bernhard erinnert an die großen Erfolge der »Russenfilme«:

> »Der Gebrauch oder Mißbrauch des Films zu politischen Zwecken war gerade kurz vorher grell in Erscheinung getreten, indem die Propagandazentrale der kommunistischen Internationale mit dem [Panzerkreuzer] 'Potemkin' und anderen Filmen eine sensationelle Wirkung ausgeübt hatte.«[515]

Es waren die (Stumm-)Filme von Eisenstein, Pudowkin und anderen sowjetischen Regisseuren, die der kommunistische Publizist und Politiker Willi Münzenberg seit 1926 über die »Prometheus-Film GmbH« vertrieb. Die Film-Verleih- und -Vertriebsgesellschaft des »Münzenberg-Konzerns« hatte seit 1926 allmählich auch mit eigener Produktion von Spielfilmen begonnen, darunter »Jenseits der Straße« (1929) und »Mutter Krausens Fahrt ins Glück« (1929) und als einen Höhepunkt »Kuhle Wampe«, bei dem Bertolt Brecht und Ernst Ottwalt das Szenarium verfaßten. Doch die »Prometheus« ging Bankrott (die »Praesens-Film« vollendete 1932 »Kuhle Wampe«). Die UFA-Welle aber wogte seit Beginn der dreißiger Jahre immer patriotischer. Willi Münzenberg, der sensible und auf publizistischem Gebiet erfolgreiche Aufklärer und Propagandist, schrieb in seiner Zeitschrift »Film und Volk« pointiert:

> »Ganz zu Unrecht und zum Nachteil für die revolutionäre Propaganda verwendet man bedeutend mehr Energie, Zeit und Geld auf die Bekämpfung des bürgerlichen Filmes. Dabei ist Hugenbergs Filmtätigkeit hundertmal gefährlicher als seine Zeitungen, allein schon durch die Tatsache, daß die Hugenberg-Zeitungen von Arbeitern wenig gelesen werden, während die nationalistischen und konterrevolutionären Filme aus dem Hugenbergischen Giftlaboratorien von Millionen Arbeitern angeschaut werden.«[516]

Doch zunächst, 1927 bis 1930, war eine neue UFA-Politik kaum spürbar. Die großen Produktionen konnten nicht von heute auf morgen umgeändert werden; die Vorbereitungen standen, Verträge waren einzuhalten, neue Projekte mußte man erst planen. Und vor allem sollte der Kommerz zu seinem Recht kommen. Auch Filme wie »Der blaue Engel« wurden gedreht.

> »Die UFA war auf ihre Art ein Mäzen, der verstand, daß ein Filmproduzent nicht a priori jedweden Kunstelementen abschwören darf.«[517]

Allerdings wurden im Verlauf der Arbeit am Szenarium die sozialkritischen Tendenzen des zugrunde liegenden Buches »Professor Unrat« von Heinrich Mann »weitgehend gemildert«.[518] Und Mann stimmte zu. So schrieb die »Nachtausgabe« zur Premiere des Films, es sei »gelungen, aus dem Schandwerk von Heinrich Mann ein Kunstwerk zu machen«.[519] Produktionsleiter Erich Pommer widersprach in einem offenen Brief an das linksliberale »Berliner Tageblatt«. Die BiN nannten den »Blauen Engel« die »Größte künstlerische Tat dieser Saison«[520] und zollte überschwengliches Lob für »ein deutsches Werk«.

Zum kommerziellen Erfolg der UFA trug vor allem die »leichte« Ware bei: Filmoperetten, Revuen, Lustspiele und »Ausstattungs«-Filme. Doch immer

Bei der Premiere von »Morgenrot« erhält 1933 Hugenberg Beifall von Hitler und Goebbels.

mehr wird auch patriotische Ware auf den nationalen Markt geworfen. Die Reihe der Friedericus-Filme beginnt. 1930 erscheint »das Flötenkonzert von Sanssouci« mit Otto Gebühr in der Rolle Friedrich II. auf der Leinwand. Gustav Ucicky führte Regie. Die Zeitschrift »Der Film« berichtet:

> *Am Ende marschierten die preußischen Grenadiere vor dem König vorbei. Da wollte der brausende Beifall, der schon bei offener Szene einsetzte, kein Ende nehmen.*«[521]

Es folgten »Barbarina, die Tänzerin von Sanssouci« (1932) und »Der Choral von Leuthen« (Uraufführung am 3.2.33 in Stuttgart, am 7.3.33 in Berlin).[522] Zum gleichen Genre zählten auch »Yorck«, »Marschall Vorwärts« und »Der schwarze Husar« mit ihrem Führerkult und Militarismus.

> *Man grüßt an vielen Stellen die Vergangenheit im Gedanken an die Zukunft*«

schrieb die Scherl-Fachzeitschrift »Der Kinematograph«.[523]

> *Alle Friedericus-Filme*«,

sagt Siegfried Kracauer in seiner Darstellung des Films »von Caligari zu Hitler«,

> *konfrontieren Preußens Armut und Rauheit mit dem Reichtum und den geschliffenen Manieren seiner Feinde und mißbilligen so die letzteren hartnäckig. ... Es ist Preußen-Deutschlands Kampf gegen die westlichen Mächte, der 'Habenichtse' gegen die Pluto-kratien — was in Deutschland Kultur genannt wird, gegen eine verdorbene Zivilisation. Verglichen mit ihren Feinden, bedeuten diese Filme, haben die Deutschen alle Züge einer Herrenrasse, die berechtigt ist, heute Europa und morgen die Welt zu erobern.*«[524]

Der Grundtenor der neokonservativen Preußen-Nostalgie setzt sich im Film fort. Fahnen, Uniformen, Schlachten — und ein einsamer Führer. Die KPD-Zeitung »Rote Fahne« kommentiert im Juli 1932:

Wandlungen
eines Filmunternehmens

Die Ufa einst   und jetzt unter Hugenberg.

Kommentar der SPD-Presse 1928 zu Hugenbergs Filmimperium.

»*Wozu soll denn die NSDAP offizielle Parteifilme drehen? Die UFA besorgt die Film-propaganda für den Faschismus viel besser und raffinierter, als es die Dilettanten ... könnten.*«[525]

Einen neuen Höhepunkt in der vaterländischen Militarisierung der UFA bringt der Film »Morgenrot« über den Kampf einer deutschen U-Boot-Besatzung im Ersten Weltkrieg. Bei der Berliner Uraufführung am 2. Februar 1933 sitzt der neue Wirtschaftsminister Hugenberg rechts neben dem neuen Reichskanzler Hitler. Der U-Boot-Kommandant spricht von der Leinwand:

»*Leben können wir Deutsche vielleicht schlecht, aber sterben können wir jedenfalls fabelhaft.*«[525a]

Man darf sich nicht jeden dieser Filme als plumpes Machwerk vorstellen. Morgenrot war nicht *platt* nationalistisch oder chauvinistisch. Der »Realismus«, der technische Aufwand, der Nachbau des U-Bootes, die Spannung und, durch die Perspektive, die Identifikation mit der jagenden und gejagten Besatzung waren es, die den Film zum Schlager machten und die Kassen füllten. Weil dieser und andere Filme als technisch brillant galten, viele eine bestimmte Art der Schauspielerei als glänzend empfanden und weil bestimmte Einstellungen angesprochen wurden, konnten solche Themen wirken, Haltungen verstärken und Sichtweisen verengen.

Eine kleine Machtergreifung

Nach der Wahlniederlage der Deutschnationalen im Mai 1928 sieht Hugenberg die Gelegenheit, seine »Kampflinie« in der Partei durchzusetzen.[526] Er will den autoritären Staat, die nationale Diktatur, und das heißt: die endgültige Abkehr vom Parlamentarismus.

Die DNVP hatte bei den vorletzten Reichstagswahlen im Dezember 1924 den zweiten Platz erobert. Während der Legislaturperiode bis 1928 war die konservativ-nationalistische und dem Parteiprogramm nach noch monarchistische Partei zusammen mit anderen Bürgerlichen länger als zwei Jahre im Regierungskabinett vertreten, hatte parlamentarische Kompromisse mitgetragen und im Juli 1927 mit Mehrheit dem Gesetz über Arbeitsvermittlung und Arbeitslosenversicherung zugestimmt. Bei der Schlußabstimmung fehlten allerdings 18 % der Abgeordneten, einige Fraktionsmitglieder enthielten sich der Stimme und sechs stimmten dagegen.

> *»Abgesehen vom antisozialen rechten Flügel der Partei einerseits und den Christlichsozialen andererseits traten die Deutschnationalen lediglich aus koalitionspolitischen und wahltaktischen Gründen für die Arbeitnehmer ein.«[527]*

Diese parlamentarische Taktik wurde vom rechten Parteiflügel immer schärfer kritisiert und der Ausfall der Wahlen 1928 schien sein Argument zu bestätigen, daß Mitarbeit im parlamentarischen Staat nur zu faulen Kompromissen führe. Das bedeute eine schleichende Demokratisierung durch Anerkennung des Weimarer Systems.

Hugenberg sah die Zeit gekommen, selbst die Macht in der Partei zu übernehmen und die Rechte zum entscheidenden Angriff auf die Republik zu sammeln. Seine Medien leisteten Hilfestellung. Im Februar 1928, als die Regierungskoalition aus Zentrum (und seinem Ableger, der Bayerischen Volkspartei), Deutscher Volkspartei und DNVP auseinanderbrach[528], frohlockte Friedrich Hussong im »Lokal-Anzeiger«:

> *»Bankrott des Parlamentarismus.«[529]*

> *»Die Krisis dieser Koalition war die Bankrottansage dieses Parlamentarismus selbst.*
> *Die erwiesene Unmöglichkeit, aus diesem Parlamentarismus und diesem Parlament selbst heraus zu einer Lösung der Krisis zu gelangen, ist das Todesurteil über ein solches System der inneren Unmöglichkeiten.«*

Hussong tadelt das »Zurückweichen des Gesamtkabinetts«, auch

> *»das Nachgeben der Deutschnationalen vor dem hysterischen Drängen der Linken auf Maiwahlen, das ist auf Völkerbundswahlen, auf Franzosenwahlen, auf Lohnkampfagitationswahlen...*

Ein widerlicher Anblick alls in allem, dieser bankrotte Parlamentarismus; diese Par-
teien, die ohne Weg und Ziel gegeneinander taumeln.«

Doch eben eine dieser Parteien und ein Reichstagsmandat will Hugenberg, um
das System zu sprengen. Zwar ist er seit 1919 Abgeordneter und als Konzernchef
bekannt, doch jetzt tritt er auf höherer Ebene ins Rampenlicht der Öffentlichkeit, macht er den eigentlichen Sprung vom Lenker hinter den Kulissen zum politischen Agitator. Hugenberg präsentiert sich. Zur Wahl im Mai 1928 nutzt der
Geheimrat ein neues Medium. Er spricht auf Grammophonplatte:

> *»Meine Damen und Herren! Da ich leider nicht persönlich unter Ihnen sein kann,*
> *möchte ich Ihnen das Scheusal, das die Linksparteien ... aus mir gemacht haben, auf*
> *diesem Wege vorstellen. ...*
> *Sie wissen genau, daß ich ein freier Mann, von niemand abhängig und an niemanden*
> *gebunden bin, weder an einen Arbeitgeber, noch an eine Gewerkschaft, weder an eine*
> *Wirtschaftsgruppe, noch an irgend einen Verband, daß ich nicht zu den Millionären,*
> *geschweige denn zu den Milliardären gehöre und weder die Interessen der Plutokratie,*
> *noch irgend welche anderen Interessen vertrete, außer denen des gesamten großen*
> *Deutschen Volkes.*
> *Aber sie lügen unentwegt weiter. Denn ich habe geglaubt, es müsse neben der Presse*
> *und Propaganda der Ullstein, Mosse und des Vorwärts auch eine nationale Presse und*
> *Propaganda in Deutschland geben, und habe danach in der Stille — das ist und bleibt*
> *in der Welt das Wichtigste — **gehandelt**.«*[530]

Diese Verteidigungsrede zeigt den inneren Widerspruch zwischen dem »Handeln
in der Stille« und öffentlichen, auf eine Massenbasis zielenden Appellen. Es entsprach wohl dem Selbstverständnis konservativer Großbesitzbürger, daß der
schon bekannte Konzernchef »ein freier Mann, von niemand abhängig« war,
aber wer sollte sonst noch glauben, was Hugenberg hier sagen will: daß er von
keinen »plutokratischen« Interessen beeinflußt sei.[531]

Die Widersprüche in der DNVP — antiparlamentarische Ideologie auf der einen, parlamentarische Praxis der Reichstagsfraktion auf der anderen Seite —
wurden auch von Kritikern des »linken« Parteiflügels benannt. Denn trotz ihrer
Minister in den Regierungskabinetten von 1925 und 1927 hieß es im Wahlkampf
der DNVP 1928 noch:

> *»Wir lassen nicht von dem Stolz auf die tausendjährige deutsche Geschichte, die **Größe***
> ***des Kaisergedankens, die ruhmbedeckten schwarz-weiß-roten Farben** und die Helden-*
> *taten der alten Wehrmacht. Was hat uns die staatliche Neuordnung gebracht? Die Wei-*
> *marer Verfassung wurde dem deutschen Stamm als fremdes Reis aufgepfropft. Sie wird*
> *jetzt auch von anderen Parteien als unzulänglich angesehen. Die unumschränkte **Al-***
> ***leinherrschaft der Parlamente** führt zu Parteihader und steten Regierungskrisen, zu*
> *Verschwendung und Steuerdruck.«*[532]

Der DNVP-Abgeordnete Walther Lambach, Geschäftsführer des Deutschnationalen Handlungsgehilfenverbandes und deshalb für »arbeitnehmerfreundliche«
Akzente in der Sozialpolitik, wandte sich gegen den Monarchismus als Selbstverständnis der Partei. Mit der Wahl Hindenburgs zum Reichspräsidenten »ist der
Monarchismus zu Grabe getragen worden«.[533]

Hugenberg selbst war kein dynastischer Gefühlsmonarchist, er schätzte Wilhelm II. und die jüngeren Hohenzollern wenig. Für ihn bedeutete Monarchie ein
übertragbares Führerprinzip, eine Form nationaler Diktatur. Das gilt auch für

viele seiner alldeutschen und industriellen Freunde[534] — und nicht zuletzt für Hitler. Aber Hugenberg benutzt die Hohenzollern-Nostalgie als ideologischen Kitt — und er nutzt die Chance zum Kampf gegen die »gemäßigte« Parteilinie. Im August 1928 veröffentlicht er im »Lokal-Anzeiger« an leitender Stelle zwei große programmatische Artikel:

> *»Block oder Brei?«:*
>
> *»Nur eine Weltanschauungspartei, die geführt wird und führt, kann Seele und Wirtschaft des deutschen Volkes retten! Wenn in diesem Augenblick jemand kommt — dieser Jemand ist Herr Lambach — und übergießt nach allem, was vorangegangen ist, einen wesentlichen Punkt des Bündels einigender, zusammenhaltender Weltanschauungsgedanken, wie den des deutschen Kaisertums, mit Spott und Hohn, und will die Partei veranlassen und besteht nach Rüge darauf, die klare Scheidelinie zwischen Kaiserlichen und Republikanern zu verwischen, so bedeutet das einfach dies: In einem Augenblick, in dem die Losung nur sein kann: ,Das Ganze sammeln — vorwärts marsch!', statt dessen rufen: ,Rette sich, wer kann!' Es heißt der Parole Weltanschauungspolitik die Gegenparole ,Weg mit den alten Scharteken' entgegenzusetzen. Ob es sich um Monarchie, preußische Überlieferungen, christliche Schule, sozialen Wirtschaftsgeist, Eigentumsbegriff und was sonst handelt, ist nicht das Entscheidende, sondern daß es sich um Flucht und Zersetzung handelt. ...*
>
> *Bebel hat einmal von dem großen* **bürgerlichen Brei** *gesprochen, in dem schließlich alles, was von Bürgertum noch übrig sei, in der Angst vor der Sozialdemokratie zusammenlaufen werde. Ein solcher Brei ist weder Schutzdamm noch Wehr, noch Waffe. Was wir brauchen, ist nicht ein* **Brei**, *sondern ein Block. ...*
>
> *Wir werden ein Block sein, wenn die eiserne Klammer der Weltanschauung uns zusammenschließt und in ihrer Umarmung alles, was weich und flüssig ist, zum Felsen gerinnen und zusammenwachsen läßt. Wer uns auf dem Wege dazu hindern könnte, muß beiseite treten oder sich einschmelzen lassen.«[535]*

Doch Hugenberg ist keineswegs für die sofortige Rückkehr zur Monarchie,

> *»als ob ein verantwortungsbewußter Monarchist den monarchischen Gedanken durch eine Zurückberufung der Fürsten* in diesen heutigen unmöglichen Staat *zu Tode reiten wollte — bevor ein staats- und volksfreudiges Bürgertum ihn wieder lebensfähig gemacht hat!«*

»Bürgertum«, das soll mehr sein, als der alte Begriff:

> *»Der Gegensatz 'Bürgertum — Arbeiterschaft' ist eine Erfindung des Marxismus. Das Volk in zwei Teile zu spalten, wie fremdgeistiger Einfluß es heute in Deutschland vorübergehend zuwege gebracht hat, ist das Gegenteil von 'Staatskunst', von nationaler Politik. ...*
>
> *Ich möchte aus dem 'Proletarier' den 'Bürger' herauswachsen sehen. Sozialdemokratie und 'Bürgertum' haben in gewissem Sinne gewetteifert, das zu verhindern, und haben dadurch zu der Krise beigetragen, in der sich das deutsche Volk befindet.«[536]*

Diese Gedanken sind modern; sie beschreiben ein Stück bundesdeutscher Zukunft und Selbstanschauung nach 1949.

Doch Hugenbergs Propaganda verheddert sich förmlich im Begriff des »Bürgertums«. Der Geheimrat schwankt zwischen der verklärten Erinnerung an die Glanzzeit seines wilhelminischen Bürgertums und der volksgemeinschaftlichen Überwindung dieser Festschreibung. Wenn er im »Lokal-Anzeiger« vom Kampf gegen die Sozialdemokratie spricht, bricht doch der *alte* Gegensatz zwischen Bür-

Der Kölner Bürgermeister und Zentrumabgeordnete Konrad Adenauer (links im Bild) und der deutschnationale Führer Hugenberg (rechts).

gertum und Sozialismus wieder durch: Man müsse »dem deutschen Bürgertum ein schlechtes Zeugnis ausstellen«, wenn es sich gegen die geringe gestaltende Kraft seines »Gegenspielers«, der »äußerlich siegreichen Sozialdemokratie« nicht durchsetzen könne, obwohl es »bei Beginn dieser Auseinandersetzungen im Besitz aller Kultur und aller Überlieferungen eines großen Volkes war«. Die National-Sozialisten haben den Begriff des Bürgertums viel konsequenter geächtet, die »bürgerlichen Parteien« ganz populistisch abgelehnt; sie hätten dem alten Bürgertum nie aus dem Mund des Parteiführers bestätigt, es sei »im Besitz aller Kultur und aller Überlieferungen« gewesen. Man kann den Widerspruch in Hugenbergs Erscheinung aber nicht voluntaristisch als »Fehler« deklarieren, den die Nazis, die ja die wichtigsten *Inhalte* der politischen Stoßrichtung Hugenbergs zunehmend teilten, eben vermieden hätten. Der kaiserliche Geheimrat konnte kaum anders wollen; er war ein aufgestiegener Bürger, hatte Karriere gemacht im Kreis der Honoratioren, und »ehrenwerte Bürger« dominierten im rechten wie im »gemäßigten« Flügel der DNVP, waren letztlich die »Basis« der Appelle. So mußte es einem konsequenter populistischen rechten Konkurrenten schließlich gelingen, ihn auszubooten und vor allem für sich zu ernten, was aus der volksgemeinschaftlichen Saat der Hugenberg-Propaganda gewachsen war.

Doch vorher kam die Zeit der rechten Sammlung. Am 20. Oktober 1928 wird Hugenberg neuer Parteivorsitzender der DNVP. Die Mehrheit der Provinzverbände hebt ihn aufs Schild. Friedrich Hussong begrüßt seinen Chef im »Lokal-Anzeiger«:

145

Landesparteita

des Landesverbandes Merseburg der Deutschnationalen Volkspartei am 1. Juni 1930 in Halle (Saale)

»Hugenberg Parteiführer.«[537]

»... eine Reaktion der Kräfte des Grundsätzlichen in der Partei ... Die Bewegung, die heute in dem Abgeordneten Hugenberg ihren meistgenannten und sichtbarsten Träger hat, ist ... eine bewußte Besinnung auf die Grundsätze der großen Rechtspartei, die über den etwas kurzatmigen Bemühungen auf dem parlamentarischen Tanzboden in Vergessenheit zu geraten drohten.«[538]

Nach knappem Wahlsieg erklärte Hugenberg in seiner Antrittsrede als neuer Parteivorsitzender:

»Es ist mit der Partei wie mit dem Volke, das in demokratischen Formen und Floskeln erstickt. Es wird einmal der Tag kommen, wo dieses Volk sich aufrafft, um all diesen Plunder von sich zu schütteln. Aber vorher müssen wir als Partei all den Plunder von uns schütteln, der durch das heutige System auch über uns geworfen wird. Wir müssen uns frei machen von diesem System der Ausschüsse, der Kommissionen, der Verzehrung aller Kräfte in Rede und Gegenrede.«[539]

Der Aufstand der rechten deutschnationalen Provinzverbände, der in der »Machtergreifung« Hugenbergs gipfelte, rührte zu starken Spannungen in Reichstagsfraktion und Partei. Doch die Vertreter der nationalen Sammlung gegen Parlamentarismus und »Sozialpolitik« versuchten weiter den »Block« zu schmieden. Schon im Juni 1928 hatte der »Tag« zu einer »schöpferischen, gesunden Frontbildung« aufgefordert und Beiträge von der DVP bis zur NSDAP veröffentlicht. »Konzentrationsbewegung der politischen Parteien« hieß die Schlagzeile, unter der die Reichstagsabgeordneten Martin Spahn für die DNVP und Ernst Graf Reventlow für die Nationalsozialisten schrieben.[540] Der Reichstagsabgeordnete vom linken Flügel der NSDAP bestätigte zwar, auch seine Partei kämpfe

»gegen den Marxismus«,

also »gegen Sozialdemokratie und Kommunismus« und

»für die Erhaltung des Privateigentums«,
»das könne aber letztlich nur, wer den Kampf gegen den Kapitalismus führt und zu führen vermag.«

Die NSDAP sei keine Partei der Rechten oder »brauchbar als deren ferngelenkte Vorhut.« Es gebe keine Gemeinsamkeit in der nationalen Frage.

146

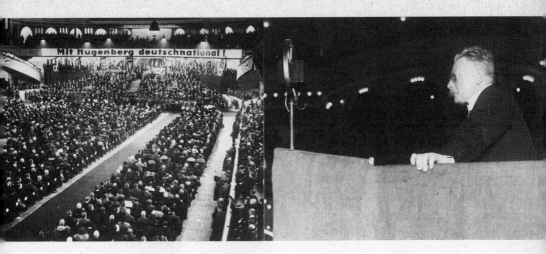

„Macht mir den rechten Flügel stark!"

»Das gilt vor allem auch für die soziale Frage. Ohne ihre vollständige Verschmelzung mit dem nationalen Gedanken ... ist eine Volksgemeinschaft nie möglich ... Die Frage der Zukunft wird sich immer klarer herausstellen als: **internationaler Sozialismus oder nationaler Sozialismus!***«*

Doch die Deutschnationale Volkspartei war (noch) groß und die NSDAP (noch) klein. Ein Jahr später war es dann soweit: die »Konzentration« begann.

Das Bündnis

Eine erste Organisation zur »Sammlung« der bürgerlichen Rechten sollte nach den Vorstellungen der Deutschnationalen der »Reichsausschuß für das deutsche Volksbegehren« gegen den »Young-Plan« werden.

Der »Young-Plan«,[541] der rückwirkend ab 1929 in Kraft trat, war ein internationales Abkommen zur Regelung der deutschen Reparationszahlungen. Er löste den seit 1924 laufenden Dawes-Plan ab und brachte, vereinfacht gesagt, eine Streckung der Zahlungen. Nicht mehr 2,5 Milliarden wie nach Dawes ab 1928/29 vorgesehen, sondern zunächzt 1,7 Milliarden Mark sollten jährlich gezahlt werden, in den nächsten 10 jahren rund 7 Milliarden weniger. Später stiegen die Raten auf 2,4 Milliarden, um wieder absteigend schließlich auf knapp 900 Millionen zu sinken - in Jahreszahlungen bis 1987, insgesamt 116 Milliarden. Das hört sich überwältigend an. Aber die Reparationen (»Wiederherstellungen«) für die vom Deutschen Reich vor allem in Frankreich verursachten Kriegsschäden waren zunächst auf 300 Milliarden, dann auf 223 und im Jahr 1921 schließlich auf 123

Milliarden (mit einer Verzinsung von 6%) festgesetzt worden. Der Young-Plan brachte also nichts prinzipiell neues, keine dramatischen Verschlechterungen, sondern eher Verbesserungen. Die Details seiner ökonomischen Auswirkung sind in der Fachliteratur nicht unumstritten; einige Autoren meinen, daß die Bedingungen für einen Aufschub bei deutscher Zahlungsunfähigkeit und die »Transferierung« (der Mark in die anderen Währungen) ungünstiger geregelt seien und der Plan wirtschaftlich eher einen Rückschritt darstelle (trotz der deutlichen Zahlungserleichterungen), vor allem im Krisenfall.[542] Politisch brachte er eindeutig Vorteile - jedenfalls wenn man das gerade von den Nationalisten so stark betonte Recht auf Souveränität des deutschen Staates als Wertmaßstab zugrunde legen will. Bei Reichsbank und Reichsbahn gab es jetzt keine Kontrolle der verbündeten Siegermächte mehr, das Rheinland konnte vorzeitig von alliierten Truppen geräumt werden.

Doch mit der Darstellung einer Verschuldung »bis ins dritte und vierte Glied«[543] konnte der Nationalismus bequem angeheizt werden - um so leichter, als ja weite Kreise die alliierte Begründung der Reparationen mit einer Schuld der deutschen Reichsregierung am Kriege völlig ablehnten. Den »Eckstein der Lüge« nannte der »Lokal-Anzeiger« die Kriegsschuldthese. Dabei lagen in den deutschen Archiven die Dokumente, die zeigen, wie die Reichsregierung im Juli 1914 den Krieg gewollt und förmlich »gemacht« hat[544] - und auch die Schriftstücke, die beweisen, daß die Bedingungen des Versailler Vertrages noch harmlos waren, gegen das, was Europa bei einem deutschen Siege geblüht hätte. Das muß man sich bewußt machen, wenn bis heute zur Entschuldigung für das Aufkommen des Nationalsozialismus immer wieder auf die »Härte« des Versailler »Diktats« hingewiesen wird.

Am 15. Juni 1929 beschloß der DNVP-Vorstand einstimmig[545] die Einleitung eines Volksbegehrens gegen den Young-Plan.

Die Verfassung der Weimarer Republik gab den wahlberechtigten Staatsbürgern das Recht der (direkten) Gesetzesinitiative, ohne den »Umweg« über das Parlament zu nehmen. Begehrte ein Zehntel der Stimmberechtigten die Vorlage eines von ihm ausgearbeiteten Gesetzentwurfes, so mußte sich der Reichstag damit befassen. Lehnte die Mehrheit der Abgeordneten es ab, die Vorlage (unverändert) zum Gesetz zu erheben, fand ein Volksentscheid über die Aufhebung dieses Reichstagsbeschlusses statt. Die ursprüngliche Vorlage wurde zum Gesetz, wenn mehr als die Hälfte aller Stimmberechtigten am Volksentscheid teilnahm und die Mehrheit es verlangte, also mit ja für die Aufhebung des ablehnenden Reichstagsbeschlusses stimmte.[546]

Im Juli 1929 entstand der »Reichsausschuß für das deutsche Volksbegehren«, ein Vorläufer der »Harzburger Front« von 1931. Über 420 «Führer aus Politik und Wirtschaft« »haben sich dem Reichsausschuß ... zur Verfügung gestellt«,[547] berichtete die »Rheinisch-Westfälische Zeitung« und betonte: »Auch Hitler beteiligt sich«. Im Präsidium saßen unter anderem Seldte und Düsterberg vom völkisch-militaristischen »Stahlhelm, Bund der Frontsoldaten«, Martin Schiele vom Präsidium des Reichslandbundes (1925 Reichsminister des Innern, 1927-1928 Reichsminister für Ernährung und Landwirtschaft), Alfred Hugenberg, Adolf Hitler, der Unternehmer Fritz Thyssen und der Vorsitzende des Alldeutschen Verbandes, Justizrat Heinrich Claß. Im weiteren Reichsausschuß saßen unter anderem folgende Vertreter von Kapital-Interessen: Heinz Brauweiler (Geschäftsführendes Präsidialmitglied der Vereinigung der Deutschen Arbeitgeber-verbände), Johann Hasslacher (Generaldirektor der Rheinischen Stahlwerke), Bernhard Leopold (Ausschußmitglied der Vereinigung der Deutschen Arbeitge-berverbände), Louis Ravené (Mitinhaber des Ravené-Konzerns in Berlin, Eisen-und Stahl).[548]

Im September 1929 veröffentlichte der Reichsausschuß ein »Gesetz gegen die Versklavung des deutschen Volkes«.[549] Paragraph 1 forderte, die Reichsregierung solle »den auswärtigen Mächten unverzüglich in feierlicher Form Kenntnis davon geben, daß das erzwungene Kriegsschuldanerkenntnis des Versailler Vertrages der geschichtlichen Wahrheit widerspricht ... und völkerrechtlich unverbindlich ist«.

Paragraph 2 forderte die Reichsregierung auf, »darauf hinzuwirken, daß die besetzten Gebiete nunmehr unverzüglich und bedingungslos ... geräumt werden«.

Nach Paragraph 3 sollten von Deutschland keine neuen Lasten übernommen werden, die auf der Anerkennung der Kriegsschuld beruhten. Das gelte auch für das Ergebnis der Pariser Sachverständigen-Konferenz.

Diese Wünsche waren nur für die Propaganda formuliert und sinnlos (wie § 1), weil die Inhalte (§ 2 und 3) gegen den Willen der Siegermächte nicht durchzuset-zen waren. Den emotionalen Höhepunkt stellte Paragraph 4 dar: »Reichskanzler und Reichsminister sowie Bevollmächtigte des Deutschen Reiches«, die in Verträ-gen mit auswärtigen Mächten weitere Lasten und Verpflichtungen Deutschlands (wie z.B. den Young-Plan) unterschrieben, sollten des Landesverrats angeklagt werden. Als «Bevollmächtigter des Deutschen Reiches« konnte damit auch Hin-denburg eine Zuchthausstrafe drohen. Der Reichsausschuß wehrte sich allerdings gegen diese Interpretation des Zuchthausparagraphen, wie ihn seine Kritiker nannten.

Eine umfassende, gezielte, emotionsgeladene Agitation gegen den Young-Plan, die »Kriegsschuldlüge« und die deutschen »Verantwortlichen« des Versail-ler Vertrages beginnt. Der »Tag« veröffentlicht ein Gedicht über die Unterzeich-nung des Versailler Vertrages, den »Tag der Schande«: »nie hat ein Mensch solch Teufelswerk vollbracht! Das hat die Hölle selber ausgesonnen. Ein Netz aus Lug und Feuersglut gesponnen!«.[550] In einer Folge von sieben Artikeln über den Young-Plan mit dem Titel »Unsere Ketten« wird kein unsachliches und falsches Argument gescheut.[551]

Die Kundgebungen haben oft den Charakter von Feldgottesdiensten. In einem militätischen Ritual wird die Menge zur formierten und kommandierten Marsch-kolonne, die vor dem Altar des Vaterlandes in mystischer Hingabe kniet und sich dem Kampf für ein neues Reich widmet. Am 1. September 1929, dem Jahrestag der Schlacht von Sedan, der 1870 »der erste Hammerschlag an der neuen Kaiser-krone war«,[552] trifft sich die neue »nationale Front« auf der Grotenburg bei Det-mold, »am Fuße des Hermannsdenkmals«.[553] Nach einem Bericht des »Tag« sind 10.000 Menschen erschienen. Die »nationalen« Verbände und Parteien haben Vertreter entsandt: DNVP (die Reichstagsabgeordneten Hugenberg, Treviranus, Koch-Oeynhausen, Meyer-Detmold), Stahlhelm, NSDAP, Alldeutscher Ver-band, Westfälischer Landbund, Christlichnationale Bauernpartei, Hochschul-ring deutscher Art, die Studentenschaften des Technikums Lage und des Techni-kums Lemgo »in Wichs und mit Fahnen«.

Volk erwache!

Erwache, mein Deutschland! Der Morgen ist nah.
Die Nacht ist vergangen; die Stunde ist da,
Die Stunde des Wollens, die Stunde des Lichts;
Die Stunde des Handelns; der Tag des Gerichts.
Schon kündet ein Leuchten: „Die Sonne, sie naht!"
Erwache, mein Deutschland, zu rettender Tat!

E. G. Freiherr von Hünefeld †

Wehrt Euch! müßt ihr fronen!

Geht zum Volksbegehren!
Tragt Euch ein in die Listen des Volksbegehrens, sie liegen auf in der Zeit vom 16. bis 29. Oktober

»*Fahnen und schmetternde Marschmusik, Schritt und Tritt der Stahlhelmkolonnen. Rings um den Sandsteinsockel des Denkmals scharen sich wohl Zehntausende deutscher Männer und Frauen, um von ihres Landes Not und Schande, von dem Wege aus Nacht zu Licht zu hören. Neben ihnen stehen unsichtbar die Millionen, die überall im deutschen Vaterlande die nationale Front geschlossen und voll Glück empfinden, daß auch der Führer da ist, ohne den selbst die stärkste Massenbewegung versickern muß.*«

Die Musik spielt den Torgauer Marsch. Dann spricht Hugenberg:

»*Deutsche Frauen und Männer! Seht das Schwert da oben! - Das Schwert Hermann des Befreiers! Wir armen Deutschen von heute - wir haben kein Schwert. Wir haben es uns entwinden lassen - trotz aller Siege - nicht weil wir besiegt sind - nein, weil wir den gleichen Neid und Haß und die gleiche Untreue zum Führer haben hochkommen lassen, die den siegreichen Befreier Hermann zu Boden streckten.*
Woher kommt uns ein Schwert? Es muß blank und neu wieder herauswachsen aus unseren gereinigten Herzen (Jubelnder Beifall unterbricht den Redner).«

Hugenberg nennt Kaiser Wilhelm nicht mit Namen - oder meinte er Bismarck mit der »Untreue zum Führer«? Aber das ist letztlich egal, denn es geht nicht um Hohenzollern oder Republik, sondern um den neuen nationalen Diktator und der, so hofft der deutschnationale »Führer«, ist er selbst, auf sich will er die Menge einschwören, als Führer in das neue Reich.

»*Der Geist unserer Väter, der rings in diesen Landen Baum für Baum pflanzte, schwebt durch diese Wälder und um dieses Denkmal. Mit ihm müssen wir uns erfüllen, aus ihm heraus müssen wir **ein neues Deutschland aufbauen** - ein auf den freien und frommen arbeitenden Menschen gegründetes Deutschland mit stahlhartem Herzen. Im Angesicht dieses Denkmals, das zwei Jahrtausende deutscher Geschichte vor unser*

Die »feinen Pinkels« und Marschmusik. Der Geheimrat und Führer spricht.

Auge stellt, wollen wir uns zu dem Bunde zusammenschließen, der diesem neuen Deutschland zustrebt. Wir wollen nicht zu Sklaven und Lastträgern volksfremden auswärtigen Kapitals werden. Wir wollen uns das alte deutsche Bauernziel des freien Menschen auf freier Scholle nicht nehmen lassen. Wir wollen uns von niemandem die gottbegnadete deutsche Seele rauben lassen.«

Auch der »Tag« bemüht den deutschen Gott. »Herr mach uns frei!« überschreibt er den Bericht der Telegraphen-Union aus Detmold.

Das Volksbegehren siegte knapp: von 41 Millionen Stimmberechtigten trugen sich 4,1 Millionen, das sind 10,07 Prozent, in die Listen ein, also 0,07 % mehr als die Mindestmarke. »Der Kampf geht weiter!« proklamierte der Reichsausschuß, trotz des Terrors der Regierung gegen die Beamten und aller »Verleumdungen der Erfüllungspresse« »ist das Volksbegehren gegen Tributplan und Kriegsschuldlüge mit Erfolg durchgeführt worden«. Die Kundgebung unterschrieben unter anderm Claß, Theodor Duesterberg (zweiter Stahlhelm-Bundesführer), Hitler, Hugenberg, Franz Seldte (erster Stahlhelm-Bundesführer) und auch Graf Westarp, der Vorgänger Hugenbergs als DNVP-Vorsitzender und einer der innerparteilichen Gegner des *totalen* Konfrontationskurses der Deutschnationalen gegen den Parlamentarismus.[554]

Der »Block« wird kleiner.

Der Reichstag lehnte Anfang Dezember 1929 das »Freiheitsgesetz« ab. Dabei enthielten sich 24 Deutschnationale der Stimme. Die DNVP-Reichstagsabgeordneten Gustav Hülser (Deutschnationaler Arbeiterbund), Emil Hartwig (Vorsitzender des Arbeiterbundes) und Walther Lambach (Deutschnationaler Handlungsgehilfenverband) traten aus der Partei aus. Ihnen folgten 9 weitere Reichstagsabgeordnete. Damit war der »linke« Flügel der DNVP abgespalten, darunter vor allem die »Arbeitnehmer«-Vertreter. Sie wollten »das deutsche Arbeitsrecht und die bestehende Sozialversicherung« verteidigen,[555] die Abstimmung war nur ein Anlaß für den Bruch mit der Hugenberg-Linie. Die »sozialreaktionären« Züge im Bild des Geheimrats in der Öffentlichkeit verstärken sich. Der Zentrumsabgeordnete Josef Joos, Schriftleiter der »Westdeutschen Arbeiterzeitung« (Mönchengladbach; Zentrum) schreibt in der »Kölnischen Volkszeitung«: »Dieser Führer war fähig, in seinem bekannten Aufsatz 'Block oder Brei?' gegen die 'Nur-Geschäftsleute', 'Berufs- und Interessenvertreter', loszuziehen - sich aber gleichzeitig mit ähnlich gearteten Freunden zu umgeben ... eine Partei mit christlich-konservativer Überlieferung zu übernehmen - und in seinen eigenen Presseunternehmungen (Nachtausgabe des Tag, Magazin) unentwegt großstädtischen Kulturgeist gegen starke Gegenwehr christlich-sozialer Freunde zu dulden.«[556] Diese Stimme vom (immerhin noch sehr konservativen) Arbeiterflügel der katholischen Zentrumspartei zeigt, repräsentativ für viele andere, die Probleme des Medienzaren in der Rolle des Parteiführers. Die Wählerbasis mußte bei seiner Politik, ihrer Darstellung und *vor allem ihrer Selbstdarstellung in der Öffentlichkeit* schmaler werden. Viele gingen allmählich dahin, wo sich Nationalismus und sozialer Gedanke anscheinend paarten: zu den Nationalsozialisten.

Nach der Ablehnung des Reichstags kam es zum Volksentscheid. Hier marschierten die aufstrebenden Nationalsozialisten mit den etablierten Deutschnationalen (noch) Arm in Arm. Der Direktor des Pommerschen Landbundes und Mitarbeiter im Scherl-Verlag, Hans-Joachim von Rohr-Demmin, schrieb im »Tag«: »Über dem neuen Kampf steht der Gedanke an einen Staat, der vor uns liegt. Beruht das heutige System auf liberalem Denken, so kennt der kommende Staat nur einen Zweck: nämlich die Kraft der Nation«.[557]

Nach der Ablehnung des Reichtages kam es zum Volkentscheid über das Freiheitsgesetz. Der Reichsinnenminister Carl Severing setzte den Sonntag vor Weihnachten als Abstimmungstermin fest. Der Reichsausschuß protestierte vergeblich. Doch trotz des einkaufsoffenen »Goldenen Sonntags« stieg die Wahlbeteiligung auf 6,1 Millionen, davon 5,8 Millionen (= 13,8 Prozent der Stimmberechtigten) Ja-Stimmen. Zu einer Annahme des Gesetzes wäre eine Wahlbeteiligung von über 50 % (= 21 Millionen) nötig gewesen und davon wiederum die Mehrheit Ja-Stimmen. In der Literatur, die Volksbegehren und Volksentscheid meist nur flüchtig berührt, wird das Ergebnis überwiegend als große Niederlage (Hugenbergs) beschrieben.[558] Doch sowohl die Steigerung vor Weihnachten wie die Höhe der Zustimmung sind nicht gering zu werten. Außerhalb von Wahlen, bei denen alle Parteien die Wähler zu mobilisieren versuchen, ist es stets schwierig, große Mengen in die Abstimmungslokale zu bewegen. Und 13,8 % war nur der Reichsdurchschnitt. *Schon beim Volksbegehren*, das Ende Oktober abgeschlossen war, lag Pommern mit über 33 % an der Spitze aller Wahlkreise. Es folgten Ostpreußen (24 %), Mecklenburg (20 %), Osthannover (19 %), Frankfurt/Oder (knapp 19 %) und Merseburg mit 18 %. Die alldeutsche »Deutsche Zeitung« kommentierte: »Nirgends auch sind die sittlichen Kräfte des opfermutigen Trotzes und der ererbten Treue stärker und mächtiger hervorgebrochen, als in den

Kernlanden Altpreußens!.«[559] Aber auch Franken, Thüringen und Schleswig-Holstein wiesen überdurchschnittliche Zahlen auf: *Die Zustimmung zu Volksbegehren und Volksentscheid war vor allem in den protestantisch-ländlichen und klein bis mittel- städtischen Gebieten besonders groß, in denen sich ab 1929/30 die nationalsozialistischen Hochburgen entwickelten.* Das waren bis 1928 und danach meist auch Zentren deutschnationaler Stimmabgaben. Doch schon 1929 (in einzelnen Fällen 1928), vor der Weltwirtschaftskrise, aber im Zeichen der Agrar-Depression, beginnt der Vormarsch der NSDAP, verbunden mit Verlusten der DNVP. Im Oktober 1929 schrieb der sozialdemokratische »Vorwärts«: »Hitler frißt Hugenberg.« : »Je trübsinniger es rund um Hugenberg aussieht, desto vergnügter wird es um *Hitler.* Der Münchner Putsch-Apostel verzeichnet seinen ersten wirklichen Erfolg ... Er hat sie [die Deutschnationale Volkspartei] vor seinen Wagen gespannt und kutschiert den schwarzweißroten Wagen peitschenknallend seinen weiteren Zielen zu.«[560]

Doch vorerst glaubte Hugenberg, die Packpferde der NSDAP an der langen Leine halten zu können. Ohne Rücksicht auf die wachsenden Spannungen in der DNVP setzt er seine Politik der rechten Blockbildung fort. Die Partei bedeutet ihm weniger als parlamentarische Größe, denn als harter Kern einer Kampfbewegung. Hier ist der elitäre Geheimrat ganz konsequent in seinem Antiparlamentarismus, prinzipieller als Hitler, der trotz seines verbal radikalen Antiparlamentarismus (relativ) viel stärker auf eine Integration heterogener Wählerschichten in die NSDAP achtet. Hugenberg hofft anscheinend, nach Krise und Untergang des parlamentarischen Systems würden sich die führenden Schichten in Industrie, Landwirtschaft und nationalen Verbänden, unterstützt durch seine Medien und im Bündnis mit der Reichswehr, diktatorisch durchsetzen.

Der Geheimrat als Führer

Im Juli 1930 kommt es zur Spaltung der deutschnationalen Reichstagsfraktion. Eine Gruppe von Abgeordneten um Graf Westarp unterstützt das seit Ende März mit dem Notverordnungsartikel 48 der Weimarer Verfassung nur noch halbparlamentarisch regierende Kabinett Brüning. Diese Regierung (das erste Präsidialkabinett) ohne Rücksicht auf die Reichstagsmehrheit ist der »gemäßigten« Rechten zunächst autoritär genug. Vor allem aber geht es um (unmittelbare) wirtschaftspolitische Vorteile für einen Teil der agrarischen Klientel.[561] 27 Abgeordnete verlassen die DNVP. Schließlich sind von 78 Deutschnationalen, die im Mai 1928 in den Reichstag gewählt worden waren, nur noch 36 »Hugenbergianer« übrig.[562]

In der Partei aber setzt Hugenberg das Führerprinzip und damit seine Linie voll durch. Nach einer organisatorischen Vereinfachung der Parteispitze im Dezember 1928 hatten der Parteivorstand und sein Vorsitzender Hugenberg im Juni 1929 das Recht erhalten, »die Richtlinien der Politik entscheidend festzulegen.«[563]

Die Scherl-Zeitungen zelebrieren ihren Chef als politischen Führer und starken Mann. »Die Rede des Führers« heißt ein Bericht des »Tag« vom Oktober 1929 über eine »Riesenversammlung« im Münchener Zirkus Krone, wo der Eröffnungsredner Oberst Rudolf Ritter von Xylander die anwesenden »drei großen

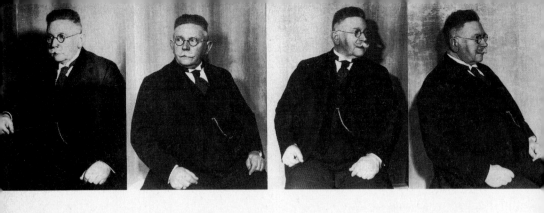

Exponenten des nationalen Deutschlands« vorstellt: »Hugenberg, Hitler und Tir-
pitz.«[564] Mit dem »Führer« meinte der »Tag« Hugenberg. Zur Einleitung des
Wahlkampfes im Juli 1930 druckt der »Tag« nicht den Aufruf der DNVP, sondern zitiert unter der Schlagzeile »'Rechts heran!'« den »Aufruf des Führers«.[565]
Und am Wahltag, dem 14. September 1930, heißt die Parole quer über die erste
Seite: »Hugenberg führt!«[566] unter der Schlagzeile ist groß ein auf edel-kühn und
kantig stilisiertes Portrait des »Führer(s)« gezeichnet. So wird die Partei zur
Hugenberg-Bewegung. Und nach Abspaltung und Ausscheidung der »wesens-
fremden«[567] Elemente ist die Bahn für das Bündnis mit den Nationalsozialisten
weiter frei, obwohl alle Signale auf ständiges Wachstum der NSDAP und
Schrumpfung der DNVP deuten. »Die deutschen Herzen stehen vor einer inneren
Revolution. Wir machen sie mit.« schreibt Hugenberg im März 1930. Und er fügt
hinzu: »Von der ,Klasse' zum ,Gliede' des neuen Ganzen! Die schalen Geister,
die das nicht verstehen, werden beiseite treten müssen.«[568] In einem Brief vom
1931 an Landesverbände, Kreisvereine und Ortsgruppen der DNVP schreibt der
Parteiführer rückblickend: »Bei der Übernahme der Parteiführung im Oktober
1928 hatte ich mir die Aufgabe gestellt ... mit der Halbheit der vergangenen Jahre
aufzuräumen ... Dieser Kampf mußte ... gewagt werden. Ich habe die Partei bewußt aufs Spiel gesetzt ... «[569]

Frühlingssturm

Volksbegehren und Volksentscheid hatten Hitler und seine NSDAP bekannter
und politikfähiger gemacht. Die nationalsozialistische Propaganda erhielt eine
breite Plattform.

Bei großen Auftritten in Berlin hatten die Redner der NSDAP ihre
(Hugenberg-)Presse. Man kann zwar nicht sagen, daß die Nationalsozialisten *generell groß* herausgestellt worden sind, aber es wurde der »Bewegung« als einer
wichtigen Gruppe nationaler Opposition eine weitgehend kritiklose Publizität —
überwiegend sogar Anerkennung — gegeben.[570] Häufig waren vor allem Meldungen über Zusammenstöße zwischen Nationalsozialisten und Kommunisten, bei
denen stets Partei für die Nationalsozialisten genommen wurde.[571] Dies gilt vor
allem auch für die Agitation zur Reichstagswahl 1930.

Am 11. September — 3 Tage vor der Wahl — berichtet die »Berliner illustrierte
Nachtausgabe« auf Seite 3: »Die große entschiedene Rechte marschiert. Hitler
sprach im Sportpalast ...«[572] Selbst für den, der sich nicht zu der NS-Bewegung

zählte, formulierte der Berichterstatter, sei diese Kundgebung ein Beweis für den Willen der großen nationalen Masse, »daß diesem System, mit dem Deutschland seit 12 Jahren regiert wird, ein Ende bereitet werden muß ... Auch diese letzten großen nationalen Kundgebungen zeigten, wie alle deutschnationalen und nationalsozialistischen Versammlungen im Lande und in Berlin, daß die Front der entschiedenen nationalen Rechten in machtvollem Vormarsch begriffen ist.« Die Schlagzeile der »Nachtausgabe« am Tage vor der Wahl heißt nicht »Wählt DNVP«, sondern: »Wählt entschieden rechts!«[573] und darunter wieder: »Die entschiedene Rechte marschiert.«

Das sich volkstümlich gebende Blatt des »kleinen Mannes«[574] vertritt in der Scherl-Presse vor allem — aber nicht nur — diese Taktik »nationaler Sammlung«.[575] Der Deutschnationale Reichstagsabgeordnete und Theologe Bruno Doehring, Hof- und Domprediger unter Wilhelm II., beschrieb am Tag der Wahl im »Lokal-Anzeiger« die Hoffnungen der DNVP-Führung, daß »die nationalsozialistische Begeisterung ihre realpolitische Erfüllung« in einem großen »deutschnationalen Mühlenbecken« finden würde: »Der Nationalsozialismus, ist der Frühlingssturm, der der Saat- und Erntezeit den Weg bereitet.«[576]

Hugenberg selbst erklärte in einer Sportpalast-Rede im August 1930:

> *»Ich wünsche, daß die wirkliche Rechte wirklich mitregiert, daß wir eine freie nationale Regierung bilden, die ein neues **Drittes** Reich vorbereitet.«*[576a]

Bei der Reichstagswahl am 14. September 1930 blies der Wind den Deutschnationalen kräftig ins Gesicht: Ihre Stimmenzahl sank von 4,4 Millionen (Mai 1928) auf 2,5 Millionen, die Zahl der Mandate von 73 auf 41. Der prozentuale Anteil an den abgegebenen gültigen Stimmen sank, durch die gestiegene Wahlbeteiligung[577] bedingt, sogar von 14,2 auf 7 %. Die Anhänger des Hugenberg-Kurses trösten sich damit, daß man nun immerhin 5 Abgeordnete mehr habe, als nach der Spaltung im Juli.[578]

Die »Weltsensation« der Wahl aber, so schrieb die »Deutsche Allgemeine Zeitung«, waren »107 Nationalsozialisten.«[579] Das Industrieblatt kommentierte sarkastisch: »Die [Hugenberg-]Devise ,macht mir den rechten Flügel stark', hat ungeahnten Beifall gefunden.« Die NSDAP, 1928 nur mit 12 Abgeordneten vertreten, hatte ihre Stimmenzahl von 810.000 (= 2,6 %) auf 6,4 Millionen (= 18,3 % der gültigen Stimmen) steigern können. »Der Sieg ist unser«, schrieb Alfred Rosenberg im »Völkischen Beobachter«, »nun bindet den Helm fester!«[580] Für den führenden nationalsozialistischen Ideologen war es »Der Volksentscheid des 14. September.«

Die meisten aus der DNVP ausgetretenen Abgeordneten (darunter Westarp und Lambach) hatten sich im Juli 1930 zur »Konservativen Volkspartei« zusammengeschlossen, doch der Wahlerfolg war bescheiden: 314.000 Stimmen und vier Mandate. In vielen Regionen war der größere Teil der DNVP-Verluste dem Konto der Nationalsozialisten zugute gekommen,[581] sei es direkt oder indirekt durch den Ausfall von deutschnationalen Jung- und Erstwählern. Auch an Splitterparteien wie z.B. »Deutsches Landvolk« gab die DNVP Stimmen ab, die bei den nächsten Reichstagswahlen im Juli 1932 oft in der NSDAP landeten.

Auch nach dem 14. September 1930 verfolgte Hugenberg die Konzeption eines Blocks gegen die Republik unter Einschluß der NSDAP. Rosenberg lobte im »Völkischen Beobachter« freundlich: »Gut gehalten hat sich die D.N.V.P., die

155

Der Medienzar mit Gattin auf seinem Landgut in Niedersachsen.

156

unter Hugenberg nachgeholt [sic] hat, als scheinbar alles auseinanderlaufen wollte; der Schlag für die Desserteure, d.h. die ‚Konservativen' ist aber ebenso vernichtend wie verdient.«[582]

Die »Nachtausgabe« trommelte für die »große Rechte« und streichelte die Nationalsozialisten. »Lokal-Anzeiger« und »Tag« folgten mit etwas Abstand.

»Hitler über seine nächsten Ziele. Was die Nationalsozialisten im Reichstag tun werden«, hieß am 17. September der Aufmacher der »Nachtausgabe«[583] Hitlers »Aufforderung an die Anhänger, nicht müde zu werden«, wurde vom Korrespondenten des Blattes dem Bericht über die Münchner Rede des »Führers der N.S.D.A.P.« vorangestellt. »Das Ziel der Nationalsozialisten«, so Hitler, hieße heute »nicht Putsch, sondern die Eroberung der deutschen Seele.« Der Bericht schloß: »Der Eindruck der Rede war stark.«

Die Parteileitung der DNVP bezeichnete das Wahlergebnis als die »erwartete Antwort auf die Politik der Regierung und zugleich eine Genugtuung für die Millionen, die mit Volksbegehren und Volksentscheid den Kampf gegen Young-Plan und innere Unfreiheit begannen … Das Gesetz des Handelns ist jetzt bei der Rechten.«[584] Die neuen Erfolge der Nationalsozialisten bei Wahlen im November 1930 (u.a. Bürgerschaftswahlen in Bremen) wurden in den Scherl-Blättern begrüßt,[585] obwohl die Stimmen der Deutschnationalen weiter zurückgingen. »Die Welle«, wie der Lokal-Anzeiger schrieb,[586] lief von der bürgerlichen Mitte hin zur Rechten. Vor allem den gleichzeitigen Rückgang der Sozialdemokraten unterstrichen die Scherl-Blätter als etwas gemeinsam Erreichtes.[587]

Aus der »Berliner Illustrierten Nachtausgabe« vom 30.3.1929. Oswald Spengler, Arnolt Bronnen und Ernst Jünger waren Autoren im Scherl-Verlag.

Ernst Jünger:
„Diese Generation ist die Reservearmee!"

Auf die angeschnittene Frage läßt sich insofern schwer etwas Positives antworten, als die Kette von Ereignissen, in die wir verflochten sind, noch nicht abgeschlossen ist. Wir haben eine Reihe von im 19. Jahrhundert engeschürten Konflikten ererbt und nach besten Kräften ausgetragen, trotzdem sind die Quellen dieser Konflikte keineswegs versiegt, — wir stehen noch mitten im Gefecht. Weder innen- noch außenpolitisch ist eine wirkliche Ruhelage eingetreten, noch überhaupt abzusehen; ebensowenig kann von einer gesicherten Weltanschauung oder von einem unangefochtenen Glauben die Rede sein. Wer hier fest zu stehen behauptet, gehört zu einer anderen Generation, er zehrt von den Resten eines Bestandes, der für uns verbraucht und nicht mehr gültig ist.

Immerhin ist es möglich, über die äußerst schwierige Position unserer Generation schon heute einige Aussagen zu machen. Ich meine hier die Generation, deren Bewußtseinsbildung erst nach Kriegsausbruch zum Abschluß gelangte, also ungefähr die heute Zwanzig- bis Fünfunddreißigjährigen. Trotz der großen Zersplitterung, die diese Generation auf den ersten Blick aufweist, ist sie doch im Grunde von sehr einheitlicher Struktur und in ihrem Gesamtbilde scharf unterschieden von gar nicht viel älteren Jahrgängen.

rischen Sinn gewinnen. Wir sprechen neue Dinge in einer alten Sprache aus. Wir haben zahlreiche Landsknechte unter uns, auch sehr viele, denen jeder bürgerliche Beruf Qual bereitet oder überhaupt unmöglich ist. Wir sind immer noch das Geschlecht der Untermieter, das mißmutig genug in Räumen wohnt, die nicht auf seine Bedürfnisse zugeschnitten sind.

Dafür stellen wir von rechts bis links jene Hundertschaften, die Sonntags in militärischer Ordnung durch die Straßen zielen und vorläufig noch immer Dinge schützen, die zu schützen gar nicht in unserem Interesse liegt. Wir haben einen starken Willen zum Glauben, aber noch zu wenig Dogmen, durch die sich die Kampfstellung eindeutig ab-

Franz Schauwec
„Etwas unerhört Neue

Als der Krieg ausbrach, war ich vierundzwanzig Jahre alt, Student im sechsten Semester.

Das ganz eindeutig bestimmte Gefühl der Vorkriegswelt gegenüber war das eines zu dieser Welt Verurteilten, der den Sinn dieses Urteils

Kanalarbeiter

»Rechtsruck« hieß Hugenbergs Devise. Doch wie rechts waren die Nationalsozialisten wirklich? Graf Reventlow von ihrem linken Flügel hatte 1928 noch bestritten, daß die NSDAP überhaupt zur Rechten zähle. Wie ernst war der Bindestrich-Sozialismus zu nehmen? Graf Reventlow war in vieler Beziehung atypisch und hatte keine Hausmacht in der Partei.[588] Die engere Linke um Otto Strasser wurde im Juni/Juli 1930 schon aus der NSDAP gedrängt. Aber wie wirkte der immer größere Zustrom an Mitgliedern und Wählern auf die Ziele der »Bewegung«? Noch gab es einen Gottfried Feder mit seiner Forderung nach »Brechung der Zinsknechtschaft« in der Programmatik der Partei. Und *(angeblich)* auch den Kampf zwischen der »linken« Berliner Linie, repräsentiert durch Goebbels und der »bürgerlichen« Richtung in München[589] mit Hitler an der Spitze. Die »rechtsstehende«,[590] großindustriellen und großagrarischen Interessen verpflichtete und der Reichswehr-Führung nahestehende »Berliner Börsen-Zeitung« schrieb, der Nationalsozialismus habe eine zwiespältige Wurzel: »*die nationalsozialistisch-bürgerliche und die revolutionär-sozialistische.* Hitler hat selbst erklärt, daß der Begriff ‚Nationalsozialismus’ ein Kompromiß sei, den er habe schließen müssen, um die Arbeiterschaft, die nun einmal sozialistisch sei, für den Nationalsozialismus zu gewinnen.«[591] Die BBZ sieht es als noch unsicher an, ob Hitler, der Exponent der bürgerlichen Richtung, sich auf die Dauer in der Partei wird durchsetzen können. In einem Leitartikel von Walther Funk (Chefredakteur ihres Handelsteils und u.a. Kontaktmann zur westlichen Schwerindustrie) betont die BBZ: »Der nationale Sozialismus der letzteren Richtung [Hitlers] ist auf der Idee des *Opferns für den nationalen Staat, der* marxistische Sozialismus auf der des *Nehmens für das internationale Proletariat* begründet. Das sind Wesensunterschiede, die gerade im bürgerlich-kapitalistischen Lager klar erkannt werden sollten«[592], trotz der abzulehnenden NS-Staatswirtschaft. Ein Vorbild gibt es, eine Richtung, in die Deutschnationale und zunehmend auch Schwerindustrielle die NSDAP »kanalisieren« möchten: hin zum italienischen, zum wahren Faschismus. Nach der Erdrutsch-Wahl im September wird Mussolinis System in den Scherl-Blättern weiterhin deutlich bemüht. Im »Lokal-Anzeiger« bringt Rom-Korrespondent Gustav Eberlein das Vorbild der italienischen Sozialpolitik auf die Kurzformel »zufriedene Arbeiter«. Untertitel: »Wie die Schwarzhemden der Gewerkschaften Herr wurden. Italienische Genügsamkeit.«[593] Vor allem auch die agrarische und industrielle Wirtschaftspolitik Italiens galt der Hugenberg-Presse ja schon länger als empfehlenswert: Die Landwirtschaft erhalte Zuschüsse vom Staat für Bodenverbesserung und Neulanderschließung (die alte innere Kolonisation Hugenbergs) und Förderung der Modernisierung, stehe aber sonst auf eigenen Füßen.[594] In der Industrie lasse der faschistische Staat — ganz im Gegensatz zur deutschen »Sozialisierungstendenz« der Privatinitiative freie Hand.[595] In der Kommunalverwaltung habe man »Schluß mit dem liberalen Miniaturparlament« gemacht.[596] Über »Faschistische Wehrpolitik« schreibt Generalleutnant a.D. von Metzsch im »Tag«: »Die Überschrift bedeutet eigentlich Pleonasmus.[597] Denn *Faschismus ist Wehrpolitik im weitesten Sinne.* Er duldet nichts Wehrschädliches und Wehrfeindliches.«[598]

Am 1. Weihnachtstag 1930 veröffentlicht der »Tag« unter der Schlagzeile »Friede denen, die guten Willens sind!« nebeneinander einen Aufruf Hugenbergs

Berlin, Donnerstag 25. Dezebr.
Nummer 307 / Preis 15 Pfg.

der Tag

Friede denen, die guten Willens sind!

In terra pax hominibus bonae voluntatis — so kündet die Vulgata. Wo heute Christen in diesem Geist demütig die Knie beugen vor dem Sinnbild der Krippe von Bethlehem, sollen sie Einkehr halten für sich und ihr Volk, und sie sollen sich Rechenschaft geben, ob des Erlösers Werk lebendig in ihnen ist. Und sie werden dann inne werden, daß köstlichstes Erbe, daß der christliche Gedanke von schweren Krisen bedroht ist. Eine Propaganda, der nichts heilig und unantastbar ist, schmäht den Gedanken des Christfestes und sucht betörte Massen auf die Straße zu bringen, um das schönste und innigste Fest der Christenheit zu schänden.

Kommt aber die Verzweiflungsstimmung, die Nährboden einer solchen Verblendung ist, von ungefähr? Ist sie nicht auch die Folge furchtbarer politischer Sünden? Der Zustand Europas, hervorgegangen aus den ungerechten „Verträgen", gibt die Antwort auf diese Frage. Die europäische und christliche Kultur ist in ihrem ethischen Kern bedroht, wenn das Mißtrauen überhand nimmt, daß Liebe und Gerechtigkeit aus dieser Welt geschwunden sind. Das erschütterte Vertrauen aber kann nur großherzige politische Tat wieder festigen. Am Anfang dieser Tat aber steht die Revision des Unrechts von 1919.

Wir lassen an diesem Tage darum die Männer sprechen, die in Europa die getreuesten Anwälte dieser Revision sind. Sie wollen nicht, daß nach dem Weltkrieg eine neue Katastrophe über Europa hereinbricht, und sie appellieren an die edelsten Gefühle aller Christen. Mit ihnen hoffen wir, daß die Geburtsstunde neuer christlicher Vernunft in der Politik schlägt, und daß der Welt aus dieser Selbstbesinnung Erlösung aus ihrer Not wird.

Der Führer der Deutschnationalen:

In fast allen Ländern der Erde wird das Christfest 1930 unter dem Druck von Not und seelischer Unrast begangen. In Deutschland, England, Amerika Millionenheere von Arbeitslosen, überall zerrüttete Finanzen, Senkung der Lebenshaltung, soziale Spannungen, Mißtrauen zwischen den Völkern, schwere Sorgen über das, was das Morgen bringt. Europas Zukunft ist unsicher und trübe, von tausend Gefahren bedroht. **Altes Kulturgut** steht auf dem Spiel. **Europa ist krank** — diese Erkenntnis setzt sich immer mehr durch. Wir durchleben nicht nur eine Krise wie jede andere, deren Schäden sich von selbst wieder ausgleichen, sondern wir leiden unter den Auswirkungen politischer Fehler und Sünden, ohne deren Wiedergutmachung immer neues Leid über „Sieger" und „Besiegte" kommen muß — mag auch der eine oder der andere Nutznießer dieser furchtbaren Lage kurzsichtig glauben, für immer den gegenwärtigen Vorteil auf Kosten der anderen wahren zu können.

Europa ist krank an den Pariser Diktaten. Man hat unsinnige politische Grenzen gezogen, die von alters her zusammengehörende Räume zerschneiden, in sich ausgeglichene Wirtschaftsgebiete zerreißen und […] Millionen Menschen unter Fremdherrschaft stellen. Die sogenannten Friedensverträge sind es, die Europa in zwei Lager geteilt haben: Bewaffnete und Unbewaffnete, Hungrige und Satte. Auf engstem Raum müssen die einen schwer um ihr Leben kämpfen, ohne Hoffnung, das Dasein des heranwachsenden Geschlechtes sichern zu können, während andere nicht daneben nicht in der Lage sind, in ihren Grenzen und in ihrem unermeßlichen Kolonialbesitz die Aufgaben zu erfüllen, die der Lebensraum den Nationen stellt. Obwohl der Wiederaufbau der Kriegsgebiete längst abgeschlossen ist und die bisher von Deutschland gezahlte Kriegsentschädigung den dadurch entstandenen Kostenaufwand schon reichlich gedeckt hat, soll das deutsche Volk noch zwei Generationen lang einen Tribut von insgesamt 113 Milliarden entrichten. Seine Aufbringung lähmt in Deutschland jede wirtschaftliche Initiative und vernichtet jegliche Hoffnung auf Wiederaufstieg. Seine Uebertragung ins Ausland verschärft eine der Hauptursachen der überall schleichenden Krisis, nämlich die ungesunde Verteilung des Goldes in der Welt, den ungesunden Aufbau eines fiktiven Kredit[…]des, die Kreditinflation der Welt. Der vielerörterte sogenannte „Transfer" bedeutet deshalb die Uebertragung der deutschen Not auf die übrigen Länder.

Der unheilvolle Prozeß der Proletarisierung schreitet im mitteleuropäischen Raum unheimlich schnell fort, bedroht den sozialen Frieden und fördert auf allen Gebieten das Vordringen des Bolschewismus. Der Sieg des Bolschewismus in Deutschland bedroht deshalb auch das Schicksal der übrigen Kulturwelt, weil die psychologischen Voraussetzungen ihm überall gegeben sind und die psychologische Gegenwirkung nach Lage der Dinge nur aus Deutschland kommen kann.

Es gibt nur einen Ausweg aus dieser furchtbaren Lage: die schnelle und umfassende Revision der Pariser Diktate, die vor elf Jahren nicht eine lebensvolle und dauerhafte Organisation des europäischen Zusammenlebens gebracht haben, sondern aus Haß und Unverstand, aus Unkenntnis der Gegebenheiten und aus dem Machtbedürfnis einer politischen Gruppe entstanden sind. Der heutige Zustand Europas hat sich folgerichtig aus diesen Fehlerquellen entwickelt; er kann niemals die Basis einer verständnisvollen Zusammenarbeit sein. Denn wahrer Frieden und wirkliche Gemeinschaft kann nur zwischen Gleichen und Freien bestehen. Das 1919 geschaffene Chaos aber birgt den Keim zu neuen Kriegen tausendfältig in sich.

Wer Europa vor einer vernichtenden Krise bewahren will, muß die Kriegsursachen ausräumen. Die Opfer, die sich daraus für einige besonders begünstigte Nutznießer der Pariser Diktate ergeben, sind geringfügig im Vergleich zu dem Zweck, dem sie dienen sollen. Die Aufrechterhaltung der ungerechten Grenzen, der einseitigen Entwaffnung und der Tributlasten erfordert schon heute ein Uebermaß an Rüstungen, die bei den wehrfreien Völkern überall den Stand von 1914 weit überschreiten. Sie ist auch im übrigen die Ursache der Lähmung wertvoller nationaler Wirtschaftskräfte. Es ist unmöglich, diesen Zustand als Frieden zu bezeichnen. Wenn jetzt der Führer Italiens die Revision der Verträge „prinzipiell aus Gründen der Moral und der Gerechtigkeit" verlangt, so tritt damit sein Land aus dem Ring der im Weltkriege gegen uns alliierten Mächte. Damit ist ein ehrlicher Schritt zur Befriedung Europas getan.

Die himmlische Verheißung „Friede allen denen, die guten Willens sind". mahnt zur christlichen Selbstbesinnung. Was uns nottut, sind politische Taten christlicher Völkermoral. Taten des Friedens und der Wiedergenesung wird aber die Welt nicht sehen, bevor Deutschland selbst wieder reif zur Tat ist. Ein marxistisch beeinflußtes Deutschland bringt weder Frieden noch den Menschen ein Wohlgefallen und ist unfähig, Verhandlungen zu diesem Ziele zu führen. Darum ist das erste, was die gesamte Welt wünschen müßte, die innerpolitische Gesundung Deutschlands.

Am Ende des Weges, den Europa heute geht, kann nur ein Ende des Schreckens stehen. Allein die gemeinsame Anstrengung freier, in jeder Hinsicht gleichberechtigter und sich in ihrem nationalen Lebensrecht anerkennender Völker wird Europa eine bessere Zukunft sichern.

Hugenberg

Italien / Der Duce und Regierungschef:

Schon im Monat Juni hatte ich Gelegenheit, in einer Rede im Senat zu wiederholen, was ich bereits vor der Uebernahme der Regierung des faschistischen Italien gesagt hatte, nämlich: daß die Friedensverträge nicht ewig dauern. Ich sagte, daß es sich in diesem Falle nicht darum handle, polemische Auffassungen auszusprechen, sondern daß es sich allein darum handle, eine geschichtliche Tatsache festzustellen. Niemals hat es in der Geschichte einen ewigen Vertrag gegeben. Denn die Welt geht weiter. Nationen werden geboren; sie steigen auf, und sie steigen ab, und manchmal sterben sie auch.

Bei der Feier des neunten Jahrestages der faschistischen Revolution habe ich wiederholt, daß es das Ziel unserer Politik zur Revision der Verträge sei, den Krieg zu vermeiden, und daß diese Politik kein hauptsächliches italienisches Interesse, sondern ein europäisches und sogar ein Weltinteresse sei.

Auf der Möglichkeit der Revision zu bestehen, ist keineswegs ein unsinniges oder unausführbares Verlangen; denn diese Möglichkeit ist ausdrücklich in den Satzungen des Völkerbundes vorgesehen.

Zum Schluß sei kategorisch klargestellt, daß wir die Revision der Verträge verlangen, nicht aus nationalem Egoismus, sondern prinzipiell aus Gründen der Gerechtigkeit und der Moral, welche die wahren und alleinigen Grundlagen eines dauerhaften Friedens zwischen den Völkern bilden.

Mussolini

Oesterreich / Der Minister des Aeußeren:

Oesterreichs Stellungnahme gegenüber dem Staatsvertrag von Saint Germain ist vom ersten Tage an unverändert geblieben. Dieser Vertrag fügt dem deutschen Volke in Oesterreich bitteres Unrecht zu. Wir haben mit dieser unserer Meinung nicht hinter dem Berg gehalten, sondern unsere Meinung jederzeit mit loyaler Offenheit zum Ausdruck gebracht. Das Unrecht erblicken wir darin, daß man das einheitliche Wirtschaftsgebiet der österreichisch-ungarischen Monarchie, innerhalb dessen auch der deutschösterreichische Volksstamm jahrhundertelang die Grundlage seiner materiellen Wohlfahrt fand, auf der Friedenskonferenz zerriß, ohne auf unsere begründeten Proteste und Warnungen zu hören; ferner darin, daß man dem deutschösterreichischen Volk verwehrte, die Sicherung seiner nationalen und den Neuaufbau seiner materiellen Existenz im Wege der Vereinigung mit dem Deutschen Reich zu suchen. Trotzdem haben die österreichischen Staatsmänner in Uebereinstimmung mit der überwiegenden Mehrheit unseres Volkes niemals einen Zweifel daran gelassen, daß sie eine Revision des Friedensvertrages nur auf friedlichem Wege anstreben.

Die Gradlinigkeit und Aufrichtigkeit unserer auswärtigen Politik ist denn auch in der Tat von den in der europäischen Politik maßgebenden Mächten stets anerkannt worden. Man hat es auch, wenn schon nicht von Anfang an, so doch mit der Zeit überall begriffen, daß Oesterreich sich an keiner politischen oder auch nur wirtschaftspolitischen Kombination zu beteiligen wünscht, von der das Deutsche Reich ausgeschlossen oder die gar gegen das Deutsche Reich gerichtet wäre. Wir sind überzeugt, daß wir damit nicht bloß unseren nationalen Interessen, sondern auch dem europäischen Frieden dienen, dem durch künstliche Lösungen kein Gefallen geschehe. Ich bin dessen sicher, daß unsere Haltung überall verstanden wird, und habe auf meinen Auslandsbesuchen als Bundeskanzler die erfreuliche Bestätigung dafür erhalten, daß die österreichische Außenpolitik überall Vertrauen findet.

Schober

Ungarn / Der Minister des Aeußeren:

Die Revision der Friedensverträge ist eine Frage von ganz besonderer Tragweite, die weit über die politischen Interessen und Wünsche der ungarischen Nation hinausgeht; sie wurde zu einem großen internationalen Problem, weil die Friedensverträge schwere wirtschaftliche und demzufolge auch soziale Gefahren heraufbeschworen haben, mit denen sich zu beschäftigen jeder Staat gezwungen ist. Dadurch gelangen diese auch ungewollt zu den Verträgen als Ausgangspunkte ihrer Notlage zurück. Der Unterschied ist nur der, daß die Forderung nach der Revision in der öffentlichen Meinung einzelner Staaten offen zum Ausdruck gelangt, anderswo aber sich erst im latenten Zustand befindet. Eben da es sich hier um eine sozusagen die ganze Welt interessierende Frage handelt, denkt niemand daran, daß dieselbe mit gewaltsamen Machtmitteln irgendeiner politischen Gruppierung gelöst werden sollte oder gelöst werden könnte. Ich bin überzeugt, daß solche gewaltsamen Versuche der freien Betätigung der Kräfte nur schaden würden, die — eben im Interesse des ständigen europäischen Friedens und des daraus entstehenden allgemeinen wirtschaftlichen Aufblühens — jene Ungerechtigkeiten früher oder später notgedrungen beseitigen werden, die ihren Ursprung in den in einer kriegerischen Atmosphäre ent-

Nächste Nummer erscheint Sonnabend früh

und Mussolinis mit der Unterschrift der beiden »Führer«[599]: Sie fordern die Revision der Friedensverträge von 1919. »Deutsch-italienische Freundschaft« meldet der »Tag« in seiner nächsten Nummer als Aufmacher und behauptet: «Sensationelles römisches Echo der Weihnachtsbotschaften Hugenbergs und Mussolinis im ‚Tag'.«[600]

Eine bemerkenswerte Ausnahme in der Faschismus-Welle 1930 ist die Schrift von Ludwig Bernhard: »Der Staatsgedanke des Faschismus«. Bernhard, der bereits 1924 »Das System Mussolini« meist positiv beschrieben hatte, kommt jetzt zu dem Schluß, daß ein gut funktionierender Parlamentarismus mit geringerem Zwang auskomme und weniger Lebensfreiheit verschlinge. Ein schlecht geleiteter Parlamentarismus sei aber nicht annähernd so grauenhaft wie ein schlecht geleiteter Faschismus, der »die ganze Nation der Willkür eines Menschen oder einer Horde preisgeben würde«. Das Funktionieren des Faschismus hänge von einem Glücksfall, dem Genie Mussolinis ab. Das System habe aber keine regierungsfähige Aristokratie herangezüchtet, sondern nur Prätorianer. »Aristokraten dürfen denken, Prätorianer nicht.« Die politische Lage (in Deutschland) fordere, »daß eine Teilung der demokratischen Gewalt anerkannt werde, welche neben das kollektive Machtorgan eine persönliche Macht setzt«, wie in den USA der Präsident dem Kongreß gegenüber weitgehend unabhängig sei. Ludwig Bernhard aus dem »Freundeskreis« formuliert hier die Bedenken der konservativen »Aristokratie«, die eine Präsidial-Diktatur Hindenburgs anstrebten — *allerdings nicht in der kontrollierten Form der US-Verfassung.* Johannes W. Harnisch, nach Erich Schwarzer einer der Schriftleiter des »Lokal-Anzeiger« bespricht die Broschüre: Über die Parlamentarismus-These von Bernhard werde man »diskutieren können«, die Selbstbeschränkung des Parlaments und stärkere Machtzuweisung an den Staatspräsidenten »ist höchstwahrscheinlich noch nicht der Weisheit *letzter* Schluß«, aber eins sei sicher für Deutschland: »Mit dem faschistischen System geht es nicht.«[600a]

Diese »gemäßigt«-konservative Vorstellung verschwindet im Strom der Faschismus-Preisungen der Scherl-Blätter — besonders des »Tag«. Die harte Konfrontationspolitik Hugenbergs ließ außerdem die Haltung Hindenburgs seit der Unterzeichnung der »Young-Gesetze« als zu schlapp für die nationale Diktatur erscheinen.

Neue Töne (die sich allerdings schon angedeutet hatten) zum Thema Nationalsozialismus sind nach den September-Wahlen von den Blättern zu hören, die der »gemäßigten« (noch) Brüning-freundlichen Fraktion in der westlichen Schwerindustrie nahestehen. Für diese Gruppe[601] war das Präsidialkabinett Brüning ein erster Schritt auf dem Weg zum autoritären Staat, den es zunächst durch eine bürgerliche Mitte-Rechts-Koalition abzusichern und zu unterstützen galt. Die Hugenberg-Politik des frontalen Anrennens gegen jeden Kompromiß mit dem System im Bündnis mit den (noch) unberechenbaren Nationalsozialisten, verbunden mit der Demontage der DNVP, war für sie ein zu gewagtes Abenteuer, galt als katastrophenverdächtig. Hugenberg selbst hatte nach der Aufgabe seiner Ämter im Bergbaulichen Verein (1925) in der westlichen Montanindustrie an Einfluß verloren. Neben dem Kurs der DNVP sorgte auch seine Rolle als Vertreter agrarischer Interessen in der DNVP für Reibungspunkte, wie z.B. ein Brief an den Vorsitzenden des Reichsverbandes der Deutschen Industrie, Carl Duisberg, schon 1928 deutlich macht. Hugenberg kritisiert die »manchesterlichen Gelassenheiten« in der Kreditgebung für die Landwirtschaft, fordert einen hohen Zollschutz und die organisierte Lenkung der kleinen Betriebe.[602]

Es ist in dieser Untersuchung kein Platz, um die politische Fraktionierung der Großindustrie darzustellen.[603] Allgemein scheint Hugenbergs Einfluß in den Jahren bis 1932 geringer geworden zu sein. Er ist nicht *der industrielle* Drahtzieher hinter den Kulissen. Um so wichtiger ist es, sich bei allen Konflikten zum Beispiel zwischen Paul Reusch (Generaldirektor der Gutehoffnungshütte) und Hugenberg, die Gemeinsamkeiten schwerindustrieller und Hugenbergscher Konzeptionen bewußt zu machen. Deshalb eine kurze Analyse des Trends in der »Berliner Börsen-Zeitung« (BBZ)[604] und der »Deutschen Allgemeinen Zeitung«(DAZ).

Der Chefredakteur der BBZ, Richard Jügler, schrieb im Frühjahr 1932 an einen Kontaktmann[605] in der Schwerindustrie:

>*Die BBZ erwägt bei jeder politischen Stellungnahme — ganz abgesehen von dem Raum, den sie im Handelsteil den Interessen der Industrie zur Verfügung stellt — ob ihre Stellungnahme den Interessen der deutschen Wirtschaft entspricht.*«[606]

Im November 1930 sah der politische Redakteur der »Börsen-Zeitung«, L. Sertorius, den »Nationalsozialismus am Scheideweg«:[607]

>*Die nationalsozialistische Partei würde gut tun, wenn sie ihren* **Nationalismus** *als das primäre und ausschlaggebende Moment ihres Charakters stärker als bisher betonen und weiter dafür sorgen würde, daß ihr Sozialgefühl nicht von marxistischen Gedankengängen überwuchert wird. Auch nicht von unmöglichen Phantasie-Produkten Federscher Herkunft wie z.B. die völlig sinnlose ,Enteignung der Bank- und Börsen-Fürsten'!*«

Gegen die Anträge der nationalsozialistischen Reichstagsfraktion auf eine Verstaatlichung (»Sozialisierung« nennt es die BBZ) der privaten Banken, Unterbindung des Börsenhandels in Wertpapieren und Abschaffung der Inhaberpapiere weist die BBZ nachdrücklich auf »die Bankpolitik des faschistischen Italiens«[608] hin und druckt einen Artikel des »hervorragenden faschistischen Bankiers« Guiseppe Bianchini[609] aus dem (deutschen!) Bank-Archiv ab. Sogar die Erbschaftssteuer war in Italien abgeschafft.

Auch die »Börsen-Zeitung« plädierte für eine Demontage der Republik durch eine »nationale« Einheitsfront — aber kontrolliert durch die Vertreter der (alten) Eliten, mit militärischer Absicherung von »Ruhe und Ordnung«:

>*Erkennt die nationale Bewegung das ,System' als Gegner, so wird sie siegen, damit an Schmach und Schande auslöschen, was der 9. November schuf und Deutschland zu neuer Größe emporführen. An die Spitze dieser Bewegung gehört die Reichswehr.*«[610]

Die »Deutsche Allgemeine Zeitung« hatte die Nationalsozialisten im April 1928 noch als unbrauchbar bezeichnet: »Diese Leute haben, wie sich [1923] gezeigt hat, nicht einmal das Talent, einen Putsch zu machen.«[611]

Nach den September-Wahlen 1930 heißt der erste Leitartikel des Chefredakteurs Fritz Klein: »Radikale Protestwahlen.«[612] Dann aber ändert sich die Haltung des Blattes. Am 10. Oktober schildert sein Münchener Korrespondent, Alfred Detig, unter der Titelzeile »Wer ist Adolf Hitler?« ausführlich und positiv gefärbt den Lebenslauf des nationalsozialistischen Parteichefs und schließt:

>*Sollte es nicht doch gelingen können, diesen Mann … in vernünftige Bahnen zu lenken und für eine Besserung unserer Verhältnisse einzuspannen?*«[613]

Am 8. Dezember schreibt Fritz Klein unter der Schlagzeile »Bindet den Helm fester!«[614]: »Das Finanzprogramm ist unter Dach und Fach ... Die Machtverlagerung von der Gesetzgebung zur Vollzugsgewalt fand eine neue, eindrucksvolle Bestätigung.« Diese Würdigung der Arbeit des Kabinetts Brüning ist zwar überwiegend anerkennend, zugleich aber auch drängend: in die antiparlamentarische Richtung. Alle Maßnahmen Brünings seinen bisher »immer nur noch ... ein Tropfen auf den heißen Stein.« Am 13. Dezember[615] druckt die DAZ einen längeren Auszug über »Propaganda« aus »Mein Kampf« und bescheinigt Hitler »außerordentliche Fähigkeiten«. Kritik gibt es nicht. Am 16. Dezember[616] stellt Fritz Klein unter der Rubrik »Führer« Brüning und Hitler vor: »Das letzte Urteil über den Staatsmann Brüning« hänge unter anderem von seiner Behandlung der NSDAP ab, »die zur Zeit ein nicht mehr zu übersehender Faktor des öffentlichen Lebens Deutschlands geworden ist.« Bei Hitler wird sein »wilder Antisemitismus« getadelt. Im übrigen werden ihm durchaus positive Eigenschaften zugestanden. Der Machtkampf zwischen pro- und antikapitalistisch eingestellten Elementen in der NSDAP werde eine »außerordentliche Heftigkeit annehmen«. »Der Ausgang dieses Kampfes ist vollkommen ungewiß ... Der Nationalismus muß ‚kanalisiert' und in das richtige Flußbett geleitet werden.« Diese »Kanalisation« der NSDAP zu einer Partei, die zumindest Grundvorstellungen der Unternehmer über Wirtschaft und Staat verwirklichte, wurde in der Folgezeit weiterbetrieben.[617] In »Ruhr und Rhein«[618] schrieb im März 1931[619] ein Anonymus (der Artikel ist mit 3 Sternen gekennzeichnet), der Zweck des neuen Buches von Reupke über »Wirtschaft und Nationalsozialismus« sei es, innerhalb der NSDAP

>*die Haltung der Kreise zu stärken, die von der Notwendigkeit einer von Unternehmern geleiteten Wirtschaft überzeugt sind und ... gegenüber etwaigen Experimentierwünschen auf die bereits erprobte Wirtschaftspolitik des Faschismus empfehlend hinzuweisen, die innere Verwandtschaft zwischen NS und Faschismus zu betonen und daraus die Notwendigkeit der Nutzbarmachung der Erfahrungen des Faschismus für den NS zu folgern.«*

So ist es nur der konsequente Endpunkt einer Entwicklung, wenn »Ruhr und Rhein« am 24. Februar 1933, kurz vor den entscheidenden März-Wahlen, schreibt:

>*Der Wahlkampf, den wir jetzt durchleben, ist nicht nur ein Gericht über das ‚System der letzten 14 Jahre' und damit nicht nur ein Kampf gegen Parteiwillkür und falsch verstandenem [sic] Parlamentarismus, gegen übertriebenen Fiskalismus und sozialistisch-marxistische Wirtschaftsexperimente, der Wahlkampf ist vielmehr gleichzeitig auch Verkünder einer neuen geistigen Haltung ... Für den Grundsatz einer autoritären Staatsführung, für die Sauberkeit der öffentlichen Verwaltung, ein Kampf für Arbeit und Brot.«[620]*

Nicht die Nationalsozialisten waren es, die das deutsche Besitzbürgertum faschistisch machten, sondern die Vertreter des Kapitals haben, über ihre Fraktionierung hinweg, den Nationalsozialismus faschisiert, seiner faschistischen Komponente zum Durchbruch verholfen. In diesem Sinne hat der deutsche Kapitalismus den deutschen Faschismus gezeugt.

Wettlauf in das Dritte Reich

Hugenberg als Steigbügelhalter Hitlers in der satirischen Zeitschrift der SPD »Der wahre Jakob« im Jahre 1930.

Der nächste Schritt zur Demontage der Republik war wieder ein Plebiszitärer Appell an die »nationalen Massen«: Das Volksbegehren zur (vorzeitigen) Auflösung des am 20. Mai 1928 gewählten preußischen Landtags. Das Land Preußen der Weimarer Republik regierte nach Einführung des allgemeinen, gleichen und geheimen Wahlrechts (mit zwei kürzeren Unterbrechungen) seit 1920 der sozialdemokratische Ministerpräsident Otto Braun mit einer Koalition aus SPD, Zentrum und DDP, dazu vorübergehend auch die DVP. Die Regierung dieses »roten« »Neupreußen«, wie es die Konservativen nannten, sollte gestürzt werden —

durch Neuwahlen, die wahrscheinlich vor allem der NSDAP zugute kommen würden. Im November 1930 trafen sich u.a. Vertreter der DNVP, DVP, Wirtschaftspartei und Alldeutschen zu einer vorbereitenden Sitzung. Die Nationalsozialisten ließen sich entschuldigen, deuteten aber Einverständnis an.[621]

> *»Ganz allgemein kam zum Ausdruck, daß alle Organisationen für das Volksbegehren sehr begeistert waren[622] ... Auch in finanzieller Beziehung war man außerordentlich optimistisch, glaubte, die Wirtschaftsorganisationen zu den notwendigen Zahlungen heranziehen zu können. Die Ruhr-Industrie ist nach Wagner[623] zu Zahlungen bereit.«*

Am 24. Dezember kündigte der »Stahlhelm« das neue Volksbegehren öffentlich an. Schon auf dem »elften Reichsfrontsoldatentag« in Koblenz Anfang Oktober hatte der 1. Bundesführer Franz Seldte erklärt: »Wer Preußen hat, hat Deutschland. Der Reichspräsident soll in Zukunft auch das Amt des preußischen Staatspräsidenten innehaben.«[624] »Stahlhelm-Parole: Fort mit Rotpreußen« hieß die Schlagzeile des »Tag«.[625] »Der Wille zur Macht« war der Bericht aus Koblenz überschrieben:

> *»Ein packender Anblick. Eine über das ganze Feld verteilte Lautsprecheranlage ermöglicht technisch die Kommandierung der Massen mit **einem** Kommando. Die Ehrengäste, die aus dem Süden heraufkamen, [d.h. die italienischen Faschisten] sagten, daß das vielleicht der überzeugendste Ausdruck von der Wucht der Stahlhelmbewegung gewesen ist, als auf **ein** Kommando das noch in Bewegung befindliche graue Meer zu einer erzenen Masse erstarrte, auf das Kommando: Kehrt! mit einem Ruck sich wandte, in einem Ruck über 100.000 Köpfe nach rechts flogen, als die Ehrenkompanie mit den vielen Tausenden Fahnen heranrückte.«*

Diese Form demonstrativer Öffentlichkeit ist auch eine Erinnerung an den »militärischen Glanz« des zweiten Reiches und beschwört die sentimentalen Gedanken der kaiserlichen Offiziere und des anwesenden Hohenzollern-Kronprinzen. Aber sie ist nicht mehr »bunt«, wie es das Attribut wilhelminischer Paraden war, sondern ein grauer, noch gesichtsloserer Klotz, dessen Formierung und Gleichschaltung durch den Einsatz (damals) moderner Medientechnik auf die Spitze getrieben wird. Das ist die »Massenbasis«, wie sie sich Hugenberg und andere Vertreter der »individualistischen Gesellschaftsordnung« wünschen: angeordnet und dressiert, jeder Befehl wird ausgeführt. Und jeder einzelne kleine Uniformträger fühlt in sich die Kraft der ganzen Maschine, glaubt, er sei stark. »Vertreter der italienischen Faschisten grüßen das Deutschland-Lied« betont »Der Montag« in seinen Schlagzeilen.[626] Die neue faschistische »Öffentlichkeit« wird demonstriert, trotz einer Konkurrenz zur NSDAP.

> *»Die vielen Hitler-Fahnen in den Koblenzer Straßen, die vielen ausgestreckten Hände des nationalsozialistischen Grußes, zeigten übrigens gerade in Koblenz, daß von beiden Seiten die nationale Zusammenarbeit gewollt und vorhanden ist.«[627]*

Im Februar 1931 wird das Volksbegehren offiziell beantragt. Seine Unterstützung reicht diesmal von der NSDAP bis zur DVP — ein Rechtsrutsch der alten Stresemann-Partei, wie es in der Literatur oft interpretiert ist, besser gesagt aber eine Konsequenz ihrer schon vorhandenen Tendenzen. Die Abstimmung im April brachte genügend Stimmen zur Vorlage des Begehrens an das Parlament, aber der preußische Landtag lehnte mit 229 : 190 ab. Der Volksentscheid am 9. August 1931 brachte fast 37 % Ja-Stimmen: »ein psychologischer Erfolg«,[628] wenn auch der Landtag blieb und keine vorzeitigen Neuwahlen ausgeschrieben wurden.

Hugenbergs erstes Etappenziel war endgültig erreicht: große Teile des deutschen Bürgertums und der Bauern hatten sich nach rechts in Bewegung gesetzt. Doch an ihrer Spitze standen jetzt immer unangefochtener die Nationalsozialisten. Die Zahl ihrer Versammlungen und öffentlichen Aktivitäten übertraf die aller anderen Parteien und politischen Verbände.[629] Die Honoratioren der DNVP konnten da nicht mithalten — und oft war es auch nicht ihr Stil. Hugenberg hatte seine Rechnung ohne die begrenzten sozialen Fähigkeiten der Parteibasis gemacht. So unterstützte das Trommelfeuer seiner Medien indirekt die NSDAP. Die Kommunal- und Landtagswahlen 1931 zeigen ihren rapiden Vormarsch und das weitere Absinken der DNVP. Nach dem demonstrativen Auszug von Nationalsozialisten und (etwas später) Deutschnationalen aus dem Reichstag im Februar 1931 (sie kehrten erst Monate später zurück) wurden die öffentlichen Kampagnen gegen »das System« immer ausgedehnter; eine Art permanenter Wahlkampf entbrannte. Hugenberg, der mit seinen Medien einer der Lehrmeister der NSDAP gewesen war und manchen ihrer Gedanken vorweggenommen hatte, wird jetzt fast zum Schüler: er versucht, den erfolgreicheren Konkurrenten zu imitieren — aber er zieht dabei auch die schärfste Konsequenz seiner *eigenen* politischen Logik. Die Deutschnationale Volkspartei stellt sich schließlich als reine Hugenberg-Bewegung dar. Der Parteitag in Stettin am 19. und 20. September 1931 besiegelt diese Entwicklung. Die DNVP-Korrespondenz »Unsere Partei« berichtet:[630]

> *»Dieser Reichsparteitag war keine übliche Parteitagung.* Er war mehr **eine Kundgebung** *als eine Tagung. Er glich mehr einem* **kämpferischen Aufmarsch** *als einem beratenden Kongreß. Und dem entsprach auch die entscheidende Tatsache, daß sich alles um die Persönlichkeit Hugenbergs drehte. Mit dem Stettiner Parteitag hat die Deutschnationale Partei ihr Gesicht als Parteiorganisation definitiv im Sinne des Bewegungscharakters einer modern* **aktivistischen Gemeinschaftsbewegung** *gewandelt, sie ist zur reinen Gefolgschaft einer in sich ruhenden, Umwelt formenden schöpferischen Persönlichkeit und eines sich darin offenbarenden politischen Führertums geworden. Die Deutschnationale Partei ist mit einem Worte Hugenberg-Bewegung geworden. Das ist ihre Gegenwartsgröße. Das verbürgt zugleich ihre geschichtsgestaltende Kraft.*
> [*Hugenberg spricht:*]
> *,Die Welt um uns schwankt. Fast ein jeder sieht sein wirtschaftliches Ende voraus. Verzweiflung gibt Kraft und Mut. Wirtschaftlich und seelisch wird durch die Schuld unserer Gegner ein heilloser Zustand entstehen, in dem sie unter ihrem schlechten Gewissen zusammenbrechen. Laßt uns dann feststehen — dann klammert sich alles an uns, und unser Deutschland steigt wieder aufwärts!'*
> *Mit diesen Worten schloß Dr. Hugenberg seine großangelegte Rede in der Stettiner Messehalle. 15.000 Menschen erhoben sich spontan von ihren Sitzen und jubelten dem Führer zu.*
> *Mag die Welt auch schwanken. Deutschland versinkt nicht, solange es noch einen Hugenberg hat. Das ist die Gewißheit, die uns Stettin gab. 15.000 Delegierte aus allen Gauen Deutschlands wurden unter der Wucht der staatsmännischen Worte zu einem Stahlblock zusammengeschmiedet.«*

Die Hoffnung, daß sich schließlich doch alles an ihn, seine Führung und die Deutschnationalen klammern wird, hat Hugenberg nicht aufgegeben. In einem

»Geleitwort« an die »Neue Liebenwerdaer Kreiszeitung«, die gerade »ihre Kräfte in den Dienst der nationalen Front gestellt« hat, schreibt er im September 1931:

> »*Es geht um die* **Seele unseres Volkes**. *Wir wollen sie vom* [sic] *dem* **Gift** *befreien, mit dem der Marxismus sie 15 Jahre hindurch betäubt und betört hat. Haben wir erst die Seele — so haben wir auch den ersten Sieg im Kampfe um die äußere Befreiung. In diesem Zweifronten-Krieg ist der nationalen Presse eine schwere und verantwortungsvolle Aufgabe erwachsen.«* In diesem Sinne gilt der ‚Neuen Liebenwerdaer Kreiszeitung' *mein Gruß und mein Wunsch zu dem heutigen Tage, der es ihr ermöglicht, jeden zweiten Tag auf dem Plan zu erscheinen!«*[631]

»Kampf um die deutsche Seele« — das waren auch Hitlers Worte in München nach dem großen Wahlerfolg im September 1930.

Einen Monat nach dem Stettiner Parteitag kommt es zur umfassenden »Heerschau« der »nationalen Opposition« in Bad Harzburg. Die Wahl des Tagungsortes (7.000 Einwohner) im Land Braunschweig ist schon eine Demonstration: im Landtag regiert seit dem Oktober 1930 eine Koalition aus bürgerlichen Rechtsparteien (darunter DNVP und DVP) und Nationalsozialisten.[632] Die Braunschweigische Staatsregierung wird es auch sein, die Hitler im März 1932 als Regierungs-Rat anstellt und ihm so die (für die Kandidatur zu den Reichspräsidentenwahlen benötigte) deutsche Staatsbürgerschaft verschafft. Im Zweiminister-Kabinett des Landes regieren ein Deutschnationaler (Werner Küchenthal) und ein Nationalsozialist (Dietrich Klagges).

Am 11. Oktober beginnt in Harzburg die große Kundgebung der »nationalen Opposition«. Es erscheinen: »die Elite der Alldeutschen mit Justizrat Claß[633]«, Hugenberg und Hitler mit den Reichstags- und (preußischen) Landtagsfraktionen von DNVP und NSDAP, Seldte und Duesterberg mit dem Führerstab des Stahlhelms, Eberhard Graf von Kalckreuth mit der Führung des Reichslandbundes, die führenden Vertreter der Deutschen Volkspartei und der Wirtschaftspartei, fünfzehn pensionierte Offiziere im Generals- oder Admiralsrang, darunter auch Hans von Seeckt, DVP-Reichstagsabgeordneter und von 1920 - 1926 Chef der Heeresleitung der Reichswehr, die Hohenzollernprinzen Eitel Friedrich und August Wilhelm und andere Vertreter des »Hochadels« sowie Hochschullehrer und eine Reihe anderer akademischer Repräsentanten. Die Stärke der in Harzburg versammelten politisch-gesellschaftlichen Macht wurde unterstrichen durch eine Gruppe von einflußreichen »Wirtschaftsführern«, darunter Emil Georg von Stauß (Deutsche Bank) aus dem Aufsichtsrat der UFA, Fritz Thyssen, Ernst Poensgen (Vereinigte Stahlwerke), Max Schlenker (Geschäftsführer des Langnamvereins) und viele andere.

»Unsere Partei« berichtet über die gemeinsame Kundgebung:[634]

> »*Der* **Kurhaussaal**, *geschmückt mit den Fahnen Schwarz-Weiß-Rot, der alten* **Kriegsflagge**, *mit* **Hakenkreuzfahnen** *und der* **Landbundfahne**, *war überfüllt.*
> *Kurz nach 3 Uhr erscheinen Dr.* **Hugenberg** *und Hitler, empfangen mit nicht enden-wollenden, brausenden und jubelnden* **Grüßen**. *Den Vorsitz hat Herr Dr.* **Hugenberg**, *der die Tagung eröffnet und dann das Wort Herrn Minister Dr.* **Küchenthal** *gibt.*
> *Zunächst betonte* **Ministerpräsident Küchenthal** *im Namen der Braunschweiger Regierung, daß er sich freue, die Gewähr für die Sicherheit dieser Versammlung in dem national regierten Braunschweig zu übernehmen.*
> *Dann spricht Hugenberg:* 'Hier ist die Mehrheit des deutschen Volkes. Sie ruft den

Die Totengräber der Republik — Bad Harzburg 1931.

Pächtern der Pfründen und Ämter, den Machtgenießern und politischen Bonzen, den Inhabern und Ausbeutern absterbender Organisationen, sie ruft den regierenden Parteien zu: Es ist eine neue Welt im Aufstieg — wir wollen euch nicht mehr!'«

Eins seiner ersten Ziele nach der Machtübernahme ist für den Konzernchef eine neue Wirtschaftspolitik:

*»Was **Arbeitslosigkeit** der industriellen Welt heißt, weiß jetzt die ganze Erde. Ihr wird der erste große Kampf der regierenden Nationalen Opposition gelten …*
Wir wissen, daß eine unerbittliche geschichtliche und moralische Logik auf unserer Seite ficht; aus dem Neuen, das Technik und Industrie für die Welt bedeutete, hatte

sich ein Wahn mit **doppeltem Gesicht** *entwickelt — der sogenannte internationale Marxismus und der eigentlich erst aus den marxistischen Konstruktionen heraus* **Wirklichkeit gewordene** *internationale Kapitalismus. Dieser Wahn bricht jetzt in der Weltwirtschaftskrise und in der davon scharf zu unterscheidenden* **deutschen Krise** *zusammen. Die Frage ist nur, ob daraus Zerstörung und Elend nach* **russischem** *Muster* **oder** *neuer Aufbau* **nach unseren Plänen** *und unserer Führung hervorgehen soll.«*

Die Beschwörung der »bolschewistischen« Gefahr ist eine ideologische Klammer der »nationalen Opposition«. Hugenberg:

> *»Der eine ist der* **russische**, *der andere ist* **unser deutscher** *Weg. ... Wir fragen laut alle Deutschen: Wollt ihr nicht lieber mit uns den deutschen Weg gehen?«*

Der »deutsche Weg«, das ist für den deutschnationalen Parteichef auch »die Teilnahme an den Kolonial- und Siedlungsgebieten der Erde«. Schon auf dem Stettiner Parteitag hatte er »wieder ein Kolonialreich in Afrika« für Deutschland gefordert und hinzugefügt: »Der zweite Schritt wäre der, daß dem 'Volk ohne Raum' *Gebiete eröffnet* würden, in denen es seiner tatkräftigen Rasse *Siedlungsraum* schaffen und große Werke des Friedens aufbauen könnte.«[635] Zur neuen Wirtschaftspolitik Hugenbergs gehört auch die »vollständige Abkehr vom sogenannten ,weltwirtschaftlichen Denken'«, eine »Dezentralisation« — wie sie in der Autarkie-Politik des Dritten Reiches versucht wurde. Ex-Reichspräsident Hjalmar Schacht, der unter der Regierung Hitler 1933 wieder seinen alten Posten bekommen sollte, berührt in seiner Rede die gleichen Gedanken: eine »nationale Regierung« müsse

> *»sich fest auf die heimische Wirtschaft stellen und aus dem heimischen Boden herausholen, was nur irgend herauszuholen ist, und im übrigen ... sparen und arbeiten.«*

Hugenberg schließt seine Rede:

> *»Alles wartet nur auf die Parole zu den ersten Hammerschlägen des Neubaues. ... Der Bauplatz muß zuvor seitens der anderen geräumt sein. Oder er muß durch die unseren gestürmt werden. Die Einigkeit der gesamten Nationalen Opposition ist der erste Schritt.«*

Es folgt Hitler, der auch den Kampf gegen den »Bolschewismus« beschwört:

> *»Wir sind daher entschlossen, die Auseinandersetzung zwischen Bolschewismus und Antibolschewismus in Deutschland mit allen Mitteln bis zur letzten Konsequenz im Sinne der Erhaltung der deutschen, abendländischen und christlichen Kultur durchzuführen.«*

Dies ist ein Appell an das christlich-konservative Bürgertum, daß ein »gemäßigter« Hitler zur NSDAP herüberziehen will. Und ganz im Unterschied zu den Aussagen in »Mein Kampf« betont er, daß

> *»ein national regiertes und damit von der übrigen Welt wieder geachtetes Deutschland mehr befähigt ist, aufrichtige friedliche Beziehungen zu den anderen Nationen anzuknüpfen und zu pflegen als unser heutiges.«*

Hitler gibt sich schon als außenpolitisch relativ gemäßigter Regierungschef, der nur eine Revision der allgemeinen Bestimmungen des Versailler Vertrages will. Hugenberg wirkt in seinen außenpolitischen Passagen schärfer. Die alte, wilhelminische Elite wurde von vielen bürgerlichen Politikern des westlichen Auslandes bis 1938 für revanchistischer gehalten — oder so dargestellt — als die NS-Führung.

Hugenberg hatte nach seiner Rede schon die gemeinsame Entschließung verlesen:

>*Die nationale Front, einig in ihren Parteien, Bünden und Gruppen, von dem Willen beseelt, gemeinsam und geschlossen zu handeln, gibt folgendes kund:*

Die Nationale Opposition hat seit Jahren vergeblich gewarnt vor dem Versagen der Regierungen und des Staatsapparates gegenüber dem Blutterror des Marxismus, dem fortschreitenden Kulturbolschewismus und der **Zerreißung der Nation durch den Klassenkampf**...

In vollem Bewußtsein der damit übernommenen Verantwortung erklären wir, daß die in der Nationalen Opposition stehenden Verbände bei kommenden Unruhen wohl Leben und Eigentum, Haus, Hof und Arbeitsstelle derjenigen verteidigen werden, die sich mit uns offen zur Nation bekennen, daß wir es aber ablehnen, die heutige Regierung, das heute herrschende System mit dem Einsatz unseres Blutes zu schützen. Wir verlangen Wiederherstellung der deutschen Wehrhoheit und Rüstungsausgleich. Einig stehen wir zu diesen Forderungen. Geächtet ist jeder, der unsere Front zersetzen will. Wir beschwören den durch uns gewählten Reichspräsidenten v. Hindenburg, daß er dem stürmischen Drängen von Millionen vaterländischer Männer und Frauen, Frontsoldaten und Jugend entspricht und in letzter Stunde durch Berufung einer wirklichen nationalen Regierung den rettenden Kurswechsel herbeiführt. Nur der starke nationale Staat kann Wirtschaft und Arbeitsplatz stützen, nur der starke nationale Staat kann das Leistungsprinzip in jeder Form verwirklichen und die zur **Herbeiführung einer wahren Volksgemeinschaft** *notwendigen sozialen Maßnahmen durchführen. Wir verlangen von allen Volksgenossen Pflichterfüllung und Opfer.*«[636]

Die letzten Sätze sind schon ganz die Sprache des »Dritten Reiches« und viele Punkte des Harzburger Programms werden Inhalt seiner Politik.

»Harzburg ist Hugenbergs Werk«, schreibt »Unsere Partei« und emphatisch fügt sie hinzu:[637] »Harzburg krönte sein Werk.« Doch hinter der Kulisse der Einigkeit wird immer heftiger um die Führung gekämpft. Nur die Nationalsozialisten haben noch eine wirkliche »Massenbasis«, nur sie vermitteln für viele Bauern, Handwerker, Kaufleute, Angestellte glaubwürdig Anti-»Marxismus« (womit dem Inhalt nach Antisozialismus gemeint war) und Anti-(internationaler) Kapitalismus zugleich.

Die Nationalsozialisten treten immer mehr in einer Position der Stärke auf; dabei mischt sich das Bewußtsein ihrer großen Zahl mit dem Zwang zur Selbstdarstellung vor dem eigenen Anhang. Das ist kein individueller Zug bestimmter NS-Politiker, sondern unter den Bedingungen der Jahre 1931/32 und dem Ziel »Machtergreifung« eine Notwendigkeit: auf der einen Seite mußte man einem größeren Teil der Anhänger das Bündnis mit dem »sozialreaktionären« Hugenberg erklären: das bedeutete ein ständiges Sich-Abgrenzen und den gezielten Aufbau von Einzelkonflikten; auf der anderen Seite ging man einem grundsätzlichen Kampf um die Führung so lange aus dem Weg, wie man den politischen und materiellen Einfluß der Hugenberg-Bewegung und der ihr nahestehenden Gruppen noch brauchte.

Im September 1931, einen Monat vor »Harzburg«, macht Hitler Hugenberg noch einmal deutlich, daß er längst kein Junior-Partner mehr ist.[638] In Braunschweig war der nationalsozialistische Minister Franzen zurückgetreten, weil er die Notverordnungen der Reichsregierung unter Kanzler Brüning gegenüber den

»schaffenden Ständen« nicht tragen wollte.[639] Die Fraktion der »Bürgerlichen Einheitsliste« beschloß, allein mit dem deutschnationalen Minister Küchenthal zu regieren. Anscheinend hatte die Reichsleitung der NSDAP den Rücktritt Franzens erst nachträglich als Fehler empfunden, jedenfalls forderte sie wieder ihren Machtanteil. Hitler schreibt deshalb an Hugenberg:[640]

»Hochverehrter Herr Geheimrat!

Als ich mich vor **nunmehr bald 1 ¹/₂ Jahren entschloß, mit meiner Bewegung in ein Bundesverhältnis zur Deutschnationalen Volkspartei, dem Stahlhelm und anderen Verbänden zu treten,** *leitete mich der Gedanke, auf diesem Wege gegenüber dem heutigen System eine stärkere Vertretung der nationalen Interessen vornehmen zu können. So wenig dadurch die Freizügigkeit der Propaganda-Arbeit der einzelnen zusammengeschlossenen Parteien und Verbände behindert werden sollte, so nötig ist es aber, daß dort, wo diese nationale Opposition dem heutigen System gegenüber schon als gemeinsamer Inhaber der staatlichen Macht auftritt, untereinander* **strengste Loyalität** *herrscht.«*

Nachdem Hitler sich selbst als Initiator des Bündnisses herausgestellt hat, betont er,

»daß die nationalsozialistische Partei nicht daran denkt, die ihr zukommende Stellung im braunschweigischen Kabinett aufzugeben. ... Ich habe mich deshalb entschlossen, an Sie, sehr verehrter Herr Geheimrat, die Frage zu richten, **ob es Ihrem Einfluß möglich ist, in Braunschweig ... dahingehend einzuwirken, ...** *daß die deutschnationale Partei sich* **restlos für die Wiederbesetzung der zweiten Ministerstelle durch einen Nationalsozialisten einsetzt.** *Sollte diese Angelegenheit nicht in diesem loyalen Sinn entschieden werden können, dann teile ich Ihnen, hochverehrter Herr Geheimrat mit, daß ich am* **16. September den Austritt der nationalsozialistischen Partei aus der nationalen Opposition als vollzogen ansehe** *und der Öffentlichkeit endgültig bekannt geben werde. Vielleicht werden die Minister des Stahlhelm und der deutschnationalen Volkspartei*

Auf dem Weg ins »Dritte Reich«, Hugenberg und Hitler in Bad Harzburg.

mich dann als Feind mehr zu schätzen lernen, **als heute als Freund***. Indem ich Sie persönlich meiner Hochachtung versichere, verbleibe ich, Herr Geheimrat*

Ihr ergebener
gez. Adolf **Hitler«**

Der Brief wurde in »Unsere Partei« von den Deutschnationalen veröffentlicht[641] und Hitler wird damit gerechnet haben. Das erklärt mit den scharfen Tonfall des Ultimatums: es ist auch eine Adresse an die eigenen Anhänger.

Hugenberg antwortete, er sei enttäuscht:[642]

> »*Nach der* **Entwicklung unserer persönlichen Beziehungen hätte** *ich nicht angenommen, daß der* **eine dem andren so leichthin die Trennung androhen könnte.** *Sie würde, wie Sie selbst sagen,* **den Kampf bedeuten — und zwar den Kampf bisheriger Bundesgenossen, deren Bündnis von den Gegnern als schwerste Bedrohung empfunden wird**«.

Bei einem gesonderten Vorgehen sei

> »»*die Erlangung von Mehrheit und Macht außerordentlich zweifelhaft.*«

Hugenberg äußerte den Verdacht, daß der (linke) Parteiflügel der NSDAP, in dem es Opposition gegen das Bündnis mit den »bürgerlichen« Deutschnationalen gab, Hitler zu »der ultimativen Behandlung der Angelegenheit veranlaßt haben könnte.« Unter anderem deute auch die jüngste Goebbels-Rede im Sportpalast darauf hin.

> »*Ich brauch danach nicht zu sagen, daß ich es lebhaft bedauern würde, wenn Sie den von Ihnen vertretenen in* **erster** *Linie nationalen Kurs nicht durchhalten könnten.*«

Der deutschnationale Parteiführer erklärt dann, er sei

> »*gern bereit, die Ordnung der braunschweigischen Verwicklung gemäß unserer beiderseitigen Auffassung in die Hand zu nehmen.*«

Zum Schluß schlägt Hugenberg Hitler vor, sich in den nächsten Tagen zu treffen. In einem weiteren Brief[643] weist der DNVP-Chef auf die schwankende Haltung der nationalsozialistischen Landtagsfraktion hin, aber die Entscheidung ist schon gefallen. Die NSDAP wird wieder Regierungspartei und stellt mit Dietrich Klagges einen der beiden Minister.

Das Braunschweiger Beispiel zeigt, daß beide sich brauchen: Hitler will zwar das *ganze* Spektrum seiner Anhänger bei der Stange halten, aber die NSDAP ist von der reinen »Bewegung« längst schon zur »Regierungspartei« auf Koalitionssuche geworden. Und diese Bündnispartner findet sie im konservativen Bürgertum. In Braunschweig zieht die bürgerliche Mehrheit ein Bündnis mit den Nationalsozialisten einer Koalition mit der Sozialdemokratie vor — obwohl diese Partei keine entschiedenen sozialistischen Positionen vertritt. Auf Reichsebene war die SPD in der »Großen Koalition« 1929/30 bis an die Grenze der Verleugnung ihrer Wählerinteressen gegangen. Im Zweifelsfall aber wurde die Mehrheit des deutschen Provinzbürgertums lieber nationalsozialistisch, als der deutschen Arbeiterbewegung — und sei es auch nur in ihrer reformistischen Form — Zugeständnisse zu machen. Diese Einstellung hat das »Dritte Reich« mit möglich gemacht.

Der NSDAP ging es in Braunschweig darum, größere Teile ihrer »mittelständischen« sozialen Basis mit praktischer Politik zufrieden zu stellen[644] und so weiter werbewirksam zu sein.

In manchen Darstellungen über die letzten Jahre der Weimarer Republik werden die Reibereien und Prestigekämpfe bei der Harzburger Tagung überbewertet.[645] Trotz der Konflikte mit den Nationalsozialisten wartete Hugenberg weiter auf die Möglichkeit einer gemeinsamen Machtübernahme. Am 10. Januar 1932 hat er eine Unterredung mit dem Reichskanzler. Brüning schlägt ihm vor, Reichspräsident Hindenburg, dessen Amtszeit bald abgelaufen ist, durch den Reichstag (und nicht direkt von allen Wahlberechtigten) wiederwählen zu lassen. Hugenberg antwortet ausweichend, fragt Brüning, ob der nicht zurücktreten wolle und betont, »er [Hugenberg] müsse aber erst die Frage mit Herrn Hitler besprechen«.[646]

Auf den Wunsch des Reichskanzlers, seine Auffassung vertraulich zu behandeln, sagt ihm Hugenberg das zu »mit der Einschränkung, daß er mit Hitler darüber sprechen müsse, dem wohl ähnliche Eröffnungen gemacht seien«. Brüning bejaht das. Am nächsten Tag lehnt der DNVP-Vorsitzende Brünings Vorschlag ab, denn er sei »eine Vertrauenskundgebung weniger für den Herrn Reichspräsidenten als für die von uns bekämpfte Politik.«[647]

Ende Januar 1932 schreibt Hugenberg per Einschreiben und Eilboten an Hitler:

> »Es ist nach meinem Eindrucke vielleicht in Kürze möglich, das in Harzburg aufgestellte gemeinsame Ziel des Ersatzes der bisherigen Regierung durch eine wirkliche Rechtsregierung zu verwirklichen.«[648]

Er schlägt eine Unterredung unter vier Augen vor. Am selben Tage regt er den Leiter der deutschnationalen Pressestelle, Brosius, an, herauszufinden, wer anonym in den »Führerbriefen«[649] »unter der Marke Deutschnational« »vergiftend« auf das Verhältnis zur NSDAP einwirke.

> »Ich betone nochmals, daß die verantwortlichen Herren der Hauptgeschäftsstelle ebenso wenig wie ich in der Lage sind, offiziell in den Kampf einzugreifen, der im Lande mit den Nazis auf deren Veranlassung im Gange ist.«[650]

Hitler selbst ging nach Harzburg zunächst weiter zweigleisig vor. Gegenüber Vertretern des »Deutschnationalen Handlungsgehilfen-Verbandes« (der mit dem Hugenberg-Kurs gebrochen hatte), stellten er und Gregor Strasser

> »sich so eindeutig auf den Boden der gegebenen sozial- und gewerkschaftspolitischen Notwendigkeiten, daß Harzburg als Hoffnung der sozialpolitischen Reaktionäre erledigt ist.«[651]

In Gesprächen, mit deren Weitergabe an die deutschnationale Führung zu rechnen war, sagte Hitler im Dezember 1931:

> »Er müsse so schnell wie möglich an die Macht kommen, deshalb dränge er so, deshalb sähe er sich auf allen Seiten nach Bundesgenossen um. Mit Ihnen [Hugenberg] werde er sich im richtigen Augenblick schon verständigen. Sie müßten eine Art Wirtschaftsdiktator mit unbeschränkten Vollmachten werden.«[652]

Im Februar 1932 kündigt Hindenburg seine erneute Kandidatur für das Amt des Reichspräsidenten an. SPD und Zentrum, die bei der ersten Wahl des Feldmarschalls 1925 einen eigenen Kandidaten hatten, unterstützten ihn jetzt. Deutschnationale, Nationalsozialisten, Stahlhelm und Reichslandbund lehnen Hindenburg als — wenn auch ungewollten — Träger des »Systems« endgültig ab. Aber das

Zentrum der Harzburger Front kann sich nicht auf einen gemeinsamen Kandidaten einigen, da Hitlers Ansprüche dem Hugenberg-»Block« zu weitgehend sind. So kandidiert schließlich sowohl der NSDAP-Chef wie auch Duesterberg (für DNVP und Stahlhelm). Es kommt zur Stichwahl zwischen Hindenburg (49,6 %), Hitler (30,1 %) und Thälmann (KPD; 13,2 % im 1. Wahlgang). Hugenberg schreibt dem konkurrierenden (NS-)Führer:[653] Er habe sich entschlossen, in den zweiten Wahlkampf nicht einzugreifen; er halte die Kandidatur Hitlers für aussichtslos. Gerade deshalb könne er, Hugenberg, sich jetzt, ohne »Schaden für die nationale Bewegung«, kritisch (öffentlich) äußern:

»So wie die N.S.D.A.P. seit Oktober die großen praktischen Entscheidungen behandelt hat, geht es nicht. **Bei einer anderen Behandlung der in dieser Zeit jeweils entscheidenden politischen Fragen könnte die nationale Opposition schon heute im gemeinsamen Besitz der Macht sein.** *... Die gleichen deutschnationalen Parteifreunde in Braunschweig, die am 7. September 1931 den Gegenstand ihre Verdammungsurteils bildeten, haben Ihnen jetzt — mit meinem vollen Einverständnis trotz meiner Einstellung zur Kandidatenfrage — die Kandidatur zur Reichspräsidentenschaft ermöglicht. ... Wenn Sie* **alle** *Machtpositionen in Ihrer Hand, in der Hand Ihrer Partei oder Bewegungen vereinigen wollen —* **eine Sache, die es bisher unter keinem Kaiser und König in germanischen Landen gegeben hat** *—, so sage ich Ihnen vorher, daß Sie um dieses Ziel das Blut Ihrer Besten vergeblich verspritzen werden und daß Sie insbesondere mit 'Legalität' nie zu diesem Ziele kommen werden. Was sich dagegen zusammenballt, wird immer stärker sein als Sie. ... Ich bin der Auffassung gewesen, daß der Generalfeldmarschall von Hindenburg* **unser Kandidat** *hätte sein können, wenn er sich von dem immer stärker zum Himmel stinkenden System trennte.« Es sei eine Lüge, daß er Hitler die Reichskanzlerstellung habe streitig machen wollen. »Ich habe vielmehr wiederholt betont, daß ich mir bei der gegenwärtigen Sachlage ohne dies Zugeständnis an Sie keine Möglichkeit einer vernünftigen Verständigung vorstellen könne.«*

Der Brief war auch für die Öffentlichkeit bestimmt[654] und bedeutete für Hugenberg nur die Auseinandersetzung über »Dinge der nationalen Sache..., die wir gemeinsam vertreten.« Die »Unerbittlichkeit und Gehässigkeit, in der Ihre Leute den Wahlkampf ganz besonders gegen die D.N.V.P. führen«, war für Hugenberg sekundär, »da solche Gesichtspunkte für mich nicht ausschlaggebend sind.« In der Erwartung, daß die wirklich wichtigen Entscheidungen letztlich von Wenigen hinter der Kulisse der Öffentlichkeit gefällt werden, neigt Hugenberg dazu, den Hader beim Kampf um die Wählerstimmen als etwas zweitrangiges zu betrachten. Das erklärt mit, warum trotz aller öffentlicher Konflikte zwischen Deutschnationalen und Nationalsozialisten bei den Wahlkämpfen der kommenden Monate die Bereitschaft Hugenbergs zu einer Koalition mit der NSDAP latent immer vorhanden bleibt.

Schon im April 1932 läßt er Hitler ein Schreiben zustellen, in dem der DNVP-Vorsitzende seine »große Freude und vollste Zustimmung« darüber ausdrückt,

»dass Sie in ihrem Aufrufe für die Preußenwahlen so klar und eindeutig das grosse Ziel der nationalen Front betont haben, das in der gemeinsamen Machtübernahme mit den Nationalsozialisten besteht.«[654a]

Nach dem Sturz der Regierung Brüning Ende Mai 1932 wurde Franz von Papen Reichskanzler. In seinem konservativen »Kabinett der Barone«, wie es Kritiker nannten, dominierte die alte soziale »Elite«, waren u.a. sieben von elf Kabinettsmitgliedern Adelige. Um sich die Unterstützung der NSDAP zu sichern, schrieb die Regierung Neuwahlen aus. Hugenberg saß in einer Klemme. Das Kabinett Papen kam mit seinem rechten, autoritären Kurs der endgültigen Vernichtung des Weimarer Systems ein Stück näher, insofern unterstützte er es. Aber die neue Regierung war zu offensichtlich sozialreaktionär, unpopulär und ohne »Massenbasis«. Deshalb machte die DNVP im Wahlkampf eigene sozialpolitische Vorschläge. Aber gleichzeitig wollte die Partei sich von der NSDAP und ihrem »Sozialismus« distanzieren. Dieses Dilemma zeigt sich exemplarisch in einer Wahlkampfrede Hugenbergs, die so oder ähnlich in einer Reihe von Orten seiner großen Wahlkampfreise gehalten wurde.[655] Hier ein Bericht aus Mühlheim an der Ruhr im »Montag«. Hugenberg spricht auf der Rennbahn Raffelberg:[656]

> *»Auf die sichere Gefahr hin, meiner* **Partei** *damit zu schaden — nur an die Sache denkend — habe ich 1929 im Kampf um den Young-Plan der damals noch kleinen nationalsozialistischen Partei die Hand gereicht. Ich habe es getan, damit die kommende furchtbare Not zum Hammer wurde, der die* **Einheit und innere Kraft** *des deutschen Volkes schmiedete — und nicht zum Gifte, mit dem der Sozialismus Deutschlands Kraft völlig gebrochen hätte und brechen würde. ...*
> *Bei der Lösung der ungeheuren geschichtlichen Aufgabe, die innere nationale Einheit des deutschen Volkes zu schmieden, marschieren wir im gleichen Schritt und Tritt mit den Nationalsozialisten. Wir haben darin stets* **unsere** *Aufgabe gesehen. Es wird ein hohes politisches Verdienst Adolf Hitlers sein, wenn es ihm gelingt, deutsche Massen in diesem Punkt innerlich umzukneten.*
> *Aber mehr und mehr steigt in uns eine schwere Sorge auf. Wir müssen uns um des Vaterlandes willen darüber mit den Nationalsozialisten auseinandersetzen. Wir müssen mit rücksichtsloser Kraftanstrengung das Unsrige tun, um die gefürchtete Entwicklung nicht Tatsache werden zu lassen. Darum müssen wir auch in dem Wahlkampf dieser Wochen die deutschen Menschen bitten: 'Wählt nicht nationalsozialistisch, sondern* **deutschnational!«**
> [*es folgt indirekte Rede:*]
> *»Alles auf die rohe Kraft und auf die organisierte Zahl statt auf sachliches Streben und freie Entfaltung des einzelnen stellen, aus dem Schlagwort Legalität heraus den Parlamentarismus allzusehr ernst zu nehmen, statt sich immer zu erinnern, daß gegenüber den heutigen Zuständen der Nationalismus nur revolutionär sein kann, mit dem Worte* **'Sozialismus'** *ein Spiel treiben, das dieses zersetzende Gift in unzählige Seelen träufelte, die bisher dagegen immun waren — dieses Gift, das chemisch dem Marxismus in allen wesentlichen Bestandteilen gleich und das gerade Gegenteil des von den Deutschnationalen vertretenen Begriffes* **'sozial'** *sei: diese Ziele und Kampfesweise lehnten die Deutschnationalen ab.«*

Die Abgrenzung von der NSDAP fällt offensichtlich schwer. Das Etikett »sozial«, das im Wahlkampf von der DNVP zur Abgrenzung gegen die NSDAP einerseits und das »Kabinett der Barone« andererseits benutzt wird, bleibt blaß und — angesichts der Weltwirtschaftskrise doppelt — inhaltsarm. Und für Hugenberg war die Werbung mit dem Wörtchen »sozial« nur ein notwendiges Übel.

> *»Hitler wird unsere besten Kräfte nicht übernehmen und so siegen in seiner Partei die Sozialisten, da der nationale Flügel die Stütze unserer Partei verliert. Dieses verfluchte Wort ist Rauschgift. Jedem weckt es in seinem Innern das Behagen 'der andere wird mit mir teilen!'«[657]* —

so hatte Leo Wegener Ende April 1932 die Befürchtungen (— und damit indirekt auch die Taktik) in der deutschnationalen Leitung zusammengefaßt. Und Hugenberg, der Empfänger des Briefes, merkte an:

Hugenbergs Kampfstaffel.

Die Hugenberg-Boutique.

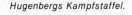

»*Sozial und sozialistisch haben dasselbe Hauptwort, Sozialismus. Daher bleiben die Köpfe verdreht.*«

Diesem »Sozialismus« hielt Hugenberg in seiner Rede den »deutschen Individualismus« entgegen. Es ist der alte »Individualismus« des Besitzes, der für die Masse nicht gilt: »Deutscher Nationalismus muß den Vorrang vor deutschem Individualismus haben.« Ein nationales Leben werde sich »auf der nationalen *Schule*, die in der Schule der Wehrpflicht ausmünde«, aufbauen.

In Organisation und Form der Wahlkampfführung hat sich die DNVP seit dem Stettiner Parteitag der NSDAP noch mehr angenähert. Im Dezember 1931 wird der verstärkte Ausbau der »Kampfstaffeln« der Partei beschlossen.[658] Diese Formationen junger Deutschnationaler über 18 Jahre erhalten zusammen mit dem Bismarckbund (unter 18 Jahre) eine gemeinsame Führung. Der uniformierte Saalschutz der DNVP besingt *seinen Führer* ins Dritte Reich:

»*Die nationale Front marschiert,*
Es füllen sich die Reihen,
Die Staffeln stehen kampfbereit,
Sich ihrem Dienst zu weihen. ...

(3. Strophe:)

Kameraden, darum Tritt gefaßt,
Ein jeder sei zur Stelle,
Mit unserem Führer Hugenberg,

Die Hugenberg-Bewegung.

> *gehn wir duch Tod und Hölle.*
> *Wir kämpfen für das Dritte Reich*
> *Und werden rastlos rüsten*
> *Zum Kampf für Freiheit und für Recht*
> *Und gegen Sozialisten.«*[659]

Diese »Blauhemden« »popularisieren« Wahlkämpfe auch mit antisemitischen Parolen. Schon seit den »Grundsätzen« der DNVP von 1920 hatte eine antisemitische Strömung in der Partei Tradition.[660]

In der Logik seines konsequenten Antiparlamentarismus kommt Hugenberg schließlich zu der Aussage, daß die kleingewordene DNVP die eigentliche »national-revolutionäre« Kraft sei, während die (ursprünglich genauso antiparlamentarische) NSDAP längst auf ihre Abgeordnetenzahl poche. In seiner Mühlheimer Rede sagt der konservative Geheimrat:

»Wir wollen bei aller Beherrschtheit die Träger national-revolutionärer Jugendkraft sein. Es gibt für uns keinen parlamentarischen Ehrgeiz. Es gibt für uns keine Ministerfeilscherei. Es gibt nur die Leidenschaft, dem Volke zu dienen und zu helfen.«[660a]

Die Taktik der gleichzeitigen Abgrenzung und Vereinnahmung scheiterte. Die »nationalen« Wähler gingen im Juli 1932 mehr denn je zur NSDAP, die mit 37,2 % der Stimmen den Höhepunkt ihrer Karriere bei (relativ) freien Wahlen erlebte. Die Deutschnationalen verloren dagegen, trotz gestiegener Wahlbeteiligung, weiter Stimmen und sanken auf 5,9 %.

Die fünfte Kolonne

Nicht nur bei äußeren Formen (hier in mancher Beziehung noch am wenigsten), sondern vor allem in den entscheidenden Inhalten der Zerschlagung der Republik und der Arbeiterbewegung, der Zerstörung der Gewerkschaften und der Tarifautonomie (und auch jeder »sozialdemokratischen« Sozialpolitik), also der endgültigen Zerschlagung der gesamten Linken auf der einen Seite und der Liquidierung des Versailler Vertrages, der Wiederaufrüstung und der expansiven Großmachtpolitik zur Gewinnung von »Lebensraum« auf der anderen Seite, bestanden Gemeinsamkeiten zwischen DNVP und NSDAP. Verwirklichen sollte sie bei beiden eine »nationale Diktatur«. So ist den Medien des Hugenberg-Konzerns eine tiefergehende inhaltliche Abgrenzung nicht möglich. Und für das Wechselbad taktischer Differenzen und Machtkämpfe hinter und vor den Kulissen sind sie kein geeigneter Multiplikator, weil öffentlich und zur Differenzierung nicht so fähig. Was beim Leser ankommt, sind mehr die großen Linien, die wesentlichen Inhalte. Die Scherl-Blätter hatten längst ihre politische Eigendynamik entwickelt. Und die Einstellung mancher Redakteure beschleunigte diese Bewegung. Vor allem »Der Tag« mit seinem Chefredakteur von Medem hat letzten Endes mehr für den Nationalsozialismus getan, als für die Hugenberg-Bewegung.

Ewald von Kleist-Schmenzin, Vorsitzender des Hauptvereins der Deutsch-Konservativen, der eine Rechtsdiktatur von »Persönlichkeiten« ohne Parteien (also auch ohne die NSDAP) anstrebt, schreibt im August 1932 an Hugenberg:

»Die Scherlpresse, insbesondere der ‚Tag' schaden unserer Sache ganz außerordentlich. Der ‚Tag' nahm die Interessen des Nationalsozialismus teilweise fast mit ebenso warmen Herzen wahr als die der Deutschnationalen. Die dauernden freundlichen Meldungen über den Nationalsozialismus mußten Deutschnationale allmählich zu Nationalsozialisten machen. Auch die übrige deutschnationale Presse hat in ähnlicher Weise ganz ungeheuer versagt. Die T.U. bringt, wie mir aus deutschnationalen Journalistenkreisen mehrfach geklagt worden ist, viel mehr über die Nationalsozialisten als über die Deutschnationalen.«[661]

Das ist keine Einzelstimme eines Deutschnationalen, der 1932 mehr Distanz zu den Nationalsozialisten wollte. DNVP-Presschef Brosius, einer der engsten Mitarbeiter Hugenbergs, hatte schon 1931 an seinen Chef geschrieben:

»In den Scherlblättern geht die Propaganda für die Nationalsozialisten meiner Ansicht nach über das nötige Maß hinaus. Der Bericht von Kriegk über den bevorstehenden Wahlkampf in Oldenburg ist ein Beweis dafür. Er spricht nur von den Nazis, während er uns nur so nebenbei erwähnt. Hitler ist genannt, aber daß Sie dort gesprochen haben, ist nicht erwähnt.«[662]

Der Wirtschaftsredakteur Christian Hahn sagt im Interview, er sei 1932 in die NSDAP eingetreten.[663] Wahrscheinlich war er nicht der einzige Scherl-Journalist. Es wird für die weitere Forschung schwer genauer zu rekonstruieren sein, aber vielleicht gab es in den Redaktionen eine innere, sozusagen schleichende »Nazifizierung« vor der »äußeren« »Machtergreifung«.

Zeitungsjournalisten sind auf die Dauer auch Einflüssen und Rückkopplungen aus dem sie lesenden Publikum ausgesetzt, so sehr sie kurzfristig oder in Einzelaspekten auch abzuheben und ihre eigene »Öffentlichkeit« zu produzieren vermögen. Hans Georg von Studnitz spricht vom »Sog, der von Hitler und den Nationalsozialisten ausging«, mit dem »die anderen Parteien gar nicht konkurrieren« konnten; Hitler der wie »in konservativen Kreisen auch immer gesagt wurde, die einzige Methode, des Kommunismus Herr zu werden« entwickelt hatte — was immer auch in diesen Kreisen unter Kommunismus verstanden wurde. Warum ging dieser »Sog« trotz des politisch-ideologischen Gleichklangs in vielen Punkten nicht von der Öffentlichkeit der DNVP und Hugenbergs aus, an deren Publizität der Scherl-Verlag doch seinen Anteil hatte?

»Alfred der Unmögliche« und die Hugenberg-Gesellschaft

»Der Einmarsch der Fahnen erzeugte die Hochstimmung, die die Trockenheit Hugenbergscher Rhetorik kompensieren mußte.« So beschreibt das linksliberale Berliner »Zwölf Uhr Blatt«[664] das »Geheimrätliche[s] Wahlkampf-Debut«. Hugenberg galt vielen Journalisten, Politikern und anderen Zuhörern als schlechter Redner ohne Charisma, und seine Gegner versuchten, dieses Bild zu bestärken. Für den sozialdemokratischen »Vorwärts« ist der DNVP-»Führer« eher eine Witzfigur, ein beliebtes Objekt zahlreicher Karikaturen. »Alfred, der Unmögliche«, spottet die Schlagzeile des SPD-Zentralorgans, als Hugenberg zum ersten Mal seit 1919 wieder im Reichstag redet:[665] »Ihm fehlt nicht die Kegelclubgeste

und das Ge(sang)vereinspathos, davon hat er eher zuviel als zuwenig«, aber »hat
man ihn fünf Minuten (lang) reden gehört, so befindet man sich mit seinen Gedanken (in Sc)hlawe, in Schivelbein, in Pyritz an der Knatter.«[666] Diese — typisch
berlinerische — Aufzählung von Pommerschen Provinzorten (in denen es übrigens auch Zeitungen mit Hugenberg-Kurs gab[667]) will eine biedere, provinzielle
Aura deutlich machen. Das sagt vor allem etwas über die Wirkung Hugenbergs
auf die Journalisten in der Hauptstadt und ihre Einwohner (soweit sie nicht
deutschnationale Stammwähler waren).

In der linksliberalen »B. Z. am Mittag« fragt »Morus«:[668]

> »Wie redet der Kandidat, der selber von sich sagt, daß er kein Redner ist,[669] zu seinen
> Wählern? Er mietet den größten Raum, den er auftreiben kann. Er engagiert mehrere
> Musikkapellen in falschen Militäruniformen. Er läßt zu Dutzenden Fahnen, Wind-
> jacken und Ehrenjungfrauen in Matrosenanzügen aufmarschieren. Und das Wichtig-
> ste: er bringt an allen Ecken und Enden des Saales vorzügliche Lautsprecher an. Und
> dann kann es losgehen.
> Umgeben von soviel Köstlichkeiten, zu Häupten ein als roter Husar verkleideter Kessel-
> pauker, übergossen vom Blinklicht zweier riesiger Scheinwerfer, ist der kleine Mann am
> Rednerpult kaum sichtbar. Noch nicht der zehnte Teil der Zuhörer merkt, daß der Red-
> ner gar nicht redet, sondern daß er ein sorgfältig vorbereitetes, schon vorher ausgegebe-
> nes Manuskript von A bis Z abliest. Ein Sieg der Technik, ein Sieg der Organisation, ein
> Sieg des Kulissenzaubers. Und das Ganze: ‚Hugenberg spricht.'«[670]

Der Geheimrat gilt — schon von seiner äußeren Erscheinung her — als Verkörpe-
rung der wilhelminischen Gesellschaft. Er wirkt altmodisch, vor allem auf die
Großstädter. Christian Hahn beschreibt seinen Chef:

> »Hugenberg war eine bemerkenswerte Gestalt. Wenn er also in Berlin auf dem Bahn-
> hof ankam, hat er ein Cut an, Melone auf, immer irgendeine Gardenie oder was es war
> im Knopfloch und links Regenschirm und Mantel und rechts seine schwere Aktentasche

179

... Er trug eine Garderobe, wie man sie vielleicht um 1920 getragen hat ... so ein Schwalbenschwanz, da konnten sie sich hinten drin spiegeln. Man darf aber nicht vergessen, daß hinter dieser komischen Figur ein außerordentlich kluger Mann stand.«[671]

1932 wird Hugenberg 67 Jahre alt. Vor allem die meist jüngeren nationalsozialistischen Politiker gelten ihm gegenüber als Vertreter der jungen (bürgerlichen) Generation. Der Geheimrat ist nicht männlich — aggressiv wie es dem nationalsozialistischen Ideal entspricht — »reaktionäre Kaffeetante« nennt ihn Hitler einmal[672] — er wirkt eher auf »Damen«.[673]

Das, was Zeitgenossen als die »Ausstrahlung« eines Menschen empfinden, die Wirkung der Reden, die Ästetik der Öffentlichkeit, entsteht nicht losgelöst von ihren Interessen. Wer heute die (Archiv-)Reden Hugenbergs hört und sieht, mag sich — vom Inhalt abgesehen — über das in den 20er und 30er Jahren so verbreitete Bild vom schlechten Redner wundern. Ein Bericht der liberalen »Vossischen Zeitung« über die Sportpalast-Rede vom August 1930 urteilt differenzierter:[674]

> *»Wer eine der wenigen Reichstagsreden dieses Mannes, die abgegriffenen Wendungen und die ermüdende Diktion gehört hat, glaubt nicht, daß Hugenberg eine Riesenversammlung mitreißen kann. Das stellt sich als irrig heraus. Da steht zwar kein glänzender Redner, der mit Eleganz seine Hörer über Untiefen von Problemen zu einer von ihm gewollten Lösung führt. Es steht aber auch nicht dort der »nüchterne Mann«, als den er selbst sich bezeichnet. Er schafft sich das Händeklatschen, das fast jeden seiner Sätze zerreißt, nicht mit dem inneren Schwung leidenschaftlicher Überzeugung, sondern mit der äußerlichen Modulierung der Worte, mit der fast rein physikalischen Wirkung des Skandierens.«*

Es sind die Addressaten der Reden des Konzernchefs, das deutschnationale Publikum und seine sozialen Interessen, die in den Wahlkämpfen die Saal-Atmosphäre, die Rückkopplung zum Redner schaffen. Die »Chemnitzer Volksstimme« beschreibt eine Versammlung im November 1932 als »‚Wahl-Tonfilm’ mit Hugenberg«:[675]

»Die Nazis toben bei ihren Veranstaltungen, während Herr Dr. Hugenberg sich in deutschnationalen Versammlungen als politisches Kirchenlicht bewundern läßt.« Und als Erklärung für diesen Stilunterschied beschreibt das sozialdemokratische Blatt die Hugenberg-Gesellschaft: *»Als Zuschauer und gleichzeitig als Mitspieler war das* **honette Bürgertum** *erschienen. Die Leute, die in der ‚guten, alten’ Zeit der Monarchie allein den Ton angaben. Industrielle, Großgrundbesitzer, höhere und noch höhere Beamte, ehemalige Offiziere und vieles von dem, was drum und dran hängt. Die Versammlung glich einem vornehmen gesellschaftlichen Ereignis mit vielen, um in der liebevollen Sprache der Busenfreunde von gestern zu reden, mehr oder minder stark ‚Angedoften’, Männer, Marke ‚Verhinderter Reserveoffizier’ und Frauen und Jungfrauen, die in Frömmelei, Zwickel-Tugendhaftigkeit und Luischenbündelei machen. Manche von ihnen erinnerten an jene begeistete Verehrerin Wilhelms des Letzten, ‚um den uns bekanntlich die ganze Welt beneidete’, die nach einem ewig beseligenden Händedruck Seiner Majestät den Handschuh, dem diese Weihe widerfuhr, einrahmen und unter Glas setzen ließ. Die Reliquie prangte dann in der ‚guten Stube’ auf einem Ehrenplatz über dem roten Plüschsofa mit den kunstvoll angefertigten Zierdeckchen, und jeder Besucher bekam die mit unsagbarem Stolz auf einem Zettel unter dem Handschuh niedergeschriebene Erläuterung zu lesen: ‚Mein Kaiser hat mir drangefaßt.’ Gespenster gehen um in Deutschland.*

Und dann kam er — **Dr. Hugenberg**. *Mit Tusch und Heilruf, genau wie seine Kinohelden. Man weiß die Kunst einer geschickten Regie zu schätzen. Er ist Fleisch vom Fleisch der ‚guten Gesellschaft’, die in ihm ihren Führer sieht. Ein gehobener Spießbürger, konservativ beschränkt, aber nicht so ungeschickt, wie er zuweilen geschildert wird.«*

Die »Donau-Wacht« karikiert die »Kriegervereinstypen« einer Ulmer Hugenberg-Veranstaltung und fügt hinzu:[676] »A r b e i t e r oder *einfachere Angestellte* konnten wir mit dem besten Willen nicht entdecken. Diese wollte man jedenfalls auch nicht haben und hat daher als Mindesteintrittspreis 50 Rpf. festgesetzt. Man wollte unter sich sein.«

Die Ulmer SPD-Zeitung nimmt den Gegner ernst:

»Der Todfeind der Republik sprach« und macht den Zusammenhang zwischen Eindruck und (sozialer) Einstellung deutlich: *»Kalt, wie in einer Aufsichtsratssitzung, las er seine knapp einstündige Rede häufig so leise ab, daß er des öfteren zu lauterem Sprechen aufgefordert werden mußte.«*

Das (berechtigte) Bild vom sozialreaktionären Krupp-Direktor und Konzernchef wird zur *Hauptursache mangelnder Ausstrahlung auf ein breiteres Publikum.* »Zeitungs- und Filmkönig, zehnfacher Aufsichtsrat, Kriegsgewinnler« schreibt die kommunistische »Rote Fahne« über den »Einpeitscher der faschistischen Diktatur«.[677] Mit der Titelzeile »Politik und Geschäft« glossiert das »Berliner Tageblatt« den Widerspruch zwischen Hugenbergs »Mahnrufen an das Volk« und einem seiner Geschäftsberichte.[678] Zu gleicher Zeit, als die Agitation gegen den Young-Plan auf Hochtouren lief, hatte ein von Hugenberg (dem stellvertretenden Aufsichtsratsvorsitzenden) unterzeichneter Geschäftsbericht des »Deutschen Kreditvereins« von »wesentlichen Erleichterungen« für »die Geschäftswelt« durch die Wirkung der neuen Reparationsregelung in den nächsten Jahren gesprochen.[678]

In einem anonymen Brief eines »wirklichen Frontkämpfers« wird »Geheimrat Hugenberg z. Zt. Bad Harzburg« (10.10.1931!) geschrieben: »Als Generaldirektor der Krupp-Werke haben Sie während des Krieges auf Kosten deutscher

Soldaten-Knochen Millionen verdient, und wir Soldaten ließen uns für 53 Pfennig dafür anschießen wie ein Stück Vieh ... Sollten Sie übrigens mit Gewalt auf eine zweite Inflation hinarbeiten, komme ich Ihnen nachgereist und schieße Sie glatt über den Haufen«, und der »Kriegs-Krüppel« fügt hinzu: «die Revolution 1918 war viel zu gnädig.«[679]

Das Bild vom skrupellosen Großverdiener macht dem DNVP-Vorsitzenden zu schaffen und er reagiert darauf in vielen öffentlichen Reden.[680] Es ist kein bloßes Stereotyp über vergangene Zeiten, das Hugenberg-Kritiker konstruiert hätten. Auch als Politiker macht der Konzern-Chef seine »soziale« Einstellung deutlich, z.B. beim Kampf gegen die Sozialversicherung,[680a] der ja ein wesentlicher Grund für die DNVP-Spaltung war. Das Ergebnis ist eindeutig. Von den 1591 Mitgliedern des »Deutnationalen Handlungsgehilfen-Verbandes«, die im Jahr 1926 in den verschiedenen deutschen Parlamenten saßen, waren 302 deutschnationale Parteiangehörige. Die DNVP stellte damit die stärkste *Einzel*fraktion (nach bürgerlichen Einheitslisten mit 745 Abgeordneten). Ende 1931 wird unter den 1058 DHV-Parlamentariern kein einziger Deutschnationaler mehr gezählt und noch 451 auf bürgerlichen Einheitslisten. Die weitaus stärkste Einzelfraktion stellten jetzt die Nationalsozialisten mit 210 Mandaten.[681]

Bei ihrem Kampf um die Wähler hatte die NSDAP 1932 *auf unterer Ebene* vor allem »die deutschnationale Reaktion« angegriffen.[682] Die nationalsozialistische »Schlesische Tageszeitung« nannte die Deutschnationalen »Hugenbergknechte ... Zuträger der Reaktion ... Herrenklübler« und veröffentlichte eine Rede des NS-Gauleiters Brückner über »die Hugen-Zwerge ... die Geheimräte der Reaktion.«[682] Vor allem auch in der Hitler-Jugend wurden solche sozialkritischen Töne angeschlagen. Ihr »Kampfblatt«, »Der junge Sturmtrupp«, greift den Stahlhelm als »Wachhund der Herrenklub-Regierung« an und fordert »Schlagt die Sozialreaktion der feinen Pinkels in Trümmer!«[683]

Hugenberg verlor beim Kampf um die »Massenbasis«. Die »Vossische Zeitung« spottete über sein »Ghetto«: Hugenberg nehme »die Firma Drittes Reich, die von dem nationalsozialistischen Warenhaus mit Beschlag belegt wird, für seinen kleinen Laden in Anspruch.«[684] Aber es ist kaum die persönliche Unfähigkeit, das mangelnde »Charisma«, welches ihn als *Parteiführer* beim *Plebizist* scheitern ließ. Hugenberg hat seine sozialpolitischen Ziele nicht kaschieren können, er war Repräsentant von allzu offensichtlichen Interessen. Und sein gesellschaftlicher Anhang sorgte mit dafür, daß die nicht zu verbergen waren.

Der Sprung ins Dritte Reich

Nach den Juli-Wahlen 1932 war eine Mehrheitsbildung von NSDAP und Zentrum rechnerisch möglich geworden. Und die NSDAP versuchte, die Regierung Papen damit zu beeindrucken. Reichswehrminister General von Schleicher, 1932 einer der Drahtzieher in den Kulissen der deutschen Politik, und Papen versuchten, die NSDAP in ein von ihnen noch zu kontrollierendes Präsidialkabinett einzubauen. Langfristig sollte so der Reichstag endgültig ausgeschaltet werden. Doch die Nationalsozialisten forderten parktisch die ganze Macht, und die Gespräche zur Regierungsbildung scheiterten am 13. August 1932. Die NSDAP, vor allem auch der »radikale« Goebbels in Berlin, gingen zu einer verschärften Opposition über. Im Hugenberg-Kreis dachte man noch intensiver über die Möglichkeit zu einem »kalten« Staatsstreich nach, wie ihn die Reichsregierung auf Länderebene am 20. Juli mit der »legalen« gewaltsamen Absetzung der preußischen Regierung vorexerziert hatte. Der deutschnationale Reichstagsabgeordnete und Fraktionsvorsitzende Otto Schmidt (Hannover), ein enger Vertrauter Hugenbergs, schrieb an Schleicher:[685]

»Das große Spiel, das mit dem 13. 8. begann, kann nur in eindeutiger Frontstellung gegen Parlament und Parlamentarismus gewonnen werden. Der Erlass einer Notverordnung, die den Reichstag aus staatspolitischen Gründen vertagt, ist heute der populärste Regierungsakt. Er würde zugleich manchen Nazigefahren die Spitze abbrechen und,

last not least, dem politischen Nachruhm des Feldmarschalls sehr wesentlich dienen ...
Die Formel ist ja nicht schwer zu finden. Vielleicht kann man die Notwendigkeit ver-
stärkten Kampfes gegen den Kommunismus in diese Formel mit hereinarbeiten. Die Ih-
nen s. Zt. für frühere Erwägungen durch Dr. Hugenberg angedeutete Möglichkeit,
durch Verbot des Kommunismus den kommunistischen Abgeordneten die Zugehörig-
keit zu den Parlamenten zu nehmen und dadurch die Stimmenverhältnisse des Reich-
stages zu ändern, ist jetzt m.E. eine sehr zweischneidige Sache. Ein solcher Weg wäre
aber für die Regierung und ihr Prestige immer noch besser als etwa der Verlegenheits-
ausweg einer neuen Reichstagsauflösung.«

Einen Tag später schickt Hugenberg einen Brief an Schleicher, in dem er die Regierung drängt, »mit schärfster Energie und Beschleunigung« das durchzuführen, »was politisch, insbesondere national-politisch in dem nationalsozialistischen Programm berechtigt ist«, sonst »wird sie sehr bald verloren sein«. Der
DNVP-Chef macht deutlich, daß er mit den Nationalsozialisten, vor allem mit
dem »gemäßigten« Hitler-Flügel, in wesentlichen politischen Inhalten überein-
stimmt, aber ihnen nicht *allein* die Macht übergeben will. Hugenberg wandte sich
in seinem Schreiben auch gegen Neuwahlen. Die »überwiegende[n] Mehrheit des
deutschen Volkes ... : Nationalsozialisten, Kommunisten und Deutschnationale«
hätten sich vom Parlamentarismus abgewandt. Und in einer widersinnigen Logik
fügt er hinzu: »Neue Reichstagswahlen würden also bedeuten, daß derjenige, der
sie fordert oder zulässt, wieder zu dem von einer [aber doch in Wahlen gefunde-
nen] Volksmehrheit missbilligten Parlamentarismus greift und versucht, etwas
glücklich Überwundenes wieder auf den Thron zu setzten.«[686] Doch ein Putsch
auf Reichsebene mit einer so schmalen Basis wie es das »Kabinett der Barone«
besitzt, will Schleicher nicht. Im November 1932 finden wieder Reichstagswahlen
statt. Zum ersten Mal gehen die Stimmen der NSDAP zurück, von 13,7 auf 11,7
Millionen, der Stimmanteil sinkt von 37,2 auf 33%. Der Traum vom Wachstum
bis zu absoluten Mehrheit wird von den Nationalsozialisten endgültig aufgegeben. Die Deutschnationalen haben 780.000 Stimmen gewonnen und liegen mit
7,2 % (im Juli 5,9) noch etwas über der Marke von 1930 (7,0 %). Der mangelnde
Erfolg der NSDAP auf dem Weg zur Macht brachte ihr Verluste.
   In der Öffentlichkeit hatten sich die Konflikte zwischen Nationalsozialisten
und Deutschnationalen seit dem 13. August wieder verschärft. Im Septem-
ber/Oktober gab es einen heftigen Streit zwischen dem Scherl-Verlag und Goebbels, wer »Wortführer und Sachwalter« der nationalen Opposition sei. Der
Scherl-Verlag nannte in einer Flugschrift die Nationalsozialisten undankbar:
»Man sucht eine nationale Presse niederzuschreien, der die Nationalsozialisten
noch vor kurzem publizistisch fast alles zu verdanken hatten.«[687] Hugenberg
selbst erklärte — erneut im Widerspruch zur Ideologie von Volksgemeinschaft
und nationaler Revolution — in einer Wahlversammlung: »Wir haben den bürgerlichen Block in Deutschland geschaffen, den die Nationalsozialisten, sie mö-
gen sich soviel Mühe geben wie sie wollen, nicht mehr umreißen werden.«[688]
Doch trotz dieser Konflikte fuhr Hugenberg weiter zweigleisig, waren seine Pläne
für ein »kontrolliertes« Bündnis mit den Nationalsozialisten nicht begraben.
   Nach den Wahlen bemüht sich der von den Deutschnationalen unterstützte
Reichskanzler Papen vergeblich darum, die NSDAP-Leitung für seine Präsidial-
lösung zu gewinnen.[689] Wenige Tage später schlägt Hugenberg dem Reichspräsidenten ein überparteiliches Präsidialkabinett ohne eine Kanzlerschaft Hitlers vor

und kritisiert die Nationalsozialisten scharf. Dennoch folgen weitere Verhandlungen Hindenburgs und Papens mit Hitler, der aber seine Machtansprüche nicht reduzieren und auf jeden Fall den Kanzlerposten will. So spricht sich Papen in einer Unterredung mit Schleicher für den offenen Verfassungsbruch und die gewaltsame Diktatur aus: Ausschaltung des Reichstages, Unterdrückung aller Parteien bis hin zu halbpolitischen Verbänden durch Reichswehr und Polizei, Verfassungs- »Reform« durch eine Volksabstimmung *oder* eine »neuzuberufende Nationalversammlung«, »dies war der auch stark von seiten Hugenbergs inspirierte Vorschlag.«[690] *Hindenburg erklärte sich für Papens Plan.* Schleichers Hinweise auf den Verfassungseid des Reichspräsidenten beeindrucken ihn nicht. Er beauftragt Papen mit der Bildung einer Diktatur-Regierung zur endgültigen Zerschlagung des Weimarer Systems. Doch Schleicher erklärt, die Reichswehr sei dem drohenden Bürgerkrieg und Generalstreik nicht gewachsen und weigert sich, die Truppe einzusetzten. So entfällt die blutige Papen - Hugenberg - Hindenburg - Konzeption einer Diktatur ohne »Massenbasis«. Schleicher wird Anfang Dezember 1932 selbst Reichskanzler. Überlegungen Hugenbergs zu neuen präsidialen Kombinationen passen nicht zum Programm des neuen Kanzlers. Schleicher will eine »Querfront« - Verbindung als soziale Basis präsidialer Macht schaffen: von den Gewerkschaften (bzw. ihrem dominierenden rechten Flügel) bis zu den »gemäßigten« Nationalsozialisten um Gregor Strasser (der durch seine guten Kontakte zum Deutschnationalen Handlungsgehilfenverband eine Art von »gewerkschaftlichem« Flügel der NSDAP repräsentiert). Hugenberg, der auch die Wirtschaftspolitik der neuen Regierung kritisiert,[691] sieht bald den »autoritären« Weg gefährdet. Für ihn sind die Gewerkschaften »die hauptsächlichsten Träger des herrschenden Unsinns«.[692] Im Dezember schreibt Hugenberg an Hitler und warnt ihn vor einer Liaison mit dem Zentrum, die »die nationale Arbeit von Jahren in ein falsches Geleise« pressen würde, »wenn nicht alles bisher Errungene verspielt werden soll, müsste allerdings Einigkeit innerhalb der nationalen Bewegung vorhanden sein.« Hugenberg beschwört Hitler, keine »Entzweiung an sich zusammengehöriger Teile der nationalen Erneuerungsbewegung« zuzulassen und schlägt Verhandlungen vor.[693]

Auch die westliche Schwerindustrie drängt jetzt auf eine Kanzlerschaft Hitlers. Schon Anfang September hatte ihr Journalist und Kontaktmann Heinrichsbauer gegenüber Schmidt-Hannover den Wunsch geäußert, »Stimmung dafür zu machen, daß den Nationalsozialisten doch nochmals ein Angebot auf Eintritt in die Reichsregierung gemacht werden müsste!« Hitler solle der Reichskanzler-Posten angeboten werden, dazu zwei Ministersitze.[694] Ende November heißt es in einem vertraulichen Bericht von der Tagung des Langnamvereins in Düsseldorf, »daß fast die gesamte Industrie die Berufung Hitlers, gleichgültig unter welchen Umständen, wünscht.«[695]

Im Januar 1933 erhalten die Landtagswahlen in dem kleinen Lippe-Detmold eine besondere Bedeutung. Die NSDAP zieht ihre besten Agitatoren und Propagandaspezialisten aus dem ganzen Reich zusammen, um die Schlappe der letzten Reichstagswahlen zumindest psychologisch wettzumachen.[696] Man will beweisen, daß die NSDAP zu neuem Aufstieg fähig ist, um die Stellung der Partei innerhalb der neuen Oppositionsfront gegen Schleicher zu stärken, »ihren Bündniswert für Papen, Hugenberg, die wirtschaftlichen Interessengruppen, ihre Unwiderstehlichkeit auch für den widerstrebenden Hindenburg« zu beweisen.[697]

Regierung Hitler-Hugenberg im Reichstag 1933.

Hugenberg spricht am 11. Januar in Bad Salzuflen »für das neue nationale und soziale Deutschland«[698] und kritisiert die Politik Schleichers als zu zaghaft:

> *»Es wird nicht gelingen, den deutschen Augiasstall unter freundschaftlicher Schonung derjenigen auszumisten, denen wir ihn zu verdanken haben.«* Es ist ein Appell, nicht vom »autoritären« Kurs abzuweichen. *»In gleicher Weise wie die Nationalsozialisten haben wir im Sommer 1932 den Entschluss des Feldmarschalls von Hindenburg zur Bildung eines nichtparlamentarischen Kabinetts und die Beseitigung der schwarz-roten Regierungen im Reich und in Preussen lebhaft begrüsst.«*

Es soll hier nicht das schon oft beschriebene Gerangel hinter den Kulissen um die Installierung des Kabinettes Hitler im Januar 1933 dargestellt werden. Grundsätzlich ist dazu anzumerken, daß eine personalisierende Geschichtsschreibung sich oft in die »Seelenkämpfe« der Beteiligten verstrickt und dabei die langfristigen Aspekte aus den Augen verliert. Am 21. Januar kündigte die deutschnationale Reichstagsfraktion durch ein Schreiben von Hugenberg an Schleicher dem Kanzler ihre offene Opposition an.[699] Seine Wirtschaftspolitik vertiefe den *»unnatürliche(n) Gegensatz von Stadt und Land ... Überall taucht der Verdacht auf, daß die jetzige Reichsregierung nichts Anderes bedeuten werde, als die Liquidation des autoritären Gedankens ... die Zurückführung der deutschen Politik in das Fahrwasser, das dank dem Erstarken der nationalen Bewegung verlassen zu sein schien.«*

Am 30. Januar ist diese Gefahr endgültig gebannt. Hitler wird Reichskanzler, Hugenberg sein Minister für Wirtschaft und für Ernährung und Landwirtschaft (dazu die entsprechenden Ressorts in Preußen).

In manchen Darstellungen werden die Auseinandersetzungen um die Macht- verteilung bei der Bildung des neuen Kabinettes und der Versuch Hugenbergs, dabei möglichst viel für sich und seine schwarz-weiß-rote Bewegung herauszuho- len, als moralische Skrupel interpretiert. Wenn man sich nicht auf nach 1945 ge- schriebene »Erinnerungen«, sondern vor allem auf die unmittelbaren Quellen stützt, ist dieses Urteil nicht zu begründen. Kritische Zeitgenossen sahen da schon klarer. Das »Berliner Tageblatt« aus dem liberalen Mosse-Verlag schrieb: »*Es ist erreicht. Hitler ist Reichskanzler, Papen Vizekanzler, Hugenberg Wirtschafts- diktator, die Posten sind so, wie es die Herren der 'Harzburger Front' erstrebt hatten, verteilt. Jedem das seine ... «*[700]

Schon 1919, in der Nationalversammlung, hatte Hugenberg auf ein »Drittes Reich« gehofft.[701] Jetzt war das »Zwischenreich« von Weimar gestürzt. Und der Zar der Medien und Führer der Deutschnationalen durfte sich als einen der Hen- ker der Republik und Geburtshelfer des lebendig gewordenen »Dritten Reiches« betrachten.

Der Beamte des Tyrannen

Hugenberg richtet sich als Minister ein. Für ihn sind die parlamentarischen Zeiten »ein für allemal vorbei.«[702]

Der »Wirtschaftsdiktator« macht Politik. Er will seine Vorstellungen von Staat, Gesellschaft und Wirtschaft endlich verwirklichen. Den Gegnern der neu- en »Ordnung« droht er die Todesstrafe an. In einer Wahlkampfrede am 1. März 1933, kurz vor den »letzten« Reichstagswahlen, nennt er die Gemeinsamkeit der neuen Regierung:[703] »Der Feldmarschall hat gerufen. Die deutschen Führer ha- ben sich zusammengefunden. Sie bieten jetzt das Volk auf.« Er weist auf den Reichstagsbrand hin, schiebt ihn den »Bolschewisten« in die Schuhe und droht:

> »*Die nationale Regierung hat innerhalb von ein paar Stunden fest zugepackt. Auch in ihrem weiteren Handeln wird die nationale Regierung nicht vor drakonischen Maßnah- men, auch nicht vor der Anwendung der Todesstrafe, zurückschrecken.*« *Es gelte* »*die Ausrottung der Brutstätten, in denen der Bolschewismus gedeihen konnte. Die marxi- stisch beeinflußte Schule, die demokratischen Literatenklüngel, die international gelei- tete Zersetzungsarbeit in Theatern und Literatur, in Film und Presse — das alles hat geistig den Boden vorbereitet, auf dem heute Mord und Terror gedeihen ... Heute ste- hen die verschiedenen Teile der nationalen Bewegung in einer Front. Auf dem einen Flügel die Nationalsozialistische Partei und auf dem anderen die eigentliche Rechte, die Kampffront Schwarz-Weiß-Rot. Getrennte Marschwege, aber so ist es vereinbart: Ge- meinsames Ziel.*«

Für den Wahlkampf im Februar und Anfang März kassierten Hugenberg und seine »Kampffront Schwarz-Weiß-Rot« (DNVP, Stahlhelm und Papen) noch einmal Gelder der Industrie, doch fast dreimal soviel erhalten die Nationalsozia- listen: rund 2,25 Millionen Mark.[704] Hitler hatte in einer internen Ansprache vor Industriellen, darunter Krupp und Vögler, die NSDAP als Retter vor dem Kom- munismus dargestellt, die Wiederaufrüstung angekündigt und sich ausdrücklich zum Privateigentum und zum Erbrecht bekannt.

> *»Vielleicht fehle es noch hier und da an der notwendigen Begeisterung, die Herr Göring aber im Laufe der nächsten Zeit noch hervorrufen werde. Es sei wahrscheinlich das Richtigste, das Volk noch einmal sprechen zu lassen. Er sei kein Freund von illegalen Maßnahmen, aber man werde sich auch nicht aus der Macht drängen lassen, wenn das Ziel der absoluten Majorität nicht erreicht sei.«*[705]

Hugenberg hatte schon zehn Tage vor dieser Erklärung auf einer Wahlveranstaltung im Sportpalast öffentlich betont:

> *»Wir wählen also am 5. März noch einmal. Und Deutschland möge bezeugen, daß es das Wählen gründlich satt hat - indem es die Kampffront Schwarz-Weiß-Rot wählt.«*[706]

Das Ziel des Wahlkampfes war nach der Einstellung der meisten Deutschnationalen die absolute Mehrheit für die amtierende Regierung. Es wurden durch die umfassende Koordination von staatlichem Terror und staatlicher Propaganda 51,9 %. Das Ermächtigungsgesetz kam und damit eine neue Stufe der »Gleichschaltung« von oben. Auch Hugenberg »säuberte« seine Ministerien. Schon vor dem »Machtwechsel« gab es schwarze Listen für Personalveränderungen. Ziel: »Zusammenfassung der Nation - Ausschluß der Elemente, die nicht zur Nation stehen.«[707] Im April 1933 läßt sich Hugenberg Listen vorlegen, auf denen vermerkt sind: »Persönlichkeiten, auf die besonderes Augenmerk zu richten wäre«, z.B. Ministerialrat Flatow: »Jude, Sozialdemokrat« oder Ministerialrat Weichmann: »Jude ... Vertrauter von Braun« (dem ehemaligen SPD-Ministerpräsidenten von Preußen). Dabei zeigt sich Hugenberg in seinen handschriftlichen Vermerken besonders bei »Demokraten« (= in der linksliberalen »Deutschen Demokratischen Partei«) »großzügig«: »fachlich ausgezeichnet«, »soll tadellos sein«, merkt er bei zwei Beamten an, oder: »soll gut und nicht Jude sein.«[708]

März 1933 — Minister Hugenberg auf dem Weg zur Wahlurne.

Zweieinhalb Monate später wird Hugenberg selbst gestürzt. Die Nationalsozialisten halten die Macht immer fester in der Hand und verdrängen alle Konkurrenten. Proteste Hugenbergs bei Hindenburg und Hitler über die Benachteiligung der Deutschnationalen helfen nicht.[709]

Für die NSDAP dient Hugenberg als doppelter Sündenbock. In der Innenpolitik wird die Unzufriedenheit von gewerblichen Mittelständlern, deren weitgehende Hoffnungen die Regierung nicht erfüllt, auf den »agrarfreundlichen« Minister abgelenkt.[710] Bei Betriebsversammlungen stellen Nationalsozialisten den großkapitalistischen Konzernchef als »größten Feind der Arbeiterschaft« dar.[711] Aber selbst in der Landwirtschaft wird Hugenberg und sein junkerlicher Staatssekretär von Rohr-Demmin den kleineren Bauern als Beschützer des Großgrundbesitzes präsentiert. Kurz, Hugenberg wird wieder Ziel des »linken« Flügels in der NSDAP. Es kommt zu öffentlichen Protesten und Demonstrationen gegen den Minister. Den Anlaß zum Rücktritt aber liefert die Außenpolitik. Als Delegierter auf der Weltwirtschaftkonferenz in London überreicht er im Juni 1933 eine Denkschrift, in der — wie schon auf dem Stettiner Parteitag — ein deutsches Kolonialreich in Afrika und neue Siedlungsgebiete für das »Volk ohne Raum« gefordert werden. Die NS-Führung kann den Deutschnationalen daraufhin als Scharfmacher der alten Garde und sich selbst als relativ gemäßigt hinstellen. Hugenberg wird zum Rücktritt gezwungen. Hindenburg hilft ihm nicht. Am selben Tag meldet die »Telegraphen-Union« die angeblich freiwillige Auflösung der Deutschnationalen Volkspartei.[712] Der Konzern des Geheimrats dient schon dem herrschenden Lager — und mancher seiner Mitarbeiter hat sich auch angedient.

Protestkundgebung

im Saalbau in Ulm

am kommenden **Dienstag, den 23. Mai,**
abends **8.30 Uhr**

Weg mit Hugenberg

dem Feind des gewerblichen Mittelstandes, dem Hemmschuh beim Aufbau und der Ankurbelung der deutschen Wirtschaft, weg mit Hugenberg, dem Kämpfer um die Erhaltung seiner Machtposition, dem Beschützer der national-kapitalistischen Interessenschichten.

Um 7.15 sammelt sich der gesamte gewerbliche Mittelstand auf dem Charlottenplatz zu einem Protestumzug durch die Stadt zum Saalbau!

Druck: Ulmer Sturm-Verlag, Wilhstraße 8

Biedermann & die Brandstifter

Was Hugenberg säte, erntet Hitler.

Wechselfieber

Fritz Lucke, Chefredakteur der »Nachtausgabe«, berichtet über die Tage nach dem 30. Januar 1933: «*Im Scherl-Verlag geschah es nun, daß sich eine ganze Menge Leute dekouvrierten und zu unser aller Erstaunen beispielsweise, um sich das mal vorzustellen, erschien eben eines Tages nach dem 30. Januar der Chefredakteur [des »Lokal-Anzeigers«] Erich Schwarzer als SS-Obersturmführer in Uniform, legte mir eine Pistole auf den Tisch und sagte: Erklären Sie mir mal, wie man mit so einem Ding umgeht ... Aber das Schlimmste war[en] dann, wie er zu Ludwig Klitzsch ging und den Generaldirektor ... allen Ernstes aufforderte, zurückzutreten, seine Zeit sei nun abgelaufen und der Verlag müßte eigentlich ihm übergeben werden.*«[713] Viele Redakteure und Angestellte klappten ihr Revers um und ein »Bonbon«, das NS-Parteiabzeichen, wurde sichtbar.[714] Ein Deutschnationaler berichtet einem Vorstandsmitglied der Partei: »Man beklagt sich in den Kreisen der Partei über mangelndes Verständnis der 'Hugenberg Presse' für die DNVP und führt dies z.T. auf eine starke Nazi-Psychose bei maßgeblichen Leuten zurück.«[715] Chefkorrespondent Otto Kriegk beschwert sich Ende April bei Klitzsch,

> »daß auf den Redaktionen unseres Hauses seit Wochen ein unerträglicher Druck der Unsicherheit über die politische Entwicklung und über die Absichten des Hern Geheim-

rat Hugenberg liegt. Dieser Druck ist so stark, daß es - besonders seit etwa drei Wochen - des ganzen persönlichen Einsatzes der leitenden Herren der Redaktionen bedarf, um eine Stimmung der Verzweiflung in den Redaktionen zurückzuhalten. Wir wissen nichts von den Absichten des Herrn Geheimrat Hugenberg, weder über die Gestaltung des endgültigen Verhältnisses zur N.S.D.A.P., noch über die Entwicklung der persönlichen Beziehungen zu Hitler und Göring.«

Seit dem 30. Januar habe er, Kriegk, Hugenberg insgesamt nur 30 Minuten gesehen.[716] Vorher sei das anders gewesen.

Die Randbemerkungen zeigen einen etwas überraschten Hugenberg. Der Betrieb war auch ohne ihn weiter gelaufen und dabei, sich in den neuen Machtverhältnissen einzurichten. Im September 1933 erklärt Klitzsch, »daß jetzt die ganzen Unternehmungen sozusagen an dem Propagandaministerium hingen und es naturgemäß ein immer engeres Zusammenarbeiten mit den neuen Stellen gäbe.« Und, wohl in Richtung Hugenberg, fügt er hinzu: »Er hätte manchmal den Eindruck, als würde das nicht ganz richtig verstanden.«[717]

Die »Machtergreifung« hatte das Geschäft wieder angeregt. Im Geschäftsbericht der UFA heißt es: »Die nationale Erhebung unseres Vaterlandes stellte große Aufgaben, denen durch die Vergrößerung des Umfanges der Bildberichte und durch Sonderdienste Rechnung getragen wurde.«[718] Die Auflagen der Scherl-Zeitungen stiegen bis zum Mai 1933 an, dann setzte allerdings unter dem Druck der Gleichschaltung und der Konkurrenz durch den »Völkischen Beobachter« beim »Lokal-Anzeiger« (wie auch beim »Tag«) ein Rückgang ein. Nur die »Nachtausgabe« steigerte sich 1933 als Boulevard-Blatt durch den gestiegenen Einzelverkauf in Berlin.[719] Alles in allem war die geschäftliche Lage von Scherl und UFA im Herbst 1933 aber günstig.[720]

Eine nationale Sammelaktion — Chefredakteur Fritz Lucke und sein journalistisches Vorbild Friedrich Hussong als Prominente 1936.

Die Journalisten konnten weiterschreiben — für das »Dritte Reich«. Nur der oberste Führer hatte gewechselt. Es war eine Frage des Standortes — politisch und sozial — wie man die neue Macht erlebte.

Frage an von Studnitz: «*Gab es eine Zensur unter Goebbels?*« Studnitz: »Nein. Also ich habe jedenfalls nichts davon zu spüren bekommen. Nun bin ich ja die meisten Jahre [als Korrespondent] im Ausland gewesen, aber meine Berichte sind zweifellos nicht zensiert worden.*« Aus dem Geschäfts-Bericht des Scherl-Verlages für 1933: «*Aufgrund des Gesetzes vom 4.4.1933 wurden wegen Verdacht staatsfeindlicher Einstellung 44 Gehilfen, 34 Hilfarbeiter und 14 Hilfsarbeiterinnen gekündigt. Bis auf einen Fall wurden sämtliche Kündigungen vom Herrn Polizeipräsidenten, als der zuständigen Einspruchsstelle, bestätigt.*«[721]

Silberfuchs und die Wölfe

Hugenberg war politisch entmachtet. Nun folgte die schrittweise Übernnahme seines Konzern*besitzes* durch Nationalsozialisten. Die Botschaften der Medien und die Gedanken ihrer Macher kontrollierten sie schon vorher.

Ein ökonomischer Druckpunkt gegen Hugenberg war die mangelnde Liquidität des Konzerns.[722] Durch die Weltwirtschaftskrise gingen die Anzeigenerlöse stark zurück. So betrug bei Scherl der Inseraten-Bruttoumsatz 1928: 20,2 Millionen Mark, 1933 dagegen nur noch 9,8 Millionen.[723] Immerhin warf der Verlag z.B. im ersten Quartal 1931 noch 1,15 Millionen Mark Gewinn ab (gegenüber 1,3 im gleichen Zeitraum des Vorjahres).[724] Die UFA hielt sich weit besser. Von 30 Millionen Brutto-Gewinn, den sie 1930/31 nach Einführung des Tonfilms erreicht hatte, sank sie 1932/33 auf 28 Millionen.[725] Der Umsatz des gesamten Konzerns lag im Oktober 1931 bei 150 Millionen.[726]

Aber nicht nur die UFA, sondern auch Scherl warf meist immer noch einen Gewinn ab. Belastend waren die politischen Ausgaben und die Kreditverpflichtungen. Nach einer Aufstellung von Johann Bernhard Mann[727] für Hugenberg vom März 1931 betrugen die (über die Werbegemeinschaft) laufenden »Politische[n] Ausgaben« jährlich rund 450.000 Mark, dazu für laufende Kosten der DNVP 60.000 und »Sonderzahlungen nach Ihren Anweisungen für Parteizwecke« 90.000. Das ergab 600.000 im Jahr[728] für die Kampagnen der DNVP und andere politische Feldzüge. Zu *eindimensional* glaubte Hugenberg dabei an die Macht des Geldes, ohne das Problem der Gesamtvermittlung zu sehen. Im April 1931 schreibt er Klitzsch, die politische Lage neige sich wohl

»*zu unsern Gunsten ... Aber es besteht die Gefahr, daß der Enderfolg wieder an den Finanzen zunichte wird. Ich erwäge dauernd die Niederlegung meines Vorsitzes und damit das Fallenlassen der ganzen Ergebnisse unserer bisherigen politischen und Presse-Arbeit, lediglich aus dem Grunde der Finanzschwierigkeiten. Ich bin überzeugt, daß wir bei den Preußen- und Reichspräsidentenwahlen zu einem die ganzen Verhältnisse ändernden Erfolge kommen könnten, wenn wir die nötigen Mittel hätten, u.a. auch die Mittel, um so weit an die Arbeiterschaft heranzukommen, daß wir den fehlenden kleinen Ausschlag zu Gunsten der Rechten und zur Lahmlegung des Zentrums herstellen könnten. ... Überlegen Sie sich bitte einmal, was wir machen können, um die für uns gänzlich unerreichbare Masse der Arbeiterschaft zu beeinflussen und aus ihr die nötige Anzahl von Menschen herüberzuziehen.*«[729]

Neben den direkten Ausgaben für die politische Propaganda schlugen noch Zahlungen an die »Telegraphen-Union« mit 180.000 Mark und die Subventionierung der »Süddeutschen Zeitung« (Stuttgart) mit 60.000 zu Buche. Hinzu kamen (im Jahr 1931) 1,36 Millionen Zinsen für die Kredite bei der Danat-Bank.[730] So war das »Gesamtbild« im Frühjahr 1931 »ein sehr bedrohliches«.[731] Klitzsch und Hugenberg befürchteten einen »politischen Druck«[732] gegen den Obstruktionskurs der Deutschnationalen, gegen ihre scharfe Opposition zur Regierung Brüning. Die Bankenkrise im Sommer 1931, die im Juli zur Zahlungseinstellung der Danat-Bank führte, beschränkte einerseits die Aktivitäten der Kreditinstitute, brachte dem Konzern aber auch neue Gefahren.[733] Die Kredite wurden schließlich verlängert, die Liquiditätskrise blieb. Die zahlreichen Wahlkämpfe der Jahre bis 1933 kosteten die DNVP und damit Hugenberg viel Geld[734] — ein zusätzlicher Grund, warum die DNVP-Leitung Neuwahlen immer abgeneigter wurde. Der Konzern überstand die Krise vor allem mit den Geldern, die aus der UFA flossen. Neben einem Kreditabkommen zwischen Scherl und UFA[735] trug die Filmgesellschaft mit hohen Dividenden-Zahlungen zur Finanzierung des Gesamtunternehmens und seiner politischen Ambitionen bei. Im Jahre 1931 waren es rund eine Million, während von Scherl die *feste Rate* von 60.000 Mark pro Monat (720.000 pro Jahr) á conto Dividende abgezogen wurde und in die (politischen) Dispositionsfonds Hugenbergs flossen.[736] Hugenberg fragte — manchmal schon in einer Art von Bettelbrief — immer wieder bei Klitzsch an, ob eine Erhöhung der Scherl-Zahlungen möglich sei.

1933/34 zwangen die Nationalsozialisten den zu wenig liquiden Hugenberg durch finanziellen und politischen Druck zum Verkauf von TU, AlA und anderen Konzern-Firmen.

Es »schwebt ein großer Steuerfeldzug gegen mich, in dem ich mich gegen unberechtigte Steuerforderungen von mehr als einer halben Million Mark, also gegen die steuerliche Vernichtung meiner wirtschaftlichen Existenz verteidigen muß«

beschwerte sich Hugenberg beim Reichskanzler Hitler.[737]

An Leo Wegener, dem Freund schon aus Posener Tagen, klagt er: Die AlA und die deutsche Buchhandlung in New York (Westermann) müsse er weit unter Wert verkaufen.

»So gleiche ich dem Russen, der dem Rudel Wölfe, das hinter seinen [sic] Schlitten herzieht, eines seiner Kinder nach dem anderen hinwirft.«[738]

Aber es gibt nicht nur Zwangsverkäufe unter Wert. Die UFA-Aktien müssen 1937 dem Reich verkauft werden, aber der Scherl-Verlag bleibt bei Hugenberg. Nach seiner Aussage hatte Hitler ihm 1933 in einem »Freundschaftsabkommen« zugesagt, daß die Medien der »Deutschnationalen Front« »ihre Tätigkeit ungehindert im Geiste des neuen Deutschland fortsetzen« dürften.[739] Erst im September 1944 muß Hugenberg — unter relativ sanftem Druck — auch Scherl verkaufen. Er erhält 64 Millionen — ein Vielfaches des eigentlichen Wertes. Der Aufkäufer des nationalsozialistischen Amman-Konzerns schrieb an den Reichswirtschaftsminister und Reichsbankpräsidenten Walther Funk: »Ich habe Anfang 1934 Ullstein gekauft für RM 8,5 Mill. und halte Ullstein für wertvoller als Scherl.«[740] Aber mehr noch: Weil der Geheime Finanzrat Hugenberg eine Barzahlung ablehnte, übertrug ihm das Reich (unter Zustimmung Walther Funks) aus seinem Besitz Aktien für *nominell* 30 Millionen der »Vereinigten Stahlwerke« und nominell 34 Millionen der »Ilseder Hütte«, als Kaufsumme — ein außerordentliches Entgegenkommen, wurde damit doch u.a. die staatliche Sperrminorität beim größten deutschen Montantrust, den »Vereinigten Stahlwerken« aufgegeben. Der »Silberfuchs«, so ein Spitzname Hugenbergs, »hatte seine Vorkehrungen getroffen, um auch aus diesem zweiten Weltkrieg ebenso unbeschädigt 'austreten' zu können, wie er aus dem ersten 'ausgetreten' war.«[741]

Da ein Teil der Aktien aus enteignetem Thyssen-Kapital stammte, mußten Hugenberg und seine Gesellschafter nach dem Krieg wieder für nominell 27 Millionen Reichsmark Aktien an die August-Thyssen-Hütte zurückgeben. Hinzu kam 1952 eine Barzahlung von 5,3 Millionen D-Mark. Hugenberg war 1951 gestorben. Seine Erben und Gesellschafter klagten gegen die Deutsche Reichsbank, bzw. ihre Rechtsnachfolgerin, die Deutsche Bundesbank. 1970 erkannte der zweite Zivilsenat des Bundesgerichtshofes für Recht: Für Verluste im Dritten Reich erhalten die Erben der Eigentümer des ehemaligen Scherl-Verlages 45 Millionen DM Entschädigung aus Steuergeldern. Im Namen des Volkes.

Ein Mitläufer...

Gegenspieler Goebbels ehrt Alfred Hugenberg als Bahnbrecher des nationalen Films. Generaldirektor Ludwig Klitzsch (Mitte) hat sich arrangiert, der Medienzar a.D. mußte sein Filmimperium abgeben, Goebbels' Zwangsvollstrecker Max Winkler (ganz rechts) wird ebenfalls ausgezeichnet.

Finanziell hat das »Dritte Reich« seinen Geburtshelfer doch noch saniert. Auch die öffentliche Anerkennung blieb dem gestürzten Medien-Zaren nicht versagt. Manche seiner Mitarbeiter machten nach 1933 Karriere. Otto Kriegk veröffentlichte 1943 eine Jubiläumsschrift: »Der deutsche Film im Spiegel der Ufa. 25 Jahre Kampf und Vollendung.«[742] —

Man schlägt das Buch auf und blättert; es beginnt mit Bildern: Goebbels: »Reichsminister für Volksaufklärung und Propaganda. Der Schirmherr des deutschen Films«, Alfred Hugenberg: »Geheimer Finanzrat«, Emil Georg von Stauß: »Vizepräsident des Großdeutschen Reichstags und Preußischer Staatsrat«, Ludwig Klitzsch: »Wehrwirtschaftsführer, Vorsitzender des Vorstandes der Universum-Film Aktiengesellschaft«.

Am 4. März 1943 wird im Berliner »Ufa-Palast am Zoo« das 25jährige UFA-Jubiläum gefeiert. Goebbels hält die Festansprache und feiert Hugenberg als den Vorkämpfer des »nationalen« Films. Dem alten Bundesgenossen wird der Adlerschild des Deutschen Reiches verliehen.

> *»Die erste und höchste Auszeichnung, die der Führer überhaupt zu vergeben hat... Sie, Herr Geheimrat, haben als einer der ersten Männer unseres nationalen Lebens die große wirtschaftliche, politische und kulturelle Bedeutung des Films erkannt. ... Das Adlerschild trägt die Aufschrift: Dem Bahnbrecher des deutschen Films. Es gibt niemanden, der diese höchste Würdigung ... so verdiente, wie Sie. Ich schätze mich glücklich, Herr Geheimrat, Sie ihnen im Namen des Führers vor der ganzen Belegschaft, Ihrer UFA, übermitteln zu dürfen.«[742a]*

Politisch, wirtschaftlich und sozial hat das »Dritte Reich« die wichtigsten Ziele Hugenbergs erfüllt: die Arbeiterbewegung ist zerschlagen, die Gewerkschaften sind aufgelöst, die Unternehmer »Herr im Haus«; Aufrüstung und endgültiger Widerruf des Versailler Vertrages sorgen für die Vorbereitung der militärischen und wirtschaftlichen Expansion des »Volkes ohne Raum«. Selbst die Mittelstandspolitik hat mit ihrer Mischung aus Staatsintervention und »Eigenverantwortung« mehr Ähnlichkeit mit Hugenbergs Konzepten, als es auf den ersten Blick scheinen mag. Der »linke« Flügel der Nationalsozialisten ist endgültig ausgeschaltet, die NSDAP kanalisiert, die Großindustrie hat ökonomisch triumphiert, der Besitz dominiert.

Dankbar und anerkennend schreibt Hugenberg schon im Januar 1934 dem Reichskanzler:

Sehr verehrter Herr Hitler!   *z.Zt. Dorf Kreuth, den 26. Januar 1934*
...   *b. Tegernsee Oberbayern*
Namentlich ist es mir ein Bedürfnis, vor der Wiederkehr des 30. Januar noch einmal zum Ausdruck zu bringen, daß ich an all' den Gedanken und Zielen festhalte, die uns damals zusammengeführt haben. Zwischen damals und heute liegt unendlich viel. Die Gefahr der Herrschaft der Kommunisten und Minderwertigen, der tägliche Anblick der verwüstenden Tätigkeit der Sozialdemokratie und die Erkenntnis von der Notwendigkeit eines Sturzes des Zentrumsturmes, wie ihn schon Bismarck ersehnt hat, standen Ihnen wie mir vor einem Jahre ausschlaggebend vor Augen. Ich muß Sie heute dazu beglückwünschen, daß Sie diese Mächte ausgeschaltet und ihnen, wie ich hoffe, die Mittel zur Wieder-erstarkung genommen haben. ...
Mit vorzüglicher Hochachtung und deutschem Gruß Ihr ergebener   *Hugenberg.«[743]*

Ein Mitläufer — nach dem II. Weltkrieg wird Hugenberg zunächst vor der alliierten Kommission zur Entnazifizierung schwer belastet und interniert, dann entlassen und schließlich als Mitläufer eingestuft.

Anmerkungen

[1] Der Reichskanzler ist oberster Reichsbeamter und allein verantwortlicher Minister des Reiches. Neben ihm gibt es keinen weiteren Reichsminister, er ist also Minister in allen Reichsressorts (»Reichsämter«). Die Reichsämter (die in etwa heutigen Ministerien entsprechen) werden (unter dem Reichskanzler) meist von einem Staatssekretär geleitet.

[2] Das Deutsche Reich war ein Bundesstaat, aus dem kein Einzelmitglied nach Belieben austreten konnte (also kein Staatenbund). Seine 25 Einzelmitglieder wurden die »Bundesstaaten« genannt.

[3] Preußen hatte 1871: 24,6 Mio Einwohner (Reich: 41); 1890: 30 Mio (Reich: 49); 1910: 40 Mio (Reich: 65) — das waren 60 %, 61,2 % und 61,5 % der Reichsbevölkerung. 1910 bedeckte Preußen 64,5 % der Bodenfläche des Reiches und beschäftigte in 52,4 % der Industriebetriebe (Haupt- u. Nebenbetriebe, einschließlich Bergbau und Baugewerbe) 58,1 % der (Industrie-)Beschäftigten. Wichtiger noch ist, daß die schwerindustriellen Zentren in Rheinland/Westfalen, Oberschlesien und im Saargebiet (damals Rheinprovinz) zu Preußen gehörten.

[4] Die Nationalliberale Partei stellte in den 1870er Jahren die stärkste Fraktion im ganzen Reichstag.

[5] s. Herbert Schwab in: Die bürgerlichen Parteien in Deutschland 1830 - 1945, Bd. II, Leipzig 1970, S. 344 ff., vor allem S. 353 ff: »Die weitere Rechtsentwicklung der NLP ...« (dazu siehe u.a. das Heidelberger Programm der Nationalliberalen Partei vom 23.03.1884) und S. 356 ff: »Stellung zur sozialen Frage und zur deutschen Sozialdemokratie ...«

[6] Die folgenden Angaben nach Holzbach, S. 21, und Guratzsch, S. 19 und 22.

[7] Guratzsch, S. 22, Anmerkung 24

[8] Biographische Angaben zu Franz Adickes aus: Franz Adickes. Sein Leben und sein Werk, hrsg. von der Historischen Kommission der Stadt Frankfurt am Main. Frankfurt a.M. 1929.

[9] 1.4.1869 - 1.4.1870.

[10] Sein Bruder Erich Adickes, Professor in Tübingen, hat in der oben zitierten Biographie das Kapitel »Franz Adickes als Mensch« verfaßt und schildert das Militär-Dienstjahr u.a. so: »Trotz des Einerlei des Dienstes bot das Jahr doch manche Abwechslung durch Konzerte, Theater, Bälle, sonntägliche Besuche in Neustadt und viel Familienverkehr, besonders bei Onkel Ernst und Tante Doris, sowie bei deren Schwiegersohn Schatzrat Hugenberg, dem Franz in dieser Zeit nahetrat.« (a.a.O., S. 98 f.).

[11] Und der nationalliberale Deutsche fährt in seiner Aversion gegen das großstädtisch-demokratische Paris fort: »Es wäre zu ungerecht, wenn bloß die unschuldigen Landleute es ausbaden sollten. Sie wollen meist den Großsohn von Louis Philippe zum König.« a.a.O., S. 106 f, Schreiben vom 11. September 1870. Während seiner Militär-Dienstzeit hatte sich Franz Adickes noch kritisch über das militaristische Gehabe Bismarcks (a.a.O., S. 97) und den preußischen Drill geäußert: »O, du Militärstaat und weh uns armen Duldern« (a.a.O., S. 98, Brief vom 22. August 1869).

[12] Ernst Friedrich Adickes, geboren 7.3.1811, gestorben 26.1.1878, MdR vom Februar 1869 bis zum Januar 1874, Rittergutsbesitzer und Reeder aus Heuhausen (bei Bremen) — Angaben nach Max Schwarz, MdR, Hannover 1965. Eine Verwandtschaft mit Franz Adickes konnte *nicht* festgestellt werden.

[13] zitiert nach: Hans-Ulrich Wehler, Bismarck und der Imperialismus. Köln und Berlin 1969, S. 202 — es handelt sich um den Reichstag des Norddeutschen Bundes nach der Verfassung von 1867.

[14] Alfred Hugenberg, Streiflichter. Berlin 1927, S. 195: »Rückblick und Ausblick (Eine Denkschrift aus dem Jahre 1917)«.

[15] a.a.O.

[16] a.a.O.

[17] Die folgenden biographischen Angaben nach Holzbach, S. 21 ff.; Guratzsch, S. 19 ff., Otto Kriegk, Hugenberg. Leipzig o.J. (1932), S. 22 ff. und Reichshandbuch.

[18] Kriegk, S. 26.

[19] Wilhelm Arent (Hrsg.): Moderne Dichtercharaktere. Berlin 1885; auch erschienen mit Einleitungen von Hermann Conradi und Karl Henckell. Leipzig o.J.

[20] zitiert nach Wahrmund: Gericht über Hugenberg. Dilligen 1932, S. 8.

[21] Holzbach, S. 22 f.

[22] Karl Henckell (Hrsg.): Quartett. Dichtungen. Unter Mitwirkung von Arthur Gutheil, Erich Hartleben, Alfred Hugenberg. Hamburg 1886, S. 122 f: »Andacht« (dieser Titel wird bei Holzbach nicht mitzitiert). Die Ausgabe ist auf besonders gutem Papier bei F.A. Brockhaus in Leipzig gedruckt und in Leinen mit Goldprägung gebunden (Verlag Otto Meißner, Hamburg). Honigmann vermutet einen Druckkostenzuschuß durch den »Jüngling aus der Provinz mit dem verhältnismäßig üppigen Monatswechsel«, der »in der Berliner Boheme ein gern gesehener und häufig angepumpter Gast« gewesen sei (S. 16).

[23] Arno Holz (1863 - 1929), einer der bedeutendsten Vertreter, Dichter und Theoretiker des Naturalismus. In seinem großen Werk »Phantasus« (2 Bde. 1898 f) sind Großstadtbilder ein zentrales Thema.

[24] Holz dankte für »die Güte« Hugenbergs (Holzbach, S. 22, Anm. 17), starb aber dennoch in großer Armut (Wahrmund, S. 9).

[25] Holzbach, S. 23.

[26] Holzbach verweist zur Begründung auf Guratzsch, S. 21, der das allerdings *so* nicht formuliert.

[27] Streiflichter, S. 196.

[28] 1842 - 1926. Seine Tochter Elly, Lehrerin und Politikerin, heiratete Theodor Heuss, den ersten Bundespräsidenten der BRD (Elly Heuss-Knapp).

[29] Ludwig Elster: Stichwort »Kathedersozialismus« in: Handwörterbuch der Staatswissenschaften, hrsg. von Ludwig Elster, Adolf Weber und Friedrich Wieser. Bd. 5, 4. Aufl., Jena 1923, S. 641.

[30] Daß eine solche Entwicklung auch aus dem Kathedersozialismus heraus möglich war, zeigt die Untersuchung von Werner Krause über den Wirtschaftshistoriker und Nationalökonomen Werner Sombart: Werner Sombarts Weg vom Kathedersozialismus zum Faschismus. Berlin 1962.

[31] Otto Kriegk: Hugenberg. Leipzig 1932.

[32] Kriegk, S. 26.

[33] Hugenberg: Innere Colonisation, S. 410.

[34] a.a.O., S. 421.

[35] a.a.O., S. 420.

[36] a.a.O., S. 418.

[37] a.a.O., S. 450.

[38] a.a.O.

[39] a.a.O., S. 451.

[40] a.a.O., S. 452.

[41] a.a.O., S. VII; das Vorwort ist unterzeichnet: Hildesheim, Ende Mai 1891. Die Dissertation erschien im selben Jahre als 531 Seiten starkes Buch in der Reihe: »Abhandlungen aus dem Staatswissenschaftlichen Seminar zu Straßburg i.E.«.

[42] s. Heinrich Friedjung: Das Zeitalter des Imperialismus 1884 - 1914. Bd. 1, Berlin 1919, S. 128 ff. — Der Vertrag wurde am 1.7.1890 paraphiert.

[43] a.a.O., S. 127.

[44] a.a.O., S. 129.

[45] a.a.O., S. 128.

[46] s. Hans-Ulrich Wehler: Bismarck und der Imperialismus. Köln und Berlin 1969.

[47] Friedjung, S. 128.

[48] Walter Felix aus Leipzig, Adolf Fick aus Marburg, Otto Lubarsch aus Berlin und Albert Müller aus Friedberg: s. Otto Bonhard: Geschichte des Alldeutschen Verbandes. Leipzig und Berlin 1920, S. 239; der Aufruf ist S. 233 - 237 abgedruckt. Hauptinitiator war nach Darstellung Bonhards (s. 2) der Augenarzt Fick, der Professor an der Universität Zürich wurde und »innerhalb der reichsdeutschen Kolonie in Zürich eine führende Stellung« einnahm (Claß: Wider den Strom, S. 49).

[49] In Olmütz war im November 1850 der preußische Ministerpräsident Otto von Manteuffel vor einer drohenden bewaffneten Auseinandersetzung mit Österreich auf dessen energisches Auftreten hin zurückgewichen und hatte einen in Preußen von vielen als schmählich angesehenen Vertrag abgeschlossen (»Olmützer Punktation«). Das Schlagwort vom (zweiten) »Olmütz« war eine beliebte Kampfvokabel der deutschen Nationalisten, um angeblich durch »schlappes« Zurückweichen bedingte außenpolitische Rückzüge der Regierung zu geißeln; so z.B. in der Marokko-Krise 1911.

[50] Hervorhebung durch Sperrdruck vom Verfasser.

[51] Bonhard, S. 238.

[52] Leipzig 1932.

[53] Bei dem Apotheker Josef Franck in Freiburg im Breisgau wohnte Claß als Student im Jahr 1888 (nach den beiden ersten Semestern in Berlin, wo er u.a. Treitschke gehört hatte; s.u.S. 32):
»Mein väterlicher Freund war süddeutscher Demokrat vom reinsten Wasser ... Sein Leben lang stand er in schärfster Opposition zur badischen Regierung und nach der Gründung des Reichs zu Bismarck und zum preußischen Staat. Bei uns zu Hause deckte sich der Begriff 'patriotisch' und 'regierungstreu'. In Opposition gegen die Regierung zu stehen, wäre geradezu als eine Verletzung der Treue gegen den Fürsten und den Staat empfunden worden. ... Und nun sah ich mich einem alten, gütigen Manne gegenüber, der nicht 'Patriot' im landläufigen Sinne war, sondern ein begeisterter, ja schwärmender Deutscher, ein unbedingt national empfindender Bürger ... es gelang dem alten Demokraten nicht, mich zu belehren oder mich nur irre zu machen. Aber das blieb in meiner Seele haften, daß man ein begeisterter Sohn seines Volkes und doch ein entschiedener Gegner seiner Regierenden sein könne.«

[54] dem Tag der Entlassung Bismarcks.

[55] a.a.O., S. 22.

[56] Das gilt für die große Mehrheit der Vertreter der neuen Richtung (nationaler Opposition), wie sie sich im Aufruf vom 24. Juni 1890 ankündigt und im »Alldeutschen Verband« von 1894 fortsetzt (s.u.) — August Fick aus Zürich wird von Claß ausdrücklich als Ausnahme hervorgehoben: »Innerhalb des Alldeutschen Verbandes nahm Fick eine besondere Stellung ein, da er überzeugter Republikaner war. Man könnte ihn als einen Vertreter 'nationaldemokratischer' Anschauungen bezeichnen.«
(Claß, Wider den Strom, S. 50).

[57] s. vorige Anmerkung — immerhin wollte der »Nationaldemokrat« Fick »auf den Ruf unseres Kaisers« sein Leben einsetzen und einem »Herrenvolk« angehören: s.o. Aufruf vom 24.6.1890.

[58] Die linksliberalen Parteien (der »Freisinn«), die Caprivi zeitweise unterstützten und erst recht die Sozialdemokratie sind nicht gemeint, wie aus dem Rundschreiben vom 15. Juli hervorgeht. Aber auch auf das Zentrum setzte man keine großen Hoffnungen. Die Linksliberalen werden nach Bismarckscher Tradition zu den »erbitterten Gegnern unserer Regierung« gezählt, während z.B. die Konservativen, die Caprivi schließlich stürzten, sozusagen genuin gouvernemental sind.

[59] Der Bundesrat wurde de facto meist von Preußen (in dem ein Drei-Klassen-Wahlrecht galt) beherrscht.

[60] Grundzüge der Verfassung des Deutschen Reiches. 2. Aufl. Leipzig 1906.

[61] So wurde die Geheimhaltung bei der Stimmenabgabe oft in Gutsbezirken, Industrie-Betrieben und kleinen Wahlkreisen gebrochen. Die Gleichheit der Stimmen war durch die Ungleichheit der Wahlkreis-Einteilung verletzt. Die 1871 festgelegte Anzahl von 382 Mandaten (1873 durch 15 Wahlkreise in Elsaß-Lothringen auf 397 erhöht) beruhte auf der Volkszählung vom 3.12.1864. Danach umfaßten die Wahlkreise durchschnittlich 100.000 Einwohner. Durch die Industrialisierung verschob sich die Einwohnerdichte dramatisch. Doch die Wahlkreiseinteilung blieb bis 1918 unverändert. So gab es bei der Reichstagswahl im Rand-Berliner Kreis Teltow-Storkow 338.798 Wahlberechtigte — und die Sozialdemokraten erhielten hier für rund 164.000 Stimmen einen Abgeordneten, während in Schaumburg-Lippe nur 10.709 Wahlberechtigte existierten — und die Fortschrittliche Volkspartei für 5.044 Stimmen ein Mandat erhielt. In dem pommerschen Demmin-Anklam genügten dem konservativen Großgrundbesitzer Grafen von Schwerin-Löwitz, Mitglied und später Präsident des preußischen Abgeordnetenhauses, rund 8.000 Stimmen, um sich erneut auch für den Reichstag zu legitimieren. Diese Wahlkreiseinteilung benachteiligte die Linke (Schaumburg-Lippe ist hier eine Ausnahme), vor allem die Sozialdemokratie der Ballungsgebiete und bevorzugte die in den ländlichen Gebieten dominierenden Rechtsparteien und das katholische Zentrum.

[62] Paul Schubart: Die Verfassung und Verwaltung des Deutschen Reiches und des Preußischen Staats. 25. neu durchgesehene Auflage. Abgeschlossen März 1913. Breslau 1913, S. 53 f.

[63] s. Peter-Christian Witt: Die Finanzpolitik des Deutschen Reiches von 1903 bis 1913. Lübeck und Hamburg 1970.

[64] Neue Preußische Zeitung (= Kreuzzeitung) Nr. 44, 27.1.12: »Was uns die Wahlen lehren« (Zuschrift).

[65] Paul Roth: Das Zeitungswesen in Deutschland von 1848 bis zur Gegenwart. Halle 1912, S. 47 und 52.

[66] s. Georg Honigmann: Chef weist an ... oder der Fall des William Randolph Hearst. Berlin 1972 (6. Aufl. 1981).

[67] Honigmann, Klappentext.

[68] Bonhard, S. 239.

[69] Holzbach, S. 27, übernimmt diese Darstellung Bonhards, der, selbst Alldeutscher, seine »Geschichte des Alldeutschen Verbandes« 1920 schrieb. Den Auftrag hatte ihm die Führung des Verbandes zum 30jährigen Gründungsjubiläum gegeben. Bonhard dankt im Vorwort u.a. Adolf Fick und Hugenberg für »hilfreiche Unterstützung« (Bonhard, S. V f.).

[70] Bonhard, S. 3; das Zitat im Zitat (»der eigentliche Vater...«) ist eine »Mitteilung« von Fick an Bonhard.

[71] a.a.O., S. 240.

[72] a.a.O., S. 241 f.

[73] a.a.O., S. 243 f.

[74] a.a.O., S. 3.

[75] a.a.O.

[76] So Edgar Hartwig in: Die bürgerlichen Parteien in Deutschland Bd. I, Leipzig 1968, S. 3 f. (Artikel: Alldeutscher Verband)..

[77] Bonhard, S. 248 ff.

[78] So Alfred Kruck: Geschichte des Alldeutschen Verbandes 1890 - 1939. Wiesbaden 1954, S. 10.

[79] Bonhard, S. 250 f. Nach Angaben von Lothar Werner: Der Alldeutsche Verband 1890 - 1918. Berlin 1935, S. 31 f. waren von den 73 Mitgliedern des Vorstandes 16 Abgeordnete. Zur Charakteristik der Industriellen s. Dirk Stegmann: Die Erben Bismarcks. Köln und Berlin 1970, S. 51 f.

[80] Preußische Jahrbücher, Bd. 122, Jg. 1905, S. 365.

[81] s. Helmut Böhme: Emil Kirdorf, Überlegungen zu einer Unternehmerbiographie. In: Tradition, Zeitschrift für Firmengeschichte und Unternehmerbiographie, Bd. 13 (Jg. 1968), S. 282 - 300 u. Bd. 14 (1969), S. 21 - 48.

[82] a.a.O.; s.a. F.A. Freundt: Kapital und Arbeit. Berlin o.J. (Neudruck der Festschrift zum 80. Geburtstage Kirdorfs am 8.4.1926), S. 17.

[83] Der »Aufruf!« des Allgemeinen Deutschen Verbandes vom 9.4.1891 ist schon unterschrieben (in der bei Bonhard, S. 251 gedruckten Fassung): »Kirdorf, Generaldirektor, Gelsenkirchen.« Nach anderen Angaben (z.B. Wer ist's?, hrsg. von Hermann A.C. Degener, VI. Ausgabe, Leipzig 1912, S. 797) wurde er erst 1892 zum General-Direktor ernannt.

[84] Mit vollem Namen: »Verein für die Bergbaulichen Interessen im Oberbergamtsbezirk Dortmund«, gegründet 1858.

[85] Paul Wiel: Wirtschaftsgeschichte des Ruhrgebietes. Essen 1970, S. 146.

[86] a.a.O., S. 148. Zu den Problemen der Kontingentierung und der Verkaufspreise s.a. Böhme, Tradition Bd. 14 (1969), S. 24, Anm. 56. Böhme betont hier die Reduzierung der Machtfülle des Syndikats. Allerdings stimmten 1909 die Hüttenzechen der Kontingentierung des Selbstverbrauches zu.

[87] »Langnamverein« war der halboffizielle Kurzname des »Vereins zur Wahrung der gemeinsamen wirtschaftlichen Interessen Rheinlands und Westfalens«.

[88] Claß, Wider den Strom, S. 247.

[89] Werner, S. 32

[90] So vor allem Bonhard, S. 5: »Zum Kriegführen — und die Tätigkeit des Verbandes war ja ein Kampf *für* das Deutschtum und *gegen* völkische Gleichgültigkeit — gehört jedoch Geld, Geld und abermals Geld.«

[91] Kruck, S. 9; Werner, S. 33.

[92] BA Koblenz, Nachl. Harden Nr. 140, Bl. 3.

[93] Werner, S. 34.

[94] So die Interpretation Lothar Werners in seiner Arbeit von 1935, S. 36.

[95] S. 301.

[96] Werner, S. 35.

[97] a.a.O.

[98] »Ein sehr bekannter deutsch-konservativer Parlamentarier, dessen Name nicht genannt werden soll« in seiner Antwort auf eine Umfrage der »Rheinisch-Westfälischen Zeitung« (Nr. 1061, 24.9.11) Aufmacher: »Der Reichstag als Richter.« Verleger dieser Essener Tageszeitung war der führende Alldeutsche Theodor Reismann-Grone.

[99] = »Hamburg-Amerikanische Packetfahrt-Actien-Gesellschaft«. Vor dem ersten Weltkrieg die größte Schiffahrtsgesellschaft der Welt.

[100] Neue Preußische Zeitung Nr. 533, 12.11.11: »Die innere Politik der Woche«.

[101] Claß, Wider den Strom, S. 46.

[102] a.a.O., S. 81 f. und S. 86.

[103] Claß, Wider den Strom, S. 13.

[104] a.a.O., S. 15 - 18.

[105] Holzbach, S. 28 f.

[106] Bonhard, S. 10; Kruck, S. 16 f.

[107] Kruck, S. 17.

[108] Wernecke, S. 179.

[109] Amandus Wulf in: Die bürgerlichen Parteien, Bd. 1, S. 432 (Artikel: Deutscher Flottenverein).

[110] ab 8.9.1911, vorher im »Geschäftsführenden Ausschuß«.

[111] Hartwig in: Die bürgerlichen Parteien, S. 5 (Artikel Alldeutscher Verband).

[112] Kruck, S. 18, zitiert die Untersuchung von Mildred S. Wertheimer: The Pan-German League 1890 - 1914. Diss.phil. New York 1924, S. 66, 72 und 73 – s.a. Werner, S. 62 - 66.

[113] Werner, S. 64.

[114] a.a.O., S. 63.

[115] a.a.O., S. 62.

[116] Bonhard, S. 10, gibt für 1901: 32 an, Claß, Wider den Strom, S. 139 für 1908: 33; Wertheimer, S. 133 ff., zitiert nach Werner, S. 72 für 1901: 38.

[117] Interessenvertretung der exportorientierten Fertigwarenindustrie. — Angaben nach dem Stand von 1912.

[118] Werner, S. 72.

[119] a.a.O., S. 66; Kruck, S. 17.

[120] DZA I ADV Nr. 257, betr. Satzungen des Alldeutschen Verbandes.

[121] Holzbach, S. 27.

[122] Werner, S. 83.

[123] DZA I Alldeutscher Verband Nr. 178, Reismann-Grone an Burte, 17.6.1912; handschriftlicher Zusatz auf der Brief-Kopie: »Lieber Class: Ich mache Sie auf dieses Buch aufmerksam. Ihr R«(eismann-Grone) — Die RWZ, das Blatt Reismann-Grones, spricht auch schon vor dem Weltkrieg von »einer radikalen nationalen Opposition« (Nr. 1395, 17.12.11, S. 1: »Wen wählen wir?«) und beklagt den »Mangel an hinreichenden völkischen Taten« (Nr. 1423, 24.12.11: »An unsere Freunde!«

[123a] a.a.O., Claß an Reismann-Grone, 11.4.1913.

[124] Untertitel: »Politische Wahrheiten und Notwendigkeiten«. Leipzig 1912; Motto des Titelblattes »Viel Feind' — viel Ehr'«.

[125] a.a.O., S. 31 - 33.

[126] a.a.O., S. 33.

[127] a.a.O., S. 71.

[128] a.a.O., S. 73 f.

[129] a.a.O., S. 137.

[130] a.a.O., S. 141 (auch das Folgende).

[131] entfällt.

[132] s. z.B. Otto Richard Tannenberg: Groß-Deutschland — die Arbeit des 20. Jahrhunderts. Leipzig 1911, zitiert bei Claß, »Wenn ich der Kaiser wär'«, S. 140.

[133] Kruck, S. 192.

[134] Angaben nach: Reichshandbuch der deutschen Gesellschaft, S. 814; Wer ist's? 10. Ausgabe 1935, S. 732; Leo Wegener: Hugenberg, S. 12 f.

[135] Guratsch, S. 26.

[136] Wegener: Hugenberg, S. 13.

[137] a.a.O.

[137a] a.a.O.

[138] Kriegk: Hugenberg, S. 29 — nach Wegener, S. 13, soll Kommissions-Präsident Wittenburg zu Hugenberg gesagt haben: »Hugenberg, mein Wagen wird für Sie zu klein. Ich habe Sie meinem Freunde Zedlitz empfohlen.« — Staatsminister Graf Zedlitz-Trützschler war Oberpräsident der preußischen Provinz Hessen-Nassau.

[139] Holzbach, S. 31; auch für das Folgende.

[140] a.a.O., s.a. Guratzsch, S. 47 und 27.

[141] Kriegk, S. 30.

[142] Wegener, S. 14.

[143] Guratsch, S. 28.

[144] a.a.O., S. 29.

[145] Kriegk, S. 31.

[146] Wegener: Hugenberg, S. 14.

[147] Noch in der Weimarer Republik ließ sich Hugenberg mit »Herr Geheimrat« anreden.

[148] Hugenberg: Streiflichter, S. 241; s.a. Guratzsch, S. 31; zum Folgenden auch Wegener, S. 16 ff.

[149] Streiflichter, S. 223, Brief vom 13.9.1907.

[150] a.a.O., S. 281 und 292, Brief vom 12.1.1902.

[151] Bernhard: Der »Hugenberg-Konzern«, S. 4.

[152] Ludwig Bernhard: »Die preußische Polenpolitik II., Enteignung«. In: Tag (A-Ausgabe) Nr. 21, 26.1.1912 (Teil I., »Versöhnung«; in: Nr. 20, 25.1.1912, ebenfalls von Bernhard).

[153] Guratsch, S. 46.

[154] Bernhard: Der »Hugenberg-Konzern«, S. 6.

[155] Wegener: Hugenberg, S. 17.

[155a] BAK Z Sg 1 S. 25, der Flugschrift.

[156] Kriegk: Hugenberg, S. 29; Wegener: Hugenberg, S. 13, spricht von einem Vortrag »in einer geschlossenen Gesellschaft«.

[157] vom 15.4., 19.8. und 14.10.1894.

[158] Streiflichter, S. 301.

[159] Kehr: Schlachtflottenbau, S. 59. Rede Hugenbergs in Celle; darüber berichtete die Bremer »Weser-Zeitung« am 21.2.1896.

[160] s. Guratsch, S. 25 u. Holzbach, S. 31.

[161] So Friedrich Swart, ein jüngerer Mitarbeiter und Freund Wegeners — zitiert nach Holzbach, S. 32, die auch den folgenden Vorgang beschreibt.

[162] Bonhard, S. 18.

[163] Wernecke, S. 18.

[164] Wegener: Hugenberg, S. 17.

[165] Streiflichter, S. 222.

[166] Wer ist's? VI. Ausgabe 1912, S. 1049.

[167] Holzbach, S. 42.

[168] zitiert nach Holzbach, S. 42.

[169] indirektes Zitat Rheinbabens bei Claß: Wider den Strom, S. 47.

[170] Kriegk: Hugenberg, S. 36.

[171] in der (neueren) Literatur oft auch »Bergbauverein« genannt.

[172] Wiel, S. 146.

[173] Wegener: Hugenberg, S. 17.

[174] Die Firma Krupp wurde durch notariellen Akt am 22. April 1903 in eine Aktiengesellschaft umgewandelt, das Grundkapital auf 160 Millionen Mark festgesetzt, eingeteilt in Aktien von je 1.000 Mark; vier Aktien übernahmen »vier der Familie Krupp nahestehende Persönlichkeiten«, alle anderen Bertha Krupp (zur Hundertjahrfeier [siehe folgende Anmerkung], S. 44). Um den Familienbesitz zu erhalten, durften die Krupp-Aktien nicht an der Börse gehandelt werden (Boelcke, S. 177). Durch die Umwandlung in eine Aktiengesellschaft erhielt die Firma einen Vorstand. Hugenberg war offiziell Vorsitzender des Vorstandes, wurde aber oft auch als Vorsitzender des Direktoriums bezeichnet, da der Begriff Direktorium in der Firma beibehalten wurde.

[175] Zur Hundertjahrfeier der Firma Krupp 1812 - 1912. Festausgabe der »Kruppsche Mitteilungen«, S. 47.

[176] Willi A. Boelcke (Hrsg.): Krupp und die Hohenzollern in Dokumenten. Frankfurt 1970, S. 187.

[177] a.a.O.

[178] Streiflichter, S. 3 f., Aufsatz »Das Rathaus« (geschrieben etwa 1927).

[179] Guratzsch, S. 86.

[180] Zur Hundertjahrfeier, S. 88 f.

[181] Zur militaristischen Propaganda in der deutschen bürgerlichen Presse am Vorabend des Weltkrieges s. Wernecke: Wille zur Weltgeltung. Düsseldorf 1970.

[181a] Verhandlungen des Reichstags, XIII. Leg., I. Session, Bd. 289,143. Sitzung vom 18.4.1913, S. 4911 s.a. Honigmann, S. 119, der den Korruptionsskandal darstellt; s.a. A. Zimmermann: Prozeß Brandt und Genossen. Berlin 1913.

[182] Honigmann, S. 121.

[183] a.a.O.; s. dagegen Hugenberg in RWZ Nr. 493, 26.4.13.

[184] RWZ Nr. 488, 25.4.13, S. 1: »Fall Krupp — Fall Liebknecht«.

[185] Post Nr. 183, 20.4.13, Leitartikel: »Herrn Liebknechts 'Enthüllungen'«.

[186] z.B. Gesine Ausmus (Hrsg.): Hinterhof, Keller und Mansarde. Reinbek 1982, S. 245.

[187] abgedruckt in RWZ Nr. 493, 26.4.13, an leitender Stelle: »Die Liebknechtischen Beschuldigungen«.

[188] Reichstag, a.a.O., Sitzung vom 26.4.13, S. 5189; s.a. Honigmann, S. 124.

[189] Zur Hundertjahrfeier der Firma Kurpp, S. 113.

[190] RWZ Nr. 488, 25.4.13, a.a.O.

[191] Die Erklärung Hugenbergs im »Berliner Lokal-Anzeiger« wurde vom offiziösen »Wolff's Telegraphisches Bureau« verbreitet und z.B. in der RWZ Nr. 493, 26.4.13 (s.o.) zitiert; zur Stellungnahme in der RWZ vom 25.4.13 (Nr. 488) s.a. »Kölnische Zeitung« vom 25.4.13. — Schon am 19.4.13 hatte z.B. die RWZ (Nr. 465) und am 20.4.13 »Die Post« (Nr. 183) auf S. 1 die Erklärung eines »maßgebenden Herren« (so die RWZ; »Post«: »von einer maßgebenden Persönlichkeit«, wohl Hugenberg) der Firma Krupp abgedruckt, der erklärte, das Ganze sei der »Racheakt« eines wegen betrügerischer Handungen entlassenen Krupp-Beamten, der »ein vielleicht vorliegendes Vergehen eines Unterbeamten der Berliner Vertretung der Firma Krupp in maßlos übertriebener Weise denunzierte«. — Die RWZ brachte

in der nächsten Nummer (466, 20.4.13) einen Leitartikel: »Hysteriker-Liebknecht.«.

[192] VZ Nr. 198, 20.4.13, S. 1.

[193] so die (Selbst-)Einschätzung im Mosse-Zeitungs Katalog, 47. Auflage. Hamburg 1914, S. 24.

[194] Artikel »'Panzerplatten'-Horizont«, zitiert nach RWZ Nr. 475, S. 1: »Presse-Schau.«.

[195] s. Stegmann: Die Erben Bismarcks, S. 166 ff.

[196] Wernecke, S. 18; Stegmann a.a.O., S. 172: 1911 zahlte z.B. die Gutehoffnungshütte 830,80 Mark für 8.308 Arbeiter.

[197] nach einigen zeitgenössischen Stimmen an erster Stelle das »Berliner Tageblatt«. Eine Untersuchung darüber ist dem Verfasser nicht bekannt.

[198] RWZ Nr. 466, 20.4.13, Leitartikel: »Hysteriker-Liebknecht«.

[199] Holzbach, S. 38, Anm. 149. Das Zitat geht weiter: »— auf Wiedersehen beim Siegestrank — Heil! — Heil! — Heil!« . Peter Spahn war Vorsitzender der Zentrumsfraktion

[200] Honigmann, S. 126; s.a. S. 140 u. Boelcke, S. 219.

[201] So hatten die Arbeiter und mit ihnen viele andere weder die Gleichheit vor dem Gesetz, noch die Gleichheit der (Wahl-)Stimme, geschweige denn die der sozialen Chance. Zur Verschärfung der Klassenjustiz bei politischen Prozessen in den letzten Vorkriegsjahren s. in der neueren Forschung vor allem Klaus Saul: Staat, Industrie, Arbeiterbewegung im Kaiserreich. Düsseldorf 1974.

[202] zitiert nach Honigmann, S. 141.

[203] DZA I Nachlaß Th. Lewald Nr. 13: Die Kommission zur Prüfung der Rüstungslieferungen, Aufzeichnung einer Besprechung vom 3.7.13 (Abschrift).

[204] Südekum an Bethmann Hollweg, 29.7.14. In: Dokumente und Materialien zur Geschichte der Deutschen Arbeiterbewegung. Reihe II (1914 - 1945), Bd. 1 (Juli 1914 - Oktober 1917). Berlin 1958, S. 17; s.a. F. Fischer: Krieg der Illusionen, S. 711.

[205] DZA I Nachl. Th. Lewald Nr. 220, Blatt 18, Schreiben vom 8.8.14.

[206] Georg Eliasberg: Der Ruhrkrieg von 1920. Bonn-Bad Godesberg 1974, S. 31.

[207] Aufzeichnung, S. 5, Blatt 3.

[208] Honigmann, S. 144.

[209] DZA I a.a.O., Blatt 15, Aufzeichnung vom 15.10.13.

[210] a.a.O., Bl. 26, S. 2 (»Zum Entwurf eines Programms für eine Kommission betreffend die Rüstungslieferungen der Industrie für Heer und Marine«.

[211] a.a.O., Bl. 34.

[212] Guratzsch, S. 68.

[213] München 1906; die 121 Seiten starke Schrift erschien im Verlag des führenden Alldeutschen J. F. Lehmann.

[214] a.a.O.; S. 2.

[215] Hugenberg: Innere Colonisation, S. 418; s.o.

[216] a.a.O.; s.o.

[217] Bank- und Kreditwirtschaft, S. 110.

[218] Guratzsch, S. 32.

[219] Bank- und Kreditwirtschaft, S. 107.

[220] Wegener: Hugenberg, S. 13.

[221] Holzbach, S. 40.

[222] Bank- und Kreditwirtschaft, S. 1.

[223] a.a.O., S. 113.

[224] a.a.O., S. 3.

[225] In einer Rede 1902 erscheint diese These noch unentwickelt, sozusagen embryonal formuliert; s. Bank- und Kreditwirtschaft, S. 32.

[226] von 43 auf 110 der insgesamt 397 Abgeordneten.

[227] Stegmann: Bismarcks Erben, S. 257.

[228] Zur Hundertjahrfeier, S. 86.

[229] a.a.O., S. 88.

[230] so Friedrich Swart (s.o.), zitiert nach Guratzsch, S. 55.

[231] s. Stegmann, a.a.O., S. 274 ff. — aus den Reihen der Kathedersozialisten kam scharfer Protest gegen die »Tendenzschrift« (»jungliberale Blätter«).

[232] Zur Hunderjahrfeier, S. 46.

[233] a.a.O., S. 87: »Diese Arbeitsgemeinschaft, hier vertreten durch Abgesandte aller Werke ...«.

[234] Stegmann, a.a.O., S. 360 ff.

[235] a.a.O., S. 365.

[236] s. die Forschungen von Fritz Fischer: Griff nach der Weltmacht (1961) und Krieg der Illusionen (1969).

[237] NPZ Nr. 381, 14.8.14, S. 3.

[238] S. 52 f.

[239] Bonhard, S. 33; Kruck (»schwungvolle[n] Begeisterung«), S. 70.

[240] Bonhard, S. 253 f.

[241] Kruck, S. 76; zum Folgenden s. vor allem die Forschungen Fritz Fischers: Griff nach der Weltmacht (1961), S. 193 ff. u. Krieg der Illusionen (1969).

[242] Fischer: Griff, S. 193.

[243] s. Fischer: Griff, S. 195.

[244] Boelcke, S. 245.

[245] Hugenbergs und Bernhards Position s. Guratzsch, S. 154 ff.

[246] Fischer: Krieg, S. 783.

[247] Im Juli 1918: 1,25 Millionen.

[248] Dirk Stegmann: Zwischen Repression und Manipulation: Konservative Machteliten und Arbeiter- und Ange-stelltenbewegung 1910 - 1918. Ein Beitrag zur Vorgeschichte der DAP/NSDAP. In: Archiv für Sozialgeschichte Bd. XII (1972), S. 351 - 432. Das Zitat im Zitat ist aus Friedrich Meinecke: Die deutsche Katastrophe. Wiesbaden 2. Aufl. 1946, S. 49.

[249] Nach dem führenden sozialdemokratischen Reichstagsabgeordneten Phillipp Scheidemann.

[250] Stegmann, a.a.O.

[251] a.a.O.

[252] DZA I ADV 211/1, Sitzung vom 19.10.18.

[253] DZA I ADV Nr. 121; weitgehend zitiert bei Stegmann: Zwischen Repression ..., S. 408.

[254] s.o. Anm. Nr. 254.

[255] a.a.O., S. 396.

[256] Hugenberg-Konzern, S. 14.

[257] a.a.O., S. 54.

[258] Guratzsch, S. 105.

[259] Guratzsch, S. 206, Anmerkung 126; zum Folgenden s. S. 203 ff. und Holzbach, S. 259 ff.

[260] Koszyk: Deutsche Presse 1914 - 1945, S. 220.

[261] a.a.O.

[262] a.a.O., S. 221, Artikel vom 29.7.17; die AlA war am 28.7.17 gegründet worden.

[263] s. Zeitungs Katalog der Annoncen-Expedition Rudolf Mosse 1914 (47. Aufl.), vorne.

[264] ca. 2,6 Millionen nach heutigem Geld.

[265] Angaben (aufgerundet) nach Hermann Diez: Das Zeitungswesen. Berlin 1910, S. 103.

[266] Der Katalog enthält u.a. Erscheinungsorte, Auflagen, Anzeigenpreise und kurze Selbstdarstellungen (Anzeigen) der deutschen Zeitungen.

[267] Marx Garr: Die wirtschaftlichen Grundlagen des modernen Zeitungswesens. Wien 1912, S. 72; zitiert nach Bernhard: Hugenberg-Konzern, S. 76.

[268] de Mendelssohn: Zeitungsstadt Berlin, S. 68.

[269] S. 261.

[270] Koszyk, S. 221.

[271] Anzeige der Weser-Zeitung; Anzeigenteil, S. 94.

[272] Hugenberg-Konzern, S. 76 f.

[273] S. 261.

[274] a.a.O., ist die »Kölnische Zeitung« (falsch) als »Zentrum«-nahestehend angegeben. Vielleicht liegt ein Schreibfehler oder eine Verwechslung vor. Aber auch die ebenfalls bedeutende »Kölnische Volkszeitung« kritisierte den Hugenberg-Kurs.

[275] Koszyk, S. 221.

[276] de Mendelssohn, S. 189.

[277] Guratzsch, S. 210.

[278] Holzbach, S. 56.

[279] de Mendelssohn, S. 87.

[280] a.a.O.

[281] Christian Schmaling: Der Berliner Lokal-Anzeiger als Beispiel einer Vorbereitung des Nationalsozialismus. Diss.phil. Berlin 1968, S. 49.

[282] Koszyk: Deutsche Presse im 19. Jahrhundert, S. 272.

[283] de Mendelssohn, S. 132.

[284] Wernecke, S. 16.

[285] Guratzsch, S. 279; zu diesem Vortrag s.a. de Mendelssohn, S. 178 ff.; Wernecke, S. 17 u. Koszyk: Deutsche Pressepolitik im Ersten Weltkrieg, S. 104 f.

[286] S. 180.

[287] Er konnte den Kredit bei Oppenheim nicht zurückzahlen und stand unter wachsendem Zinsdruck; s. Holzbach, S. 290.

[288] Boelcke, S. 229.

[289] a.a.O., S. 239.

[290] Guratzsch, S. 288.

[291] Hugenberg-Konzern, S. 72.

[292] Bernhard, S. 72.

[293] Schmaling: Der Berliner Lokal-Anzeiger, S. 55.

[294] Einige Blätter taten sich zusammen, um gemeinsam ein Berliner Büro zu unterhalten.

[295] Guratzsch, S. 240.

[296] a.a.O., S. 314.

[297] Deutsche Presse, S. 24; genau 502 »Blätter« von 4.221 »Zeitungen« (einschließlich Kopfblätter). Der überwiegende Teil der eingestellten Zeitungen erschien weniger als sechsmal wöchentlich. Der Rückgang könnte sich größer darstellen, wenn es 502 selbständige Redaktionseinheiten waren, so daß der Prozentsatz von 4.221 Vorkriegszeitun-

gen (diese Zahl enthält auch die Kopfblätter) nicht zugrunde gelegt werden kann.

298 Die folgenden Quellen stellte mir Dirk Stegmann freundlicherweise zur Verfügung.

299 DZA I ADV Nr. 179/1; Brief vom 2.4.18.

300 a.a.O., Blatt 177.

301 DZA I ADV 245/1, ADV an Schönherr, 29.7.18.

302 s. S. 6, 19, 53 vorne und S. 131, 174, 383 im Anzeigenteil. Beim Celler Kurier (S. 30) fehlt die Tendenz-Angabe.

303 Mosse Katalog, S. 416 (Anzeigen); Auflage 15.000 (vorne S. 1).

304 DZA I ADV Nr. 244, Brief vom 23.7.17.

305 Holzbach, S. 57.

306 TF-Protokoll.

307 DZA I ADV Nr. 179/1, Blatt 166 ff.

308 s.a. Holzbach, S. 264.

309 a.a.O., S. 265.

310 s. z.B. Jürgen Kocka: Klassengesellschaft im Krieg 1914 - 1918. Göttingen 1973.

311 In einem Original-Exemplar des Berliner Lokal-Anzeigers Nr. 575, 9.11.18, aus dem hier zitiert wird, liegt das Extra-Blatt zwischen den Seiten 2 und 3, wenn man die Zeitung aufschlägt. Es kann nachträglich so hineingelegt worden sein. Nach anderen Angaben wurde das Extra-Blatt am Nachmittag separat gedruckt — was nicht bedeuten muß, daß Zeitung und Extra-Blatt (in jedem Fall) getrennt verteilt worden sind.

312 »Rote Fahne« Nr. 1.

313 zitiert nach: Wolfgang Ruge: Revolutionstage — November 1918. Berlin 1978, S. 21.

314 Illustrierte Geschichte der deutschen Novemberrevolution, S. 146; Wolfgang Ruge: Deutschland 1917 - 1933, bringt S. 65 das Zitat ohne den Satz »Ihr Blatt muß sich auch wenden!« Was stimmt, ist nicht überprüft worden.

315 Brauneck: Die rote Fahne, S. 10.

316 so Brauneck, S. 11.

317 Diese »Regierung«, die sich zunächst als Kabinett unter »Reichskanzler« (!) Ebert selbst ernannt hatte, mußte am 10. November die Oberhoheit der Räte (formal) anerkennen und nannte sich »Rat der Volksbeauftragten«.

318 Ruge: Revolutionstage, S. 24.

319 Die Zeitung war schon gesetzt, konnte aber zunächst nicht gedruckt werden.

320 Brauneck, S. 11.

321 Illustrierte Geschichte, S. 292.

322 Groener: Lebenserinnerungen, S. 473.

323 a.a.O., S. 476: »Säuberung Berlins«.

324 DAZ Nr. 405, 31.8.30: »Gegenevolution«.

325 Die deutschen Parteiprogramme 1918 - 1930, hrsg. von W. Mommsen und G. Franz, S. 83 ff.

326 Hans von und zu Loewenstein, Fritz Winkhaus und Eugen Wiskott, alle vom Bergbau- und Zechenverband, s. Holzbach, S. 304 f., auch zum Folgenden.

327 Bernhard, S. 106.

328 Holzbach, S. 306.

329 a.a.O.

329a Aktennotiz Hugenbergs über das Vermögen der »Wirtschaftsvereinigung« vom 16.5.1940; Anlage zu einem Schreiben an Mann vom 17.5.40 z.n. Holzbach, S. 305, Anm. 236.

330 Holzbach, S. 307.

331 BAK Nachl. Hugenberg Nr. 211, Bl. 5 f.

332 Muß wohl kleingeschrieben »ihnen« heißen (es handelt sich um eine Abschrift), sich also auf die Wirtschaftsvereinigung (bzw. die »Wirtschaftliche Gesellschaft«) beziehen; Scherl-Verlag und Verlagsverein wurden ja schon 1916 übernommen, die »Außendienst« aber erst 1918 gegründet.

333 s.o. Anmerkung 297.

334 Paul Roth: Das Zeitungswesen, S. 47, schätzte die Anzahl im Jahr 1912 auf über 4.000, Gerhard Muser: Statistische Untersuchungen ... (zitiert nach Koszyk: Deutsche Pressepolitik, S. 258) nennt für 1914 (einschließlich der Kopfblätter) 4.221 Zeitungen.

335 S. 773; mit den Nebenausgaben sind es (1932): 4.703: s. Handbuch der deutschen Tagespresse, 4. Aufl., S. 27.

336 Handbuch des öffentlichen Lebens, S. 774.

337 de Mendelssohn, S. 304.

338 nach Handbuch der deutschen Tagespresse, 4. Aufl., 1932 hatte die VZ eine Auflage von 68.240 und die DAZ: 60.000. Nach einer internen Angabe lag die Auflage der DAZ schon 1930, zu Beginn der Weltwirtschaftskrise nur knapp über 30.000 (s. Anm. 479).

339 Bernhard, S. 83.

340 Walter Kaupert: Die deutsche Tagespresse als Politicum. Diss. phil. Heidelberg 1932, S. 107.

341 Otto Groth: Die Zeitung, Bd. 2, S. 470.

342 Kaupert a.a.O., Anm. 4.

343 Groth, a.a.O., S. 478. 1930 gab es 37 KPD-Zeitungen. (Handbuch des öffent. Lebens, S. 773).

344 Kurt Koszyk: Die Rote Fahne (1918 - 1933). In: Heinz-Dietrich Fischer: Deutsche Zeitungen des 17. bis 20. Jahrhunderts, S. 395.

345 Handbuch d. öffentl. Lebens, a.a.O.

346 In Großstädten war die politische Richtung der »neutralen« General-Anzeiger-Presse, um der Leserschaft ent-

gegenzukommen, anscheinend häufiger liberal bis linksliberal akzentuiert.

[347] Die sozialistische Presse besaß 1930 einen Anteil von 5,5 % der Titel (Handbuch d. öffentl. Lebens, a.a.O.).

[348] Zum folgenden s. de Mendelssohn, S. 280 ff.; Bernhard, S. 88 ff.; Holzbach, S. 282 ff.; Koszyk: Deutsche Presse, S. 229 ff.

[349] Bernhard, S. 88.

[350] BAK Nachl. Hugenberg Nr. 189, Schreiben vom 2.9.30.

[351] de Mendelssohn, S. 282.

[352] a.a.O.

[353] a.a.O., S. 283.

[354] BAK Nachl. Hugenberg Nr. 39, Denkschrift von Anfang Mai 1933, Bl. 3.

[355] de Mendelssohn, S. 284; Holzbach S. 282, sie differenziert nicht nach Diensten, ihre Anmerkung 119 bezieht sich auf Quellen, die die TU relativ allgemein darstellen. De Mendelssohn arbeitete in den 20er Jahren als junger Journalist in Berlin und hat gute interne Kenntnisse. Generell sind die Abonnentenzahlen, schon wegen der Vielzahl der Dienste, schwer zu rekonstruieren. Im Hugenberg-Nachlaß im Bundesarchiv hat der Verfasser bis jetzt *nichts genaueres* gefunden.

[356] Koszyk: Deutsche Presse, S. 133.

[357] s. Anm. Nr. 354.

[358] Guratzsch, S. 247.

[359] S. 83.

[360] Holzbach, S. 277 ff.

[361] Ein Bilderdienst konstete 25 Mark monatlich, die täglich gelieferten Matern 150 - 200 Mark im Monat; s. Koszyk: Deutsche Presse, S. 229.

[362] Zugrunde gelegt die oben genannten Zahlen und Koszyk: Deutsche Presse, S. 227. Wenn der dort beschriebene Verdrängungsversuch gegen die Konkurrenten Erfolg hatte, liegt der Anteil ab 1925 vielleicht noch höher. H. Tammen behauptet in einer Arbeit über die I.G. Farben, der Chemie-Konzern habe einen Matern-Verlag kontrolliert, der über drei Matern-Korrespondenzen 400 kleine Zeitungen belieferte und »damit an Verbreitung die Hugenbergschen Maternkorrespondenzen« übertraf (S. 154); bringt aber als Beleg nur das 1930 erschienene Buch von Lewinsohn (= Morus): Das Geld in der Politik, S. 200f. — BAK Nachl. Hugenberg Nr. 190, Niederschrift von Brosius, 14.7.30, spricht von »rund 250 uns [= DNVP?] nahestehenden Maternzeitungen«.

[363] Bernhard, S. 16.

[364] s. z.B. die Karikatur in de Mendelssohn, nach S. 240.

[365] TF-Protokoll.

[366] Claus-Dieter Krohn: Stabilisierung und ökonomische Interessen, S. 19.

[367] vgl. die anschauliche Schilderung bei de Mendelssohn.

[368] Bernhard, S. 97.

[369] a.a.O.

[370] Koszyk: Deutsche Presse, S. 225. Dietrich, S. 68 f. bringt das Zitat ohne die Nennung von Ullstein, Mosse und FZ.

[371] s.o. S. 35

[372] TF-Protokoll.

[373] s. Holzbach, S. 265; die Angaben der VERA sind aus einer Dissertation von 1922: Alfred Gremm: Unternehmungsformen im Zeitungsgewerbe. Diss.phil. Heidelberg 1922, S. 59; die Konzernmitarbeiter, s. Valeska Dietrich: Alfred Hugenberg, S. 59.

[374] Holzbach, a.a.O.

[375] 1922 von einer Gesellschaft mit beschränkter Haftung (GmbH) in eine Aktien-Gesellschaft (AG) umgewandelt.

[376] s. Holzbach, S. 273 ff. u. Koszyk: Deutsche Presse, S. 228 f.

[377] TF-Protokoll v. Studnitz.

[378] TF-Protokoll; auch die folgenden Aussagen.

[379] de facto war er Chefredakteur, weil diese Stelle nicht besetzt war (s. Handbuch der deutschen Presse 1932, S. 111).

[380] BLA Nr. 185, 19.4.28.

[381] BLA Nr. 433, 13.9.30.

[382] Tag Nr. 219, 13.9.30, S. 1; s. z.B. auch Tag Nr. 214, 7.9.30, S. 2: »Das Feldgeschrei für den 14. September? — Es sei Deutschland frei! — Und fürs erste Liste 2!«.

[383] Nr. 193; s.a. BLA Nr. 433, 13.9.30, S. 2, Kasten mit Bild Hugenbergs: »Hugenberg sagt: Wir wollen dem deutschen Arbeiter wieder Arbeit verschaffen, die der Marxismus ihm genommen hat«.

[384] TF-Protokoll.

[385] BiN Nr. 214, S. 1. — Eine Stichprobe aus den fast täglich auf S. 2 der BiN erscheinenden Karikaturen vom Januar bis März 1930 ergibt eindeutig deren politischen Charakter mit einer anti-links Dominanz.

[386] BAK Nachl. Hugenberg Nr. 192, 6.7.31; handschriftlicher Vermerk: »Herrn Brosius [Pressestelle der DNVP] mit der Bitte um Veröffentlichung«. — s. z.B. auch a.a.O. Nr. 37, Klitzsch an Hugenberg, 20.4.31, Bl. 175: Klitzsch will mit Hugenberg über die politische Lage reden, »damit die während der Wahl und bisher gewahrte rote Linie strikt durchgehalten wird«.

[387] a.a.O., Bl. 477.

[388] BAK Nachl. Hugenberg Nr. 192, Brosius an Hugenberg, 4.8.31; »Unsere Presse und besonders auch Scherl

...«; s.a. a.a.O. Nr. 189, Brosius an Hugenberg, 19.8.29; »Das Dementi ist in der von Ihnen gewünschten Form heute abend an die Telegraphen-Union und die gesamten Berliner Zeitungen gesandt worden«.

[389] BAK Nachl. Hugenberg Nr. 38, Hugenberg an von Medem, 1.9.31.

[390] TF-Protokoll; auch das Folgende (Erich Marten und Karl Richter).

[391] TF-Protokoll: verfaßt.

[392] Wegener, S. 19. — s. dagegen Vw Nr. 545, 20.11.29, S. 8: »Von Hugenberg bis Mosse. Einheitliche Front gegen die Angestellten«.

[393] TF-Protokoll.

[394] BAK Nachl. Hugenberg Nr. 36, Hugenberg an Bang, 28.1.32: Der »Tag« sei »geschäftlich kaum noch zu ertragen«.

[395] Zu den Auflagen der Scherl-Blätter s. die Geschäftsberichte in BAK Nachl. Hugenberg Nr. 273, Bl. 4; 274, Bl. 7; 275, Bl 9.; nach Handbuch der deutschen Presse 1932, S. 111, betrug die Auflage in der Woche 205.000, sonntags 260.000, also 26,8 % mehr.

[396] Dietrich: Alfred Hugenberg, S. 54 f. z. n. Lewinsohn, S. 164).

[397] Groth: Die Zeitung, Bd. 1, S. 258.

[398] a.a.O.

[399] s. z.B. BAK Nachl. Hugenberg Nr. 276, Bl. 42; Nr. 273, Bl. 19; Nr. 300, Bl. 14..

[400] a.a.O., Nr. 273, Bl. 4 u. Nr. 275, Bl. 9 .

[401] TF-Protokoll.

[402] BAK Nachl. Hugenberg Nr. 581, Bl. 10, S. 2.

[403] Einem Sprachrohr des (Berliner) linken Flügels der Nationalsozialisten, der sich 1930 von der NSDAP trennte.

[404] a.a.O., Bl. 10 ff. Der Prozeß begann 1930 vor dem Berliner Landgericht — die Klägerin Scherl verlor, sie ging in die Berufung vor das Berliner Kammergericht — und gewann, daraufhin ging Otto Strasser in Revision vor das Reichsgericht (II. Zivilsenat) — und Scherl verlor endgültig.

[405] TF-Protokoll: Es wurde versucht, großflächige Autotypien in schwarz und rot herzustellen, aber das Zeitungsband flog so, daß kein Passer möglich war, ,,es waren also groteske Bilder.« Bei Scherl wurden die ganzen Seiten gematert, dann gegossen und auf Hochdruckrotation gedruckt. — In den durchgesehenen Jahrgängen tauchen ab ca. Sept. 1928 kolorierte Fotos auf..

[406] TF-Protokoll, Lucke — BiN Nr. 206, 3.9.28: erklärt, daß von heute ab zwei Ausgaben erscheinen, die um 15 und 17 Uhr (dann mit Börsennachrichten) im Handel sind; der Preis, bisher in Berlin und auswärts 15 Pfennige, wird in Berlin auf 10 Pfennige gesenkt (auswärts weiter 15 Pfg.). Werbung: »Auch in den frühen Nachmittagsstunden kann man jetzt den Nachhauseweg von der Arbeit mit der 'Nachtausgabe' kürzen.« In der Staatsbibliothek Berlin, Unter den Linden, ist die 2. Ausgabe archiviert.

[407] Wegener: Hugenberg, S. 20.

[408] Wahrmund [Pseudonym]: Gericht über Hugenberg. Dillingen 1932, S. 102.

[409] z.n. Dietrich, S. 72; bei Wahrmund, S. 103, steht der erste Satz nicht in Anführungszeichen. Hugenberg schloß seine Verteidigungsrede: »Und deshalb betrachte ich ihre [der »Nachtausgabe«] Gründung als ein großes Verdienst«.

[410] z.n. Holzbach, S. 202, Anm. 225.

[411] z.n. Wahrmund, S. 104.

[412] Diese Taktik betont Holzbach in der Charakteristik der Freundeskreis-Selbstdarstellung, S. 202 ff.

[413] Wegener: Hugenberg. Eine Plauderei (1932), S. 22.

[414] Lucke TF-Protokoll; hier wird nicht deutlich, ob es sich um einen gedruckten Werbespruch handelte.

[415] BAK Nachl. Hugenberg Nr. 271, Bl. 11; genaue Summe: von 1.097 auf 1.484 Millionen. (Anstieg des Anzeigenumsatzes).

[416] BAK Nachl. Hugenberg Nr. 269, Bl. 2 und Nr. 270, Bl. 3.

[417] Handbuch d. deutschen Presse 1932, S. 111.

[418] Holzbach (S. 201, Anm. 224) setzt die Auflage des BLA mit 410.000 für 1928 an, zählt also Morgen- und Abendausgabe zusammen. In der Zeitungs-Literatur wird, soweit dem Vf. bekannt, die Auflage pro neuer Zeitung angegeben, wenn es sich um eine völlig neue Ausgabe handelt.

[419] a.a.O., S. 201 f.

[420] BAK Nachl. Hugenberg Nr. 190, 21.3.31.

[421] a.a.O., Nr. 38, 1.9.31.

[422] TF-Protokoll.

[423] Berlin 1934.

[424] de Mendelssohn, S. 270.

[425] »Kurfürstendamm«, S. 9.

[426] a.a.O., S. 115.

[427] a.a.O., S. 116; Tucholsky schrieb (unter anderem) unter dem Namen Peter Panter.

[428] a.a.O., S. 120 - 123; Hussong nennt außerdem die Namen: Siegfried Jacobsohn, Georg Hermann, Brever, Alfred Polgar. — Thersites war der erste griechische »Demagoge« (= Führer der demokratischen Partei in Athen), den Homer als »abschreckend häßlich, dabei zungenfertig und frech schilderte. Er versuchte das Heer gegen seinen Führer aufzuwiegeln mit der Begründung, alle Vorteile im Krieg kämen den Offizieren zugute und alle Lasten müßten die Gemeinen tragen«; zitiert nach Hans Lamer, Wörterbuch der Antike, 5. Aufl. Stuttgart o.J. [zuerst Leipzig Juli 1933], S. 794.

[429] TF-Protokoll.

[430] Streiflichter aus Vergangenheit und Gegenwart Berlin 1927, Scherl-Verlag, S. 47 - 49. [Das Buch enthält Auf-

zeichnungen, Briefe und Aufsätze Hugenbergs 1883 - 1926].

[431] 4.2.27, 1. Beiblatt: »Der deutsche Wald. Von Geheimrat Dr. A. Hugenberg«. Nochmal abgedruckt im Tag vom 23.8.30, S. 9.

[432] So z.B. Turner, S. 163 f.

[433] Wie Fritz Fischer sein Buch über die deutschen Kriegsziele im Ersten Weltkrieg nennt.

[434] Nr. 176, 13.4.30, S. 2: »Kulturstadt oder Stadtkultur?« — s.a. den Artikel Bronnens in BLA Nr. 290, 22.6.30, S. 2: »Der Führer« (Ein Lob Hugenbergs und seines Kampfes »für das Dritte Deutsche Reich«).

[435] Formell wurden die Gutsbezirke erst 1928 aufgelöst.

[436] Koszyk: Deutsche Presse, S. 228.

[437] BLA Nr. 404, 26.8.28, S. 1 f.: »Block oder Brei? Von Dr. A. Hugenberg, M.d.R.«.

[438] Nr. 163, 10.7.30, S. 9.

[439] Siehe z.B. Moeller van den Bruck, Das dritte Reich, 3. Aufl. Hamburg 1931, S. 32.

[440] Siehe Armin Mohler, Die Konservative Revolution in Deutschland 1918 - 1932; Moeller van den Bruck, S. 33.

[441] z.n. »Der Ring«, Jg. 1929, Nr. 14, S. 246: »Nationalsozialismus als Weltanschauung?« Die konservative Zeitschrift fügt hinzu: »Das Wort Sozialismus wird so leicht von den Nationalsozialisten nicht preisgegeben«.

[442] VB 30.12.30, Aufmacher.

[443] Nr. 121, Beilage: »Unterhaltungs-Rundschau«.

[444] Wohl eine Anspielung auf den (groß-)bürgerlichen Liberalimus des Direktoriums in Frankreich seit 1795.

[445] Bernhard, S. 27.

[446] Mit dem Untertitel: »Vom Wirken und Wollen der Wehr- und Jugendbewegung«.

[447] z.n. Holzbach, S. 172.

[447a] Nr. 291, 6.12.30, S. 9.

[448] Untertitel: »Drei alte Worte und eine neue Idee«, Artikel von »R.« in Nr. 92, 17.4.30, S. 9; Beilage: »Wege zur Volksgemeinschaft«.

[449] 1881 - 1972, zuerst aktiver Offizier, dann (1918 - 1922) Dramaturg und Direktionsstellvertreter bei Max Reinhardt; Schriftsteller, schrieb später unter dem Pseudonym Gustav Hillard.

[450] VB Nr. 129, 1./2.6.30, S. 3.

[451] 1850 - 1936. Ihm zu Ehren hieß die polnische Stadt nach ihrer Besetzung durch deutsche Truppen von 1939 - 1944 Litzmannstadt. Litzmann schrieb auch in Scherl-Blättern, s. BLA Nr. 530, 8.11.28, S. 1: »Vor zehn Jahren. Was ich bei der sogenannten Revolution vom November 1918 erlebte.«

[452] Von Karl Schöpke. — Das Buch erschien im Münchener J.F. Lehmann-Verlag — Der Verleger Lehmann war ein führendes Mitglied des Alldeutschen Verbandes.

[453] »Tag« a.a.O.

[454] »Tag« Nr. 163, 10.7.30, S. 9.

[455] RWZ Nr. 657, 25.12.29, S. 2.

[456] Nr. 207, 30.8.29, S. 13 (Unterhaltungs-Rundschau).

[457] s. Reichshandbuch d. deutschen Gesellschaft, Bd. 2, S. 2073.

[458] Tag Nr. 118, 18.5.29, S. 9, Unterhaltungs-Rundschau.

[459] BiN Nr. 184, 8.8.28, S. 7; der Personalprüfer berichtet über die Erfolge auch der graphologischen Tests. »Wenn ich aber Bewerber persönlich prüfe, stützt sich meine Entscheidung im wesentlichen auf physiognomische Beobachtungen...«.

[460] Tag Nr. 307, 24.12.28, S. 4; s.a. Nr. 204, 27.8.30, S. 9: »Das Rassenwerk Ludwig Schemanns« (positive Rezension); Nr. 122, 23.5.30, S. 9; »Die Rasse in der Musik« von Peter Panoff.

[461] Tag Nr. 157, 3.7.29, S. 9.

[462] Tag Nr. 53, 2.3.29, S. 9.

[463] Alldeutsche Blätter Nr. 48, 30.11.1912; auch die »Berliner Neusten Nachrichten« vom 24.12.1912 brachten eine positive Besprechung. Die Schrift Schmidt-Gibichenfels war 1912 als Aufsatz in der »Politisch-Antropologischen Revue« erschienen (Nr. 8, S. 293 ff. und Nr. 9, S. 449 ff.; Berlin 1913 als Sonderdruck).

[464] Nr. 198, 28.4.31.

[465] Nr. 150, 23.6.28, S. 3.

[466] Unsere Partei Nr. 23, 1.12.31: »*Hugenberg spricht* zum Stahlhelm in Dresden am 11. November 1931.«

[467] Gemeint ist das verbreitete Buch von Hans Grimm: Volk ohne Raum, 2 Bde., 1928 u. 1930.

[468] Hugenberg berichtet weiter über die sozialistischen Neigungen seines Jugendfreundes Hartleben, der damals geschrieben habe: »Ich mußte daran denken, daß mein Freund *Hugenberg*, der sich im Vorstand des alldeutschen Verbandes redlich bemüht, schon oft dasselbe Verzweiflungsurteil über unsere deutsche Großbourgeoisie gefällt hatte - *und aus wie verschiedenen Gründen*!« (a.a.O.).

[469] Den zweiten Leitartikel auf S. 1 schrieb Rolf Brandt: »Die Stunde von Versailles«, BLA Nr. 300.

[470] Nr. 153, 28.6.29, S. 1.

[471] Womit keine völlige Identität der beiden Bewegungen behauptet wird. s.a. Klaus-Peter Hoepke: Die deutsche Rechte und der italienische Faschismus. Düsseldorf 1968. Die Übereinstimmung in zentralen Punkten, z.B. auch in der Wirtschafts- und Sozialpolitik, wird im folgenden dargestellt.

[472] Tag Nr. 19, 22.1.28: »Faschismus und moderner Staatsgedanke«.

[473] Tag Nr. 29, 3.2.1928.

[474] Tag Nr.36, 11.2.28.

[475] Nr. 517, 1.11.28, Aufmacher: »Unternehmer gegen den Staat«.

[476] Langnamverein: s.o., im ersten Teil der Darstellung. - Zu den »Deutschen Führerbriefen« s. GHH

4001012024/4, Aufzeichnung der Abteilung A.I. der Hauptverwaltung der GHH, gezeichnet Schmidt für (Paul) Reusch, 16.8.28:

Die »Deutschen Führerbriefe« bestehen seit Februar 1928 und werden von »durch Arbeit in Tageszeitungen abgesicherten Journalisten« herausgegeben. Rund 300 Exemplare gehen unentgeltlich an ausgewählte Chefredakteure von Tageszeitungen bürgerlicher Richtung. - Blank schrieb Reusch, (GHH 4001012024/4b, 24.8.28) die »Führerbriefe« seien »links« und träten für die »Große Koalition« im Reiche ein; sie lägen damit etwa auf der Linie von Silverberg und anderen. s.a.: GHH 4001012024/5a, Blank an Reusch, 26.3.29: Die DFB haben 950 zahlende Abonnenten und werden nach Annahme von Blank durch die Vergabe von Sammel-Abonnements aus Mitteln der Düsseldorfer Pressestelle des Langnamvereins gefördert. Am 29.2.32 schrieb Blank an Max Schlenker (Geschäftsführer des Langnamvereins), ob es sich empfehle, »die auch wohl zur Zeit noch laufende Beihilfe für die Führerbriefe fortzusetzen«. Reusch hatte den Artikel in Nr. 16, 26.2.32: »Wandlungen in der Sozialdemokratie« als zu positiv für die SPD kritisiert: GHH 4001012024/8a (betr. Dr. Martin Blank 1931, Bd. I), Blank an Schlenker, 29.2.32. Zu den »Deutschen Führerbriefen« s.a. Alfred Sohn-Rethel, Ökonomie und Klassenstruktur des deutschen Faschismus, Frankfurt 1973; E. Berliner, Das monopolistische Problem der Massenbasis, die »Deutschen Führerbriefe« und Alfred Sohn-Rethel, in: Blätter für deutsche und internationale Politik, Heft 2, Jg. 1974, S. 154-174; Alfred Sohn-Rethel, Zum Artikel von E. Berliner ..., a.a.O., Heft 12, Jg. 1974, S. 1285-1296.

[477] »Deutsche Führerbriefe« vopm 31.10.1928, z.n. Wolfgang Ruge: Deutschland von 1917 bis 1933, S. 331.

[478] DAZ Nr. 134, 20.3.29, ein redaktioneller Artikel - s.a. Nr. 175-176, 17.4.29: »Arbeit, Pflicht und Glaube« und Nr. 191-192, 26.4.29: »Schlußwort: Der Zwang zur Macht.«

[479] S. o. Anm. 338. Der Zeitungs-Katalog 1927 der Annoncen-Expedition »Allgemeine Propaganda-Zentrale«, S. 20, nennt 60.000 als Auflage, die DAZ selbst (in einer Anzeige im Zeitungs-Katalog der R. Mosse Annoncen-Expedition für 1931, S.27) 63.000; Heinz-Dietrich Fischer, Deutsche Allgemeine Zeitung (1861-1945) - (in: H.-D. Fischer, Deutsche Zeitungen, S. 279) - bestätigt dagegen die Angaben Wolfgang Ruges (s. ZfG, Berlin 1968, S. 20 f.: Die »Deutsche Allgemeine Zeitung« und die Brüning-Regierung): danach war die verkaufte Auflage 1930 rund 31.500. Ruge hat das DAZ-Material von F. Klein eingesehen; über den Leserkreis wird in der DAZ-Anzeige gesagt:

Industrie	18 %
Handel, Banken und Schiffahrt	17 %
Generaldirektoren, höhere und höchste Beamte des Staates, der Kommunen und großer Privatbetriebe, akademische Berufe: Ärzte, Rechtsanwälte, Richter, Ingenieure, Chemiker, Architekten	45 %
Begüterte landangesessene Kreise, landbesitzender hoher Adel, Rittergutsbesitzer, Gutsbesitzer, Domänenpächter, Oberförster	15 %
Badeverwaltungen, Kurdirektionen, Hotels, Sanatorien usw.	5 %

Der Chefredakteur der »Berliner Börsen-Zeitung«, Richard Jügler, schrieb im Frühjahr 1932 einem Kontaktmann der Schwerindustrie zur Presse (August Heinrichsbauer) »der Rektor, der Gewerbetreibende, der Kleinbürger« seien Leser der DAZ (GHH 4001012024/10, betr. Dr. Martin Blank 1932; den Brief Jüglers sendet Blank am 16.4.32 mit der Bitte um Rückgabe an Reusch. In der Akte liegt eine Abschrift.

[480] s. Fritz Klein: »Zur Vorbereitung der faschistischen Diktatur durch die deutsche Großbourgeoisie (1929-1932)«; in: Gotthard Jasper (Hrsg.), Von Weimar zu Hitler, Köln und Berlin 1968, S. 153, Anm. Nr. 61. - s.a. Koszyk, Deutsche Presse, S. 154: Vorsitzender des Aufsichtsrates war der Hapag-Generaldirektor Wilhelm Cuno (1922-23 Reichskanzler): »Brandi, Cuno und [Walther] Bernhard [Direktor der Danat-Bank] hatten maßgeblichen Einfluß auf die Redaktionspolitik des Chefredakteurs Fritz Klein, mit dem sie regelmäßig korrespondierten.«

[481] a.a.O.

[482] Sie hatte 12 Mitglieder: Krupp, Fritz Thyssen, Paul Reusch (Generaldirektor der Gutehoffnungshütte, Oberhausen), Erich Fickler (Generaldirektor der Harpener Bergbau A.G.), Karl Haniel (Aufsichtsratsvorsitzender der Gutehoffnungshütte), Peter Klöckner (Klöckner-Werke A.G.), Arthur Klotzbach (Krupp-Direktor), Ernst Poensgen (Direktor des »Stahlverein« - Phoenix), Paul Silverberg (Aufsichtsratsvorsitzender sowohl von Deutschlands größter Braunkohle-Firma, der Rheinischen AG für Braunkohlebergbau und Brikettenfabrikation, als auch der Harpener Bergbau AG, dazu noch Vorsitzender des Rheinischen Braunkohle-Kartells), Fritz Springorum (Generaldierektor der Hoesch AG in Dortmund), Albert Vögler (Generaldirektor der Vereinigten Stahlwerke), Fritz Winkhaus (Generaldirektor des Köln-Neuessener Bergwerkvereins und Vorstansmitglied bei Hoesch). s. Henry A. Turner, die »Ruhrlade«, Geheimes Kabinett der Schwerindustrie in der Weimarer Republik; in: Henry A. Turner, Faschismus und Kapitalismus in Deutschland, Göttingen 1972, S. 115 f.

[483] GHH 40010124/14 betr. Ruhrlade 1931-1932, Karl Haniel an Reusch, 12.1.1932.

[484] Tag Nr. 215, 9.9.30.

[485] Im Verlag Reimar Hobbing, der neben der DAZ vor allem Konservatives publizierte.

[486] a.a.O., S. 113-116.

[487] Die Anfang 1926 entstandenen Vereinigten Stahlwerke produzierten 1929 40% des deutschen Eisen und Stahls,

209

30% der Kohle - auch die Thyssen-Betriebe gehörten zum Konzern, der seit 1927 ein Aktienkapital von 1,5 Milliarden Reichsmark besaß und indirekt zahlreiche weitere Firmen kontrollierte. s.z.B. Wolfgang Ruge, Deutschland von 1917 bis 1933, S. 291.

[488] GHH Nr. 4001012024/7, Vögler an Herle, mitgeteilt in Brief Reupkes an Blank vom 1.7.1930.

[489] Hoepke, S. 181, Anm. 136; Brief Hitlers vom 30.7.30.

[490] Nr. 502, 23.10.28.

[491] Holzbach, S. 301.

[492] Ludwig Klitzsch verdiente für seine Zeit enorme Summen: 1.) drei Prozent des Reingewinns, den die UFA für das betreffende Geschäftsjahr an ihre Aktionäre tatsächlich ausschüttete - 2.) ein festes Monatsgehalt von 7.500 Reichsmark - 3.) eine jährliche Aufwandsentschädigung von 30.000 Mark - 4.) einen besonderen Dispositionsfonds für Studienreisen, »über den Sie Rechnung im einzelnen nicht abzulegen haben« von jährlich 30.000 Mark. Hinzu kam ein Jahresurlaub von sechs Wochen. (BAK Nachl. Hugenberg Nr. 194, Hugenberg an Klitzsch, 17.6.31). Diese »Vereinbarung« galt bis zum 31.12.1936.

[493] Die Sanierung führte dem Unternehmen *insgesamt* 51,7 Millionen Reichsmark an neuen Mitteln zu (s.a.a.O. Nr. 454, Bl. 71). Hinzu kamen 6,2 Millionen aus einer Häusertransaktion, so daß der Barzufluß 57,9 Millionen betrug (a.a.O., Bl. 132).

[494] BAK Nachl. Hugenberg Nr. 457, Deutsches Gewerbehaus an Opriba, 30.12.30; Gewerbehaus, Außendienst und Scherl (»Wir bilden ... ein Konsortium«) würden sich vor der Abstimmung einigen, um im gleichen Sinne abzustimmen.

[495] a.a.O. Nr. 454, Bl. 2.

[496] a.a.O. Nr. 464, Bl. 4, Niederschrift vom 7.3.32.

[497] Nach einer Aufzeichnung vom Februar 1928 vertraten die Gesellschaften des Hugenberg-Konzerns 20,5 Millionen Mark des Gesamtaktienkapitals, darunter 2 Millionen der I.G. Farben u. 2 Millionen Poolaktien Arthur Freundt, der u.a. auch das Dresdner Bank vertrat (a.a.O. Nr. 454, Bl. 2). Nach dem Stand vom November 1934 vertrat Freundt 500.000 Mark der August-Thyssen Hütte, 250.000 Mark für Albert Vögler (Vereinigte Stahlwerke), 300.000 M. für die Dresdner Bank; die August Scherl G.m.b.H. besaß 11,3 Millionen (darunter mit 1,5 Millionen die eine Hälfte der Vorzugsaktien), die Gewerbehaus 8,3 Millionen (darunter die andere Hälfte der Vorzugsaktien) und die I.G. Farben 2 Millionen, zusammen 22,6 Millionen. Diese Gruppe war durch Pool- und Konsortialvertrag gebunden; s.a.a.O. Nr. 457, Bl. 131 ff., Scherl G.m.b.H. an Arthur Freundt, November 1932 - Thyssen hatte am 24.10.34 seine Beteiligung gekündigt, s.a.a.O. Bl. 136.

[498] a.a.O. Nr. 214, Bl. 45.

[499] a.a.O.

[500] z.n. Die Weltbühne, Jg. 1927, S. 762, Artikel: »Pazifist Hugenberg« von Morus.

[501] Dietrich, S. 64; dort auch Angaben über die anderen Wochenschauen.

[502] BAK Nachl. Hugenberg Nr. 454, Bl. 72.

[503] a.a.O., Nr. 464, Bl. 23 f.

[504] a.a.O., Nr. 462, Bl. 97 u. 59; s.a. Nr. 454, Bl. 124, S. 6 (Geschäftsbericht).

[505] Dietrich, S. 65.

[506] Im Geschäftsjahr 1932/33 (1.6.-31.5.) wurden produziert: 20 deutsche und 18 fremdsprachige Spielfilme, 19 deutsche und 20 fremdsprachige Kulturfilme, 10 deutsche Tonkurzfilme, 201 Wochenschau-Ausgaben. Dazu Industrie- und Werbefilme. »Die Verwendung des Tonfilms als Werbemittel erfreut sich steigender Beliebheit.« (a.a.O. Nr. 462, Bl. 97; s.a. Dietrich, S. 65 f.). 1931 wurden in Deutschland 142 längere Spielfilme hergestellt, davon 19 durch die UFA. Hoch war die Anzahl der Industrie- und Werbefilme: 1930/31: 295; 1931/32: 145 (Dietrich, S. 64).

[507] BAK Nachl. Hugenberg Nr. 464, Bl. 17; dort auch die folgenden Angaben, Stand 31. Mai 1931.

[508] a.a.O.

[509] a.a.O. nennt 109 Inland-Kinos; nach Nr.462, Bl. 97, S. 6, gab es am 31. Mai 1932: 97 Kinos mit 103.299 Plätzen und am 31. Mai 1932: 97 Kinos mit 106.302 Plätzen. Nach Nr. 461, Bl. 25, waren es am 31. Mai 1931: 101.050 Sitzplätze.

[510] a.a.O., Nr. 464, Bl. 23 f.; Nr. 462, Bl. 97, S.6; Nr. 454, Bl. 71 f. und Bl. 124, S. 6.

[511] Nr. 464 a.a.O.

[512] Dietrich, S. 66: 1.986.813 Plätze.

[513] Nr. 462, a.a.O. und Nr. 454, Bl. 112.

[514] s.a. Nr. 37, Bl. 170 f., Klitzsch an Hugenberg 23.4.31.

[515] Bernhard, S. 92.

[516] Film u. Volk, 2. Jahrgang, Heft 10/9, S. 5: Film und Propaganda.

[517] Toeplitz: Geschichte des Films (Bd. 3) 1928-1933, S. 194.

[518] a.a.O., S. 195.

[519] a.a.O., S. 196.

[520] B:N Nr. 78, 2.4.30, S. 5 (Titelzeile). Die Uraufführung war im Berliner Gloria - Palast.

[521] »Der Film« Nr. 51, 20.12.30, z.n. Toeplitz, S. 201, der den »Film« eine »Hugenberg-Zeitschrift« nennt. Der Verlag Scherl brachte nur den »Kinematographen« und das »Film-Magazin« bzw. ab 1929 die »Filmwelt« heraus.

[522] Kracauer: Von Caligari bis Hitler,m S. 281.

[523] Nr. 183, 17.9.32 zu »Barbarina ...« z.n. Toeplitz, S. 201.

[524] Kracauer, S. 282.

[525] RF 9.7.32, z.n. Weimarer Republik, hrsg. vom Kunstamt Kreuzberg, S. 475.

[525a] Toeplitz, S. 202; Courtade/Cadars, S. 118 bringen eine andere Zitat-Version (Übersetzungsfehler?)

[526] Zur Entwicklung Hugenbergs in der DNVP bis 1927/28, s. Holzbach u. Manfred Dörr: Die Deutschnationale Volkspartei 1925 bis 1928.

[527] Dörr: Die Deutschnationale Volkspartei, S. 339.

[528] Man hatte sich nicht über ein Reichsschulgesetz einigen können. Die DNVP war seit Januar 1927 mit Hergt (Vizekanzler und Justiz), von Keudell (Inneres) und Schick (Ernährung) im Kabinett Marx (Zentrum) IV vertreten gewesen.

[529] Nr. 85, 19.2.28, Leitartikel.

[530] BAK Nachl. Hugenberg Nr. 114, Bl. 151 f.: »Rede zur Wahl am 20.5.28 (für Gramophon [sic] - Platte)«.

[531] In der Rede bestreitet Hugenberg den Vorwurf zahlreicher Flugblätter und Zeitungsartikel, er habe »durch die Devoli plutokratische Propaganda betreiben lassen«.

[532] z.n. Tag Nr. 95, 20.4.28, 2. Beibl. (s.o. auch BLA).

[533] Artikel in »Politische Wochenschrift« vom 14.6.28; z.n. Dörr, S. 554.

[534] So auch schon die Tendenz bei Claß: »Wenn ich der Kaiser wär« (s.o.) und Kirdorf an Claß, 17.2.1914: »Meine monarchische Gesinnung ist trotz des leuchtenden Beispiels Bismarcks längst futsch, aber die Demokratie bringt uns erst recht in den Sumpf.« (DZA I ADV Nr. 211/1).

[535] Teil II des Artikels: BLA Nr. 406, 28.8.28, S. 1; auch abgedruckt im Tag Nr. 206, 28.8.28, S. 1.

[536] Teil I, BLA Nr. 404, 26.8.28, S. 1.

[537] Nr. 500, 21.10.28, S. 1.

[538] Damit erklärt Hussong auch die Wahlniederlage 1928.

[539] Unsere Partei 1928, S. 340; z.n. von Gaertringen: Die Deutschnationale Volkspartei. In: Matthias/Morsey, Das Ende der Parteien, S. 547.

[540] Nr. 155, 29.6.28, S. 12.

[541] Nach dem Vorsitzenden des Sachverständigen-Gremiums, Owen D. Young; der US-Amerikaner war Präsident des Verwaltungsrats von General Electric, Vorstandsmitglied der Rockefeller Foundation und (bis 1929) der Radio Corporation of America (RCA). Offiziell hieß das Abkommen »Neuer Plan«. Es wurde am 30. Januar 1930 in Paris unterzeichnet (nachdem schon die 1. Haager Konferenz im August 1929 zu einer grundsätzlichen Einigung geführt hatte) und rückwirkend ab 1.9.1929 in Kraft gesetzt. Das Schlußprotokoll ist auf der zweiten Haager Konferenz am 18.5.1930 unterschrieben worden.

[542] s. z.B. Petzina: Die deutsche Wirtschaft in der Zwischenkriegszeit, s. 78 f u. Wolfram Fischer: Deutsche Wirtschaftspolitik, S. 28 ff.

[543] BLA Nr. 396, 23.8.29.

[544] s.o. Anm. 241, F. Fischer.

[545] BLA Nr. 280, 16.6.29.

[546] s. Max Fetzer: Das Referendum im deutschen Staatsrecht. Stuttgart 1923.

[547] RWZ Nr. 347 a, 10.7.29, S. 2.

[548] Eine Liste wichiger Reichsausschuß-Mitglieder s.a. Tag Nr. 152, 27.6.29, S. 3
Zur Tätigkeit des Reichsausschusses vgl. auch die diss. phil. von Hildegard Pleyer, Politische Werbung in der Weimarer Republik. Münster 1959.

[549] Am 11.9.; Text siehe »Ursachen und Folgen«, Bd. 7, S. 613 f.

[550] BLA Nr. 300, 28.6.29, von Paul Warncke, auf S. 1.

[551] BLA Nr. 358, 1.8.29: »Deutschland am Scheideweg« - Nr. 368, 7.8.29: »Die Auszehrung Deutschlands« - Nr. 378, 13.8.29: »Deutscher Ausverkauf« - Nr. 384, 16.8.29: »Kannibalismus im Young-Plan«: In diesem Artikel werden unter anderem die deutschen Geburtenziffern von 1913, 1921 und 1925-1928 verglichen (ohne die Sterblichkeit zu betrachten und ohne das gegenüber 1913 verkleinerte Reichsgebiet zu berücksichtigen) und deren sinkende Tendenz auf die Auswirkungen des Versailler Vertrages zurückgeführt. Nach dessen neuester Ausführung im Young-Plan würden jährlich Hunderttausende »im Dunkel des Nichts erwürgt werden«. Dies sei ein »Massenmord am keimenden Leben«. Nr. 390, 20.8.29: »Von Dawes zu Young« - s.a. die oben zitierten: Nr. 396, 23.8.29: »Bis ins dritte und vierte Glied« - Nr. 406, 29.8.29: »Der Eckstein der Lüge«.

[552] Tag Nr. 209, 2.9.29, S. 1 - auch der folgende Bericht.

[553] s. Programm-Entwurf BAK Nachl. Hugenberg Nr. 115, Bl. 78.

[554] Aufruf im »Tag« Nr. 263, 3.11.29, S. 1.

[555] W. Ruge: Deutschnationale Volkspartei. In: Die bürgerlichen Parteien Bd. 1, S. 743.

[556] KVZ Nr. 854, 5.12.29, S. 1: »Spaltung«.

[557] Nr. 296, 12.12.29, S. 1: »Kampf dem System«.

[558] z.B. Heiber: Die Republik von Weimar, S. 204: »Das Plebiszit [Volksbegehren] nahm einen kläglichen Verlauf«.

[559] DZ Nr. 259, 3.11.29, S. 1: s.a. BLA Nr. 520, 3.11.29, S. 1; BIN Nr. 299, 23.12.29, s. 2; Tag Nr. 305, 23.12.29, Aufmacher: »Der Erfolg des Volksentscheids«.

[560] Vw Nr. 505, 27.10.29, S. 1: s.a. Karikatur in Nr. 531, 12.11.29, S. 7: »Hitler frißt Hugenberg«.

[561] von Gaertringen, S. 550; s.a. Dieter Gessner: Agrardepression und Präsidialregierungen in Deutschland 1930-1933. Düsseldorf 1977.

[562] Ruge: DNVP, a.a.O.

[563] von Gaertringen, S. 548.

[564] Nr. 256, 26.10.29, S. 1; s.a. die Rede Hugenbergs vor Marburger Studenten, wo er als »Führer der nationalen Opposition« vorgestellt wird: BLA Nr. 290, 22.6.29, Aufmacher: »Jugend und Tribut-Versklavung.«

565 Nr. 172, 20.7.30.

566 Tag Nr. 220, 14.9.30.

567 so von Rohr-Demmin im oben zitierten Artikel, s. Anm. 557.

568 Neben dem »Tag« (Nr. 61, 12.3.30) druckt auch die »Deutsche Arbeiterstimme« (10. Jg. Nr. 4, April 1930) des »Deutschnationalen Arbeiterbundes« den Artikel: »Regieren.«

569 BAK Nachl. Hugenberg Nr. 123, Schreiben vom 19.6.31 Bl. 105.

570 s. z.B. BLA Nr. 458, 28.9.29, S. 3: »Göring und Goebbels im Sportpalast« (auch Prinz August Wilhelm erschien) und BiN Nr. 180, 5.8.29, S. 3: »Das Treffen der Nationalsozialisten« mit einem Foto vom NSDAP-Parteitag in Nürnberg mit Hitler und General Epp.

571 s. z.B. BLA Nr. 447, 21.9.29, S. 2: »Kommunistenüberfälle auf Nationalsozialisten«. — Nr. 449, 23.9.29, S. 1: »Überfall auf Dr. Goebbels« (verteidigt völlig einseitig die Nationalsozialisten gegen die Darstellung der Polizei) — Nr. 458, 28.9.29: »Der tägliche kommunistische Überfall« (diesmal auf Nationalsozialisten in Berlin und Hamburg).

572 BiN Nr. 212; dazu ein Foto Hitlers in einer seiner typischen einstudierten Redner-Posen: mit angewinkelten Unterarmen und erhobenen geballten Fäusten. Neben dem Bericht über eine Sportpalast-Veranstaltung der NSDAP am 29. August (BiN Nr. 202, 30.8.30, S. 3) stehen die Fotos von »General a.D. Litzmann, Staatsminister Frick, Gauleiter Dr. Goebbels«.

573 BiN Nr. 214, 13.9.30; s.a. Nr. 211, 10.9.30, S.1: »Eindrücke vom Wahlkampf im Reiche. Wendung *nach rechts!*« »Fahrt in die deutschen Wahlkreise«, von unserem Sonderberichterstatter Dr. Otto Kriegk.

574 Die BiN stellt z.B. die republikanischen Parteien, vor allem die SPD, oft als undemokratisch dar. Beim Volksbegehren 1929 zitiert die »Nachtausgabe« sogar die »ganz radikal links stehende Zeitschrift Weltbühne«: »Die Regierung verstößt gegen die demokratische Konstitution, wenn sie Flugblätter beschlagnahmt, die als Propaganda für das Volksbegehren dienen.« (BiN Nr. 254, 30.10.29, S.2). Die »Nachtausgabe« stellt die herrschenden Verhältnisse auch deshalb als undemokratisch dar, weil die »Bonzen« über den Kopf des »Normalbürgers« hinweg entscheiden; das Blatt setzt sich (vordergründig) für soziale Forderungen ein (s. z.B. die Karikatur gegen Mieterhöhungen in Nr. 108, 10.5.30, S.2)
In ihren Methoden ist die »Nachtausgabe« manchmal eine Vorwegnahme der »Bild-Zeitung« aus dem Axel-Springer-Verlag..

575 s.o. S. 100f; aber auch in »Tag« und »Lokal-Anzeiger« werden Sammlungs-Akzente gesetzt: s. z.B. Aufmacher im »Tag« Nr. 219, 13.9.30: »Vor der Entscheidung. Es geht um Deutschland! Und jeden geht es an!« oder BLA Nr. 424, 9.9.30, Leitartikel des deutschnationalen Stadtverordneten und Arbeitersekretärs Barteis: »Auf zum Kampf! Gegen den Marxismus.« (Beide, Tag und BLA, haben auf den zitierten Seiten aber auch Werbekästchen für die DNVP; s.o. S. 100).

576 BLA Nr. 434, 14.9.30, 3. Beiblatt: »Die Zukunftsaufgabe der Deutschnationalen«.

576a z.n. Der nationale Sozialist Nr. 147, 16.8.30: »Ein alter Mann redet ...« s.a. VZ Nr. 382, 15.8.30: »Hugenberg für das ,Dritte Reich'«.

577 von 76,6 im Jahre 1928 auf 82 %.

578 s.a. BAK Nachl. Hugenberg Nr. 189, Brosius (Leiter der DNVP-Pressestelle) an Hugenberg, 17.9.30: »Das erste Gefühl der Enttäuschung, das jeden befiel, der unsere Zahlen mit denen der Nationalsozialisten vergleich, kann, glaube ich, einem Gefühl der Genugtuung darüber weichen, daß wir uns entgegen allen Prophezeihungen trotz des Ansturms der Splitterparteien und des sensationellen Erfolges der Nationalsozialisten so gehalten haben.« Ähnlich auch die — stark manipulierte — Zahlenbetrachtung in BLA Nr. 441, 18.9.30, S. 2: »Wer gewann? Wer verlor?«.

579 Nr. 430, 15.9.30, Leitartikel »Radikale Protestwahlen« von Fritz Klein.

580 VB Nr. 220, 16.9.30, S. 1.

581 s. Milatz: Wähler und Wahlen in der Weimarer Republik, S. 132; Holzer: Parteien und Massen, S. 99, Anmerkung 82. Die sehr differenzierte Untersuchung von Holzer (deren Interpretation der Statistik nicht immer befriedigt), betont *für 1930* die Rolle von Kleinbürgertum und Angestellten als soziale Basis der NSDAP (vor allem in kleineren Städten), dann erst folgen, *reichsweit* gesehen, die Bauern, die »in manchen Regionen ... zum Hauptelement der sozialen Basis der NSDAP geworden« waren. (S. 96).

582 VB a.a.o.

583 Nr. 217 — s. z.B. auch »Montag« Nr. 47, 8.12.30, S.2: »Gegen Pazifismus und Demokratie. Hitler spricht vor 20.000 in Stuttgart«.

584 BiN Nr. 215, 15.9.30: »Das Gesetz des Handelns«.

585 Brosius schreibt zwar noch am 10. November 1930 an Hugenberg über die Gemeindewahlen in Oldenburg: »Aus diesen geht die erfreuliche Tatsache hervor, daß wir bei selbständigem Auftreten trotz des weiteren Anwachsens der Nazis starken Auftrieb haben können.« Das sei leider nicht im »Montag« erwähnt. Er habe aber mit einem Verlags-Direktor (Fessmann) gesprochen, so daß die Nachmittagszeitungen den Schaden wieder gutmachen würden. — Doch die Gemeindewahlen in Baden, Bielefeld und Danzig, die Stadtverordnetenwahlen in Mecklenburg, die Bürgerschaftswahlen in Bremen und die Wahlen zum Landesausschuß der Provinz Lübeck zeigten fast immer das gleiche Bild: starkes Anwachsen der NSDAP, deutlicher Rückgang der DNVP. Einige Beispiele für den Rückgang der DNVP: In Bremen von 9 auf 5 Sitze, in Karlsruhe von 9 auf 2, in Mannheim von 2 auf 1, in Heidelberg von 18 auf 2 (die Studenten?), in Pforzheim von 13 auf 6, in Rostock von 13 auf 6, in Danzig von 35.000 auf 27.000 Stimmen usw. Ausnahmen wie Konstanz (DNVP bleibt bei 4 Sitzen) sind *ganz selten*. Selbst in den Fällen, wo die Scherl-Blätter zum Vergleich nur die Stimmen der Reichstagswahl vom 14.9.30 in Klammern setzen (was wegen der dort meist höheren Wahlbeteiligung irreführend ist), kann der Rückgang nicht verheimlicht werden. Die Scherl-Redaktionen und Hugenberg werden also die Illusion von Brosius nicht (lange) geteilt haben. Der DNVP-Pressechef spricht sich in sei-

nem Brief vor allem gegen Koalitionen »mit der Mitte« und bürgerliche Sammellisten aus, »dem gerade in der Kommunalpolitik immer wieder hervortretenden Hang zur Verwaschung mit der Mitte«, hier seien die Verluste deutlich. BAK Nachl. Hugenberg Nr. 189, Brosius an Hugenberg, 11.11.30. Zu den Wahlen und ihrer Kommentierung in der Scherl-Presse s.u.a.: BLA Nr. 543, 17.11.30, S. 1: »Neue S.P.D.-Niederlage. Überall Rechtsruck.« Montag Nr. 46, 1.12.1930: »Schwere Wahlniederlage der Linksparteien in Bremen« — BLA Nr. 566, 1.12.30: »Neue Niederlagen der SPD.« Die genauere Analyse des Oldenburger Ergebnisses (s. Anm. 587) zeigt übrigens, daß selbst hier Brosius' Rechnung nicht aufgeht.

[586] a.a.O.

[587] s.o. Anmerkung 585 u. Tag Nr. 268, 10.11.30, Aufmacher: »Rote Niederlage in Oldenburg« u. Nr. 286, 1.12.30, S. 1: »Neue marxistische Niederlage«, Untertitel: »Scharfer Rechtsruck bei den Bremer Bürgerschaftswahlen« — s.a. schon BiN vor den Wahlen (Nr. 213, 12.9.30, S.1): »Parole Rechtswendung! Die letzte Entscheidung fällt zwischen der entschiedenen Rechten und den Sozialdemokraten«.

[588] Hoepke. S. 207 f.

[589] BBZ Nr. 417, 7.9.30, S. 2: »Bruchstellen im Nationalsozialismus«.

[590] Handbuch der deutschen Presse 1932, S. 110.

[591] BBZ, a.a.O.

[592] Nr. 425, 12.9.30 — Funk spricht sich gegen die »radikale national-staatswirtschaftliche (Hitler)« Wirtschaftsform aus.

[593] BLA Nr. 575, 6.12.30, S. 1.

[594] Tag Nr. 52, 6.2.30, S. 5: »Das italienische Beispiel: Die italienische Landwirtschaft unter dem Faschismus« —.

[595] Tag Nr. 288, 3.12.29: »Faschistische Wirtschaftspolitik. Eine Unterredung mit dem Generalsekretär des Reichsverbandes der italienischen Indus rie, Olivetti«.

[596] Tag Nr. 21, 24.1.30: »Die Stadt im faschistischen Staat«.

[597] Pleonasmus = »doppelt gemoppelt«, Verwendung mehrerer (hier zweier) Ausdrücke, die das Gleiche aussagen.

[598] Tag Nr. 287, 2.12.30, S.10.

[599] Nr. 307, 25.12.30.

[600] Tag Nr. 308, 27.12.30.

[600a] BLA Nr. 603, 23.12.30. 2. Beiblatt: »... oder Faschismus?« s.a. Tag Nr. 305, 23.12.30, S. 2 f: »Der Staatsgedanke des Faschismus«.

[601] z.B. Paul Reusch (Vorsitzender des Langnamvereins und anderer Interessen-Organisationen der westlichen Schwerindustrie), Krupp, Ernst Poensgen (Vereinigte Stahlwerke), Ernst Brandi (Vorsitzender des Bergbaulichen Vereins und Vorstandsmitglied der Vereinigten Stahlwerke); s.a. Stegmann: Zum Verhältnis ..., S. 415 ff.

[602] BAK Nachl. Hugenberg Nr. 114, Brief vom 13.7.28, Bl. 133: »Wer nicht marxistisch gesinnt ist, muß den Wunsch haben, daß die große Anzahl kleiner selbständiger Betriebe, die es in der Landwirtschaft noch gibt, als Grundlage individualistischer Wirtschaftsordnung eine von Bevormundung freie starke Spitze erhalten, in der die wirtschaftlichen Kräfte der vielen Einzelbetriebe zusammenlaufen und die als Schutz des Einzelbetriebes wirkt.« Trotz der Beschwörung des »Individualismus« ist Hugenberg hier protektionistisch-etatistisch.

[603] s. z.B. Stegmann: Zum Verhältnis von Großindustrie und Nationalsozialismus 1930 — 1933. In: Archiv für Sozialgeschichte XIII (1973), S. 399 — 482.

[604] Auflage nach »Politischer Almanach 1925«: 42.500. Die Zeitung erschien Dienstags bis Sonnabends zweimal täglich, am Sonntag und Montag je einmal.

[605] August Heinrichsbauer, der Chefredakteur der Korrespondenz »Rheinisch-Westfälischer Wirtschaftsdienst«, die 1920 »auf Veranlassung maßgebender Unternehmungen des Bergbaus und der Eisenindustrie« gegründet wurde. GHH 400106/58 betr. Rheinisch-Westfäl. Wirtschaftsdienst 1924 — 1933; Niederschrift (gez. Vögler und Springorum) für Reusch, 10.12.1926, in der es weiter heißt, der »Wirtschaftsdienst« habe unter seinem Leiter Heinrichsbauer »im Laufe der letzten Jahre eine vielseitige, für die Belange unserer Wirtschaft wertvolle Tätigkeit entfaltet: Bergbau und Eisenindustrie haben an seinem Weiterbestehen lebhaftes Interesse«. Für 1928 z.B. wurde im Kosten-Voranschlag mit einem Zuschuß von 40.000 Mark gerechnet. Die beteiligten Werke mit insgesamt über 400.000 Arbeitern sollten eine »Umlage von 10 Pfg. je Arbeiter« leisten: a.a.O., Auszug einer Aufzeichnung über die Sitzung einer Vertrauenskommssion des RWW vom 26.1.28.

[606] GHH 4001012024/10, betr. Dr. Martin Blank 1932; den Brief Jüglers sandte Blank am 16.4.32 mit der Bitte um Rückgabe an Reusch. In der Akte liegt eine Abschrift..

[607] Nr. 527, 11.11.30; s.a. die ebenso charakteristische Auseinandersetzung der BBZ mit dem linken Flügel der NSDAP in der Nr. 537, 16.11.30, S. 2: »Nochmals: Nationalsozialismus am Scheidewege«.

[608] Nr. 532, 13.11.30, S. 2; s.a. Tag Nr. 291, 6.12.30, S. 11: »Faschistische Bankenpolitik«.

[609] Bianchini war Präsident der Confederazione Bancaria Fascista in Mailand.

[610] BBZ Nr. 589, 18.12.30: »Scheidung der Geister!«.

[611] Nr. 195/196, 27.4.28, S. 2.

[612] Nr. 420, 15.9.30; s.o. S. 155

[613] DAZ Nr. 473.

[614] DAZ Nr. 572 (s.a. den oben zitierten Kommentar Alfred Rosenbergs!).

[615] DAZ Nr. 579/580, Beiblatt.

[616] DAZ Nr. 583/584.

[617] s.a. Nr. 601, 25.12.30 (1. Weihnachtsfeiertag) Beiblatt; Umfrage: »Was halten Sie von einer Regierungsbeteiligung Hitlers?« Hjalmar Schacht (1877 — 1970), 1924 — 1930 Reichsbankpräsident, aus Protest gegen den Yong-

Plan zurückgetreten, 1933 — 1939 erneut Reichsbankpräsident, antwortet zustimmend. Generaloberst Hans von Seeckt, 1920 — 1926 Chef der Heeresleitung der Reichswehr, 1930 — 1932 DVP-Reichstagsabgeordneter, antwortet mit einem »uneingeschränkten Ja«; der DNVP-Reichstagsabgeordnete und Großagrarier Elard von Oldenburg-Januschau ist ebenfalls dafür: Frick stünde ihm als Reichsminister näher als Wirth (Reichsinnenminister, Zentrum).

[618] Die »Wirtschaftszeitung« »Ruhr und Rhein« erschien einmal wöchentlich in Essen und wurde herausgegeben von den Industrie- und Handelskammern zu Bochum, Duisburg-Wesel und Essen, dem Verein zur Wahrung der gemeinsamen wirtschaftlichen Interessen in Rheinland und Westfalen zu Düsseldorf (= Langnamverein) und dem Zweckverband Nordwestdeutscher Wirtschaftsvertretungen zu Essen-Berlin.

[619] Heft 10, 6.3.31, S. 216 ff.

[620] Heft 8, 24.2.33: »Wirtschaft und Wahlen«. Für diese Untersuchung wurden auch die Jahrgänge der Essener »Rheinisch-Westfälischen Zeitung« (s.o.) herangezogen. Das von der Schwerindustrie unterstützte Blatt des Alldeutschen Reismann Grone zeigt ähnliche Tendenzen; eine Sympathie für die Nationalsozialisten ist aber schon früher ausgeprägt.

[621] BAK Nachl. Hugenberg Nr. 189, Bericht von Brosius an Hugenberg, 12.11.30: »Wagner teilte zu Beginn mit, daß die Nationalsozialisten sich hätten entschuldigen lassen. Stöhr hätte gesagt, da Hitler sich noch nicht entschlossen hätte, wie er sich zu dem Volksbegehren stelle, wolle er an der Sitzung nicht teilnehmen, obgleich er mit dem Volksbegehren vollkommen einverstanden sei.« Franz Stöhr ist der nationalsozialistische Vizepräsident des Reichstages.

[622] nur die DVP hatte über ihre Stellungnahme noch nicht beraten.

[623] Es handelt sich wohl um Siegfried Wagner, Stahlhelm-Bundeskanzler. Zur Rolle Wagners s.a. Berghahn: Der Stahlhelm Bund der Frontsoldaten. Düsseldorf 1966 .

[624] Montag Nr. 38, 6.10.30, S. 5; bei Bracher, S. 341, Anm. 83 mit dem Zusatz »Der Reichspräsident *als Reichsverweser* soll in Zukunft ...« zitiert.

[625] Nr. 238, 6.10.30.

[626] Nr. 38, 6.10.30, S. 5: »120.000 Stahlhelmleute bekennen sich in Koblenz zum deutschen Freiheitskampf.«: »Auf der Tribüne der Ehrengäste sitzen in vorderster Reihe die Vertreter des faschistischen *Italiens* und grüßen das Deutschlandlied mit erhobenem Arm«.

[627] Tag, a.a.O.; s.a. Tag Nr. 226, 22.9.30, S. 1: »Aktivistische Einstellung des Stahlhelm zum nationalen Wahlvormarsch«: der Stahlhelm streckt der NSDAP die Hand entgegen, der NSDAP-Abgeordnete Kube dankt dem brandenburgischen Stahlhelm für die Einladung mit der *Verlesung* seiner »warmen Begrüßungsworte«, da er »am Erscheinen verhindert(e)« ist. – s.a. Tag Nr. 237, 4.10.30, S. 1: »Der elfte Reichsfrontsoldatentag« vom 2. Bundesführer Duesterberg.

[628] Bracher, S. 342: »Er wog um so schwerer, als die preußische Regierung mit neuen Notverordnungen die Pressefreiheit erheblich eingeschränkt, am 7. August von allen Zeitungen den Abdruck einer scharfen Kundgebung gegen den Volksentscheid verlangt und gleichzeitig einen entschiedenen Appell an die Beamtenschaft gerichtet hatte«.

[629] a.a.O., Anmerkung 87.

[630] Nr. 18/19, 1.10.31, S. 1: »Attacke!«.

[631] BAK Nachl. Hugenberg Nr. 192, 25.9.31, Bl 442. Bad Liebenwerda, Kreisstadt im Bezirk Cottbus mit rund 3.800 Einwohnern. Die Zeitung wurde am 1.9.31 gegründet; Tendenz nach Handbuch der deutschen Presse 1932: »nationale Opposition«.

[632] Einzelheiten s. Roloff: Bürgertum und Nationalsozialismus 1930 — 1933. Braunschweigs Weg ins Dritte Reich. Hannover 1961 (Reprint Braunschweig 1980).

[633] Bracher, S. 362; auch zum Folgenden.

[634] Nr. 20, 17.10.31: »Harzburg«. Auch die folgenden Reden sind daraus zitiert.

[635] Unsere Partei Nr. 18/19, 1.10.31, S. 225.

[636] Unsere Partei Nr. 20, 17.10.31.

[637] a.a.O.

[638] s.a. das Schreiben Hugenbergs an Hitler in BAK Nachl. Hugenberg Nr. 189; Hitler hatte 1930 seinen Austritt aus dem Volksbegehren-Reichsausschuß erklärt.

[639] Roloff, S. 53.

[640] BAK Nachl. Hugenberg Nr. 192, Hitler an Hugenberg, München, 7.9.31.

[641] Roloff, S. 61 zitiert Unsere Partei Nr. 20, v. 15.10.32 (richtig 17.10.), S. 341 ff.

[642] BAK a.a.O., Kreuth/Tegernsee, 9.9.31.

[643] vom 11.9.31; s. Roloff, S. 62.

[644] Franzen hatte zwar mit Hinweis auf die Belastung der »schaffenden Stände« durch die Notverordnungen seinen Rücktritt begründet (s.o.), aber gerade mit den »diktatorischen Vollmachten« für die Länder durch diese Verordnungen wurde der Wiedereintritt in die Regierung von NS-Seite begründet, um »befruchtend auf die zukünftigen Regierungsmaßnahmen einzuwirken.« (Roloff S. 53 und 58) Hier wäre eine Untersuchung über (mögliche) Interessen-Konflikte in der Braunschweiger NS-Basis notwendig.

[645] So Bracher, S. 363: Harzburg bedeutete eher das Ende einer aufregenden und aufreibenden Zusammenarbeit, als den »Beginn eines letzten Siegeszuges der vereinigten (Nationalen Opposition).« Objektiv gesehen blieb die Rollenverteilung z.B. zwischen NSDAP und DNVP beim Sturm auf die letzten Mauern der Republik erhalten und auch — trotz aller Konflikte — die in Abständen wiederkehrenden Fühlungnahmen.

[646] BAK Nachl. Hugenberg Nr. 192, Aufzeichnung vom 10.1.1932.

[647] a.a.O., Hugenberg an Brüning, Berlin, 11.1.32.

[648] a.a.O., Kreuth/Tegernsee, 28.1.32.

214

[649] s.ao. Anm. 476.

[650] a.a.O., Kreuth/Tegernsee, 28.1.32 (Bl. 2).

[651] a.a.O. Nr. 124, Bl. 13: »Deutsche Handelswacht Nr. 17, 25.11.31.

[652] a.a.O. Nr. 192, Brosius an Hugenberg, 23.12.31, berichtet über Gespräche zwischen Hitler und Frau von Dirksen.

[653] a.a.O. Nr. 37, Berlin, 20.3.32, Bl. 48 — 56: in der Akte liegen zwei Durchschläge dieses Schreibens; das hier zitierte ist offensichtlich (etwas) verbessert.

[654] s. z.B. a.a.O., Nr. 191, Schreiben im Auftrag Brosius' an Hugenberg, 16.4.32: Veröffentlichung im »Jungdeutschen«; s. a.a.O., Presseausschnitt ohne Angabe, Brief vom 20.3.32.

[654a] a.a.O. Nr. 37, 13.4.32, Bl. 183: Das Schreiben wird General von Dommes am 14.4.32 »verabredungsgemäss« übersandt.

[655] s. a.a.O. Nr. 126 und Nr. 191.

[656] Montag Nr. 27, 18.7.32: »Nationalismus muß heute revolutionär sein!«.

[657] BAK Nachl. Hugenberg Nr. 39, Wegener an Hugenberg, 28.4.32, Bl. 142 f.

[658] s. H. von Gaertringen, S. 555.

[659] a.a.O., S. 626 (dort zitiert aus »Unsere Partei« vom 15.8.31, S. 208): »Neben Ausgaben für Klavier und Blasorchester ... wurde das Kampflied als Postkarte mit Noten verbreitet« und noch nach dem 30. Januar 1933 gesungen.

[660] In dem Programm heißt es: »Deshalb kämpfen wir gegen jeden zersetzenden, undeutschen Geist, mag er von jüdischen oder anderen Kreisen ausgehen. Wir wenden uns nachdrücklich gegen die seit der Revolution immer verhängnisvoller hervortretende Vorherrschaft des Judentums in Regierung und Öffentlichkeit. Der Zustrom Fremdstämmiger über unsere Grenzen ist zu unterbinden.«
In: Mommsen/Franz: Die deutschen Parteiprogramme 1918 — 1930, S. 86. Zum Reichspräsidentenwahlkampf 1925 zwischen Hindenburg und Wilhelm Marx (Zentrum) veröffentlichte die Korrespondenz der DNVP ein Gedicht mit dem Anfang:
»Hindenburg, der steht zur Wahl!
Für Marx ist dieses sehr fatal!
Der Deutsche wählt den Hindenburg,
Der ist Deutschlands feste Burg!
Der Hindenburg ist wieder da.
Weh Juda und Jehosua!
Wir wählen nur den Hindenburg!
Der Juden-Marx ist unten durch!«
(Dörr, S. 513)
Insgesamt ist der Antisemitismus in der DNVP wohl weit weniger dominant und militant als in der NSDAP, aber er ist (z.T. latent) verbreitet und *ansprechbar*. Das wurde vor und nach 1933 zu einem politischen Faktor.

[660a] Formal bekannte sich Hugenberg weiter zur Monarchie: s. z.B. Unsere Partei Nr. 13, 1.7.32

[661] BAK Nachl. Hugenberg Nr. 37, 8.8.32, Bl.76.

[662] a.a.O. Nr. 192, Brosius an Hugenberg, 28.5.31.

[663] TF-Protokoll; s.a. von Studnitz.

[664] Nr. 190, 15.8.30, Artikel von Heinz Todtmann. Die politische Richtung des Steinthal-Blattes wird auch als »republikanisch-demokratisch« angegeben (de Mendelssohn, S. 307), um auszudrücken, daß es noch etwas links von den Mosse- und Ullstein-Blättern stand.

[665] Genauer gesagt hatte Hugenberg nur in der »Nationalversammlung« zweimal geredet: am 8.3.1919 über »Sozialisierung« und am 9., 10. und 11. Dezember 1919 zum »Reichsnotopfer«, s. Streiflichter, S. 133 ff u. 169ff.

[666] Vw Nr. 71, 12.2.30, Aufmacher. Die in Klammern gesetzten Buchstaben sind auf der Fotokopie am Rande nicht zu erkennen und wurden sinngemäß ergänzt. Hugenberg redete am 11.2.30 im Reichstag zum Thema Young-Plan; s. den ausführlichen Bericht der TU in BAK Nachl. Hugenberg Nr. 189, vom 11.2.30: »Unter allgemeiner Spannung spricht dann für die deutschnationale Fraktion Abg. Dr. *Hugenberg*, der von der Linken mit lebhaften Ah-Rufen empfangen wird.«

[667] so die »Schlawer Zeitung« (Aufl. 1932: 3.800; nach Handbuch der deutschen Presse, S. 220 »rechtsgerichtet ohne parteiliche Bindung!«), die »Schivelbeiner Kreis-Zeitung« (Aufl. 1932: 4.500, »deutschnational«); s. z.B. »Schlawer Zeitung« Nr. 73, 27.3.31, Aufmacher: »Hugenbergs Besuch in Pommern« (sehr positiv für den »Kopf der nationalen Staatspolitik in Deutschland«) oder »Schivelbeiner Kreis-Zeitung« (»mit den amtlichen Bekanntmachungen«) Nr. 73, 27.3.31: »Hugenberg wird unser Retter sein!« Beide Blätter äußern sich in einer Reihe weiterer Artikel sehr positiv über den Hugenberg-Kurs. Über das »nationale« »Pyritzer Kreisblatt« (Aufl. 1932: 5.100) standen dem Vf. keine Unterlagen zur Verfügung. — Das Beispiel zeigt den (direkten und indirekten) Einfluß Hugenbergs in der Pommerschen Provinzpresse.

[668] Pseudonym für Richard Lewinsohn (1894-1968); Journalist, der u.a. in der »Weltbühne« schrieb, wurde 1926 Leiter des Wirtschaftsteils der »Vossischen Zeitung«, später Leiter des Pariser Büros der Ullstein-Blätter.

[669] Hugenberg hatte am 8. März 1919 in der Nationalversammlung gesagt: »Ich fürchte nur, daß das System des Herrn Ministers Wissell mehr die Redner, *diese gefährlichste Klasse der Menschen* (große Heiterkeit), als die Organisation in den Vordergrund schieben würde. (Sehr gut! rechts)« s. Streiflichter, S. 178. Das war die Sicht des Konzernleiters, des Oberorganisators, für den die Massenansprache bestenfalls ein notwendiges Übel ist. Später beruft er sich - selber ein wahlkämpfender Spitzenpolitiker geworden - mehrfach auf den Halbsatz »die Redner ... (bis) Menschen« s. z.B. Rede für den Tonfilm BAK Nachl. Hugenberg Nr. 120, Bl. 223.

[670] B.Z. am Mittag (Aufl. 1932: 166.000, Ullstein-Verlag) Nr. 421, 4.9.30: »Hugenberg spricht.«

[671] TF-Protokoll.

[672] Steuer, Heft 2, S. 11.

[673] so auch das Otto-Strasser-Blatt »Der Nationale Sozialist« Nr. 147, 16.8.30: »Ein alter Mann redet ...[Titel] Hugenberg-Versammlung im Sportpalast«: »Viel Frauen darunter und wenig Jugend.«

[674] Nr. 382, 15.8.30: »Hugenberg für das 'Dritte Reich'.«

[675] Nr. 258, 3.11.32. Die Versammlung war im »Kaufmännischen Vereinshaus« in Chemnitz. s.a. Hermann Sinsheimer über die Sportpalast-Veranstaltung mit Hugenberg im August 1930 im »Berliner Tageblatt« (Nr. 390, 20.8.30), »Potsdamer Straße«: »Und darin ist ihr Gipfel jener Sportpalast. Er vollends 'veröffentlicht' die Menschen, er löst sie von dem berühmten heimischen Herd los und setzt sie unter die Wirkungen einer Gemüter-Zentralheizung, die sie heiss und hitzig und zum Politischen gar kocht ... Hier können Boxer, hier müssten Redner stehen!...« An einem Abend der vorigen Woche stand nun einer da. Um ihn herum aber Fahnen, Blechmusik, Farben, Embleme, Lieder, Uniformen vor vorgestern — ungültig heute wie entwertete Briefmarken. Er selbst einen Text aufsagen und stolz darauf, auch von vorgestern und überdies kein Redner zu sein — ein hoffnungsloser Privatmann. Die Halle wurde zum Stammtisch, der Sportpalast war nicht mehr.

[676] Nr. 80, 7.4.32: »Der Todfeind der Republik sprach«. s.a. »Vorwärts« vom 20.3.29: »Hugenbergs Küchentrampel«: »... Hugenbergscher Leutnants- und Assessorenjargon« - Vw Nr. 112, 7.3. 30, S. 2: »Wer steht hinter Hugenber? ... Angestellte und höhere Beamte.«

[677] RF Nr. 188 vom 14.8.30: »Wer ist Hugenberg?«

[678] BT Nr. 422, 7.9.30.

[679] BAK Nachl. Hugenberg Nr. 192, Bl. 101, Einsiedel bei Chemnitz, 10.10.31.

[680] s.o.; s. z.B. auch Rede vom 19.9.31 als Dank für einen Fackelzug zur Bestätigung seiner Position durch den Stettiner Parteitag: »mich hinzustellen als jemanden, der Klassenkämpfer von Unternehmerseite sei, mich, der ich den Klassenkampf immer gehaßt ... habe ... wie man immer vor neuem in marxistischen Versammlungen die niederträchtige Lüge wiederholt, ich sei 5 oder gar 50facher Millionär, nur zu dem Zwecke meiner Verdächtigung beim arbeitenden Volke und um damit den Eindruck zu erwecken, daß die Millionen, die ich einst mit Hilfe national gesinnter Freunde gesammelt habe und nunmehr als nationales Zweckvermögen zum Besten der nationalen Sache verwalte, mein persönliches Eigentum seien.« BAK Nachl. Hugenberg Nr. 124, Bl. 598.

[680a] s. Vorwärts Nr. 177, 16.4.29: »Ein schlechts Quartett«, darunter: »Hugenberg, Hartz, Haberer, Bier gegen die Sozialversicherung«; s. dazu auch das Buch von Gustav Hartz (ehemaliger Funktionär des Deutschnationalen Handlungsgehilfen-Verbandes; Hugenberg politisch nahestehend): »Irrwege der deutschen Sozialpolitik und der Weg zur sozialen Freiheit«, erschienen im Scherl-Verlag 1928; dazu Iris Hamel, S. 223 ff. - s.a. »Berliner Volks-Zeitung« (linksliberal, Mosse-Verlag) Nr. 141, 23.3. 29: »Die Absage an Hugenberg«, darunter: »Deutschnationale Gewerkschaftler gegen den Sozialreaktionär«.

[681] Iris Hamel, S. 190 f. Der DHV hatte 1929 rund 380.000 Mitglieder. Der »Rechenschaftsbericht für 1929« kritisiert den »Feldzug gegen die Sozialversicherung« (S. 154 ff). »Diese mit der schweren nationalpolitischen Schuld des Kapp-Putsches belasteten Kreise des alldeutschen Verbandes haben sich seit dem Mai 1928 als oberste Richter in den Fragen der nationalen Politik und Verantwortung auf einen durch kapitalistische Manöver zusammengekauften Konzernstuhl gesetzt und betrachten es nun als politische Leistung, aus ihrem Geheimrat Hugenberg den nationalen Heros zu inszenieren.« (S. 7, Einleitung; erschienen Hamburg 1930).

[682] Die »National-Sozialistische Schlesische Tageszeitung« erschien 1932 mit einer Auflage von 15.000 (6 x wöchentlich) in Breslau. Die Zitate sind der DNVP-Broschüre »Wie die Nazi kämpfen« entnommen (BAK Nachl. Hugenberg Nr. 92, Bl. 131, S. 20: Schlesische Tageszeitung vom 23., 29. und 30.9.1932).

[683] a.a.O., Bl. 132 - 133 (S. 21 - 23 der Broschüre); »Der junge Sturmtrupp« Nr. 18, 2.9.32. Die NS-Schülerzeitung »Hilf mit« z.B. vertrat noch in den Jahren nach 1933 solche »sozialkämpferischen« Positionen, die »Volksgemeinschaft« für die »idealistische« Jugend.

[684] VZ Nr. 188, 19.4.32: »Hugenbergs Ghetto«.

[685] BAK Nachl. Hugenberg Nr. 38, Brief vom 18.8.32, Durchschlag an Hugenberg. Das Schreiben ist bereits abgedruckt bei Schmidt: Umdenken oder Anarchie,S. 322 f; s.a. Gaertringen, S. 561.

[686] a.a.O. Nr. 191, Kreuth/Tegernsee, 19.8.32.

[687] s. de Mendelssohn, S. 318 - 323: Der Scherl-Verlag gab unter dem Titel »Der Nationalsozialismus und wir! Weg und Kampf des Scherl-Verlags« für zehn Pfennig eine achtseitige Flugschrift heraus, in der Urheberrechte geltend gemacht wurden: »Immer war der 'Berliner Lokal-Anzeiger' das Blatt der nationalen Deutschen. Er war der Sprecher einer völkischen Gemeinbürgerschaft, die keinen Arbeiter der Hand oder des Kopfes ausschloß. Unser Kampf um Deutschlands nationale Erneuerung begann am Tag von Versailles ... Das 'Deutschland erwache!' war unsere Losung, längst bevor es zur Parteiparole wurde ... Nicht einen Augenblick lang ließen wir das nationale Banner sinken, das wir mitten im Novemberputsch über dem Chaos aufrichteten und um deswillen allein ein Mann wie Hugenberg den publizistischen Organismus unseres Hauses aufgebaut hat.«
Goebbels spottete in seiner Antwort über den »lächerlichen Zwerg, einen Hugenzwerg«, der den Weg von alles niederwalzenden Riesen nachzutrippeln versuche und dann erkläre, er begrüße es mit Genugtuung, daß die Riesen sich ihm angeschlossen hätten. s.a. »Der Angriff« Nr. 214, 19.10.32: »Nationalsozialistisches Ideengut bei Papen und Hugenberg« darunter: »Aber das Volk weiß genau Bescheid«.

[688] Tag Nr. 261, 31.10.32: »Nichts für uns — alles für Deutschland!«.

[689] Bracher, S. 578 und 580 ff.

[690] Bracher S. 588

[691] BAK Nachl. Hugenberg Nr. 92, Bl. 121: »Eine neue Präsidialregierung.« Artikel von Hugenberg in »Unsere

216

Partei« vom 18.12.1932.

[692] BAK Nachl. Hugenberg Nr. 36, Hugenberg an Goerdeler (Oberbürgermeister von Leipzig), Bl. 274.

[693] a.a.O. Nr. 37, Rohbraken, 28.12.32 — ähnliche Gedanken zum Zentrum s.a. Nr. 191, Hugenberg an Brosius, 17.8.32.

[694] a.a.O. Nr. 38, Aufzeichnung von Schmidt-Hannover, Berlin, 5.9.32.

[695] Czichon: Wer verhalf Hitler zur Macht?, S. 73, Dokument Nr. 16, Scholz an Franz Bracht, 26.11.32.

[696] Wahlkampf in Lippe-Detmold s. Bracher, S. 612 ff. Die Wahlen am 15 Januar brachten bei gestiegener Wahlbeteiligung den Nationalsozialisten gegenüber der vergangenen Reichtagswahl einen Gewinn von 4,8 %, was publizistisch ausgeschlachtet wurde, obwohl sie den Höchststand vom Juli 1932 nicht wieder erreichten und eine genauere Wahlanalyse bestätigt, daß die NSDAP die Grenzen ihres Wachstums erreicht hatte.

[697] Bracher, S. 613.

[698] BAK Nachl. Hugenberg Nr. 193, »Mitteilungen« der DNVP vom 12.1.1932.

[699] a.a.O. Nr. 38, Bl 261, 21.1.33, mit handschriftlichem Vermerk »am 21.1. dem Kanzler übergeben«, s.a. Gaertringen, S. 569.

[700] BT 31.1.33, Artikel von Theodor Wolff.

[701] BAK Nachl. Hugenberg Nr. 125, Bl. 200, handschriftlicher Vermerk Hugenbergs auf einem Zeitungsausschnitt der VZ vom 19.4.32, s.o.S.

[702] Noch im Dezember 1932 hatte der ungeliebte Reichstag seinem Feind eine besondere »Ehrung« zukommen lassen: Mit 291 Stimmen, darunter offenbar die Nationalsozialisten, wählte er Hugenberg zu einem seiner Schriftführer. »Das Resultat erregte im Haus minutenlange stürmische Heiterkeit.« Hugenberg notierte bissig auf dem Bericht des »Vorwärts«: »Wenige Wochen später war es mit der ‚stürmischen Heiterkeit' ein für allemal vorbei.« — a.a.O. Nr. 150, Bl. 3, »Vorwärts« Nr. 577, 8.12.32: »Die Schriftführerwahl« »Komödie um Hugenberg«. Jede Erwähnung Hugenbergs als »Führer« der DNVP war in dieser Sitzung aus dem Plenum mit dem Zwischenruf »Schriftführer« kommentiert worden. s. Gaertringen, S. 566.

[703] TF-Protokoll.

[704] s. Stegmann: Zum Verhältnis ..., S. 478 ff: dort werden 1/4 von 3 Millionen der »Kampffront« und 3/4 der NSDAP zugeteilt. — s.a. BAK Nachl. Hugenberg Nr. 38, Bl. 236, Scheibe (Schatzmeister der DNVP) an Hugenberg, 15.3.33, zur genaueren Aufschlüsselung. Danach konnte die »Kampffront« nur in kleineren Fällen einen für sie günstigeren Verteilerschlüssel durchsetzen und hatte in einigen Fällen Probleme mit der Eintreibung der Summen. Die Schwerindustrie — sie hatte eine Million übernommen — zahlte den Anteil von 250.000 an die »Kampffront« korrekt; s.a. Nr. 38, Bl. 230 ff, Briefwechsel Hugenberg — Schacht.

[705] Stegmann: Zum Verhältnis ..., S. 479.

[706] TF-Protokoll; s. z.T. auch Gaertringen, S. 578 (dort: »die Wahlen ...« statt »das Wählen ...«).

[707] BAK Nachl. Hugenberg Nr. 85, Bl. 86.

[708] a.a.O. Bl. 63, Aufzeichnungen »Nur für den Minister«, »Streng vertraulich«, vom 6.4.33 für das Preussische Ministerium für Wirtschaft und Arbeit. s.a. in dieser Akte die Aufstellung aus dem Reichsministerium des Innern, Bl. 131: » ... Dammann rechts gerichtet, etwas weich, kann aber bleiben«, »Kahler DNVP, gut«, »Goldmann Jude, Staatspartei, muß raus«; häufig bei linken Beamten auch Vermerke wie »übel« in der Akte.

[709] z.B. a.a.O. Nr. 38, Aufzeichnung über eine Besprechung Hindenburgs, Hugenbergs und Winterfelds am 17.5.33 (Bl. 170 ff): Hindenburg wiegelt ab, will aber mit Hitler reden. Nr. 89, Hugenberg an Hitler, 19.4.33 mit Anlagen: Beschwerde über Verdrängung Deutschnationaler aus Industrie- und Handelskammern, willkürliche Verhaftungen usw.

[710] a.a.O. Nr. 144, Bl. 3 ff.

[711] so a.a.O.Bl. 12 in der Hagener Akkumulatorenfabrik (Hagen in Westfalen).

[712] Gaertringen, S. 652.

[713] TF-Protokoll. Schwarzer hatte sich überschätzt, wurde aber, »auf Grund seines Rückhalts bei der SS«, Chefredakteur des »Berliner Tageblattes«.

[714] So berichten Lucke und Marten.

[715] BAK Nachl. Hugenberg Nr. 39, von Wahlert an (Major) Nagel, 23.3.33, Bl. 129.

[716] a.a.O. Nr. 37, 25.4.33, Bl. 109.

[717] a.a.O. Nr. 38, Mann an Hugenberg, 19.9.33, Bl. 11 f.

[718] a.a.O. Nr. 462, Bl. 97.

[719] a.a.O. Nr. 276, Bl. 4 ff; s.a. Nr. 37, Hugenberg an Klitzsch, 7.3.33, Bl. 115, in Bezug auf Scherl: »den vermehrten Umsatz infolge der Wahlen ...«.

[720] s. Anm. Nr. 717: Klitzsch.

[721] a.a.O. Nr. 276, Bl. 20.

[722] s. z. B. a.a.O. Nr. 37, Hugenberg an Klitzsch, 28.8.33: Verlangt, die fällige monatliche Zahlung von Scherl (60.000 à conto Dividende) »auf irgend eine Weise flüssig zu machen. Ich muß diese Zahlung jetzt in Anspruch nehmen ... Ich bitte auch alle Veränderungen an der Scherlpresse ... zurückzustellen, die zu Mehraufwendungen, also zur Beeinträchtigung der Liquidität führen könnten« — a.a.O. Klitzsch an Hugenberg, 30.1.33, Bl. 118: »Über die voraussichtliche Entwicklung der Liquidität unseres Verlagsunternehmens mache ich mir ständig Gedanken — und Sorgen.« Im August würden die Banksalden die Kreditgrenzen überschreiten. Die Geschäfte würden wieder schlechter. Der Tiefpunkt sei noch nicht überschritten. Von Januar 1932 bis Januar 1933 habe die Restriktion des Geschäfts 6 — 8 % betragen.

[723] 1929: 20 Millionen, 1930: 17,5, 1931: 14,2 und 1932 10,8 Millionen (entnommen aus den Geschäftsberichten, a.a.O. Nr. 271 — 276).

[724] a.a.O. Nr. 37, Klitzsch an Hugenberg, 23.4.31, Bl. 170, S. 2.

[725] s. Geschäftsberichte der UFA (s.o.). Die Gesamtumsätze waren bis 1930/31 angestiegen und zwar von 57 Millionen auf 72 Mio.: Nr. 464, Bl 16.

[726] a.a.O., Klitzsch an Hugenberg, 28.10.31, Bl. 160, S. 2.

[727] Mann saß in Leitungsgremien von Wirtschaftsvereinigung, Ostdeutsche Privatbank, Außendienst, Deutsches Gewerbehaus, UFA und Mutuum.

[728] a.a.O. Nr. 38, Mann an Hugenberg, 19.3.31, Bl. 94 und Hugenberg an Firma Scherl, 20.12.34, Bl. 243« »Sie haben zu meiner persönlichen Verfügung in den vergangenen Jahren mehrfach größere Beträge für Zwecke der von mir vertretenen Politik, insbesondere für Zwecke der Deutschnationalen Volkspartei zur Verfügung gestellt«.

[729] a.a.O. Nr. 37, 24.(?)4.31, Bl. 169.

[730] a.a.O. Nr. 464, Bl. 7. So hatte die »Deutsche Gewerbehaus« im Mai 1930 einen US-Dollarkredit bis zur Höhe des Gegenwertes von 5 Millionen für 2 Jahre aufgenommen mit einem Zinssatz von 3 % jährlich *über* dem jeweiligen Satz der Federal Reserve Bank in New York, mindestens aber 6 % (Nr. 38, Darmstädter und Nationalbank an Gewerbehaus A.G., 20.5.30, Bl. 67). Hugenberg schrieb in dem oben zitierten Brief vom 24.(?)4.31 an Klitzsch, man müsse »unbedingt an den billigeren Zinsfuß des Auslandes herankommen.«.

[731] a.a.O. Nr. 38, Mann an Hugenberg, 19.3.31, Bl. 90.

[732] a.a.O. Nr. 37, Klitzsch an Hugenberg, 23.4.31, Bl. 171, S. 2: Er halte es für möglich, daß sich Danatbank, Deutsche Bank und *Otto Wolff* »zusammenfinden, um uns zum mindesten das Ufa-Majoritätspaket abzujagen, das bei der heutigen Entwicklung der Ufa doch einen besonderen Wert repräsentiert«. Hugenberg antwortete (Nr. 37, 24.4.31, s.o.), er teile die Befürchtungen über ein Zusammenspiel zwischen den Banken und Otto Wolff.

[733] Zur Frage der Kreditverlängerung s. a.a.O. Nr. 36, Hugenberg an Flick, 19.12.31, Bl. 175: »äußerstenfalls Abstossung der Ufa« (bei Nichtverlängerung der Kredite) und dto., 12.1.32. — Nr. 38, Hugenberg an Mann, 1.9.31, Bl. 59: »Wenn der Treuhänder der Danatbank entsprechend gewissen Presseforderungen zu einem Bruch der geschlossenen Verträge schreiten sollte«, trage er keine Bedenken, die Ufa für 4 Millionen *eigene* Aktien von der Gewerbehaus übernehmen zu lassen, um mit diesem (Ufa-)Geld den Kredit abzudecken. — Nr. 37, Hugenberg an Klitzsch, 27.10.31, Bl. 161 zur Sicherung der Kredite und Antworten Klitzschs vom 28.10.31, Bl. 161.

[734] a.a.O. Nr. 37, Hugenberg an Klitzsch, *7.3.33*: Die DNVP hat — trotz ihrer finanziellen Unterstützung u.a. durch die Großindustrie (s.o.) — noch Schulden aus früheren Wahlen.

[735] a.a.O., Klitzsch an Hugenberg, 22.6.32, Bl. 135, S.2 — Die Lage war im Sommer 1932 so angespannt, daß Klitzsch von einem (drohenden) Streik bei Scherl die Pleite befürchtete.

[736] a.a.O. Nr. 38, Mann an Hugenberg, 19.3.31, Bl. 93.

[737] a.a.O. Nr. 37, 28.1.34, Bl. 6.

[738] a.a.O. Nr. 50, 25.4.34, Bl. 206. »Zu den Punkten, die wir besprechen müssen, gehört auch die Frage des Baukontos Kreuth. Die Steuerbehörde befaßt sich damit immer liebevoller«.

[739] Koszyk: Deutsche Presse, S. 237; auch zum Folgenden.

[740] a.a.O., S. 239.

[741] de Mendelssohn, S. 413.

[742] Ufa-Buchverlag, Berlin.

[742a] TF-Protokoll der Goebbels-Rede.

[743] BAK Nachl. Hugenberg Nr. 37, 28.1.34, Bl. 5 — Hugenberg spricht auch seinen »aufrichtigen Glückwunsch zu dem neuen Arbeitsgesetz« aus.

Verzeichnis der zitierten Literatur

Franz Adickes. Sein Leben und Werk, hrsg. von der Historischen Kommission der Stadt Frankfurt am Main. Frankfurt 1929; darin: Erich Adickes: Franz Adickes als Mensch, S. 1 — 232

Asmus, Gesine (Hrsg.): Hinterhof, Keller und Mansarde. Reinbek 1982

Berghahn, Volker R.: Der Stahlhelm Bund der Frontsoldaten 1918 — 1935. Düsseldorf 1966

Berliner, E.: Das monopolistische Problem der Massenbasis, die »Deutschen Führerbriefe« und Alfred Sohn-Rethel. In: Blätter für deutsche und internationale Politik, Heft 2, 1974, S. 154 — 174

Bernhard, Ludwig: Der »Hugenberg-Konzern«. Psychologie und Technik einer Großorganisation der Presse. Berlin 1928

Boelcke, Willi A. (Hrsg.): Krupp und die Hohenzollern in Dokumenten. Frankfurt 1970

Bonhard, Otto: Geschichte des Alldeutschen Verbandes. Leipzig u. Berlin 1920

Bracher, Karl Dietrich: Die Auflösung der Weimarer Republik. Eine Studie zum Problem des Machtverfalls in der Demokratie. 5. Aufl. Villingen 1971

Brauneck, Manfred: Die rote Fahne. Kritik, Theorie, Feuilleton 1918 — 1933. München 1973

Claß, Heinrich: Wider den Strom. Vom Werden und Wachsen der nationalen Opposition im alten Reich. Leipzig 1932

Czichon, Eberhard: Wer verhalf Hitler zur Macht? Zum Anteil der deutschen Industrie an der Zerstörung der Weimarer Republik. Köln 1967

Courtade, Francis u. Cadars, Pierre: Geschichte des Films im Dritten Reich. München u. Wien 1975 u. Frankfurt 1976

Der Deutschnationale Handlungsgehilfen-Verband im Jahre 1929. Rechenschaftsbericht erstattet von seiner Verwaltung. Hamburg 1930

Dietrich, Valeska: Alfred Hugenberg: Ein Manager in der Publizistik. Diss. phil. Berlin 1960

Dörr, Manfred: Die Deutschnationale Volkspartei 1925 bis 1928. Diss. phil. Marburg 1964

Elster, Ludwig u.a. (Hrsg.): Handwörterbuch der Staatswissenschaften Bd. 5, 4. Aufl. Jena 1923

Fetzer, Max: Das Referendum im deutschen Staatsrecht. Stuttgart 1923

Fischer, Fritz: Griff nach der Weltmacht. Die Kriegszielpolitik des kaiserlichen Deutschland 1914/18. Düsseldorf 1961

Fischer, Fritz: Krieg der Illusionen. Die deutsche Politik von 1911 bis 1914. Düsseldorf 1969

Fischer, Heinz-Dietrich (Hrsg.): Deutsche Zeitungen des 17. bis 20. Jahrhunderts. Pullach bei München 1972

Fischer, Wolfram: Deutsche Wirtschaftspolitik 1918 — 1945. Opladen 1968

Friedjung, Heinrich: Das Zeitalter des Imperialismus 1884 — 1914. Bd. 1, Berlin 1919

Frymann, Daniel (= Heinrich Claß): Wenn ich der Kaiser wär' — Politische Wahrheiten und Notwendigkeiten. 5. erw. Aufl. Leipzig 1914

Hiller von Gaertringen, Friedrich Freiherr: Die Deutschnationale Volkspartei. In: Matthias/Morsey (Hrsg.): Das Ende der Parteien 1933. Düsseldorf 1960

Garr, Max: Die wirtschaftlichen Grundlagen des modernen Zeitungswesens. Wien 1912

Gessner, Dieter: Agrardepression und Präsidialregierungen in Deutschland 1930 — 1933. Düsseldorf 1977

Gremm, Alfred: Unternehmensformen im Zeitungsgewerbe. Diss. phil. Heidelberg 1922

Groth, Otto: Die Zeitung. Ein System der Zeitungskunde. 4 Bde. Mannheim, Berlin und Leipzig 1928 — 1930

Guratzsch, Dankwart: Macht durch Organisation. Die Grundlegung des Hugenbergschen Presseimperiums. Düsseldorf 1974

Hamel, Iris: Völkischer Verband und nationale Gewerkschaft. Der Deutschnationale Handlungsgehilfen-Verband 1893 — 1933. Frankfurt 1967

Handbuch der deutschen Tagespresse, hrsg. vom Deutschen Institut für Zeitungskunde Berlin. 4. Aufl. Berlin 1932

Handbuch des öffentlichen Lebens. 6. Ausgabe, Leipzig 1931

Hartwig, Edgar: Alldeutscher Verband (ADV) 1891 — 1939. In: Die bürgerlichen Parteien in Deutschland Bd. I, S. 3f

Hartz, Gustav: Irrwege der deutschen Sozialpolitik und der Weg zur sozialen Freiheit. Berlin 1928

Heiber, Helmut: Die Republik von Weimar. 6. Aufl. München 1972

Henckell, Karl (Hrsg.): Quartett. Dichtungen. Unter Mitwirkung von Arthur Gutheil, Erich Hartleben, Alfred Hugenberg. Hamburg 1886

Hoepke, Klaus-Peter: Die deutsche Rechte und der italienische Faschismus. Düsseldorf 1968

Holzbach, Heidrun: Das »System Hugenberg«. Die Organisation bürgerlicher Sammlungspolitik vor dem Aufstieg der NSDAP. Stuttgart 1981

Holzer, Jerzy: Parteien und Massen. Die politische Krise in Deutschland 1928 — 1930. Wiesbaden 1975

Honigmann, Georg: Kapitalverbrechen oder Der Fall des Geheimrats Hugenberg. Berlin o.J.

Honigmann, Georg: Chef weist an ... oder der Fall des William Randolph Hearst. Berlin 1972 (6. Aufl. 1981)

Hugenberg, Alfred: Innere Colonisation im Nordwesten Deutschlands. Strassburg 1891 (Abhandlungen aus dem Staatswissenschaftlichen Seminar zu Strassburg, hrsg. von G.F.Knapp, Heft VIII)

Hugenberg, Alfred: Bank- und Kreditwirtschaft des deutschen Mittelstandes. München 1906

Hugenberg, Alfred: Streiflichter aus Vergangenheit und Gegenwart. Berlin 1927

Hugenberg, Alfred: Die Soziale Frage in Deutschland. Berlin 1932

Hussong, Friedrich: »Kurfürstendamm«. Zur Kulturgeschichte des Zwischenreichs. Berlin 1934

Kaupert, Walter: Die deutsche Tagespresse als Politicum. Diss. phil. Heidelberg 1932

Kehr, Eckart: Schlachtflottenbau und Parteipolitik 1894 — 1901. Versuch eines Querschnitts durch die innenpolitischen, sozialen und ideologischen Voraussetzungen des deutschen Imperialismus. Berlin 1930

Koszyk, Kurt: Deutsche Presse im 19. Jahrhundert. Berlin 1966

Koszyk, Kurt: Deutsche Pressepolitik im Ersten Weltkrieg. Düsseldorf 1968

Koszyk, Kurt: Deutsche Presse 1914 — 1945. Berlin 1972 (zitiert als: Deutsche Presse...)

Kriegk, Otto: Hugenberg. Leipzig 1932

Kriegk, Otto: Der deutsche Film im Spiegel der Ufa. 25 Jahre Kampf und Vollendung. Berlin 1943

Krohn, Claus-Dieter: Stabilisierung und ökonomische Interessen. Die Finanzpolitik des Deutschen Reiches 1923 — 1927. Düsseldorf 1974

Kruck, Alfred: Geschichte des Alldeutschen Verbandes 1890 — 1939. Wiesbaden 1954

Krause, Werner: Werner Sombarts Weg vom Kathedersozialismus zum Faschismus. Berlin 1962

Illustrierte Geschichte der deutschen Novemberrevolution 1918/1919, von einem Autorenkollektiv unter Leitung von Günter Hortschansky. Berlin 1978

Lewinsohn, Richard: Das Geld in der Politik. Berlin 1930

Loening, Edgar: Grundzüge der Verfassung des Deutschen Reiches. 2. Aufl. Leipzig 1906

Matthias, Erich u. Mörsey, Rudolf (Hrsg.): Das Ende der Parteien. Düsseldorf 1960

de Mendelssohn, Peter: Zeitungsstadt Berlin. Menschen und Mächte in der Geschichte der deutschen Presse. Berlin 1959

Milatz, Alfred: Wähler und Wahlen in der Weimarer Republik. Bonn 1965

Moeller van den Bruck: Das dritte Reich, hrsg. von Hans Schwarz. 3. Aufl. Hamburg 1931

Mohler, Armin: Die konservative Revolution in Deutschland 1918 — 1932. Grundriß ihrer Weltanschauungen. Stuttgart 1950

Mommsen, Wilhelm u. Franz, Günther: Die deutschen Parteiprogramme 1918 — 1930. Leipzig u. Berlin 1931

Die bürgerlichen Parteien in Deutschland. Handbuch der Geschichte der bürgerlichen Parteien und anderer bürgerlicher Interessenorganisationen vom Vormärz bis zum Jahre 1945, Hrsg. von einem Redaktionskollektiv unter Leitung von Dieter Fricke, 2 Bde. Leipzig 1968 u. 1970

Petzina, Dietmar: Die deutsche Wirtschaft in der Zwischenkriegszeit. Wiesbaden 1977

Pleyer, Hildegard: Politische Werbung in der Weimarer Republik. Münster 1959

Reichshandbuch der deutschen Gesellschaft. Das Handbuch der Persönlichkeiten in Wort und Bild. 2 Bde. Berlin 1930 f

Reupke, Hans: Das Wirtschaftssystem des Faschismus. Ein Experiment der Planwirtschaft auf Privatkapitalistischer Grundlage. Berlin 1930

Reupke, Hans: Der Nationalsozialismus und die Wirtschaft. Erläuterungen der wirtschaftlichen Programmpunkte und Ideenlehre der nationalsozialistischen Bewegung. Berlin 1931

Roloff, Ernst-August: Bürgertum und Nationalsozialismus 1930 — 1933. Braunschweigs Weg ins Dritte Reich. Hannover 1961, Reprint Braunschweig 1980

Roth, Paul: Das Zeitungswesen in Deutschland von 1848 bis zur Gegenwart. Halle 1912

Ruge, Wolfgang: Deutschland 1917 — 1933. Berlin 1967

Ruge, Wolfgang: Die »Deutsche Allgemeine Zeitung« und die Brüning-Regierung. In: Zeitschrift für Geschichtswissenschaft Jg. 1968, S. 20 ff

Ruge, Wolfgang: Deutschnationale Volkspartei (DNVP) 1918 — 1933. In: Die bürgerlichen Parteien in Deutschland Bd. I, S. 715 ff

Ruge, Wolfgang: Revolutionstage November 1918. Berlin 1978

Saul, Klaus: Staat, Industrie, Arbeiterbewegung im Kaiserreich. Düsseldorf 1974

Schmaling, Christian: Der Berliner Lokal-Anzeiger als Beispiel einer Vorbereitung des Nationalsozialismus. Diss. phil. Berlin 1968

Schmidt/Hannover, Otto: Umdenken oder Anarchie. Göttingen 1959

Schöpke, Karl: Deutsches Arbeitsdienstjahr statt Arbeitslosenwirrwarr. München 1930

Schubart, Paul: Die Verfassung und Verwaltung des Deutschen Reiches und des Preußischen Staates. 25. Aufl. Breslau 1913

Schwab, Herbert: Nationalliberale Partei (NLP) 1867 — 1918. In: bürgerlichen Parteien in Deutschland, Bd. II, S. 344 ff

Schwarz, Max: MdR. Hannover 1965

Sohn-Rethel, Alfred: Ökonomie und Klassenstruktur des deutschen Faschismus. Frankfurt 1973

Stegmann, Dirk: Die Erben Bismarcks. Parteien und Verbände in der Spätphase des Wilhelminischen Deutschlands. Sammlungspolitik 1897 — 1918. Köln u. Berlin 1970

Stegmann, Dirk: Zwischen Repression und Manipulation: Konservative Machteliten und Arbeiter- und Angestelltenbewegung 1910 — 1918. Ein Beitrag zur Vorgeschichte der DAP/NSDAP. In: Archiv für Sozialgeschichte XII (1972), S. 351 — 432

Stegmann, Dirk: Zum Verhältnis von Großindustrie und Nationalsozialismus 1930 — 1933. Ein Beitrag zur Geschichte der sog. Machtergreifung. In: Archiv für Sozialgeschichte. XIII (1973), S. 399 — 482

Steuer, Lothar: Hugenbergs Ringen in den deutschen Schicksalsstunden. Tatsachen und Entscheidungen in den Verfahren zu Detmold und Düsseldorf 1949/50, 3 Hefte, Detmold 1949 — 1951

Tammen, Helmuth: Die I.G.Farbenindustrie Aktiengesellschaft (1925 — 1933). Ein Chemiekonzern in der Weimarer Republik. Berlin 1978

Tannenbaum, Otto Richard: Groß-Deutschland — die Arbeit des 20. Jahrhunderts. Leipzig 1911

Toeplitz, Jerzy: Geschichte des Film 1928 — 1933. München 1979

Turner, Henry A.: Faschismus und Kapitalismus in Deutschland. Göttingen 1972

Ursachen und Folgen. Vom deutschen Zusammenbruch 1918 und 1945 bis zur staatlichen Neuordnung Deutschlands in der Gegenwart. Eine Urkunden- und Dokumentensammlung zur Zeitgeschichte, hrsg. von H. Michaelis u.E. Schraepler. Bd. 7: Die Weimarer Republik. Vom Kellog-Pakt zur Weltwirtschaftskrise 1928 — 30. Berlin o.J. (1962)

Wahrmund (Pseudonym): Gericht über Hugenberg. Dillingen 1932

Wegener, Leo: Hugenberg. Eine Plauderei. München-Solln 1930

Wehler, Hans-Ulrich: Bismarck und der Imperialismus. Köln und Berlin 1969

Wer ist's? (Unsere Zeitgenossen), hrsg. von Hermann A.L.Degener, VI. Ausgabe Leipzig 1912 u. X. Ausgabe 1935

Wernecke, Klaus: Der Wille zur Weltgeltung. Außenpolitik und Öffentlichkeit im Kaiserreich am Vorabend des Ersten Weltkrieges. Düsseldorf 1970

Werner, Lothar: Der Alldeutsche Verband 1890 — 1918. Ein Beitrag zur Geschichte der öffentlichen Meinung in Deutschland in den Jahren vor und während des Weltkrieges. Berlin 1935

Wertheimer, Mildred S.: The Pan-German League 1890 — 1914. Diss. phil. New York 1924

Wiel, Paul: Wirtschaftsgeschichte des Ruhrgebietes. Tatsachen und Zahlen. Essen 1970

Witt, Peter-Christian: Die Finanzpolitik des Deutschen Reiches von 1903 bis 1913. Eine Studie zur Innenpolitik des Wilhelminischen Deutschland. Lübeck u. Hamburg 1970

Wulf, Amandus: Deutscher Flottenverein (DFV) 1898 — 1934. In: Die bürgerlichen Parteien in Deutschland Bd. I, S. 432 ff

Zeitungs Katalog Annoncen-Expedition Rudolf Mosse 47. Aufl. Hamburg 1914

Zur Hundertjahrfeier der Firma Krupp 1812 — 1912. Festausgabe der »Kruppsche Mitteilungen«. o.O.o.J. (Essen 1912)

Abkürzungen:

Eine eckige Klammer im Zitat: [ ] bedeutet einen Zusatz des Verfassers

BAK: Bundesarchiv Koblenz

BBZ: Berliner Börsen-Zeitung

Bl.: Blatt

BLA: Berliner Lokal-Anzeiger

BiN: Berliner illustrierte Nachtausgabe

BT: Berliner Tageblatt

DAZ: Deutsche Allgemeine Zeitung

DFB: Deutsche Führer-Briefe

DDP: Deutsche Demokratische Partei

DFB: Deutsche Führer-Briefe

DNVP: Deutschnationale Volkspartei

DVP: Deutsche Volkspartei

DZ: Deutsche Zeitung

DZAI: Deutsches Zentralarchiv Potsdam

FZ: Frankfurter Zeitung

GHH: Archiv der Gutehoffnungshütte/Oberhausen

Nachl.: Nachlaß

RF: Rote Fahne

RWZ: Rheinisch-Westfälische Zeitung

TF: Filminterviews zu dem Film »Der vergessene Führer«

VB: Völkischer Beobachter

Vw: Vorwärts

VZ: Vossische Zeitung

z.n.: zitiert nach

Zeittafel

	Hugenbergs Karriere	Politik	Kunst und Literatur	Wissenschaft, Gesellschaft, Technik
1865	Alfred Hugenberg geboren als Sohn einer protestantischen Beamtenfamilie	— U.S.A.: Abschaffung der Sklaverei; Präsident Lincoln ermordet — Erich Ludendorff, deutscher General und rechtsradikaler Politiker geboren	— Richard Wagner Musikdrama »Tristan und Isolde«	— Gerhard Rohlfs durchquert Nordafrika — Lohnstreik der Leipziger Buchdrucker — Erste Rohrpostanlage in Berlin
1867 -1870	Hugenbergs Kindheit	— Beginn deutscher Gewerkschaftsbewegung — Grundlage der SPD — Rosa Luxemburg geboren (1870) — W.I. Lenin (Uljanow) geboren (1870) — Mahatma Gandhi Führer der indischen Unabhängigkeitsbewegung geboren (1869)	— Richard Wagner »Rheingold« und »Walküre« — Karl Marx »Das Kapital« — Charles Baudelaire, französicher Dichter, stirbt	— Dynamit, Schreibmaschine erfunden — Deutscher Außenhandel seit 1850 um das Vierfache gestiegen — Energieaufwand in England 4 Mill. PS, in Deutschland 2,5 Mill. PS
1871 -1884	Alfred Hugenberg, Kindheit und Jugend (»Die Söhne der Sieger waren wir«)	— zeitweilige proletarische Regierung »Kommune« in Paris (1871) — Sieg deutscher Armeen über Frankreich; König Wilhelm I. von Preußen läßt sich in Versailles zum Deutschen Kaiser ausrufen. Frankreich muß an Deutschland Kriegsentschädigungen zahlen — von Bismarck wird 1. Reichskanzler (1871) — Karl Liebknecht geboren — Konrad Adenauer geboren (1876) — Karl Marx stirbt (1883) — Beginn der Deutschen Kolonialpolitik durch Carl Peters (1884)	— »Die Internationale« (Sozialistisches Kampflied) — Richard Wagner »Götterdämmerung« — F. Nietzsche »Zarathustra«	— Einwohnerzahl in Deutschland 41 Millionen — Charles Darwin »Abstammung des Menschen vom Affen« (löst weltanschauliche Kämpfe aus) — Erfindung des Telefons — Bilderdruck durch Rasterätzung (Autotypie) eingeführt — Die Setzmaschine ist erfunden — Der Berliner Verlag Scherl gründet den »Berliner Lokalanzeiger«

	Hugenbergs Karriere	Politik	Kunst und Literatur	Wissenschaft, Gesellschaft, Technik
1885 -1899	Alfred Hugenberg Studium und Beginn der Laufbahn (Dichter und Jurist), Heirat mit der Tochter des einflußreichen Frankfurter Bankiers Adickes, Doktorarbeit »Die innere Kolonisation Deutschlands«	— 1. Mai-Feier (Paris) — großer Ruhrstreik und Audienz der Arbeiter bei dem neuen Kaiser Wilhelm II., erreichen Lohnerhöhungen und Arbeitszeitverkürzungen — Ende der Sozialistenverfolgung (Gesetz) — Bismarck muß als Kanzler gehen (1890) — Adolf Hitler geboren (1889) — »Alldeutscher Verband«/Chauvinismus, völk. militante Vereinigung	— Ende des Kulturkampfes (Kirche) — H.G. Wells — utop. Roman »Die Zeitmaschine« — Berholt Brecht wird geboren (1898) — A. Lichtwark »Die Bedeutung der Amateurphotographie« — 1. Internationale Photoausstellung in Hamburg — Tschaikowsky, Bruckner, Debussy, Mahler, Verdi, Brahms, R. Strauß (Musik) — O. Wilde, F. Wedekind, G. Hauptmann, H. Ibsen, E. Zola, Th. Fontane, G.B. Shaw, Tolstoi, Tschechow, Schnitzler, Rilke, Gorki u.a. (Literatur)	— Otto Lilienthal machte erste Segelflüge — Erfindung des Kinematographen — Deutsches Reich überholt englische Industrieproduktion — Ullstein gründet »Berliner Morgenpost« — Beginn der Atomkernphysik — im Deutschen Reich seit 1890: 3.750 Streiks mit 405.000 Beteiligten — R.R. Diesel baut seinen Motor
1900	Engagement in völkischer Bewegung »Vater« des Alldeutschen Verbandes«	Deutsches Flottengesetz sieht starke Erweiterung der Seestreitkräfte bis 1917 vor	— Oscar Wilde, engl. Dichter stirbt — Freud »Traumdeutung« — T. Marinetti »Verbrennt die Musen« (ital. anti-künstl. Manifest) — Friedrich Wilhelm Nietzsche stirbt	— M. Planck, »Quantentheorie« begründet den einen entscheidenden Wandel in Physik und der allgem. Naturanschauung — Erste Zeppelinfahrt — 300 deutsche Kartelle geschätzt (1890: 117, 1879: 14, 1865: 4) — Elektrische Spielzeugeisenbahn in Deutschland
1905	geheimer Finanzrat, Bankwesen, Ostmarkpolitik in Posen (Polen)	— Herero-Aufstand in Deutsch-Südwest-Afrika (Hereros kommen in der Wüste um) — Hottentottenaufstand in Deutsch-Südwest-Afrika unter Hendrik Withoi; erst 1908 niedergeschlagen — Maji-Maji-Aufstand in Deutsch-Ost-Afrika, 100.000 Afrikaner sterben	— H. Mann »Professor Unrat« (Roman) — Matisse und Derain begründen expressionist. Malerei des »Fauvismus« — Lehar »Die lustige Witwe« (Operette)	— Einstein »Spezielle Relativitätstheorie« — Franck und Latzko führen den geburtshilflichen Kaiserschnitt unter Schonung des Bauchfells ein — Ruhrbergarbeiterstreik führt zur Rekordzahl von 15 Mill. gestreikten Arbeitstagen in Deutschland — H. Rost »Der Selbstmord als sozialstat. Erscheinung« — Dunkle, überladene Wohnräume mit zahlreichen »Staubfängern« — Elektrische Glühlampe mit Wolframdraht (Osram-Lampen)

	Hugenbergs Karriere	Politik	Kunst und Literatur	Wissenschaft, Gesellschaft, Technik
1910	Generaldirektor bei Krupp, Manager der Rüstungsindustrie		— Ganghofer »Lebenslauf eines Optimisten« (Autobiographie) — Kandinsky: 1. abstr. Gemälde — Strawinsky »Der Feuervogel« (russ. Ballett) — Karl May »Winnetou« — Moeller van den Bruck »Die Deutschen. Unsere Menschengeschichte« — Volksbund zur Bekämpfung des Schmutzes in Wort und Bild eröffnet Kinderlesehalle — Ende des Jugendstils (seit 1896) — Käthe Kruse: Individualist. Puppen	— Carl Cranz »Lehrbuch der Ballistik« (4 Bände bis 1926) — Auguste Forel »Das Sinnesleben der Insekten« — Höchstziffer von 13 Mill. ausgefallenen Arbeitstagen durch Aussperrungen — Minenwerfer (Steilfeuerwaffe) — Deutsches Stellenvermittlungsgesetz gegen Ausnutzungen von Arbeitssuchenden
1914	beginnt die Presse für Schwerindustrie zu mobilisieren (Anzeigengesellschaften), Interesse am staatl. Propagandaapparat Kriegsziele: Zerstörung der Industriemacht der Nachbarländer	R. Luxemburg »Militarismus, Krieg und Arbeiterklasse« — Höhepunkt der englischen Suffragettenbewegung (seit 1906 943 verhaftet); durch Weltkrieg beendet — Beginn des Ersten Weltkrieges (bis 1918) — Die sozialist. Internationale versagt in der geschlossenen Bekämpfung des Krieges — Spionagegesetz in Deutschland — Ausgehend von Karl Liebknecht wachsender sozialist. Widerstand im Reichstag gegen Kriegskredite — Regierung der austral. Arbeiterpartei in Queensland (teilweise Verstaatl. der Betriebe)	Magn. Hirschfeld »Die Homosexualität des Mannes und des Weibes« (für Toleranz) — Marcel Duchamp stellt handelsübl. Gegenstände (»ready mades«) als Kunst aus (frz. Anti-Kunst) — Walter Gropius: Faguswerk in Alfeld (moderner Fabrikbau) — A. Schönberg »Pierrot lunaire« (Komposition für Sprechstimmen und Kammermusik) — In USA dringt der Jazz in die Tanzmusik ein	Mondkarte von Debes (nach photograph. Aufnahmen seit 1896) — Weitgehende Aufhebung des Arbeitsschutzes in den kriegsführenden Staaten — Knötel: »Uniformkunde« (18 Bände seit 1890) — Durch Krieg entsteht eine deutsche Film-Wochenschau »Eiko-Woche« (bisher vorwieg. franz. Wochenschauen) — Sechsrollen-Rotationsmaschine von Koenig & Bauer druckt stündlich 2.000.000 8-seitige Zeitungen — England entwickelt Panzerkampfwagen
1916	Kruppdirektor Hugenberg übernimmt Großverlag Scherl, sein Interesse am Film erwacht	— Schwere Kämpfe um Verdun (allein franz. Verluste Febr. bis Juni 440.000) — Bildung deutscher Flieger-Jagdstaffeln — Fliegerangriff auf Karlsruhe erfordert 257 Opfer	— A. Ehrenstein »Der Mensch schreit« (express. Gedichte) — F. Kafka »Die Verwandlung« (österr. Nov.) — Heckel »Krüppel am Meer« »Irrer Soldat« (express. Lithographien)	— Adolf Miethe »Photographie aus der Luft« — Fleischkarte in Deutschland (anfänglich noch 250 g wöchentlich)

225

	Hugenbergs Karriere	Politik	Kunst und Literatur	Wissenschaft, Gesellschaft, Technik
		— Hindenburg wird an Stelle von v. Falkenhayn Chef des Generalstabes des Feldheeres — Einführung der Gasmaske und des Stahlhelms im deut. Heer — Karl Liebknecht aus der SPD ausgeschlossen und wegen seines Kampfes gegen den Krieg zu 2 Jahren Zuchthaus verurteilt — Lenin: »Der Imperialismus als höchstes Stadium des Kapitalismus« (Bolschewistisch)	— Marc »Skizzenbuch aus dem Felde« (letztes von 32 Skizzenbüchern) — Franz Marc gefallen — Ralph Benatzky »Liebe im Schnee« (Operette) — Heinrich Lersch (Kesselschmied) »Herz, aufglühe dein Blut« (kriegsgedichte) — Alfons Petzel »Der stählerne Schrei« (Arbeiterdichtung)	— Mobilisierte Soldaten: Mittelmächte: 24,3 Mill. (Verluste 3,2 Mill., Verw. 7 Millionen) Entente: 43 Mill. (Verluste 5,5 Mill., Verw. 13,8 Mill.) Zum Vergleich: deutsche Verluste: 1870/71: 43.000 — Gesetzlicher 8-Stunden-Arbeitstag in Deutschland
1918 -1920	Hugenberg verläßt Krupp; starkes Engagement in Politik (DNVP) und Presse zur Abwendung der Revolutionsgefahr in Deutschland — »Reformpolitik«	— Friedensvertrag von Brest-Litowsk zwischen Deutschland und Rußland — Deutscher Munitionsarbeiterstreik — November-Revolution in Deutschland. Meuterei der Matrosen in Kiel, Revolutionskämpfe in Berlin und München — Abdankung des Kaiser Wilhelm II. — Karl Liebknecht ruft deutsche Räterepublik aus, wird nach Kämpfen gestürzt. — Philipp Scheidemann ruft deutsche Republik aus — Gründung der »Kommunist. Partei Deutschlands« (Spartakusbund) — Allgem. deutsches Frauenstimmrecht — Franz Seldte gründet monarch. »Stahlhelm«-Bund — Lord Wilhelm Beaverbrook, brit. konservativer Zeitungsverleger (u.a. Daily Express) wird brit. Propagandaminister — Nikolaus II. (mit seiner Familie von den Bolschewisten erschossen), russ. Zar von 1894 - 1917) — Generalstreik u. Aufstand des kommunist. Spartakusbundes in Berlin — Gustav Noske (Sozialdemokrat) wirft Spartakus-Aufstand nieder	— Alfred Adler »Praxis und Theorie der Individualpsychologie« (betont Bedeutung des Geltungstriebes und Minderwertigkeitskomplexes) — Ellen Key »Die Frauen im Weltkrieg« (schwed. Frauenbewegung) — Klee »Gartenplan« (express. kubist. Gemälde) und »Dogmatische Komposition« (abstraktes Gemälde) — Nash »Wir bauen eine neue Welt« (engl. Gemälde einer Kriegslandschaft) — UFA richtet Kultur- und Lehrfilmabteilung ein — Strawinsky »Die Geschichte vom Soldaten« (Russ. Melodrama) — Leonhard Frank »Der Mensch ist gut« (pazifist. Novellen) — Th. Lessing »Geschichte als Sinngebung des Sinnlosen«	— Internationale Arbeitskonferenz in Washington beschließt: 48-Stunden-Woche

Hugenbergs Karriere	Politik	Kunst und Literatur	Wissenschaft, Gesellschaft, Technik
	— Rosa Luxemburg und Karl Liebknecht als führende Linkssozialisten von rechtsradikalen Offizieren ermordet — Bayr. Ministerpräsident Kurt Eisner (USPD) erschossen. — Münchner Räteregierung mit Gustav Landauer (ersch.), Erich Mühsam, Ernst Toller, Ernst Niekisch wird durch Militär gestürzt. Kommunist. Regierung in München. Durch Reichswehr und SPD beseitigt — Erich Ebert (Sozialdemokrat) wird erster Reichspräsident (bis 1925) — Reichsflagge Schwarz-Rot-Gold — Kolonien werden Völkerbundsmandate — Internationalisierung der großen Flüsse — Reparationszahlungen — Abrüstung 100.000-Mann-Heer — »Deutsche Arbeiterpartei« (dann NSDAP) gegründet. Hitler wird 7. Mitglied — Benito Mussolini (bis zum Krieg Sozialdemokrat) gründet ersten faschist. Kampfverband in Mailand — Mahatma Gandhi beginnt seinen gewaltlosen Kampf um ein unabhängiges Indien	— W. Gropius, L. Feisinger, J. Itten und Gergard Marcks gründen das »Staatl. Bauhaus« in Weimar (wird zum Zentrum mod. Kunst) — Bruno H. Bürgel »Vom Arbeiter zum Astronomen« (Autobiographie) — Max Reinhardt eröffnet das umgebaute große Schauspielhaus, Berlin — Ernst Jünger »In Stahlgewittern« (Kriegsroman) — G. Kaiser »Gas« (soz. Drama 2 Teile seit 1918) — Jazz kommt nach Deutschland — Höhepunkt des express. Theaters in Deutschland.	— 12-Wochen-Arbeitsverbot für werdende Mütter und Wöchnerinnen — Nachtarbeitsverbot für Frauen und Jugendliche — Mindestalter für arbeitende Jugendliche — Allgem. Deutscher Gewerkschaftsbund (ADGB) mit 4,2 Mill. Mitgliedern — Motorroller von Krupp — Rutherford gelingt mit radioaktiver Strahlung Umwandlung eines Stickstoff-in ein Sauerstoffatom als erste künstliche Elementumwandlung — Österreich schafft Todesstrafe ab — Ausbau des Volksbildungswesens in Deutschland — Trennung von Staat und Kirche in Deutschland — »Arbeiterwohlfahrt« gegründet (sozialdemokratische Wohlfahrtspflege) — Deutsches Lichtspielgesetz mit Filmzensur
1925 Pressezar Hugenberg als deutschnationaler Politiker beginnt einen offenen Kampf gegen Demokratie und Republik	— Koalitionsregierung vom Zentrum bis zu den Deutschnationalen — von Hindenburg wird Reichspräsident — Nationalsozialistische »Schutzstaffel« (SS) — Adolf Hitler »Mein Kampf« wird zum Programm der NSDAP	— André Breton »Surrealist. Manifest« — Alban Berg »Wozzek« Oper im Zwölftonstil — E. Kafka »Der Prozeß« — v. Zur Westen »Reklamekunst aus zwei Jahrtausenden« (staatl. Bauhaus siedelt nach Dessau um)	— Gründung des I.G. Farben-Konzerns — Staudinger: Anfänge einer Chemie der synthetischen Fasern — Taillenlose Frauenkleidung, kniefreie Röcke, Topfhüte, Bubikopf — »Das Reformhaus, Montasschrift für gesunde Lebensführung«

Hugenbergs Karriere	Politik	Kunst und Literatur	Wissenschaft, Gesellschaft, Technik
	— Verschärfung der faschist. Diktatur in Italien	— »Wege zu Kraft und Schönheit« (Film mit Betonung naturnaher Körperkultur)	— Dr. Ritter wandert mit seiner Lebensgefährtin nach den Gallapagosinseln aus, um dort fern von der Zivilisation ein Robinsonleben zu führen — »Charleston«-Gesellschaftstanz — Beginn der deutschen Fernseh-Entwicklung
1928 Hugenbergs Machtergreifung in der DNVP — Parteichef der größten rechten Partei in Deutschland, Freundschaft zu faschistischem Italien; Presse Hugenbergs schreibt für italienisches Vorbild	— Hermann Müller (SPD) deutscher Reichskanzler bis 1930; nimmt Bau des Panzerkreuzers A in Angriff — Nichtabsetzbare Kaffeeproduktion führt zum wirtschaftl. Zusammenbruch Brasiliens	— C.G. Jung »Die Beziehungen zwischen dem Ich und dem Unbewußten« — Gershwin »Ein Amerikaner in Paris« (symph. Dichtung im Jazzstil) — Ravel »Boléro« (franz. Komposition) — G.B. Shaw »Wegweiser für die intelligente Frau zum Sozialismus und Kapitalismus« — Walt Disney: Erste Micky-Mouse-Stummfilme — »Die Frau im Mond« (Film von F. Lang	— Alexander Fleming entdeckt das Bakteriengift Penicillin — »Großeinkaufsgesellschaft deutscher Konsumvereine« 444 Mill. RM Umsatz — Polizeibildfunk (nach A. Korn) — General Motors übernimmt Opel-Werke als AG — Erfindung des Fernschreibers
1929 Beginn der Bündnispolitik mit der kleinen, wachsenden NSDAP (Volksbegehren und Volksentscheid — macht Hitler salonfähig; Führerkult um Hugenberg	— Blutige Zusammenstöße zwischen Demonstranten und Polizei am 1. Mai in Berlin — Young-Plan für deutsche Reparationszahlungen; bis 1988 sind von Deutschland 105 Mrd. Mark zu zahlen — Heinrich Himmler wird »Reichsführer« der SS — Parteisekr. Stalin praktisch Alleinherrscher — Kursstürze (29.10. und 13.11.) an der New Yorker Börse lösen tiefe Weltwirtschaftskrise und polit. Folgen aus	— Döblin »Berlin Alexanderplatz« (Roman) — Le Corbusier »Städtebau« (franz. Planung) — László Moholy-Nagy: Dekorationen für abstrakte Filme in Berlin (ungar. angewandte Kunst im Bauhausstil) — Lehár »Das Land des Lächelns« (Operette) — Weill »Mahagonny« (Jazzoper)	— Vereinigte Elektrizitäts- und Bergwerke-AG (VEBA) in Berlin — »Deutsche Christen« bilden sich in der evangel. Kirche (treten für »artgemäßes« Christentum ein) — Der Tonfilm setzt sich allgemein durch — H. Oberth »Wege zur Raumschiffahrt« (maßgeb. Raketentheorie) — 16mm-Umkehr-Farbfilm »Kodakcolor« (1932 entspr. Agfa-Color) — E. Kahn und F. Naphtali »Wie liest man den Handelsteil einer Tageszeitung« — Verordnung über Devisenbewirtschaftung in Deutschland — Hearst (USA): 33 Zeitungen mit rund 11 Mill. Auflage — in der USSR Industrieproduktion 53 %, landwirtschaftl. Produktion 47 % (damit wird die Sowjetunion Industriestaat)

	Hugenbergs Karriere	Politik	Kunst und Literatur	Wissenschaft, Gesellschaft, Technik
1931	Harzburger Front, großes Bündnis mit NSDAP und »Stahlhelm« — »Nationale Opposition« will Endkampf gegen Republik, für neues »Drittes Reich«. Hugenberg will Hitler als Instrument benutzen für eigene Machtergreifung im »Neuen Deutschland«	— Albert Einstein unterstützt die Internationale der Kriegsdienstverweigerer — Nach einer Ansprache Hitlers vor deutschen Industriellen beschließen diese, ihn zu unterstützen (Kirdorf, Thyssen, Schröder)	— Leonhard Frank »Von drei Millionen drei« (Arbeitslosenroman) — Ernst Jünger »Die totale Mobilmachung« — Erik Reger (eigentl. Hermann Dannenberger) »Union der festen Hand« (Roman der westdeutschen Industrie) — Josef Roth »Radetzkymarsch« (Roman)	— Zusammenbruch der Darmstädter und Nationalbank in Deutschland, zeitweilige Schließung der Banken — Rechtl. Regelung des Rundfunkwesens in Deutschland — NS-Studentenbund erlangt Mehrheit in der Deutschen Studentenschaft — Deutschland: 142 Tonfilme
1932	Hugenberg plant Wirtschaftsdiktatur, Volksgemeinschaft, Konkurrenz zu Nazis im rechten Lager — DNVP sieht sich als wirkliche »Rechte« — Hugenberg kopiert akkustische Methoden der NSDAP (Parteitruppen etc.)	— Ergebnislose Abrüstungskonferenz in Genf — Regierung Brüning tritt zurück — Franz von Papen bildet »Kabinett der nationalen Konzentration« — Kürzung der Arbeitslosen-, Krisen- und Wohlfahrtsunterstützung in Deutschland. Über 6 Mill. Arbeitslose. — Young-Plan außer Kraft; praktisches Ende der Reparationszahlungen — Reichstagswahl: NSDAP erhält 37,8 Sitze. — Hitler erhält deutsche Staatsangehörigkeit — Fememorde der USA ⁃ K. Haushofer »Wehr-Geopolitik« — Schwere Hungersnot in der USSR — Japan beschießt Chinesenstadt von Shanghai wegen chin. Boykotts jap. Waren	— Bert Brecht »Heilige Johanna der Schlachthöfe« (Drama) — Fallada »Kleiner Mann — was nun?« (Roman aus der Zeit der Arbeitslosigkeit) — Prokowjew: 5. Klavierkonzert (russ.) — A. Schönberg »Moses und Aron« (Oper im Zwölftonstil) — A. Huxley »Schöne neue Welt« (brit. satir. Utopie) — E. Ludwig »Gespräche mit Mussolini« — Kunstakademie Breslau: aufgrund der finanziellen Notverordnung geschlossen	— Höhepunkt der Weltwirtschaftskrise: Weltarbeitslosigkeit etwa 30 Millionen — Beginn japanischer Exportvorstöße durch Preisunterbietung auf dem Weltmarkt — von 77 in Deutschland gefällten Todesurteilen wird keines vollstreckt — 52 % des deutschen Fettbedarfs durch Einfuhr gedeckt — Wernher v. Braun beginnt Flüssigkeitsrakete zu entwickeln — Atomkernumwandlung durch Beschießung mit künstlich-beschleunigten Teilchen — J.D. Cockroft und E.T.S. Walton: Autobahn Köln-Bonn — 8mm-Schmalfilm von Kodak — 16mm-Agfacolor-Farbenfilm
1933	Hugenberg verhilft Hitler zur Kanzlerschaft, wird mehrfach Minister. Nach 5 Monaten Austritt aus Kabinett (Kesseltreiben der Nazis), Selbstauflösung der DNVP. Hugenberg bleibt aber bis 1945 Reichstagsabgeordneter, unterstützt Hitlers Maßnahmen gegen Demokratie und Gewerkschaften	— Gespräche zwischen von Papen, Hitler und Bankier v. Schröder in Köln leiten Ernennung Hitlers zum Reichskanzler ein — Kommunisten: Erst Hitler, dann wir — Reichspräsident v. Hindenburg beruft Hitler zum Reichskanzler — Brandstiftung im Reichstag leitet terrorist. Ausschaltung der polit. Gegner der NSDAP ein	— Öffentliche Verbrennung von Büchern unerwünschter Autoren in Berlin (bedeutet Ende eines freien Schrifttums)	— Durch künstl. Dünger Ernteerträge der deutschen Landwirtschaft gegenüber 1880 rund verdoppelt — Sowjet. russischer Viehbestand seit Beginn der Kollektivierung 1928 auf etwa die Hälfte gesunken — Bau von Autobahnen besonders in Deutschland und den USA

229

Hugenbergs Karriere	Politik	Kunst und Literatur	Wissenschaft, Gesellschaft, Technik
	— Wahlergebnisse zum Deutschen Reichstag: 1919 1924 1932 KPD 22 45 100 SPD 165 131 121 DNVP 42 111 54 NSDAP -- 14 196 — Wels (SPD) erhält die letzte Oppositionsrede im Deutschen Reichstag — Alle Parteien im Deutschen Reichstag außer der SPD stimmen dem Ermächtigungsgesetz für Hitler-Regierung zu (Kommunisten und Teile der SPD-Fraktion durch Verhaftungen und Terror am Erscheinen verhindert.) — Ende der Weimarer Republik (durch Schwäche des liberalen Bürgertums und der Arbeiterbewegung) — Josef Goebbels: Reichsminister für Volksaufklärung und Propaganda — »Tag von Potsdam« — Versuch der Versöhnung konservativer Kreise mit dem nationalsozialist. Umsturz — Auflösung und Selbstauflösung aller deutschen Parteien außer der NSDAP — Deutschland verläßt Völkerbund und 2. Abrüstungskonferenz	— Die Bildende Kunst in Deutschland unterliegt zunehmend einer »Ausrichtung« durch den nationalsozialist. Staat.	— Irène Curie und Frédéric Joliot: Materialisation von Energie durch Umwandlung radioaktiver Wellenstrahlung in ein Elektron-Positron Paar (Materiezerstrahlung) — Starke Emigration aus Deutschland setzt ein (führende Künstler, Ingenieure, Wissenschaftler, Politiker) — »Gesetz zur Verhütung erbkranken Nachwuchses« in Deutschland (führt zur Verletzung der Menschenrechte) — Eugen Hadamovsky »Propaganda und nationale Macht« und »Der Rundfunk als politisches Führungsmittel« — Die Wissenschaft in Deutschland wird durch nationalsozialist. Einfluß zunehmend behindert und geschwächt
1937	Goebbels zwingt Hugenberg zum Verkauf der UFA, der Filmwochenschauen; Nachrichtendienste und Pressegesellschaften sind schon ans Reich verkauft	— Deutsche Kriegsschiffe beschießen Almeria (Spanien) nach Bombardierung durch Flieger der Republik Spanien. — Staatsbesuch Mussolinis in Deutschland — Höhepunkt der stalinistischen Säuberung der KPSU — Blutige Streikunruhen in USA	— Fallada »Wolf unter Wölfen« (Realist. Roman) — Picasso »Guernica« (span.-franz. Gemälde aus Anlaß der Bombardierung dieser span. Stadt durch die Faschisten — G. Gründgens: Generalintendant des Preußischen Staatstheaters in Berlin — »Entartete Kunst« (nationalsozialist. Ausstellung zur Diffamierung der modernen Kunst)	— T.D. Lyssenko: Pflanzen lassen sich erblich in gewünschter Richtung beeinflussen. (Diese Sowjetbiologie wird mit politischen Mitteln in der USSR durchgesetzt) — Fernsehsender mit regelmäßigem Studio-Programm in Berlin — Verzehnfachung der deutschen Treiböleinfuhr

	Hugenbergs Karriere	Politik	Kunst und Literatur	Wissenschaft, Gesellschaft, Technik
1944	Verkauf des Scherl-Verlages gegen Stahl-aktien	— Sowjettruppen besetzen Krim und dringen bis zur Weichsel und nach War-schau vor — In Italien stoßen die Alliierten über Monte Cassino — Alliierte Luftlandung — Aachen und Straßburg werden ero-bert — Mißglückter Versuch deutscher Offi-ziere und Politiker, Hitler durch Atten-tat zu beseitigen und seine Diktatur zu stürzen. — Im Zusammenhang mit dem 20. Juli finden über 5.000 Menschen, darunter etwa 700 Offiziere den Tod. — Rudolf Breitscheid (SPD) und Ernst Thälmann (KPD) im KZ Buchenwald er-mordet — Am 1. August 524.277 In- und Aus-länder in den nationalsozialist. KZ-Lagern — Befreiung Frankreichs — »Deutscher Volkssturm« aufgerufen und mangelhaft bewaffnet	— Theater, Literatur und das übrige kulturelle Leben kommen in Deutsch-land vollkommen zum Erliegen	— Chemie-Nobelpreis an O. Hahn für Uranspaltung — Negovsky wendet sein Verfahren der Wiederbelebung »klinisch Gestorbener« auf lebensgefährlich verletzte russ. Solda-ten an — Bildfunkübertragung von Zeitungs-druckplatten von New York nach San Francisco. Versuche zur draht- und druck-losen Bildfunkübertragung von Zeitungen
1947	Entnazifizierungsverfahren. yhugenberg verbreitet Legende von sich als Bremser der Nazis. Für die Scherl-Journalisten beginnt eine zweite Karriere			
1951	Hugenberg fordert von BRD Entschädi-gung für (angebliche) Verluste durch 3. Reich. Tod Hugenbergs			
1971	Bundesgerichtshof spricht Erben und Nachfolgern der Eigentümer des Scherl-Hugenberg-Konzerns eine Entschädi-gung von 45 Millionen DM zu.			

Hannover / Wallraff

Die unheimliche Republik

VSA

220 Seiten, DM 14,80